D1934339

SÜDWESTFUNK
Schriftenreihe

Medienforschung

Band 3

Christof Barth/Christian Schröter (Hrsg.)

Radioperspektiven

Strukturen und Programme

Mit Beiträgen von:

H. Anker, J. Christ, J.O. Ecke, J. Eckhardt, W. Eichhorn, P. Frei, S. Gralla, J. Grimm, G. Haedecke, A. Häfner, P. Hunziker, C. Imhof, M. Keller, W. Klingler, H.J. Koch, W. Neuber, K. Neumann-Braun, T. Prase, B. Radeck, K. Reissnegger, M. Rieß, M.Schanne, M. Schenk, H. Scherer, C. Schröter, S. Svitek, D. Unz, F. Voss, P. Widlok

Nomos Verlagsgesellschaft
Baden-Baden

Die Deutsche Bibliothek – CIP-Einheitsaufnahme

Radioperspektiven : Strukturen und Programme / Christof Barth/Christian Schröter (Hrsg.). Mit Beiträgen von H. Anker ... – 1. Aufl. – Baden-Baden : Nomos Verl.-Ges. 1997
(Südwestfunk-Schriftenreihe : Medienforschung ; Bd. 3)
ISBN 3-7890-4862-3

1. Auflage 1997
© Nomos Verlagsgesellschaft, Baden-Baden 1997. Printed in Germany. Alle Rechte, auch die des Nachdrucks von Auszügen, der photomechanischen Wiedergabe und der Übersetzung, vorbehalten. Gedruckt auf alterungsbeständigem Papier.

Redaktionelle Mitarbeit: Oliver Zöllner; Schlußlektorat: Stefan Niessen

Inhaltsverzeichnis

III. Informationsleistungen der Medien

IV. Kultur und Radio

Vorwort der Herausgeber

Radioperspektiven, der dritte Band der Südwestfunk-Medienforschungsreihe dokumentiert Forschungsergebnisse zum Hörfunk der 90er Jahre in Deutschland sowie dem angrenzenden deutschsprachigen Ausland. Die hier zusammengestellten Aufsätze gehen auf Referate und Diskussionen zurück, die in den Jahren 1992 bis 1995 jeweils auf den Anfang Juli in Baden-Baden veranstalteten Südwestfunk-Hörfunktagen stattfanden. Dabei diskutieren auf Einladung der SWF-Medienforschung jeweils an drei Tagen Medienforscher und Programm-Macher aktuelle Fragen und Entwicklungen des Radios. Die Themenschwerpunkte der Tagungen finden sich in den Kapiteln des vorliegenden Bandes wieder: Programmangebote und ihre Nutzung, Hörerpartizipation, Informationsleistungen der Medien, Kultur und Radio.

Der erste Teil, Programmangebote und ihre Nutzung, wird durch einen Überblicksartikel zum technischen Wandel des Hörfunks eröffnet. Diskutiert wird die unterschiedliche Situation des privaten regionalen und lokalen Hörfunks in Nordrhein-Westfalen, in Baden-Württemberg und in der Schweiz. Der Entwicklung in Österreich sowie in den osteuropäischen Staaten – dort nach der politischen Öffnung – wird ebenfalls in jeweils eigenen Beiträgen nachgegangen.

Die Frage nach Beteiligungsmöglichkeiten von Hörern in Radioprogrammen greifen verschiedene Beiträge im zweiten Kapitel des Bandes auf, das der Hörerpartizipation gewidmet ist. Der dritte thematische Schwerpunkt liegt auf der Informationsleistung von Medien generell wie des Hörfunks im speziellen. Neben einer Einführung zu Informationsangeboten im Hörfunk wird am Beispiel der Berichterstattung während des Golfkrieges gezeigt, wie sich etwa das Nutzungsverhalten von Informationsangeboten in Krisenzeiten verändert.

Das abschließende Kapitel konzentriert sich auf den Aspekt der Kultur und ihre Bedeutung für den Hörfunk. Dabei werden sowohl neue Programmentwicklungen und -konzepte vorgestellt als auch die Nutzung unterschiedlicher Kulturprogramme resümiert.

Die Herausgeber danken den Autoren dafür, daß sie ihre Beiträge für den vorliegenden Sammelband überarbeitet und – wo es sich anbot – auch aktualisiert haben.

Christof Barth und Christian Schröter
Baden-Baden/Tübingen im Mai 1997

Teil I

Programmangebote und ihre Nutzung

Wandel der Hörfunktechnik von den 40er bis zu den 90er Jahren

*Von Albrecht Häfner**

Rundfunk im Jahr 1945, das hieß: von den qualitativ hochstehenden technischen Einrichtungen der Reichs-Rundfunk-Gesellschaft (RRG) war nicht mehr viel übriggeblieben. Vieles war noch in den letzten Kriegswochen den alliierten Bombenangriffen zum Opfer gefallen oder von eigenen militärischen Einheiten zerstört worden.

Mit der Regierungsgewalt übernahmen die Alliierten auch die Verfügungsgewalt über den Rundfunk. Ohne ihre Einwilligung durften auf deutschem Boden weder Rundfunksender noch Rundfunkstudios betrieben werden. Da es in den ersten Nachkriegswochen noch keine Zeitungen gab, sahen die Alliierten eine ihrer vordringlichsten Aufgaben darin, die Rundfunkversorgung wieder in Gang zu bringen. Die Briten hatten Glück: In Berlin und Hamburg waren die Funkhäuser unzerstört geblieben und konnten nach Installation ausgelagerter Betriebsteile relativ schnell wieder sendebereit gemacht werden. Der 100-Kilowatt-Mittelwellensender Hamburg war unbeschädigt geblieben; in Berlin wurde in kurzer Zeit ein 5-Kilowatt-Stadtsender errichtet. In der französischen Zone dagegen gab es aus früherer Zeit keine Funkhäuser und auch keine Großsender, lediglich vier Stadtsender kleiner Leistung (Freiburg, Koblenz, Trier, Kaiserslautern), die von Dienststellen der Post betriebsbereit gemacht wurden. Die Amerikaner legten in München, Stuttgart, Frankfurt am Main und Bremen – ohne Beteiligung der Post – die Fundamente der zukünftigen Landesrundfunkanstalten Bayerischer Rundfunk, Süddeutscher Rundfunk, Hessischer Rundfunk und Radio Bremen.

Um einen staatsfreien Rundfunk durchzusetzten, mußte sich die Post auf Anordnung der Alliierten fast ganz aus dem Rundfunk zurückziehen: Die Sender in der amerikanischen Zone wurden im Dezember 1947 den Landesregierungen, in der britischen Zone im Oktober 1948 dem Nordwestdeutschen Rundfunk (NWDR) und in der französischen Zone im April 1949 dem Südwestfunk übergeben. Somit hatten die Nachkriegsrundfunkanstalten nicht nur für die Studiotechnik (wie seit Ende der 20er Jahre), sondern auch für ihre Sendertechnik selber zu sorgen. Die Funkhoheit, vor allem die Genehmigung zur Errichtung von Rundfunksendern und zur Vergabe von Sendefrequenzen, blieb weiterhin bei der Alliierten Hohen Kommission bis zu deren Auflösung im Mai 1955.

Die folgende Darstellung beschränkt sich auf die Technik in den Landesrundfunkanstalten und läßt andere Organisationen wie den RIAS Berlin, den Deutschlandfunk oder

* Albrecht Häfner ist Referent in der Hauptabteilung Dokumentation und Archive des Südwestfunks Baden-Baden.

die Deutsche Welle und ihre Vorläufer wegen ihrer zum Teil recht komplizierten Entwicklung außer acht.

Ultrakurzwelle

Kaum waren die Landesrundfunkanstalten in ihrer neu errungenen Eigenständigkeit daran gegangen, die Mittelwellensender in ihren Versorgungsbereichen auszubauen, wurden sie 1948 durch die Beschlüsse der Kopenhagener Wellenkonferenz mit schier unüberwindlichen Hindernissen konfrontiert: Die seit 1940 fällige (und wegen des Zweiten Weltkriegs nicht durchgeführte) Frequenzneuverteilung geriet zu einer Umverteilung zu Lasten Deutschlands; ihm blieben nur noch acht Mittelwellenfrequenzen – noch dazu schlechte – als technisches Minimum, statt 17 im Jahre 1940. Danach hätten 20 Prozent der Fläche Nordwestdeutschlands, 40 Prozent von Bayern und Württemberg-Nordbaden und gar 70 Prozent von Hessen und der französischen Zone nicht mit Rundfunk versorgt werden können. Diese beispiellose „Wellendemontage" konnte auch von den drei westlichen Alliierten nicht verhindert werden, denn die Kopenhagener Konferenz fand ohne deutsche Beteiligung statt, und die meisten Staaten hatten eine Vertretung der deutschen Besatzungszonen durch die Alliierten abgelehnt und die 20 vom Alliierten Kontrollrat angeforderten Frequenzen einfach ignoriert. Zum Glück gaben sich Briten, Amerikaner und Franzosen mit dem Konferenzergebnis nicht zufrieden und genehmigten den Rundfunkanstalten Westdeutschlands die Benutzung von insgesamt 18 zusätzlichen, anderen Staaten zugeteilten Frequenzen. Das aber führte wiederum dazu, daß man sich in Europa kaum noch an die Kopenhagener Bestimmungen hielt und die Mittelwellenversorgung allgemein noch unbefriedigender wurde.

Deutschlands Rundfunktechniker begnügten sich nicht mit dem guten Willen der Alliierten und deren Rückendeckung bei der Mitbenutzung fremder Mittelwellen, sondern sie reagierten auf die verfahrene Situation mit der Einführung von Rundfunkübertragungen auf Ultrakurzwelle, nachdem andere Vorschläge (zum Beispiel der umfassende Ausbau des Drahtfunks durch die deutsche Postverwaltung) als zu aufwendig verworfen worden waren. Formal war der Weg geebnet: Die weltweite Funkverwaltungskonferenz von Atlantic City 1947 hatte in der Region 1, zu der auch Europa gehörte, den Bereich von 87,5 MHz bis 100 MHz dem UKW-Rundfunk zugewiesen.

UKW – das bedeutete:

- qualitativ hochwertige Vollversorgung (größere Bandbreite, vergleichsweise störunanfällig durch Frequenzmodulation) mit mehreren Programmen;
- schnelle Realisierung, da diese Technik bereits in den 30er Jahren erfolgreich erprobt war, unter anderem für den Fernsehrundfunk und, etwas später, in der Radartechnik.

Das bedeutete allerdings auch:

- Entwicklung und Fertigung von UKW-Sendern, vor allem von geeigneten Röhren, durch die Industrie;
- Planung und Errichtung eines völlig neuen Sendernetzes durch die Rundfunkanstalten (Ultrakurzwellen breiten sich im Gegensatz zu den Mittelwellen „quasi-optisch", das heißt wie Licht, aus);
- Ausbau der Studiotechnik auf das höhere Qualitätsniveau;
- Entwicklung und Produktion neuer Empfänger durch die Industrie, Geräte also, für die die industrielle Massenfertigung erst noch aufzubauen war;

– Anschaffungskosten neuer Empfangsgeräte beim Hörer.
So begannen schon 1948, mit dem Segen der Besatzungsbehörden, vorbereitende Studien zur Standortwahl, zur Frequenzplanung und zu technischen Parametern (Frequenzhub, Polarisation, Bandbreite usw). Ende Februar 1949 nahmen die ersten UKW-Sender (BR/München, NWDR/Hannover) ihren Betrieb auf.

Etwas schwieriger gestalteten sich die Verhandlungen mit der Empfängerindustrie, die – merkwürdigerweise – eine Absatzkrise für ihre nur für Lang- und Mittelwelle ausgelegten Rundfunkempfänger befürchtete. Das Problem fand eine elegante Lösung durch ein von den Rundfunkanstalten ausgelobtes öffentliches Preisausschreiben für ein preiswertes UKW-Vorsatzgerät einerseits und für ein vollständiges Empfangsgerät für alle Wellenbereiche andererseits. Die rege Beteiligung der Öffentlichkeit ließ auf eine hohe Akzeptanz schließen.

Wir können heute rückblickend sagen, daß sich die Startbedingungen für den UKW-Rundfunk trotz aller Bedenken als günstig erwiesen. Der Informationsbedarf der Öffentlichkeit war groß; infolge der Kriegseinwirkungen mußten ohnehin viele Empfänger neu beschafft werden. Die wirtschaftlichen Voraussetzungen für Produktion und Verkauf von Empfängern waren seit der Währungsreform gegeben. Zudem gab es in Deutschland noch kein Fernsehen, dessen Attraktivität die Einführung eines UKW-Rundfunks hätte dämpfen können. Zusätzliche Programmangebote ließen denn auch nicht lange auf sich warten. Der frühe Beginn des UKW-Rundfunks in Westdeutschland ermöglichte es der deutschen Rundfunkindustrie, sehr bald international eine führende Stellung im Bau von UKW-Sendern und -Empfängern zu erringen.

Gab es ein Jahr nach Inkrafttreten des Kopenhagener Wellenplans in der Bundesrepublik und in West-Berlin bereits 30 UKW-Sender, so waren es am 1. Januar 1980 insgesamt 330. Den abschließenden und offiziellen Segen erhielt der UKW-Rundfunk 1952 auf der Europäischen Wellenkonferenz in Stockholm, wo ihm – nicht zuletzt aufgrund der Betriebserfahrungen der deutschen Rundfunkanstalten und trotz der im Ausland lautgewordenen Befürchtungen über eine „unerwünschte Vormachtstellung Deutschlands“ – eine zukunftssichere Grundlage gegeben wurde.

Neue Funkhäuser, neue Studios

Der Auf- und Ausbau der UKW-Sendenetze war ein beispielloser Kraftakt, der nicht vergessen lassen darf, daß nebenbei auch noch die ganze technische Infrastruktur neu aufgebaut werden mußte. Funkhäuser mußten errichtet werden: Die Bauplanung hatte sich nach deren verschiedenen, zwischenzeitlich recht vielfältigen Funktionsweisen zu richten. Zunächst einmal sollte ein Funkhaus Kommunikationsmittelpunkt eines weit verzweigten Modulationsnetzes werden (zu den Landesstudios, Zweigstellen, Büros, Korrespondentenplätzen, anderen ARD-Anstalten, Sendern sowie zu beliebigen Programmorten) und außerdem Anlaufstelle der über Draht oder Funk eingehenden Meldungen der Nachrichtenagenturen. Weiter galt es, alle wichtigen Dienste (Meßtechnik, Haus- und Versorgungstechnik) sinnvoll in die Betriebsabläufe zu integrieren und der Direktion, den Redaktionen und der Betriebsabwicklung funktionstüchtige Arbeitsräume mit vertretbaren Arbeitsplatzverhältnissen zu schaffen. Schließlich waren die technischen Zukunftsentwicklungen in die Planung miteinzubeziehen.

Für die Studioausrüstungen wurden anfangs noch die Qualitätsanforderungen des Mittelwellenrundfunks zugrunde gelegt. Aber schon Ende der 40er Jahre stellte man sich auf das höhere Niveau der kommenden UKW-Technik ein, das heißt auf eine Wiedergabe des vollen Bereichs der hörbaren Töne. Fast sämtliche Geräte – Mikrophone, Verstärker, Aufzeichnungsgeräte, Lautsprecher usw. – mußten überarbeitet werden. Wegen der kleinen Produktionsstückzahlen war die Industrie nicht sonderlich an Entwicklung und Fertigung studiotechnischer Geräte interessiert. Dies zwang die Rundfunkanstalten über mehrere Jahre hinweg zu eigener Entwicklung. Einen großen Fortschritt bedeutete der Übergang von der Röhren- zur Transistortechnik; zum Beispiel konnten die energie- und lüftungsbedürftigen voluminösen Verstärkergestelle abgeschafft und durch kleine Einschubkassetten ersetzt werden.

Die steigende Anzahl der Programmangebote brachte die Forderung nach mehr Gestaltungsmöglichkeiten mit sich. Genügte anfangs ein einziges Mikrophon, so setzte sich in den Folgejahren die Verwendung einer immer größeren Anzahl durch – man nannte das damals „Polymikrophonie". Dazu kam der Wandel in Richtung artifizieller Gestaltung des Klangbildes, zum Beispiel nach einem bestimmten „Sound", mit Hilfe von Filtern und künstlichem Nachhall.

Eine entscheidende Rolle bei der Produktion spielten die Aufzeichnungs- und Wiedergabegeräte mittels Tonband. Dies Verfahren war bereits in der 30er Jahren entwickelt (AEG, Pfleumer/Schüller) und ein paar Jahre später durch die Hochfrequenzvormagnetisierung (v. Braunmühl/Weber) soweit verbessert worden, daß es ab 1941 von der RRG auch für hochwertige Musikaufnahmen eingeführt wurde. Nach Kriegsende einigte man sich auf eine einheitliche Aufzeichnungsnorm, vor allem wegen des sich anbahnenden Programmaustauschs, und überarbeitete die Aufzeichnungs- und Wiedergabequalität soweit, daß sie den Anforderungen der bevorstehenden UKW-Technik genügten. Bald wurden praktisch alle Sendungen, die nicht „live" ausgestrahlt werden mußten, auf Band vorproduziert. Auch die von der Schallplattenindustrie verwendete Mehrspurtechnik setzte sich im Rundfunk schnell durch.

Stereophonie

Die Einführung der Stereophonie ist ein typisches Beispiel dafür, daß sich der Rundfunk neuen Techniken nicht verschließen kann. Daß der Mensch mit seinen zwei Ohren über die Fähigkeit verfügt, räumlich zu hören, war schon Ende des letzten Jahrhunderts bekannt. Versuche einer stereophonen Tonwiedergabe lassen sich nachweisbar bis ins Jahr 1881 zurückverfolgen, als der französische Ingenieur Clement ein Patent für die zweikanalige Übertragung von der Bühne der Pariser Oper zu Fernsprechabonnenten erhielt. Ähnliche Versuche wurden 1912 anläßlich einer Aufführung der Königlichen Oper in Berlin durchgeführt, wo die Signale mehrerer Mikrophone zum Palais des Kronprinzen übertragen wurden. Eine stereophone Übertragung anläßlich einer Opernsendung des Berliner Rundfunks erfolgte 1924: Die Zuhörer empfingen den einen Kanal drahtlos, den anderen per Telephon. Erwähnenswert sind auch die Versuche der amerikanischen Bell-Gesellschaft zusammmen mit Leopold Stokowski, die 1935 zu ersten brauchbaren Schallplattenaufnahmen in Stereo führten. 1941 veranstaltete die Bell-Gesellschaft sogar ein Konzert, bei dem hinter einem Vorhang einmal ein Orchester wirkte, das andere mal eine Stereo-Schallplatte über Lautsprecher abgespielt wurde, um einem staunenden Publikum den Fortschritt in der Schallplattentechnik zu demonstrieren. Das auch heute noch weltweit verwendete Stereo-Aufzeichnungsverfahren bei Schallplatten wurde 1958 in den USA verabschiedet; es geht auf den englischen Wissenschaftler Alan Dower Blumlein zurück, der 1931 bei der EMI in London unter anderem die orthogonale 45-Grad-Schrift erfand und 1932 damit die ersten Stereo-Schallplatten überhaupt schnitt, für die aber offensichtlich zu jener Zeit kein Markt existierte.

Nach diesem historischen Abriß zurück zu den Landesrundfunkanstalten. Bereits 1958, als die Stereoschallplatte aus den USA auf den deutschen Markt drängte, strahlte der Sender Freies Berlin (SFB) versuchsweise Stereoprogramme auf UKW (noch auf zwei getrennten Sendern) aus, die bei den Berliner Hörern großes Interesse fanden. Das Hauptproblem war aber, ein Verfahren zur Übertragung eines zweikanaligen Signals über *einen* Sender und dessen Empfang in *einem* Gerät zu finden. Außerdem mußten Mikrophonaufnahmetechnik, Mehrspuraufzeichnung und Leitungswege den stereophonen Bedingungen angepaßt werden. Die ARD sah sich einem wachsenden Druck der Empfänger- und Schallplattenindustrie ausgesetzt, da sie das Interesse der Hörer für Stereophonie zunächst überwiegend „skeptisch" beurteilte. Dies aus verständlichen Gründen, denn die Einführung der Stereotechnik bedeutete immense Investitionen in den Studios, bei den Sendern und zusätzliche Leitungskosten. Außerdem waren Leistungsengpässe bei den Sendern vorprogrammiert, da die Stockholmer Wellenkonferenz die Frequenzpläne lediglich unter monauralen Aspekten erarbeitet hatte. Schließlich kam dazu, daß den Hörern die Anschaffung eines stereotauglichen Empfangsgerätes zugemutet wurde und das einzuführende Verfahren kompatibel mit den vorhandenen Monogeräten sein mußte.

Die Erkenntnis, daß die Stereophonie einen bedeutenden Fortschritt in der Qualität der Rundfunkprogramme darstellen würde, dem man sich auf Dauer nicht entziehen konnte, bewog die ARD-Intendanten schließlich dazu, den einzelnen Anstalten die Ausstrahlung von stereophonen Versuchssendungen anheimzustellen. Jedoch war das Hörerecho so stark, daß schon nach wenigen Jahren vor allem die Musikprogramme durchwegs stereophon ausgestrahlt wurden. Offizieller Starttermin der Hörfunk-Stereophonie war der 31. Januar 1965; abgeschlossen war die Umstellung aller ARD-Hörfunkprogramme allerdings erst Anfang der 80er Jahre, nachdem eine internationale UKW-Wellenkonferenz die für die Stereoausstrahlung benötigten höheren Senderleistungen genehmigt hatte.

Automatisierung von Betriebsabläufen

Die Anfänge der Nutzung von elektronischen Rechnern im Rundfunk liegen etwa in der Mitte der 60er Jahre, als die Industrie eine automatische Senderegie auf den Markt brachte, in der die Ablaufsteuerung ohne Techniker vom Sprecher übernommen wurde. Auf dessen Knopfdruck starteten Bandmaschinen, schalteten sich Mikrophone ein, blendeten sich Pausenzeichen oder Zeitansagen ein. Kernstück solcher Raffinesse war ein Prozeßrechner, der obendrein die Datenlieferung zur Honorar- und Lizenzabteilung, zur Betriebsabrechnung usw. übernahm.

Auch die Steuerung der Vorgänge in den Hauptschalträumen eignete sich für eine rechnergestützte Automatisierung. In den 50er Jahren schaltete die Deutsche Bundespost auf schriftliche Anforderung eine Leitung, sobald aktuelle Programme zwischen den Anstalten ausgetauscht werden sollten. Als das Volumen des Programmaustauschs in den Folgejahren überproportional anstieg – und damit auch die Leitungskosten –, beschloß die

ARD, ein eigenes sternförmiges Dauerleitungsnetz für den Hörfunkprogrammaustausch einzurichten. Dieser „Hörfunk-Sternpunkt" wird über einen Prozeßrechner von einer zentralen Betriebsstelle beim Hessischen Rundfunk gesteuert; er ging 1974 in Betrieb und kontrollierte damals 71 Leitungen mit einer Gesamtlänge von 16.000 km, über die täglich circa 200 Beiträge überspielt wurden. Die erforderlichen Investitionskosten in Höhe von 23 Millionen DM für die Zentrale und die Endstellen in den einzelnen Häusern amortisierte sich bereits nach einem Jahr durch die Einsparung der Postleitungskosten.

Diese beiden Anwendungsfälle mögen ausreichen, um den Einsatz der Rechnertechnik im Rundfunk zu belegen. Es sieht ganz so aus, als ob wir erst am Anfang dieser Entwicklung stehen und ein Ende noch nicht abzusehen ist.

Satellitentechnik

Die Qualität des UKW-Rundfunks konnte lange Zeit durchaus mit derjenigen von Schallplatte und Tonband Schritt halten. Mit der Markteinführung der Compact Disc jedoch wurden die Rundfunkanstalten herausgefordert, die Attraktivität des Hörfunks auch unter dem Aspekt digitaler Tonqualität zu erhalten. Es kam die Anwendung der Satellitentechnik ins Gespräch, von der sich der öffentlich-rechtliche Rundfunk keinesfalls ausgeschlossen wissen wollte: Bei der Projektierung des deutschen Rundfunksatelliten „TV-SAT" war nämlich vorgesehen, einen der Transponder anstatt mit einem Fernsehprogramm mit einer größeren Anzahl hochqualitativer Hörfunkprogramme zu belegen. Ein Anfang der 80er Jahre entwickeltes Verfahren zur digitalen Übertragung von 16 stereophonen (bzw. 32 monophonen) Hörfunkprogrammen fand – nach erfolgreicher Testphase – unter der Bezeichnung „DSR" (Digitaler Satellitenrundfunk) große Beachtung. Es besaß nicht nur CD-Qualität, sondern bot auch die Möglichkeit, Zusatzsignale wie zum Beispiel Senderkennung, Programmart, Sprache/Musik-Kennung usw. zu übertragen. Leider geriet DSR in die medienpolitische Mühle, und die Entscheidung zur Einführung ließ auf sich warten. Nach jahrelangen ergebnislosen Verhandlungen legten die Ministerpräsidenten der Länder fest, DSR nur tagsüber in der fernsehfreien Zeit auf einem Kanal des TV-SAT auszustrahlen. Derzeit kann DSR rund um die Uhr mit einer 60-Zentimeter-Parabol-Antenne und einem Zusatzgerät (Converter) über Kopernikus empfangen werden. Angeboten werden 16 Spartenprogramme sowohl von öffentlich-rechtlichen als auch von kommerziellen Veranstaltern.

Seit etwa 1995 nutzen die öffentlich-rechtlichen Anstalten einen weiteren Satellitendienst zur Übertragung von Hörfunk-Programmen: ADR (Astra Digital Radio) über die Satelliten des luxemburgischen Unternehmens SES Astra. Innerhalb eines analogen Fernsehkanals werden in der Lücke zwischen Video- und dem dazugehörigen Tonsignal fünf digitale Hörfunkkanäle untergebracht, allerdings nur in reduzierter Qualität (MUSICAM, 192 kbit/s Stereo).

Digitaltechnik

Die Rundfunktechnik tritt in das digitale Zeitalter ein, und zwar in ihrer vollen Breite. Die Umstellung von der Analog- auf die Digitaltechnik betrifft fast alle Bereiche und wird nicht vor Beginn des nächsten Jahrtausends abgeschlossen sein. Im Hörfunk reicht die

Liste digitaler Geräte, die bereits seit Jahren mit großer Selbstverständlichkeit eingesetzt werden, von Effektgeräten in Produktion und Nachbearbeitung über CD-Player und DAT-Recorder bis hin zur kompletten digitalen Senderegie. Der Südwestfunk beginnt derzeit in seinem Hörfunk-Archiv, die Tonträgerbestände an analogen Tonbändern und Schallplatten in einen digitalen Massenspeicher mit einem Speichervolumen von etwa 100 000 Stunden zu überführen. Diskutiert wird die Einführung eines Geräts, das auf digitalem Weg technische Unzulänglichkeiten alter Aufnahmen, beispielsweise Knacken, Knistern und Rauschen, in Echtzeit eliminiert.

Ein vorläufiger Höhepunkt der digitalen Ära im Hörfunk wird erreicht sein, wenn die Rundfunkanstalten beginnen, ihre terrestrischen UKW-Sender auf digitalen Betrieb umzustellen, womit dann Programme in nahezu CD-Qualität einschließlich Zusatzinformationen ausgestrahlt werden können. Das Projekt trägt die Bezeichnung DAB (Digital Audio Broadcasting). Zielvorstellung ist es, die heutigen UKW-Programme ab etwa 1998 zunächst parallel auszustrahlen. Bis dahin soll in mehreren Pilotprojekten die praktische Tauglichkeit von DAB getestet werden. Nach einer zehn- bis fünzehnjährigen Einführungsphase, in der DAB im „Simulcast"-Betrieb auf einem Fernsehkanal betrieben wird, soll DAB an die Stelle von UKW treten.

Mit dem schon erwähnten digitalen Satellitenrundfunk (DSR), der der Verbreitung von überregionalen Programmen für eine nationale Versorgung weit über die Landesgrenzen hinaus dient, wird DAB als terrestrischer Rundfunk, der überwiegend der regionalen und lokalen Versorgung dienen soll, nicht kollidieren – beide Systeme werden sich ideal ergänzen.

Mediennutzung und Medienbindung am Beispiel Münchner Lokalradios

*Von Michael Keller und Wolfgang Eichhorn**

1. Einleitung

Die Frage, wie sehr ein bestimmtes Medium vermißt wird, wenn es dieses aus bestimmten Gründen nicht mehr geben würde, wird in der Kommunikationsforschung bereits seit Mitte der 40er Jahre gestellt. Realer Anlaß war damals ein Zeitungsstreik, der die acht größten New Yorker Zeitungen lahmlegte. Der Streik begann am 30. Juni 1945 und dauerte 17 Tage.[1] Diese ungewöhnliche Situation bot eine ausgezeichnete Möglichkeit zu erforschen, „What ‚Missing the Newspaper' Means", wie Bernard Berelson seine klassische Studie nannte. In dieser explorativen Untersuchung erkundete Berelson anhand von 60 Intensivinterviews die Einstellung der New Yorker zu den Tageszeitungen.

Die Antworten, die Berelson auf seine Fragen erhielt, waren vielfältig: Sie reichten von der Einschätzung, man sei nicht mehr informiert, über die Eskapismusfunktion bis hin zum Fehlen von sozialen Kontakten. Zusammenfassend schreibt Berelson: „There is some evidence in our interviews to indicate that *reading itself* regardless of content is a strongly and pleasurably motivated act in urban society."

Konsequent weiterentwickelt wurde das Konzept der Medienbindung zur gleichen Zeit von Elmo Roper, der den New Yorker Zeitungsstreik von 1945 ebenfalls untersuchte.[2] Der Schwerpunkt der Forschung lag in der Folgezeit weiterhin auf der Untersuchung von Printmedien.[3] Die Frage nach dem Vermissen der elektronischen Medien Fernsehen und Hörfunk wurde zwar häufig gestellt, fand in der Analyse aber wenig Berücksichtigung.

2. Die Massenkommunikationsstudien

Eine Ausnahme bildete und bildet die sogenannte Massenkommunikationsstudie, die seit 1964 von den Landesrundfunkanstalten und ihren Werbetöchtern in Auftrag gegeben und in regelmäßigen Abständen durchgeführt werden.[4] Die untersuchten Medien sind dabei die Tageszeitung, der Hörfunk und das Fernsehen. Ein zentraler Punkt dieser „Langzeitstudie zur Mediennutzung und Medienbewertung" der bundesdeutschen Bevölkerung besteht einerseits in der Frage nach dem „... Grad der Unentbehrlichkeit, die dem Medium von den

* Michael Keller ist Mitarbeiter der ARD-Werbung Sales & Services, Wolfgang Eichhorn ist wissenschaftlicher Mitarbeiter am Institut für Kommunikationswissenschaft der Ludwig-Maximilians-Universität München.

Befragten subjektiv zugemessen wird.“ Operationalisiert wird dieses Konzept mit der Frage: „Stellen Sie sich vor, Sie könnten aus irgendwelchen Gründen Medium X oder Medium Y nicht nutzen. Sagen Sie mir doch anhand dieser Liste für jedes dieser Medien, ob Sie es persönlich vermissen würden oder nicht vermissen würden.“ Andererseits stellt man die Befragten vor die Entscheidung, sich in einer simulierten Grenzsituation für ein bestimmtes Medium zu entscheiden: „Angenommen, Sie könnten in Zukunft nur noch eines davon haben, ich meine entweder Radio oder Fernsehen oder Tageszeitung oder Zeitschrift, wofür würden Sie sich entscheiden, was würden Sie am liebsten behalten?“ Dieser letzte Indikator lehnt sich direkt an die von Roper[5] entwickelten Fragenkomplexe an.

Wichtigstes Ergebnis der Trendstudie: Die beiden sehr ähnlich erscheinenden Fragen erwiesen sich bei näherem Hinsehen als äußerst unterschiedlich. Zu erwarten wäre ja zunächst, daß man sich für ein Medium, das „sehr stark“ vermißt wird, auch bevorzugt entscheidet. Mit anderen Worten: Es sollte ein positiv hoher Zusammenhang zwischen den beiden Indikatoren bestehen. Die Analysen deuteten jedoch eher in die entgegengesetzte Richtung: Während der Hörfunk seit 1974 kontinuierlich von mehr Personen vermißt wurde (1990 gaben 57 Prozent an, sie würden den Hörfunk sehr stark vermissen), lauten die Vergleichsdaten 1974 für das Fernsehen zunächst 53 Prozent. Nach einem deutlichen Einbruch 1980 (47 Prozent) sowie 1985 (42 Prozent) werden 1990 dann wieder 51 Prozent erreicht. Spitzenreiter ist mit 63 Prozent jedoch die Tageszeitung. Entscheidet man sich damit auch gleichzeitig am häufigsten für dieses Medium? Die Antwort lautet klar und eindeutig: nein! Das Fernsehen wird in der Regel von doppelt so vielen Befragten (1990: 52 Prozent) präferiert als etwa der Hörfunk (1990: 26 Prozent) oder gar die Tageszeitung (1990: 20 Prozent).

Erklärt wurde dieser Befund damit, daß die Vermissensfrage „... eher ein Image von Unentbehrlichkeit zu messen [scheint], sozusagen das ‚Meinungsklima‘ über die subjektive Unentbehrlichkeit eines Mediums in dem Sinne: ‚Man kann auch ohne Fernsehen leben‘ bzw. ‚Man kann nicht ohne Tageszeitung leben‘, würde das jeweilige Medium folglich auch nicht bzw. würde es stark vermissen, während die Roper-Frage eher den alltäglichen ‚Gebrauchswert‘ des Mediums einfangen könnte, quasi: womit man am meisten im Alltag anfangen kann. Und da schneidet das Fernsehen dann eben nach wie vor am besten ab.“

Der Grund für die geringe Vorhersagbarkeit der Ergebnisse ist unseres Erachtens in einer wenig theoretisch fundierten Grundlage zu suchen, die in der Lage wäre, das Konzept der Medienbindung in seiner Gesamtheit zu erfassen. Ausgangspunkt der folgenden Überlegungen bildet der Versuch, zunächst etwas Ordnung in die verwendeten Begriffe zu bringen.

3. Begriffliche Konzepte

Die Schwierigkeit, sich dem Konzept der Medienbindung zu nähern, liegt zu einem großen Teil in der wenig konsistenten Verwendung des Begriffs *Bindung*. Wenn wir beispielsweise *Medienbindung* sagen, meinen wir im allgemeinen die Frage, wie stark ein Medium vermißt wird. Die oben erwähnte Roper-Frage wird dagegen konsistenter als „alternative Entscheidung“ bezeichnet.

Graphik 1 Mediennutzung und Medienbindung als begriffliche Konzepte

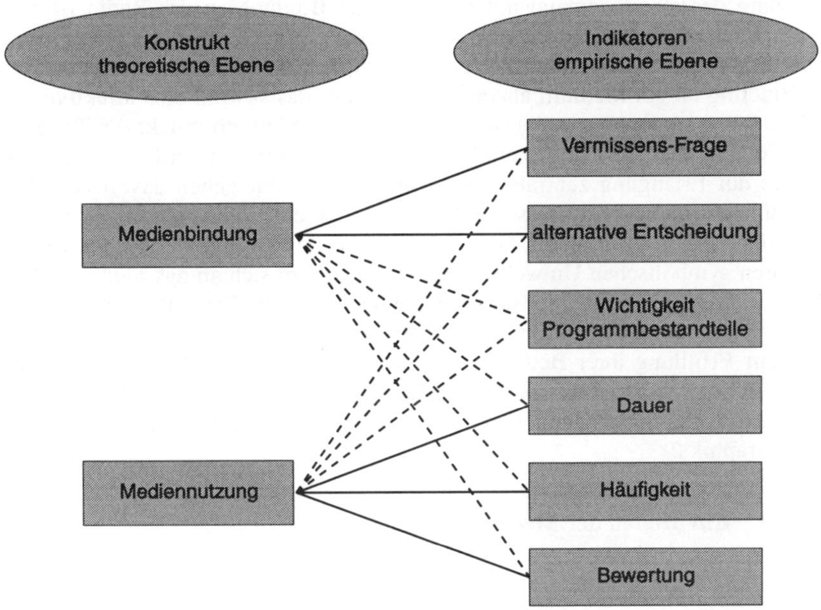

Wir wollen den Begriff der Medienbindung in einem eher abstrakten Rahmen beschreiben. Dies hat den Vorteil, daß wir andere Konzepte in unser begriffliches Modell aufnehmen können und somit der Komplexität des Konzeptes Rechnung tragen. Eine grobe Beschreibung dieses begrifflichen Rahmens ist in Graphik 1 dargestellt. Das theoretische Konstrukt der Medienbindung wird mit Hilfe einer Reihe von Indikatoren gemessen, von denen angenommen wird, daß sie das Phänomen hinlänglich beschreiben. Diese Indikatoren sind notwendig, da sich das primär psychologisch orientierte Konzept der direkten Beobachtung und Messung entzieht. Auf der gleichen theoretischen Ebene ist auch die *Mediennutzung* anzusiedeln. Beide Konstrukte sind wiederum eng miteinander verbunden. Die durchgezogenen Linien verweisen auf die in der Forschung allgemein üblichen, für das jeweilige Konstrukt verwendeten Indikatoren. Die gestrichelten Linien sollen Überschneidungen der Konstrukte durch ihre Indikatoren verdeutlichen. Bei einem entsprechend weitgefaßten begrifflichen Rahmen läßt sich beispielsweise die Mediennutzung anhand der Vermissensfrage bzw. die Medienbindung anhand der Nutzungsdauer operationalisieren.

Im folgenden wollen wir Medienbindung und Mediennutzung in diesem allgemeinen Sinn verwenden, die einzelnen Indikatoren sollen anhand ihrer konkreten Frageformulierung beschrieben werden.

4. Ein Modell der Medienbindung

Das Verhältnis von Mediennutzung und Medienbindung läßt sich auf unterschiedliche Arten konzeptualisieren. Üblicherweise nimmt man dabei eine Trennung der beiden

Konzepte vor: Bindung, begriffen als Einstellung gegenüber dem Medium Hörfunk, führt zur Nutzung desselben. Jemand mit einer starken Bindung an das Radio ist auch ein häufiger Hörer. Andererseits entwickeln regelmäßige und zufriedene Hörer auch eine stärkere Bindung an das Medium. Wir gehen bei unserem Modell einen anderen Weg: wir fassen Bindung an ein Medium als ein Konzept auf, das sowohl eine affektive als auch eine Verhaltenskomponente aufweist. Bindung an ein Medium drückt die Tatsache aus, daß der Nutzung dieses Mediums ein hoher Wert zugeschrieben wird – Wert definiert als etwas, das der Erlangung zentraler Bedürfnisse dient. Wir gehen davon aus, daß eine Person ganz bestimmte Bedürfnisse mit Hilfe von Massenmedien befriedigen will: sie will sich unterhalten und informieren lassen, Neues dazulernen und sich in der komplexen, unsichtbaren symbolischen Umwelt orientieren. Sie wird sich an das Medium, das diese Bedürfnisse am besten erfüllt, am stärksten gebunden fühlen. Diese Bindung wird sich, so nehmen wir an, zum einen darin ausdrücken, daß die Person das Medium so oft wie möglich zur Erfüllung ihrer Bedürfnisse nutzt, was sich durch die Nutzungshäufigkeit erfassen läßt, zum anderen wird sie dem Medium gegenüber ein Gefühl der Unentbehrlichkeit entwickeln, diese Komponente der psychischen Nähe erfaßt die „Vermissensfrage“ (vgl. Graphik 2).

Graphik 2 Ein Modell der Medienbindung

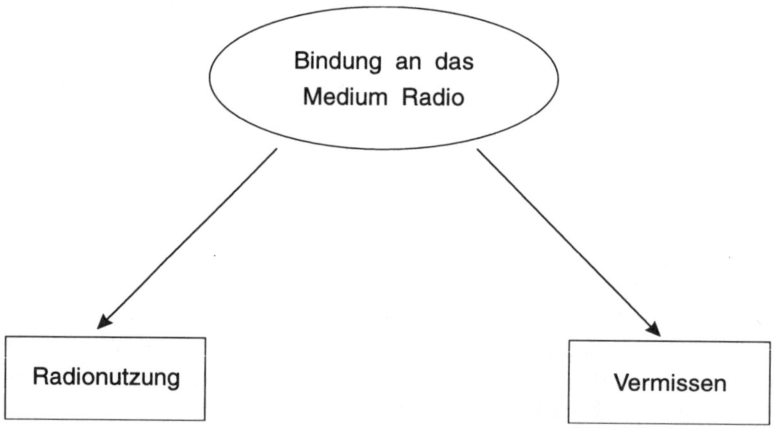

Der Vorteil dieser Art der Konzeption liegt darin, daß man mehrere unterschiedliche Indikatoren benutzen kann, um die Variable Bindung zu messen. Das verringert die Probleme, die entstehen, wenn man sich auf einen einzigen Indikator für ein theoretisches Konstrukt beschränkt. So kann man Aussagen über die Reliabilität der Indikatoren machen und Verzerrungen begegnen, die zum Beispiel durch eine fehlerhafte Frageformulierung entstehen können.

4.1 Datengrundlage

Die hier vorliegende Hörfunkstudie ist eine für die Stadt München repräsentative Quoten-Querschnittstudie der 15- bis 44jährigen Bevölkerung. Die Daten wurden mittels eines standardisierten Fragebogens mit offenen und geschlossenen Antwortvorgaben im Rahmen eines strukturierten persönlichen Interviews erhoben. Insgesamt konnten so 624 Personen befragt werden. Als Interviewerinnen und Interviewer wurden 82 Studenten herangezogen, die in einem Methodenseminar am Institut für Kommunikationswissenschaft der Universität München eine spezielle Schulung erhielten. Die Feldzeit erstreckte sich vom 5. März bis zum 2. April 1990.[6]

4.2 Die Münchner Hörfunklandschaft zum Zeitpunkt der Erhebung

Die Schnellebigkeit des Medienmarktes läßt sich besonders bei Mehrfrequenzstandorten in Ballungszentren wie München und Nürnberg mit damals je fünf Frequenzen für private Anbieter veranschaulichen. Der Konkurrenzdruck ist dort so groß, daß die Überlebenschance insbesondere kleiner Anbieter aufgrund ihres dünnen finanziellen Polsters gering ist. Die wirtschaftliche Tragfähigkeit dieser Vielfalt ist von verschiedenen Seiten kritisiert worden.[7]

Die Hörfunklandschaft, wie sie sich uns in München darstellt, ist aufgrund der häufig wechselnden Programme sehr schwierig zu beschreiben, obwohl sich der Markt – zumindest was die Namen der Programme angeht – zu konsolidieren scheint. Dies stellte sich zum Zeitpunkt unserer Befragung im März 1990 noch ganz anders dar: zum Beispiel war Radio Arabella im Zuge einer neuerlichen Frequenzverteilung erst ein halbes Jahr auf Sendung. Im übrigen sorgen mehr oder weniger wahrnehmbare Programmänderungen und Programmreformen für wenig Kontinuität auf dem Hörfunksektor.

Für die folgende Analyse ist diese Situation jedoch nicht so schwerwiegend, da unsere Studie aufgrund ihrer allgemeinen Auslegung und Fragestellung generelle Grundtendenzen erfaßt, die letztlich nicht auf einer zeitlich eng begrenzten Angebotsstruktur beruhen.

Der Vollständigkeit halber sei jedoch erwähnt, daß im März 1990 im Großraum München eine Vielzahl von Angeboten sowohl öffentlich-rechtlicher (Bayerischer Rundfunk, Österreichischer Rundfunk) als auch privater Anbieter terrestrisch empfangen werden konnte. Darüber hinaus gab es noch den amerikanischen Soldatensender AFN, der sein Programm in der Zwischenzeit eingestellt hat. Die Münchner Radiohörer konnten zum Zeitpunkt der Befragung aus einem Pool von ca. 17 in- und ausländischen Programmen auswählen.

4.3 Ergebnisse

Im folgenden wollen wir untersuchen, wie häufig eine Reihe unterschiedlicher Medien genutzt wird und wie stark diese Medien jeweils vermißt werden. Abgefragt wurde dabei eine eher allgemeine Einschätzung der Befragten hinsichtlich ihrer Nutzungsgewohnheiten. Wir baten unsere Teilnehmer, anhand einer sechsstufigen Skala anzugeben, ob sie das entsprechende Medium „sehr häufig" (Punktwert 5) oder „überhaupt nicht" nutzen bzw. „keinen Zugang" haben, was durch den Wert 0 ausgedrückt werden konnte. Neben dem

Radio wurden noch die Medien *Fernsehen, Bücher, Tageszeitung, Wochenzeitung, Kassettenrekorder/Plattenspieler, Videorekorder, Zeitschriften* und *Kino* abgefragt. Anschließend stellten wir für dieselben Medien die Vermissens-Frage anhand einer Skala von 1 für „Medium würde ich überhaupt nicht vermissen" bis 6, „würde ich sehr stark vermissen".

In den Graphiken 3 und 4 (S. 28/29) werden die Mittelwerte der allgemeinen Mediennutzung für unterschiedliche Alters- und Bildungsgruppen dargestellt. Am häufigsten nutzen unsere Befragungsteilnehmer mit einem durchschnittlichen Häufigkeitswert von 3,7 Punkten die Tageszeitung und das Radio (vgl. Graphik 3). Ähnlich extensiv werden Bücher (3,5 Punkte) genutzt, die damit genau um einen Punkt über dem theoretischen Mittelwert von 2,5 Punkten liegen. Bringt man die Durchschnittswerte in eine Rangreihe, dann nimmt das Fernsehen mit 3,4 Punkten einen mittleren Platz ein. Weniger häufig wird dagegen ins Kino gegangen (2,4 Punkte), Wochenzeitung gelesen (2,3 Punkte) und der Videorekorder eingeschaltet (1,8 Punkte).

Nennenswerte altersbedingte Nutzungsunterschiede sind für die Printmedien Tageszeitung und Wochenzeitung zu verzeichnen, die stärker von den 35- bis 44jährigen genutzt werden als von den Jugendlichen bis 24 Jahre. Eine starke Präferenz der jüngsten Teilnehmer ist dagegen für Kassetten und Plattenspieler (3,7 Punkte) zu verzeichnen. Bei den älteren Personen finden diese Medien weniger Zuspruch (2,7 Punkte). Ähnlich verhält es sich für das Kino. Das Radio erhält dagegen über sämtliche Altersgruppen hinweg gleichermaßen großen Zuspruch.

Auffällige soziodemographische Differenzen sind besonders bei den Bildungsgruppen in Verbindung mit der Fernseh– und Büchernutzung zu verzeichnen (vgl. Graphik 4 auf S. 29). Während das Fernsehen die formal geringer gebildeten Segmente anspricht (Volks-/Hauptschule: 3,8 Punkte), werden Bücher von höher Gebildeten mit 3,7 Punkten deutlich häufiger genutzt als von der formal geringer gebildeten Vergleichsgruppe (2,7 Punkte).

Für das Vermissen der einzelnen Medien ergibt sich – zumindest was die Rangreihenfolge betrifft – im wesentlichen das von der Nutzung her gewohnte Bild (vgl. Graphik 5 auf S. 30): Bei einem theoretischen Mittelwert von 3,5 Punkten werden Bücher (4,6 Punkte), Tageszeitungen (4,6 Punkte) und das Radio (4,5 Punkte) überdurchschnittlich häufig vermißt. Das Fernsehen wird mit einem Punktwert von 3,9 eher mittelstark vermißt. Am besten könnten unsere Befragten wohl den Verlust des Videorekorders (2,3 Punkte) ertragen.

Wiederum sind es die Teilnehmer mit Volks- bzw. Hauptschulabschluß mit 4,4 Punkten im Vergleich zu den Abiturienten und Hochschulabsolventen mit 3,7 Punkten, die das Fernsehen stark vermissen würden (vgl. Graphik 6 auf S. 31). Einen ähnlichen, aber auf einem weitaus niedrigeren Niveau sich abspielenden negativen Zusammenhang zeigt das Fehlen des Videorekorders: Eine niedrige Bildung geht mit einem stärker wahrgenommenen Verlust konform. Für das Medium Buch ergibt sich ebenfalls ein deutlicher – diesmal positiver – Zusammenhang zwischen der formalen Bildung und dem Vermissen: Je höher die Bildung, desto stärker die Bindung, ausgedrückt durch das Vermissen.

Das Radio wird von sämtlichen soziodemographischen Gruppen gleich stark vermißt. Dies entspricht dem Zusammenhang, den wir für die Nutzung bereits feststellen konnten. Die kaum festzustellenden Unterschiede auf einem sehr hohen Niveau deuten auf einen allgemein bedeutenden Stellenwert des Radios hin und machen seine integrative Rolle deutlich.

5. Pfadanalyse

5.1 Analysemodell

Abschließend wollen wir versuchen, einige Faktoren, die die Medienbindung determinieren, zu beschreiben. Im Zentrum der Analyse steht die Variable *Bindung an das Medium Hörfunk*. Dies ist eine sogenannte latente Variable, die nicht direkt meßbar ist – ähnlich wie ein Faktor in einer Faktorenanalyse –, sondern nur indirekt über eine Reihe von Indikatoren: Bei uns sind das die *Häufigkeit der Mediennutzung* für die Verhaltenskomponente und das *Vermissen des Mediums*, um die psychische Nähe zum Radio auszudrücken. Natürlich kann man sich außer den von uns ausgewählten Indikatoren noch weitere vorstellen, die für unser Bindungskonzept tauglich wären und die Aspekte der Nutzung und der psychischen Nähe zum Medium beschreiben.

5.2 Faktoren, die die Medienbindung beeinflussen

Wodurch kommt die Bindung an das Medium zustande? Wir vermuten, daß hier sowohl kognitive als auch affektive Faktoren eine Rolle spielen. Unter kognitiven Faktoren verstehen wir diejenigen, die die Frage betreffen, inwieweit ein Medium Informations- und Unterhaltungsbedürfnisse des Rezipienten befriedigen kann. Derjenige, für den ganz bestimmte Qualitäten eines Mediums wichtig sind, die von dem medialen Angebot in hohem Maße befriedigt werden oder ein besonderes Charakteristikum dieses Angebots sind, wird auch eine höhere Bindung entwickeln. Ebenso wird eine positive affektive Zuwendung eine Rolle spielen. Ein sympathischer Moderator kann dem Hörer ein Gefühl der Zuneigung, Nähe oder sogar Geborgenheit vermitteln, das sich in einer starken Bindung an das Medium auswirken sollte.

Um die kognitive Seite der Zuwendung zum Medium Hörfunk abzudecken, benutzten wir eine Liste von Items, in der die Befragten angaben, welche Bestandteile des Hörfunks für sie wichtig sind (vgl. Graphik 7 auf S. 32). Für die affektive Zuwendung verwendeten wir ein semantisches Differential, bei dem Eigenschaftspaare zum meistgehörten Programm eingeordnet werden sollten (vgl. Graphik 8 auf S. 32).

Explorative und konfirmatorische Faktorenanalysen ergaben für beide Gruppen eine Faktorstruktur mit je drei Faktoren: Wir finden drei kognitive und drei affektive latente Variablen vor, deren Einfluß auf die Bindung an das Medium Hörfunk untersucht werden soll. Der erste Wichtigkeitsfaktor betrifft die Möglichkeit, sich *am Programm zu beteiligen*, der zweite umfaßt die *Informationsfunktion* des Mediums Hörfunk, der dritte *Musik und Moderation*. Im semantischen Differential gelangen wir zu den Faktoren *Bewertung*, *Dynamik* und *Direktheit*.

In das Modell, das wir entwickeln, geht noch eine weitere Variable ein: Die Aufmerksamkeit, mit der die Befragten Radio hören. Wir gehen davon aus, daß Aufmerksamkeit eine Variable ist, die die Medienbindung beeinflußt, selbst aber ähnlichen Einflüssen ausgesetzt ist wie die Bindung.

5.3 Ergebnisse der Pfadanalyse

Die Berechnung des Modells erfolgte mit dem Programm LISREL VI, das in der Lage ist, simultan die Beziehung zwischen Indikatoren und latenten Variablen sowie die Beziehung zwischen den latenten Variablen untereinander zu berechnen, wobei die Beziehungen zwischen allen Variablen kontrolliert werden. Das Schaubild zeigt nur die standardisierten Pfadkoeffizienten, die den Wert von 0,2 übersteigen. Dieser Wert wurde von uns als Schwellenwert für einen relevanten Einfluß festgelegt. Die Analyse erbrachte folgendes Ergebnis: Unter den kognitiven Einflußquellen auf die Bindung an das Medium Hörfunk steht der Faktor *Musik/Moderation* im Vordergrund (vgl. Graphik 9 auf S. 33).

Den einzig nennenswerten Einfluß unter den affektiven Faktoren hat – ein nicht ganz unerwartetes Ergebnis – der Evaluations-Faktor. Die Einflüsse der soziodemographischen Variablen sind zu vernachlässigen.

Die Aufmerksamkeit, mit der das Programm verfolgt wird, hat einen beträchtlichen Einfluß auf die Programmbindung, sie wird ihrerseits lediglich vom Faktor *Dynamik* in nennenswerter Weise beeinflußt. Dies legt den Schluß nahe, daß die Dynamik eines Radioprogramms einen indirekten Einfluß auf die Medienbindung ausübt: zunächst durch einen Anregungseffekt, der seinerseits über erhöhte Aufmerksamkeit zu einer stärkeren Bindung an das Medium Hörfunk führt.

Insgesamt können wir mit unserem Modell 22 Prozent der Varianz der latenten Variablen „Medienbindung" erklären, ein zufriedenstellender Wert.

Das Ergebnis bestätigt unsere Annahme, daß sowohl kognitive als auch affektive Faktoren die Bindung an das Medium Hörfunk determinieren. Im Einklang mit früheren Ergebnissen[8] erweist sich die Bedeutung von Moderation und Musik als dominierend. Weder die Informationsfunktion des Radios noch die von vielen Lokalsendern für wichtig erachtete Beteiligung der Hörer am Programm wirken sich positiv auf die Bindung an das Medium Radio aus. Von ebenso großer Bedeutung wie die bewußte Realisierung von Erwartungen an das Hörfunkprogramm ist die affektive Zuwendung zum Radio, wobei sich direkte Einflüsse ganz auf die Bewertungsdimension beschränken.

6. Schlußfolgerungen – Ausblick

Unsere Analysen zeigen, daß sich mit einem Komponentenmodell, das einstellungs- und verhaltensorientierte Aspekte der Medienbindung vereinigt, ein plausibles Erklärungsmuster für die Entwicklung der Bindung an das Medium Hörfunk entwickeln läßt. Da wir auf Daten zurückgreifen mußten, die nicht speziell unter dem Aspekt der Medienbindung erhoben wurden, ließen sich noch einige methodische Erweiterungen und Verbesserungen denken, insbesondere bei der Operationalisierung der Indikatoren für die Bindungsvariable. Wir glauben aber, daß unsere Ergebnisse darauf hindeuten, daß ein Komponentenmodell der Medienbindung einen soliden Ansatz für die Untersuchung der Frage bieten kann, warum sich Rezipienten spezifischen Medien zuwenden.

Anmerkungen

1. Vgl. Berelson, Bernard: What „Missing the Newspaper“ Means. In: Lazarsfeld, Paul/Frank Stanton (Hg.): Communications Research. 1948 – 1949. New York 1949, S. 111.
2. Vgl. Roper, Elmo: New Trends in the Public's Measurement of Television and other Media. A Comparative Report of the Results of the Three Studies. New York 1964.
3. Bogart, Leo: Press and Public: Who Reads What, When, Where, and Why in American Newspapers. Hillsdale, New Jersey 1981.
4. Vgl. Kiefer, Marie-Luise: Massenkommunikation III. In: Berg, Klaus/Marie-Luise Kiefer (Hg.): Massenkommunikation III. Eine Langzeitstudie zur Mediennutzung und Medienbewertung 1964–1985. Frankfurt/Main 1987, S. 9–261. Zuletzt Kiefer, Marie-Luise: Massenkommunikation 1990. In: Media Perspektiven 4/1991, S. 244–261.
5. Vgl. Roper, Elmo: New Trends in the Public's Measurement of Television and other Media. A Comparative Report of the Results of the Three Studies. New York 1964.
6. Vgl. Keller, Michael: Affektive Dimensionen der Hörfunknutzung. Eine empirische Studie zur Nutzung und Bewertung von Hörfunkprogrammen. Nürnberg 1992, S. 136.
7. Vgl. Lange, Bernd-Peter: Das duale Rundfunksystem in der Bewährung. Geregelter Wettbewerb oder ruinöse Konkurrenz? In: Media Perspektiven 1/1991, S. 8–17.
   Holtz-Bacha, Christina: Zum Beispiel Bayern. Eine Zwischenbilanz für den privaten Lokalfunk. In Medium 1/1990, S. 16–20.
   Rinke Treuhand GmbH: Bestandsaufnahme der Wirtschaftlichkeit Bayerischer Lokalradios. München 1989 (BLM-Schriftenreihe Band 8).
8. Zum Beispiel Eichhorn, Wolfgang/Michael Keller: The Unknown Audience: Typologies of Radio Listeners in Germany. In: European Journal of Communication 7/1992, S. 95–119.

Literatur

Berelson, Bernard: What „Missing the Newspaper“ Means. In: Lazarsfeld, Paul/Frank Stanton (Hg.): Communications Research. 1948 – 1949. New York 1949, S. 111–129.

Bogart, Leo: Press and Public: Who Reads What, When, Where, and Why in American Newspapers. Hillsdale, New Jersey 1981.

Eichhorn, Wolfgang/Michael Keller: The Unknown Audience: Typologies of Radio Listeners in Germany. In: European Journal of Communication 7/1992, S. 95–119.

Holtz-Bacha, Christina: Zum Beispiel Bayern. Eine Zwischenbilanz für den privaten Lokalfunk. In: Medium 1/1990, S. 16–20.

Keller, Michael: Affektive Dimensionen der Hörfunknutzung. Eine empirische Studie zur Nutzung und Bewertung von Hörfunkprogrammen. Nürnberg 1992.

Kiefer, Marie-Luise: Massenkommunikation III. In: Berg, Klaus/Marie-Luise Kiefer (Hg.): Massenkommunikation III. Eine Langzeitstudie zur Mediennutzung und Medienbewertung 1964–1985. Frankfurt/Main 1987, S. 9–261.

Kiefer, Marie-Luise: Massenkommunikation 1990. In: Media Perspektiven 4/1991, S. 244–261.

Lange, Bernd-Peter: Das duale Rundfunksystem in der Bewährung. Geregelter Wettbewerb oder ruinöse Konkurrenz? In: Media Perspektiven 1/1991, S. 8–17.

Rinke Treuhand GmbH: Bestandsaufnahme der Wirtschaftlichkeit Bayerischer Lokalradios. München 1989 (BLM-Schriftenreihe Band 8).

Roper, Elmo: New Trends in the Public's Measurement of Television and other Media. A Comparative Report of the Results of the Three Studies. New York 1964.

Graphik 3 Mediennutzung – segmentiert nach Altersgruppen

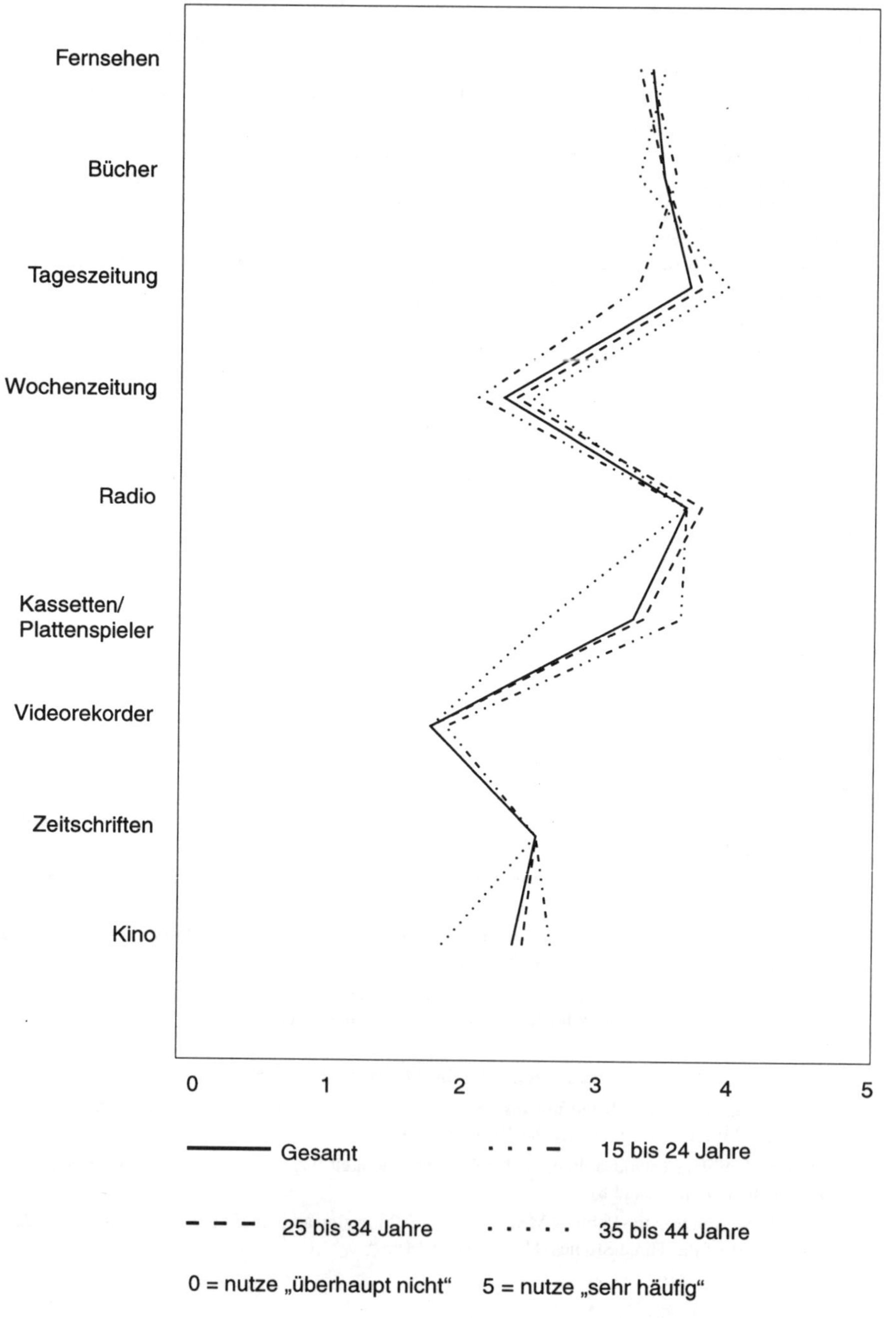

Graphik 4 Mediennutzung – segmentiert nach Bildungsgruppen

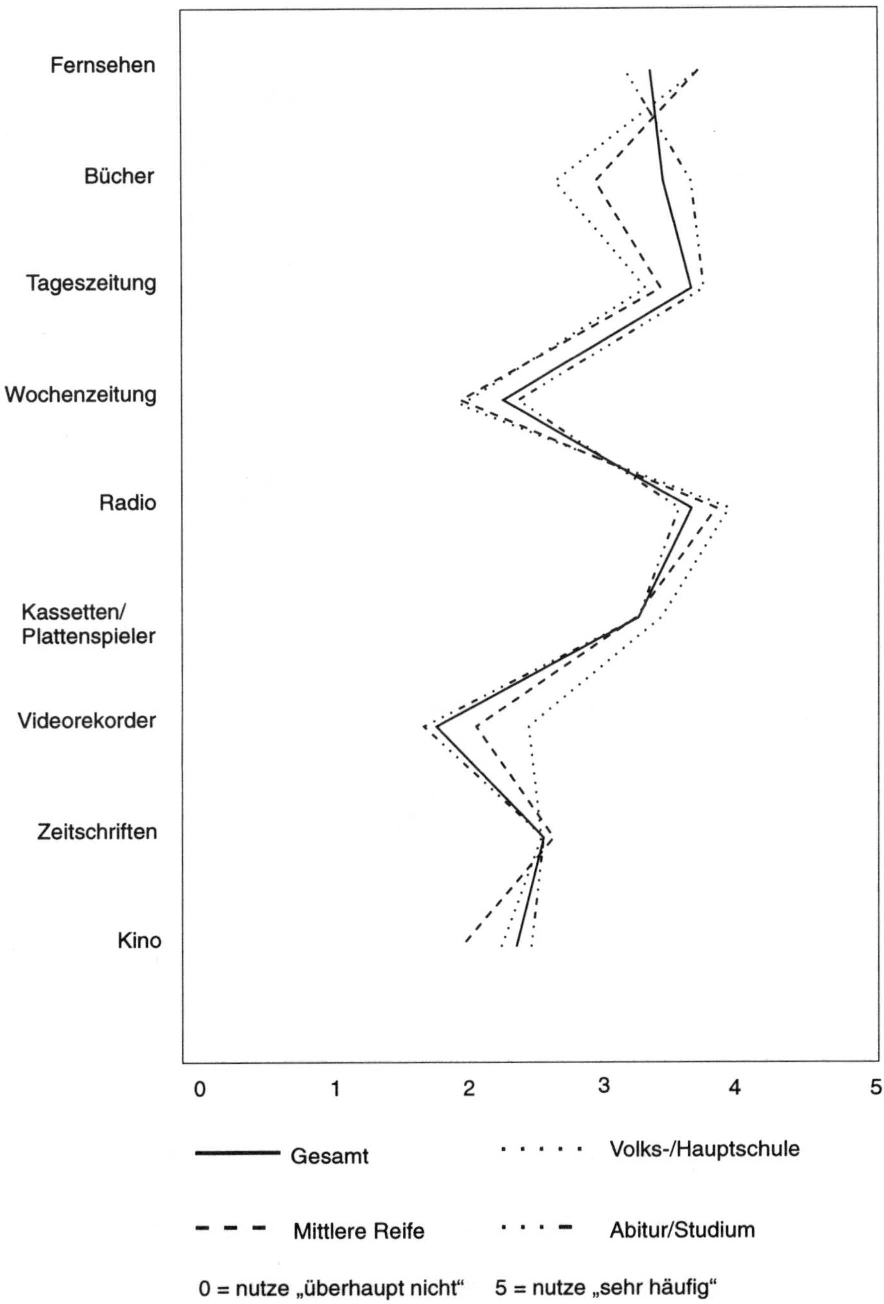

Graphik 5 Medienbindung (Vermissen) – segmentiert nach Altersgruppen

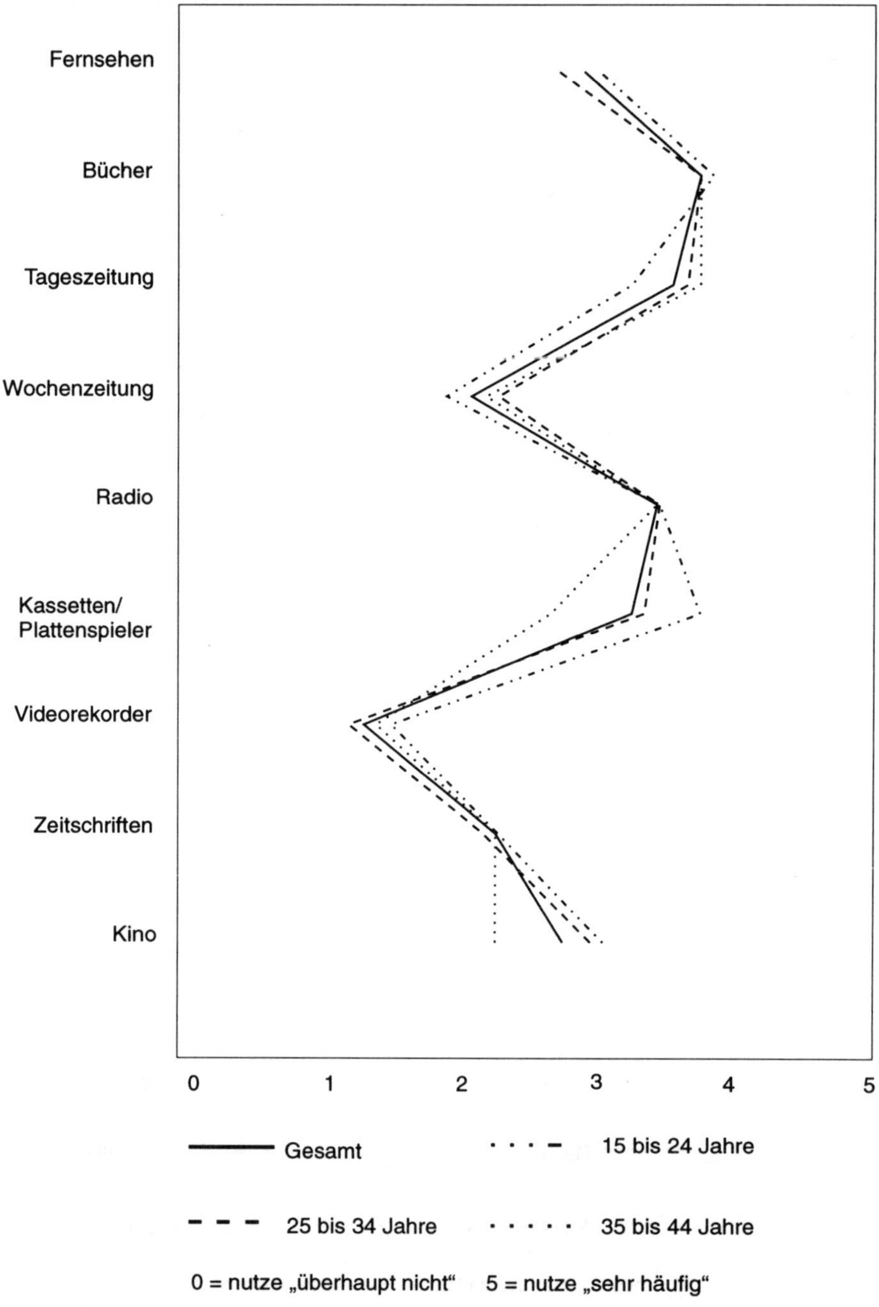

Graphik 6 Medienbindung – segmentiert nach Bildungsgruppen

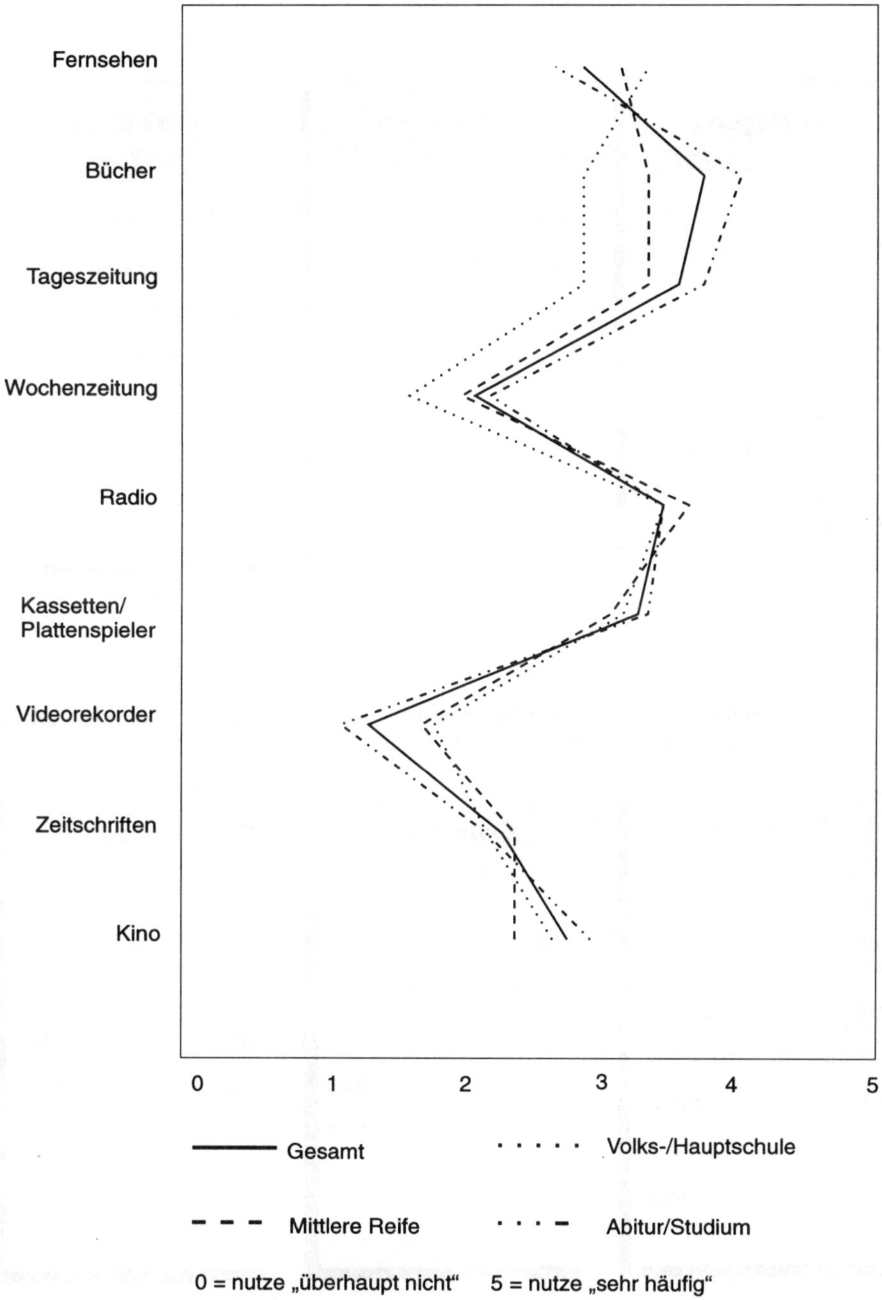

Graphik 7 Einschätzung der Wichtigkeit verschiedener Programmbestandteile des Hörfunks – Ergebnis einer Faktoranalyse

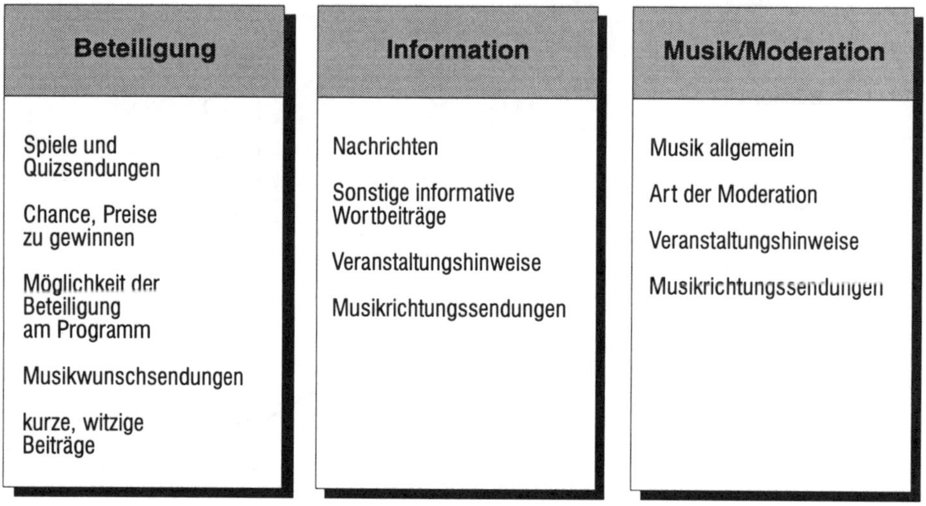

Graphik 8 Semantisches Differential: Gefühlsmäßiger Eindruck vom meistgehörten Radioprogramm – Ergebnis einer Faktoranalyse

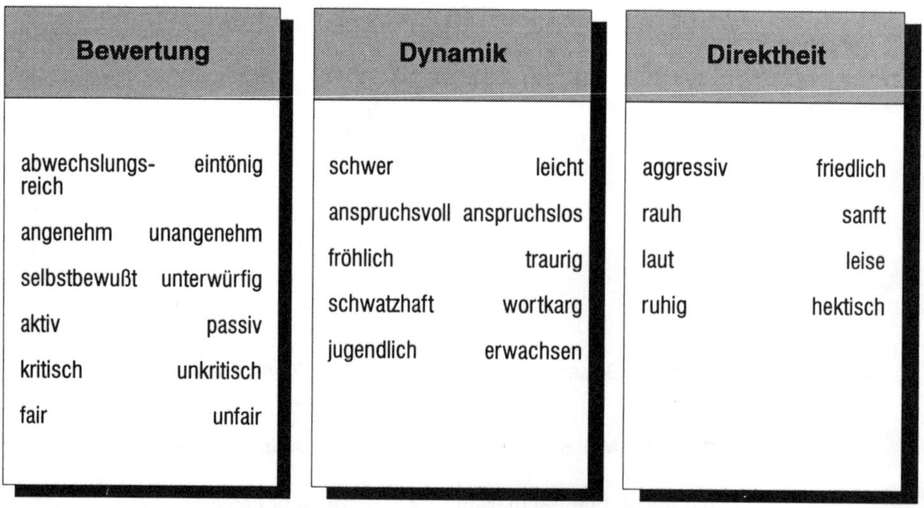

Graphik 9 Der Einfluß affektiver und kognitiver Faktoren auf die Bindung an das Medium Hörfunk

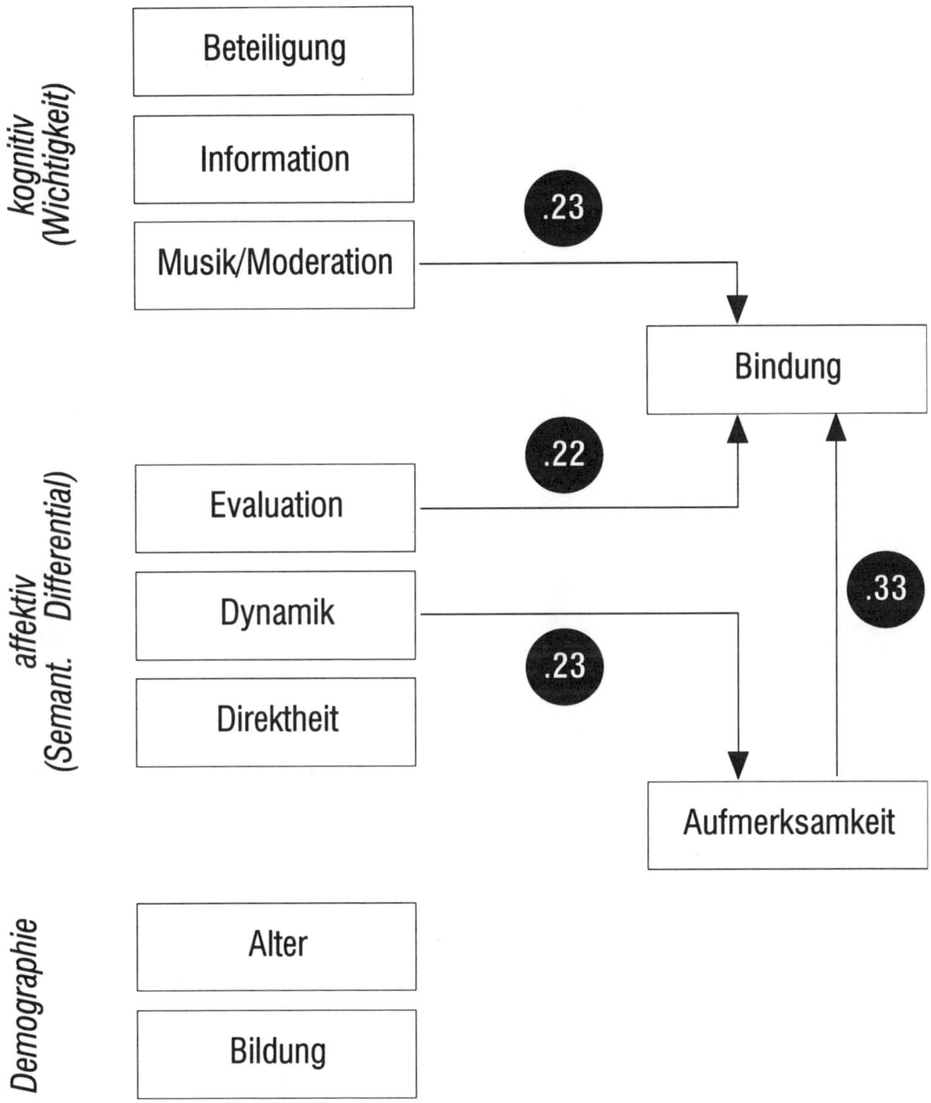

10 Jahre Lokalradio in der Schweiz

Politik, Ökonomie und Publikum

*Von Heinrich Anker**

Einleitung

Als kleine Volkswirtschaft ist die Schweiz stark von der Entwicklung seiner Next-door-Giants, Deutschland, Frankreich und Italien, abhängig. Dies ist im Bereich des Radios (und Fernsehens) nicht anders: Schon in den 70er Jahren erzielten Programme wie SWF1 und zunehmend SWF3 in der Deutschschweiz und in Frankreich domizilierte Radios wie Europe 1 und RTL, später dann die radios libres und die aus ihnen entstandenen Réseaux FM wie Nostalgie, NRJ und Europe 2 in der Suisse romande beträchtliche Marktanteile, ebenso die kommerziellen Radios aus Italien, welche in die Svizzera italiana einstrahlten bzw. heute noch einstrahlen. Es handelte beziehungsweise handelt sich dabei um einen Typ von Radios, die das Lebensgefühl einer Generation wiedergeben, welche im Zuge des Wertewandels den Hedonismus für sich entdeckt hat – Radios, die ihr Publikum deutlich stärker auf der affektiven als auf der kognitiven Ebene ansprechen. In Deutschland und Frankreich fand dieser Wertewandel Ende der 60er/Anfang der 70er Jahre statt, und die Entstehung von SWF3 und vergleichbarer Programme beziehungsweise der Réseaux FM in Frankreich im zeitlichen Umfeld dieser Veränderungen ist wohl kein Zufall. (In der Schweiz ging der entsprechende Wertewandel Ende der 70er/Anfang der 80er Jahre vor sich.)

Das junge Radiopublikum in der Schweiz kam dadurch auf den Geschmack dieses neuen Typs von Radio, welcher in der Schweiz selbst damals noch nicht vertreten war. Roger Schawinski erkannte als einer der ersten die Zeichen der Zeit: 1979 lancierte er das heutige Zürcher Lokalradio mit Namen Radio 24.

Die schweizerischen Behörden waren damals noch nicht so weit: Als Radio-Pirat mußte Schawinski vom Ausland her in die Schweiz senden. Die Publikumsresonanz von Radio 24 einerseits, der zunehmende Marktanteil ausländischer Programme andererseits führten jedoch 1983 zur gesetzlichen Zulassung lokaler, meist werbefinanzierter Radios in der Schweiz.

An diesem Schritt war nicht nur das Publikum, sondern auch die Wirtschaft sehr interessiert: Vor dem Hintergrund einer gesunden Konjunktur standen die Aussichten für die Werbebranche nicht schlecht. Es kam hinzu, daß fallende Kosten für die Studiotechnik die Markteintrittsschranken und damit das unternehmerische Risiko deutlich senkten. An

* Heinrich Anker ist Leiter der Radioforschung beim SRG-Forschungsdienst.

Kandidaten für die 36 ausgeschriebenen Konzessionen fehlte es deshalb nicht – es waren um die 200.

Im Zuge des erwähnten Wertewandels hin zu Hedonismus und Selbstaktualisierung wandte sich der Zeitgeist auf wirtschafts- und medienpolitischer Ebene überdies zugunsten marktwirtschaftlicher Lösungen und zunehmend gegen öffentlich-rechtliche Unternehmen. In der Schweiz bekam auch die SRG als quasi-öffentlich-rechtliche Veranstalterin den Wind der damaligen „Reaganomics" zu spüren.

Ab der zweiten Hälfte der 80er Jahre erklomm in der Deutschschweiz die Verweildauer dank der Lokalradios und des dritten SRG-Programms (DRS3) neue Höhen. Die Entwicklung ist damit jener in Deutschland in der zweiten Hälfte der 70er Jahre, als Radios wie SWF3 ihren Betrieb aufnahmen und die Hördauer zäsurartig stieg, sehr ähnlich.

Zwei Drittel ihres Marktanteils holten die Deutschschweizer Lokalradios bei der ausländischen Konkurrenz, das übrige Drittel bei den SRG-Programmen. Gibt es einerseits funktionale Verwandtschaften mit den Auslandsradios, unterscheiden sich die Deutschschweizer Lokalradios und DRS3 in einem Punkt deutlich von ihrer ausländischen Konkurrenz: Es handelt sich um die Dialektsprache, die in der Deutschen Schweiz – ebenfalls vor dem Hintergrund des Wertewandels – als identitätsstiftendes Element deutlich an Bedeutung gewonnen hat. Der Dialekt funktioniert als Sprachbarriere für die ausländischen Radios. Dies ist in der Suisse romande und der Svizzera italiana nicht der Fall: Hier hatten und haben die Lokalradios wesentlich mehr Mühe, sich zwischen der Auslandskonkurrenz und den SRG-Programmen zu etablieren. Gerade in der Suisse romande sind aber auch die SRG-Programme einem ganz erheblichen ausländischen Konkurrenzdruck ausgesetzt.

Recht und Politik

Am 7. Juni 1982 erließ der Schweizerische Bundesrat eine Verordnung über lokale Rundfunkversuche, kurz RVO. Aus juristischer Sicht war dies der Startschuß für eine neue Ära im Bereich des Radios. Die Kompetenz der Bundesbehörden zum Erlaß dieser Verordnung stützte sich ausschließlich auf das Telegraphen- und Telefonverkehrsgesetz aus dem Jahre 1922, welches den Bundesbehörden ein Monopol im Fernmeldewesen sicherte, allerdings auf rein technischer Ebene[1] – eine doch eher wacklige Basis für die Kompetenz der Bundesbehörden im Bereich der elektronischen Medien. Erst mit dem Inkrafttreten eines Radio- und Fernsehgesetzes am 1. April 1992 erhielt die Schweiz eine umfassende juristische Regelung im Sektor der elektronischen Medien.

Die RVO aus dem Jahre 1982 folgte der Philosophie des sogenannten Drei-Ebenen-Modells:

Auf der untersten, der lokal-regionalen Ebene sind diverse Veranstalter zugelassen, vornehmlich Lokalradios. Die sprachregionale Ebene – die Deutsche, Französische, Italienische und Rätoromanische Schweiz – sowie die nationale Ebene wurden der quasi-öffentlich-rechtlichen SRG[2] zugewiesen. Auf der internationalen Ebene dürfen die SRG sowie weitere Veranstalter aktiv werden. Dieses Drei-Ebenen-Modell lief auf eine Art duales Rundfunksystem hinaus, wenn auch nicht genau nach deutschem Muster.

Die Rundfunk-Versuchs-Ordnung von 1982 sollte unter anderem die folgenden Punkte abklären: die Bedürfnisse nach zusätzlichen Kommunikationsmöglichkeiten, die Auswirkungen der lokalen Rundfunkprogramme auf andere Medien und die Auswirkungen auf das gesellschaftliche Leben.

Als Voraussetzung zur Erteilung einer Lokalradio-Versuchserlaubnis sind in der RVO von 1982 unter anderem die folgenden Punkte festgehalten: der Veranstalter darf mit dem Versuch keinen Gewinn anstreben, der Veranstalter darf durch den Versuch im Versorgungsgebiet nicht eine publizistische Vormachtstellung erlangen, der Anteil an Eigenproduktionen muß der Sendezeit und den besonderen Verhältnissen des Versorgungsgebietes angemessen sein, das Versuchsgebiet darf nur lokale Ausdehnung (Radius: 10 km) haben, und für drahtlosen Rundfunk darf die Sendestärke nur so groß sein, daß die Sendungen im Versorgungsgebiet in „befriedigender Qualität" empfangen werden können, in Ausnahmefällen – in dünn besiedelten Gebieten – darf die Ausdehnung des Versorgungsgebietes den Radius von 10 km übersteigen.

Hinsichtlich der Organisation konnte der schweizerische Bundesrat gemäß der RVO insbesondere eine repräsentative Trägerschaftsorganisation und die Bestellung einer beratenden Programmkommission verlangen sowie die Trennung der Aktivitäten, die nicht mit der Programmtätigkeit zusammenhängen. Dies war dann das Hintertürchen, um mittels Werbegesellschaften allfällige Gewinne zu camouflieren.

In bezug auf die Kooperation lokaler Kabelnetze äußerte sich die RVO dahingehend, daß zur besseren Versorgung dünn besiedelter Gebiete „ausnahmsweise" der „Zusammenschluß lokaler Kabelnetze für zeitgleiche Übertragungen von Rundfunkprogrammen während höchstens zwei Stunden pro Tag" gestattet ist und daß die Veranstalter Programme und Beiträge anderer Veranstalter verbreiten dürfen, soweit dadurch nicht die Eigenständigkeit des Programms beeinträchtigt wird.

Als Finanzierungsmöglichkeiten sah die RVO Zuwendungen durch die öffentliche Hand, Mitglieder- und Teilnehmerbeiträge sowie Werbung vor.[3] Die Werbung regelte die RVO ursprünglich folgendermaßen: Sie durfte 15 Minuten pro Tag und 2 Prozent der täglichen Sendezeit nicht übersteigen, pro Sendestunde höchstens fünf Minuten dauern und auf maximal drei Blöcke verteilt werden. Die Werbung mußte vom Programm deutlich getrennt werden. An Sonn- und allgemeinen Feiertagen war sie untersagt. Unzulässig waren Werbung für alkoholische Getränke, Tabak und gewisse Heilmittel, für Banken und Kleinkreditinstitute, Stellenausschreibungen und Stellengesuche, Verkauf und Vermietung von Immobilien, Gebrauchtwagen, phosphathaltige Waschmittel und Waschhilfsmittel sowie Tierhandel. Der Versuch, mittels einer restriktiven Gesetzgebung die Presse, den „Bannwald der Demokratie" nicht zu gefährden, ist unübersehbar.

Die Versuchsdauer war auf drei, höchstens aber fünf Jahre festgelegt. Letztendlich wurde diese Versuchsphase immer wieder verlängert, und es ist anzunehmen, daß die letzten lokal-regionalen Veranstalter erst 1996 eine definitive Betriebskonzession – auf zehn Jahre – erhalten werden.[4]

Merkpunkte der RVO von 1982 sind zusammenfassend die folgenden:

- Die Lokalradios sollten gemäß Drei-Ebenen-Modell strikt auf die lokal-regionale Ebene beschränkt bleiben.
- Neben vorwiegend werbefinanzierten Radios sollten auch sogenannte Bürgerradios ihre Chance erhalten.
- Die restriktiven, um nicht zu sagen widersprüchlichen Bestimmungen im Bereich der Werbung sollten eine Gefährdung der lokal-regionalen Presse verhindern – ein Ziel der RVO, die Erforschung der Auswirkungen der lokalen Rundfunkprogramme auf andere Medien, wurde damit teilweise schon vorweggenommen. Wohl nicht ganz zu Unrecht

meinte Helmut Thoma zur RVO: „Die Schweizer sind in der komischen Lage, daß bei ihnen mit einem 50 Jahre alten Medium noch Versuche gemacht werden. Und zwar unter Bedingungen, als handle es sich dabei um Pockenviren."

Wir Schweizer sehen dies natürlich ein bißchen anders: Die RVO ist das Ergebnis eines fein austarierten Kompromisses zwischen den Interessen der SRG, die grünes Licht für ihre dritten Radioprogamme in der Deutschen, Französischen und Italienischen Schweiz erhielt, der Mehrheit der Kantonsregierungen, der Verbände der Medienschaffenden und der Zeitungsverleger sowie der linken Parteien einerseits, die für werbefreie Lokalradios eintraten, und der bürgerlichen Parteien sowie der Wirtschafts- und Werbeverbände andererseits, welche sich für werbefinanzierte Lokalradios stark machten.

Wohin die Reise gehen sollte, wurde ein Jahr später, Mitte 1983, deutlich: Von 197 Lokalradio-Gesuchen wurden 36 bewilligt, nur zwei davon – Radio Lora in Zürich und Radio Acidule in Lausanne – verzichteten auf Werbung. Was dann in den folgenden zehn Jahren an gesetzlichen Erlassen beziehungsweise Aufweichungen der RVO erfolgte, geschah vornehmlich unter dem Diktat der Ökonomie sowie im Zeichen der Herausbildung publizistischer Vormachtstellungen. Mit einem „Versuch", wie ihn die RVO vorsah, hatte dies kaum mehr etwas zu tun. Doch gehen wir der Reihe nach: Am 1. November 1983 gingen sieben Lokalradios und in der deutschen Schweiz DRS3, die Jugendwelle von Schweizer Radio DRS, auf Sendung.

Von den 36 genehmigten Projekten wurden letztendlich vier nicht realisiert, drei mußten wieder aufgeben. Heute, Anfang Juli 1994, sind in der deutschen Schweiz 27, in der Suisse romande zehn und in der Svizzera italiana zwei Lokalradios auf Sendung, insgesamt also 39. Drei davon gelten als nicht-kommerziell, wobei eines, Radio Acidule, im Moment eine Kehrtwendung zu vollziehen scheint.

Abgesehen von einigen Alpentälern und dem ebenfalls ökonomisch sehr schwachen und topographisch sehr schwierig zu erschließenden ländlichen Voralpengebiet zwischen den Agglomerationen Bern und Luzern sowie im Kanton Uri sind die Lokalradios heute praktisch flächendeckend.

Das Zusammenspiel zwischen Politik und Ökonomie der vergangenen zehn Jahre dokumentierte die Medienzeitschrift „klartext" in ihrer Ausgabe Nr. 5 von 1993. Hier einige Auszüge aus dieser nachdenklich stimmenden Chronik:

1983: „*Wieviel Profit darf's sein?*": Der Energie- und Verkehrsminister, Bundesrat Leon Schlumpf, bewilligt den Lokalradios die Ausschüttung von jährlichen Gewinnen im Umfang von 5 Prozent des Eigenkapitals – im Widerspruch zum RVO-Wortlaut. Derweil erzielen die Branchenleader Radio 24 und Radio Basilisk, später auch weitere große Sender via eigene Werbegesellschaften jährliche Millionengewinne.

1984: „*Nur ja kein Ende mit Schrecken*": Weil die wenigsten Radio-Unternehmer mit einer Durststrekke bei den Werbeeinnahmen, stattdessen völlig unrealistisch mit einer hohen Auslastung der Werbezeit gerechnet haben, stehen einige Sender vor dem Kollaps. Der Energie- und Verkehrsdepartement-Vorsteher drückt im Bundesrat in mehreren Schritten die Streichung von Branchenverboten (Banken, Gebrauchtwagen) und eine massive Erhöhung der maximal möglichen täglichen Werbezeit auf zunächst 30 Minuten (sog. saisonaler Ausgleich) durch. „*Kniefall vor schlechten Geschäftsleuten*": Die RVO wird bis 1989 in wesentlichen Punkten noch vier weitere Male geändert. Die RVO-Revisionen gehen immer in die gleiche Richtung: Lockerung der Werbevorschriften, Ausdehnung der Werbezeit auf maximal 40 Minuten pro Tag, Förderung der Umwandlung von Konzessionären in gewinnorientierte Aktiengesellschaften. „*Schlumpfs lebensrettende Hand*": Das EVED segnet den Einstieg der Berner Zeitung (BZ) bei Radio ExtraBERN ab. Vergessen ist, daß der Sender ein Jahr zuvor als publizistische „dritte Stimme" neben den beiden großen Zeitungsverlagen in der Bundesstadt angetreten war. (Via BZ-Beteiligung ist heute auch der Zürcher Tagesanzeiger bei Radio ExtraBERN im Geschäft.) In Zürich dürfen die ZüriWoche-Verleger Beat Curti und Verleger Walter Frey beim serbelnden Radio Z das Zepter übernehmen, ohne daß das EVED die – durch das eigenmächtige Vorgehen der neuen Z-Eigentümer klar verletzte Konzession – entzieht.

1985: „*Erlaubte Schleichwerbung*": Das EVED lockert im Kreisschreiben Nr. 9 das Sponsoring-Verbot und hebt das Kreisschreiben Nr. 2 auf: Die Moderatoren und Moderatorinnen der Lokalradios dürfen jetzt hemmungslos hinausposaunen, wer Wettbewerbspreise gespendet hat und welchen Wert sie haben. „*Schürmanns Geschenke*" (Leo Schürmann war damals Generaldirektor der SRG): Für den symbolischen Betrag von 500 Franken jährlich stellt die SRG jenen Lokalradios, die nicht als direkte Konkurrenzsender eingestuft werden, beliebige SRG-Programmteile zur Verfügung. Die Folge: Die Lokalradios picken sich die Rosinen, nämlich aufwendige und prestigeträchtige Informationssendungen. (Ab 1995 gelten für die Lokalradios für die Übernahme von SRG-Programmen wesentlich strengere Bedingungen, welche die Lokalradios zum Abbruch ihrer Beziehungen zur SRG veranlaßt haben).

1986: „*Retter Schawinski*": Roger Schawinski darf mit dem Plazet des Bundesrates beim Berner Radio Förderband einsteigen. (Mittlerweile hat sich Schawinski aus Bern zurückgezogen und dem Berner „Bund" seine Anteile überlassen. Via Beteiligung am „Bund" ist auch der Ringier-Verlag[5], das größte Verlagsunternehmen in der Schweiz in Bern im Radiogeschäft).

1992: „*Werbezeit-Schranken fallen*": Per 1. April tritt das neue Radio-TV-Gesetz in Kraft und die dazugehörige Verordnung löst die RVO ab. Neu sind zwölf Minuten Lokalradio-Werbung pro Stunde erlaubt, maximal 15 Prozent der täglichen Sendezeit. Da diese Werte auch von den besten Werbespotverkäufern nie erreicht werden dürften, kommt dies einer völligen Freigabe der Werbung gleich.

Der kritische Unterton in diesen „klartext"-Auszügen verweist auf zwei Sachverhalte:

1) Die Versuchsanlage in der Radio-Versuchsverordnung war von Anfang an widersprüchlich. Ex post kann man sich nicht des Eindrucks erwehren, daß diese Versuchsphase gar keine war, sondern eine vorgeschobene Rechtfertigung für die Einführung der Lokalradios auf kommerzieller Basis.
2) In den „klartext"-Auszügen klingt auch die Frustration an, daß die Befürworter eines kommerziellen Konzepts sehr rasch die Oberhand gewannen und die Alternativkonzeption – „Bürgerradios" – nie eine ernsthafte Chance hatte. Allerdings war eine solche Konzeption in der Phase einer weltweiten Deregulierung wohl auch illusionär, mag man zur Deregulierung stehen wie man will. Den Gegnern des privatwirtschaftlich-kommerziellen Konzepts bleibt die Genugtuung, das Angebot richtig vorausgesagt zu haben: Es wird absolut kein Aufwand gescheut, um mittels minimalem Programmaufwand der Werbung ein Maximum an Kontaktchancen zu verkaufen.

Das Radio- und Fernsehgesetz vom 1. April 1992 brachte – um den politischen Tour d'Horizon zu beenden – unter anderem die folgenden Neuerungen:

- auf die Ausdehnung der Werbezeit auf 15 Prozent der täglichen Sendedauer wurde soeben eingegangen, ebenso auf die Ausweitung der Branchen, die via Radio beworben werden dürfen;
- als neue Form der Kommerzialisierung ist das Sponsoring zugelassen, dies übrigens auch für die an sich werbefreien SRG-Radioprogramme;
- die Behörden können den Lokalradios unter bestimmten Bedingungen Gebührengelder zusprechen;

- im Vergleich zu den in der RVO vorgesehenen Konzessionsgebieten mit einem Radius von 10 km stehen größere Versorgungsgebiete zur Ausschreibung, die sich an politischen, wirtschaftlichen und kulturellen Räumen orientieren. (Dabei stützt sich das Bakom, das Bundesamt für Kommunikation, unter anderem auf eine Studie der Prognos AG, Basel.) Im Juli 1994 soll eine erste Tranche von Konzessionen ausgeschrieben werden;[6]
- für die Erteilung definitiver Konzessionen ist in der Regel eine öffentliche Ausschreibung vorgesehen. Dabei sollen die Konzessionen für zehn Jahre gültig sein. (Es dürfte allerdings kaum überraschen, wenn dabei in erster Linie die bereits bestehenden Veranstalter zum Zuge kommen sollten.[7])
- im sprachregionalen und nationalen Bereich wird vom Primat der SRG ausgegangen. Andere Veranstalter können unter spezifischen Bedingungen jedoch ebenfalls als Veranstalter auftreten;
- via Kabel können die Lokalradios auch in Gemeinden senden, welche außerhalb ihres terrestrischen Versorgungsgebietes liegen;
- das Sonntagswerbeverbot wurde bis auf einige wenige Feiertage aufgehoben.

Ökonomische Aspekte

Trotz all den erwähnten Konzessionen gegenüber den Lokalradios im Bereich der Werbung ist die ökonomische Situation etlicher Lokalradios noch so kritisch, daß das im Rahmen des neuen Radio- und Fernsehgesetzes geschaffene Bundesamt für Kommunikation (Bakom) 1993 erstmals Gebührengelder in der Höhe von 6,4 Millionen Franken an die Lokalradios verteilte. 15 Prozent davon gingen an jene 24 Sender, welche in ihrem Empfangsgebiet eine Einwohnerschaft von weniger als 150 000 Personen ab 15 Jahren besitzen. Die Juristen nennen das einen „Standortnachteil", den es auszugleichen gilt. Weitere 25 Prozent wurden pro fehlenden Einwohner – gemessen am Quorum von 150 Tausend Personen bezahlt. Weitere 10 Prozent gingen an jene Stationen, die aufgrund ihres topographischen Verbreitungsgebietes auf Zusatzsender angewiesen sind. Die zweite Tranche von 3,2 Millionen Franken wurde den Lokalradios aufgrund ihrer publizistischen Leistung – gemessen nach Kriterien des Bakom – zugesprochen, ein Sakrileg sondergleichen", wie „klartext" meint, und die Kehrseite direkter Subventionen, wie ich meine.

Ein besonderes Problem ergab sich dadurch, daß das eidgenössische Subventionsgesetz nur die Abgeltung von Defiziten erlaubt. Sender mit ausgeglichenen Geschäftsergebnissen hätten also kein Anrecht auf Gebühren gehabt. Man war jedoch findig: Maßgebend für einen Subventionsbeitrag war letztlich nicht das tatsächliche Budget, sondern ein neues fiktives Budget, das auch Ausgaben enthalten konnte, welche budgetiert worden wären, wenn bereits in der Budgetierungsphase Subventionen zugesprochen worden wären...

An 14 der 24 Stationen, die 1993 Gelder erhielten, sind Verleger beteiligt, in sechs Fällen sogar zu mehr als zur Hälfte. Andererseits gingen die werbefreien alternativen Radios leer aus, weil sie allesamt in Großstädten, also Gebieten mit wesentlich mehr als 150 000 Einwohnern ab 15 Jahren, liegen.[8] Auch in Zukunft können bestimmte Lokalradios mit Gebührenzahlungen rechnen. Zum Thema Standortnachteile gehört übrigens in Zukunft auch die Möglichkeit, Lokalradios in Grenzgebieten der Schweiz, welche besonders unter der kommerziellen ausländischen Konkurrenz zu leiden haben, ebenfalls mit Subventionen zu entschädigen. Anders gesagt: Mittels eines immer differenzierteren

Systems direkter Subventionen wird also aktive Struktur(erhaltungs)politik betrieben, anstatt daß strukturneutrale indirekte Hilfen geleistet werden wie Beiträge an die Lokalradioforschung und Beratungsservices im Bereich Betriebswirtschaft, Werbung und Marketing.

In den Jahren, für welche mir Zahlen vorliegen, hat die Branche regelmäßig mit Verlusten abgeschlossen. 1986 resultierte ein Aufwandüberschuß von 3,2 Millionen Franken, 1987 ein solcher von 2,2 Millionen Franken. Dies war gleichbedeutend mit dem Umstand, daß 13 Lokalradios einen positiven, 17 einen negativen Jahresabschluß zu verzeichnen hatten. 1990 ergab sich ein Aufwandüberschuß von 0,3 Millionen Franken, 1991 waren es schon wieder 2,0 Millionen, weil fünf neue Lokalradios damals ihren Betrieb aufnahmen, und 1992 insgesamt 1,7 Millionen Franken. Obzwar das Jahr 1993 nach Aussagen von Fachleuten hinsichtlich der Werbung als gut zu betrachten ist, ist davon auszugehen, daß 1993 etliche Lokalradios nur dank des Gebührensplittings mit einem bescheidenen Gewinn beziehungsweise mit nur geringfügigen Verlusten abschließen konnten. Mit anderen Worten: Ein wirklich einträgliches Geschäft ist das Radiomachen auch heute noch praktisch nur für die ganz Großen der Branche, wenn auch davon auszugehen ist, daß heute nicht mehr wie 1987 mehr als die Hälfte aller Lokalradios rote Zahlen schreiben, sondern nach Angaben von Kennern der Branche noch circa fünf.

Wie wir noch sehen werden, reagierte das Publikum recht schnell auf das neue Radioangebot. Dennoch blieb der Anteil der Radiowerbung am gesamten Werbevolumen der Schweiz bescheiden (Tabelle 1 und 2): 1984 ergatterten sich die Lokalradios einen Anteil von 0,5 Prozent am gesamtschweizerischen Netto-Werbeumsatz, 1992 kamen sie erst auf einen Anteil von 1,2 Prozent, dies bei einem westeuropäischen Mittel von 4,4 Prozent. Zurückzuführen ist diese verhaltene Entwicklung nicht nur auf die anfänglich sehr restriktiven Werbebestimmungen, sondern auch auf die Zurückhaltung der Werbeauftraggeber und das bescheidene Involvement der Werbeagenturen, wie eine 1992 am Publizistischen Seminar der Universität Zürich publizierte Studie ergab. Zudem sind – wie erwähnt – die SRG-Radioprogramme werbefrei.

Andererseits ist bemerkenswert, daß die Lokalradios in den letzten drei Jahren – in der Schweiz Rezessionsjahre – ihren Werbeumsatz nicht nur in Prozentanteilen, sondern auch in Franken-Beträgen zu steigern vermochten, während die Presse arg gebeutelt wurde. Vielleicht ist es für die Lokalradios kein Nachteil gewesen, daß ihnen anfänglich das Engagement im Stellen- und Immobilienmarkt untersagt war.

Tabelle 1 Ertragslage der Schweizer Lokalradios (in Millionen Franken)

Jahr	Gesamtertrag	Gesamtaufwand	Aufwandüberschuß
1986	28,3	31,5	3,2
1987	35,6	37,8	2,2
1990	43,2	43,5	0,3
1991	54,9	56,9	2,0
1992	62,4	64,1	1,7

Quellen: Bundesamt für Kommunikation (Jahre 1990 bis 1992), wf Radio- und Fernsehspiegel (Jahre 1986 und 1987).

Angesichts solch rosiger Aussichten einerseits und einer empfindlichen Knappheit an UKW-Frequenzen im Radiobereich andererseits engagieren sich die meisten großen Lokalradiounternehmen, allen voran Radio Z und Radio 24, federführend an TV-Projekten, Radio Z in enger Verbindung mit prominenten Zeitungsverlegern, die versuchen, sich ein elektronisches Standbein zu verschaffen. Hier herrscht schon so etwas wie Torschlußpanik. Mit Ringier und TA-Medien AG (Tagesanzeiger) hat sich auch Radio 24 für sein Projekt „TeleZüri" mit ersten Adressen im Verlagsgeschäft zusammengetan. Hier droht eine vertikale Medienkonzentration in bisher noch nicht gekanntem Ausmaß.

Es ist nicht unrealistisch anzunehmen, daß der Anteil der Kommerz-Radios am Werbekuchen in der Schweiz dereinst den europäischen Durchschnittswert erreichen wird. Man kann deshalb davon ausgehen, daß die Kommerziellen immer professioneller werden und daß sie Gewehr bei Fuß stehen werden, sobald neue Verbreitungstechniken verfügbar sind, sei dies nun DAB, ADR, VBC usw. Dieser Prozeß wird sich noch weiter beschleunigen, wenn die Kommerziellen größere Verbreitungsgebiete und damit auch eine stärkere kommerzielle Basis zur Verfügung haben werden als heute.

Wie sich eine entsprechende Radioreform in Baden-Württemberg ausgewirkt hat, bekommen wir auch in der Schweiz zu spüren: In Basel ist Radio Regenbogen daran, eine Bresche in die Schweizer (Lokal-)Radiolandschaft zu schlagen, nach unserer Einschätzung vornehmlich aufgrund einer professionellen Musikforschung und einer entsprechend konsequenten Programmierung.

Daß zunächst die grenznahen Schweizer Lokalradios hinsichtlich Forschung, Programmierung und Management werden mitziehen müssen – zum Teil tun sie es schon –, versteht sich, ebenso jedoch, daß dadurch auch die übrigen Lokalradios in Zugzwang geraten werden.

Nach dem ersten Ansturm der Lokalradios in den letzten zehn Jahren wird die SRG in den nächsten Jahren mit einem neuen Konkurrenzschub zu rechnen haben, der vielleicht wesentlich dramatischer sein wird als das, was wir in den letzten zehn Jahren erlebt haben. Der momentane Run aufs Lokalfernsehgeschäft mag diese Entwicklung zeitlich etwas

Tabelle 2 Netto-Werbeumsätze in der Schweiz (in Millionen Franken)

Jahr	Total	Radio	Anteil Radio in Prozent
1984	3301	15	0,5
1985	3607	26	0,7
1986	4054	33	0,8
1987	4439	43	1,0
1988	4911	48	1,0
1989	5302	54	1,0
1990	5783	59	1,0
1991	5877	65	1,1
1992	5792	72	1,2

Quelle: AG für Werbemittelforschung, Stiftung Werbestatistik Schweiz, Mediafocus

Berücksichtigte Medien beim Total Werbeumsatz: Presse, Kino, Lokalradio, Werbefernsehen, Teletext, Außenwerbung, Adreßbücher, Messen/Ausstellungen und Direktwerbung.

verzögern, stattfinden wird sie jedoch bestimmt, schon nur oder gerade deshalb, weil in der Kombination von Fernseh- und Radiowerbung bekanntermaßen erhebliche Synergiepotentiale stecken.

Die Reaktionen des Publikums auf die Lokalradios

Damit wären wir beim dritten Punkt angelangt: dem Publikum bzw. der Nutzung der Lokalradios in den vergangenen zehn Jahren.

Ohne in die Tiefe zu gehen – in Deutschland ist die Situation generell vergleichbar mit derjenigen in der deutschen Schweiz –, möchte ich in diesem Zusammenhang auf die folgenden Punkte hinweisen:

- Die Lokalradios wurden in der Schweiz sehr rasch akzeptiert. Dies zeigt sich sowohl auf der Einstellungs- als auch auf der Verhaltensebene[9] (Graphik 1 auf S. 45). Dies deutet darauf hin, daß die entsprechenden Bedürfnisse schon vor dem Aufkommen der Lokalradios vorhanden waren und nicht erst geschaffen zu werden brauchten. Bei der Herausbildung dieser Bedürfnisse hat in der Schweiz der Wertwandel der späten 70er und frühen 80er Jahre eine wesentliche Rolle gespielt. Stichworte, die in diesem Zusammenhang von Bedeutung sind: Veränderung der Arbeitswerte – mit entsprechend zunehmender Radionutzung am Arbeitsplatz –, zunehmende Individualisierung der Gesellschaft, zunehmende Selbstaktualisierung und – damit in Zusammenhang – Genußorientierung und Mood-Management.
- Die Tagesreichweite des Mediums Radio hat sich in Abhängigkeit von der wachsenden Zahl der Lokalradios zwar auch erhöht, jedoch deutlich weniger stark als die Radiohördauer (Graphik 2 und 3 auf S. 46f.). Mit anderen Worten: Die Lokalradios haben nicht primär neue Publikumskreise für das Radio gewonnen, sondern zu einer intensiveren Radionutzung im bestehenden Publikum geführt.
- Daß die Lokalradios in erster Linie die Unterhaltungsfunktion des Radios verstärkt haben, läßt sich daraus ersehen, daß sie – wie übrigens auch die dritten SRG-Programme – mehrheitlich in den sogenannten Begleitzeiten des Vormittags und Nachmittags während der Arbeit zu Hause und außer Haus genutzt werden (Graphik 4 auf S. 47). Das Radio hat hier noch brachliegende zeitliche Ressourcen erschlossen. Dabei kommen sehr lange Hördauern von beinahe 6 Stunden (352 Min.) pro Hörerin und Hörer am durchschnittlichen Werktag (Durchschnittswert Montag bis Freitag) zustande. Das Hauptangebot der Lokalradios und der dritten SRG-Programme zu dieser Zeit besteht – der Hörsituation bei der Arbeit Rechnung tragend – vorwiegend aus Musik. Die erwähnten zeitlichen Ressourcen waren also vergleichsweise billig zu erschließen und daher von Anfang an die wichtigste Stoßrichtung der Lokalradios.
- Ihre Marktanteilsstärke – in der deutschen Schweiz je 34 Prozent in den letzten beiden Jahren – ist denn auch eher auf eine relativ lange Hördauer zurückzuführen als auf die Reichweitenleistung (Graphik 5 auf S. 47). Diese ist allerdings mit 31 Prozent auch beachtlich. Bei den SRG-Programmen ist die Situation eher umgekehrt: In den Informations-prime-times werden die SRG-Programme von weiten Bevölkerungskreisen mitverfolgt, jedoch bei einer geringeren Hördauer pro Hörerin beziehungsweise Hörer.
- Am stärksten genutzt werden heute die Lokalradios im Publikum von 15 bis 45 Jahren mit mittlerer Bildung, das heißt mit Berufslehrabschluß. In diesem Segment haben die Lokalradios im Publikum der SRG-Programme eine tiefe Bresche geschlagen. Das

Durchschnittsalter des Lokalradiopublikums hat sich in den letzten zehn Jahren etwas erhöht. Ich vermute dahinter einen Kohorteneffekt.
Ein forscherisch noch wenig durchdrungenes Thema in Zusammenhang mit den Lokalradios ist der Begriff des „Lokalen". Hier bestehen noch beachtliche Forschungsdefizite, denn allein mit den Lokalnachrichten und der Dialektsprache läßt sich dieser Begriff meines Erachtens nur sehr unvollständig umschreiben. Daß die Dialektsprache in der Deutschen Schweiz jedoch ihre Bedeutung hat, zeigt sich bei der Entwicklung der Marktanteile der SRG-, Lokalradio- und Auslandprogramme über die Zeit: Zwei Drittel ihres Marktanteils knöpften die Lokalradios in der Deutschen Schweiz den Auslandprogrammen ab, ein Drittel der SRG. In der Suisse romande lief die Sache übrigens ganz anders: Die Lokalradios wurden von der französischen kommerziellen Konkurrenz gleichsam in eine Nische gedrängt, aus der sie nur sehr schwer herauskommen – dies, weil es in der Suisse romande gegenüber dem Ausland keine Sprachbarriere gibt: Mehr als 17 Prozent Marktanteil haben sie noch nie erzielt. Zudem konnte sich der Bundesrat erst zwei Jahre, nachdem im Nachbarland Frankreich die privaten Radios auf Sendung gingen und auch in die Schweiz hineinstrahlten, zur Durchführung des Lokalradioversuchs durchringen. Damit wären wir wieder am Ausgangspunkt.

Epilog

Auf einige wichtige Veränderungen, welche in der Zwischenzeit eingetreten sind, wurde in Fußnoten hingewiesen. Nachfolgend noch einige weitere Ergänzungen: Zwischenzeitlich haben in der Deutschen Schweiz die Programme der SRG leicht an Terrain verloren, dies zugunsten der Lokalradios und privater ausländischer Programme. Die erste Tranche von Neukonzessionierungen betraf vornehmlich Lokalradios in der Suisse romande. Insgesamt konnten sie ihre Position gegenüber der ausländischen Konkurrenz verstärken. Die Stellung der SRG-Programme blieb stabil. In der Svizzera italiana halten die SRG-Programme ihre Position ebenfalls.

In Fachkreisen wird der Werbeumsatz der Lokalradios für 1995 auf circa 100 Millionen Franken geschätzt. Gemessen an der Entwicklung des gesamten Werbevolumens verzeichneten die Lokalradios in den letzten Jahren ein überproportionales Wachstum.

Das neue Politikum im Bereich der Lokalradios ist der Versuch ausländischer Veranstalter, sich an Schweizer Lokalradios finanziell zu beteiligen. Konkret betrifft dies im Moment Radio Nostalgie aus Frankreich, das sich im Raum Lausanne und Basel engagiert.

Anmerkungen

1. Damit erklärt sich die Zuständigkeit des Verkehrs- und Energieministeriums für die elektronischen Medien.
2. Sie ist ein Verein privaten Rechts.
3. Für Lokal-TV-Versuche war damals keine Werbung vorgesehen, weshalb entsprechende Projekte erst nach den gesetzlichen Innovationen von 1992 lanciert wurden.
4. Die letzten Konzessionen werden im Verlaufe des Jahres 1997 erteilt werden.
5. Mittlerweile betrifft dies auch die Neue Zürcher Zeitung.

6. Eine erste Tranche von Lokalradios wurde 1995 definitiv auf 10 Jahre konzessioniert, die übrigen Konzessionen dürften Anfang 1997 erteilt werden.
7. Dies hat sich mittlerweile – bei der Vergabe der ersten Tranche der definitiven Konzessionen – bestätigt.
8. Mittlerweile wurde die Politik bezüglich der alternativen Lokalradios modifiziert.
9. Zur Einstellungsebene vgl. Graphik 1.

Graphik 1 Akzeptanz der Lokalradios („Ich begrüße, daß es Lokalradios gibt") nach Sprachregionen 1985/86 bis 1991

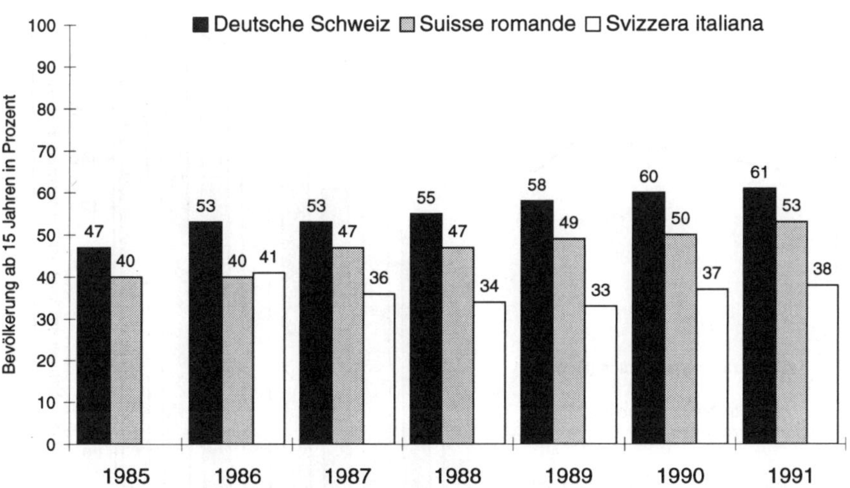

Quelle: SRG-Medienstudie der ausgewiesenen Jahre

Graphik 2 Deutsche Schweiz: Tagesreichweite (Durchschnittswerktag) und Anzahl neuer Radioprogramme 1975 bis 1992

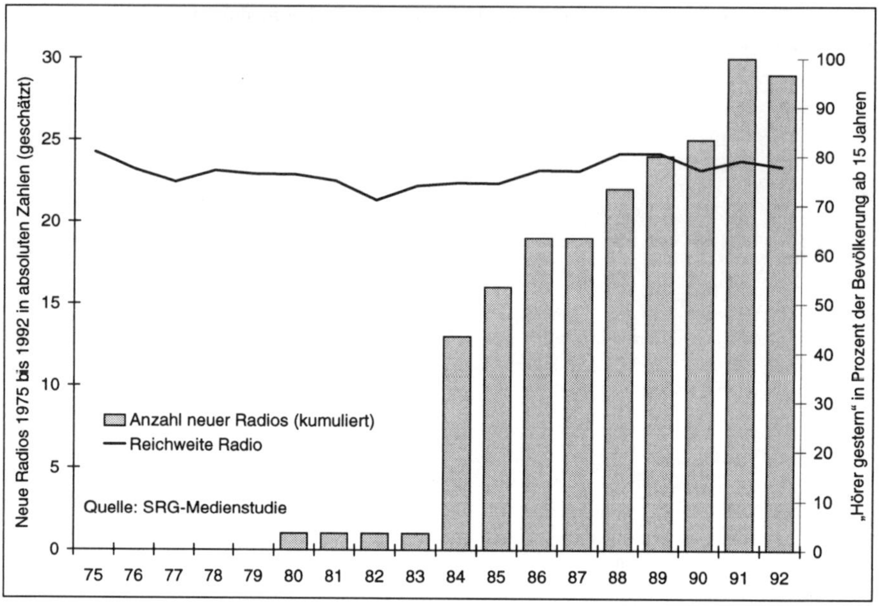

Graphik 3 Deutsche Schweiz: Radiohördauer pro Kopf der Bevölkerung (Durchschnittswerktag) und Anzahl neuer Radioprogramme 1975 bis 1992

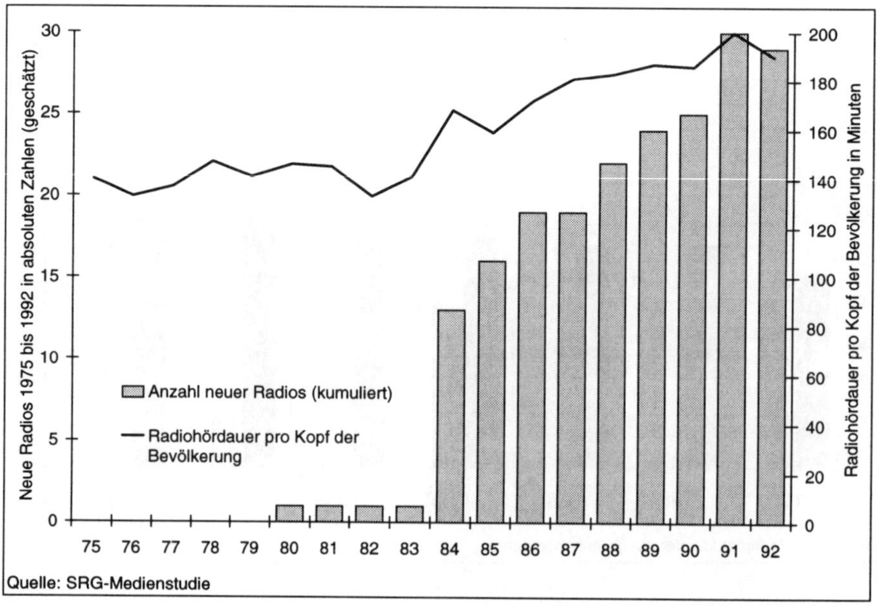

Graphik 4 Personenanteile der Radios nach Viertelstunden am Durchschnittswerktag 1993 (Deutsche Schweiz)

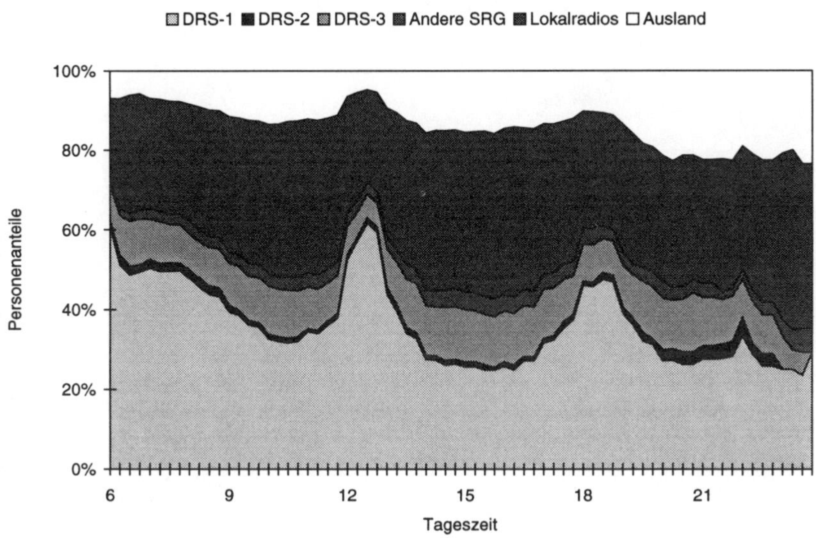

Quelle: SRG-Medienstudie

Graphik 5 Marktanteile nach Radiogruppen 1975 bis 1993 in der deutschen Schweiz (Durchschnittswerktag)

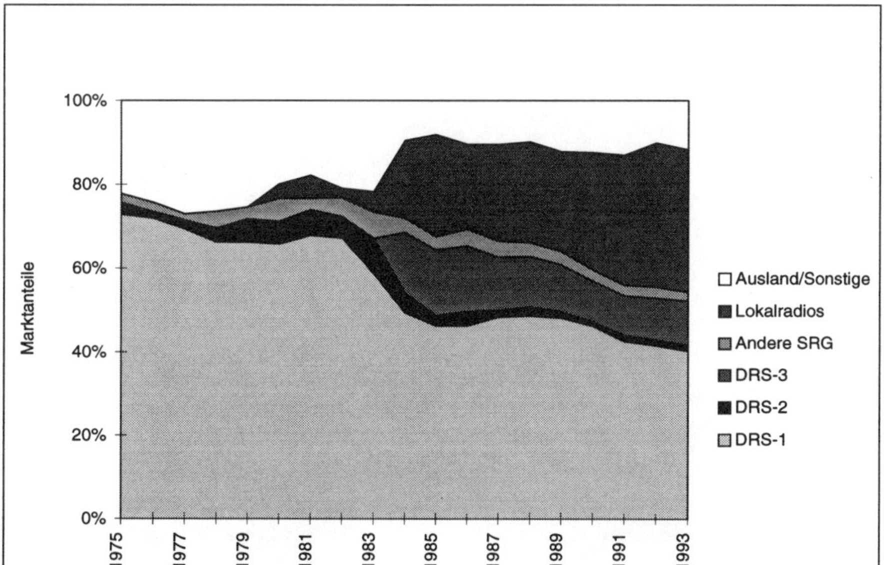

Quelle: SRG-Medienstudie

Zur Stellung des landesweiten, regionalen und lokalen Hörfunks

Analysen zur Mediennutzung

*Von Michael Schenk, Susanne Gralla und Wolfgang Neuber**

1. Einleitung

Lange Zeit zählte es zu den Aufgaben der Tageszeitung, den lokalen Kommunikationsraum abzudecken. Befragungen konnten belegen, daß das Interesse der Bevölkerung am lokalen Geschehen relativ hoch ist. Berichte aus dem Ort und der Umgebung werden von den Rezipienten nach eigenen Angaben allgemein am meisten gelesen.[1] Allerdings kommt immer stärkere Kritik an der publizistischen Leistung der lokalen Tageszeitungen auf. Die unzureichende Versorgung der Leser mit lokalen Informationen läßt sich unter anderem auf die Bildung von Ein-Zeitungs-Monopolen zurückführen. Der lokale Hörfunk befindet sich hier also in einer guten Ausgangslage: Zum einen besteht die Möglichkeit und auch der Bedarf, die lokale Berichterstattung der Tageszeitungen zu ergänzen; zum anderen würde durch die Einführung von Lokalfunkprogrammen – besonders in Ein-Zeitungs-Kreisen – publizistischer Wettbewerb hergestellt.

Allerdings darf nicht übersehen werden, daß das Radio häufig als Begleitmedium zu den verschiedensten Tätigkeiten genutzt wird, dem man sich folglich nicht immer konzentriert zuwendet. So verwundert es nicht, daß auf der Hörerwunschliste Musik als wichtigstes Element weit vor der aktuellen Berichterstattung rangiert.

In einigen Bundesländern – zum Beispiel Bayern und Baden-Württemberg – hat das Lokalradio im Schnitt eine Reichweite von 25 Prozent pro Werktag, das heißt, ein Viertel der Bevölkerung wird bereits täglich von diesem Medium erreicht. Drückt sich dadurch vielleicht ein dominanter Wunsch nach mehr Informationen aus dem Nahbereich aus? Deckt das Lokalradio eine noch offene Programmnische, oder vermag es gar landesweite Angebote zu übertreffen?

Bedenkt man jedoch den hohen Stellenwert, den die Musik bei der Hörerschaft einnimmt, ließe sich ein ganz anderer Interpretationsansatz für diese Reichweite finden: Die Hörer unterscheiden gar nicht zwischen lokalen und nicht-lokalen Programmen, sondern orientieren sich ausschließlich an der Musik; das hieße wohl, daß die Aufnahmebereit-

* Michael Schenk ist Leiter der Forschungsstelle für empirische Kommunikationsforschung an der Universität Hohenheim, Susanne Gralla wissenschaftliche Mitarbeiterin im Fachgebiet Kommunikationswissenschaft der Universität Hohenheim. Wolfgang Neuber ist freier Medienforscher und -berater.

schaft der Hörer für lokale Informationen überschätzt wird. Es könnte doch auch sein, daß die regionalen und überregionalen Nachrichten und Informationen bedeutsamer sind und damit letztlich ein gut gemachtes landesweites Programm auf Dauer effektiver ist – das heißt auf mehr Akzeptanz stößt – als ein lokales oder regionales Angebot. Diesen hier angedeuteten Fragen soll im folgenden am Beispiel des lokalen Hörfunks in Nordrhein-Westfalen nachgegangen werden.

Die unterschiedlichen Organisationsmodelle, die bei der Lizenzvergabe für private Hörfunkveranstalter in den einzelnen Bundesländern zugrunde gelegt wurden, könnten gleichfalls Einfluß auf den Erfolg der Lokalradios haben.[2] So gibt es landesweit verbreitete Programme – man denke an Antenne Bayern –, einzelne regionale oder lokale Radiosender, wie zum Beispiel in Baden-Württemberg, und schließlich noch sogenannte Mischformen; eine solche wurde für den privaten Hörfunk Nordrhein-Westfalens gewählt. Die Organisation des lokalen Rundfunks in Nordrhein-Westfalen, basierend auf dem „Zwei-Säulen-Modell“, ist sowohl auf Gewinn als auch auf Gemeinwohl und die Herstellung demokratischer Öffentlichkeit ausgerichtet.

Kann dieses Konzept auch Einfluß auf die inhaltliche Komponente haben? Findet es auch die gewünschte hohe Akzeptanz beim Hörfunkpublikum?

2. Untersuchungsanlage

Nach Sendebeginn des lokalen Hörfunks in Nordrhein-Westfalen (1990) bestand die Möglichkeit, Akzeptanz und Reaktionen der Hörer auf dieses neue Medium zu ermitteln; insbesondere konnten dabei der Erfolg von landesweitem Rahmenprogramm (Radio NRW) und dem lokalen Hörfunk vor Ort, inklusive der Einbeziehung des „Bürgerfunks“, miteinander verglichen werden.

1990 führte infas eine breit angelegte Strukturerhebung zur Medienausstattung und -nutzung der Haushalte in Nordrhein-Westfalen durch.[3] Daran schlossen sich eine landesweite Repräsentativbefragung der erwachsenen Personen ab 14 Jahren sowie weitere Repräsentativerhebungen in fünf Regionen Nordrhein-Westfalens an. In drei der fünf Regionen war lokaler Hörfunk bereits auf Sendung. So bestand die Möglichkeit, Gebiete, in denen lokaler Hörfunk bereits auf Sendung war, mit solchen zu vergleichen, wo noch kein solches Angebot bestand, und beide wiederum mit der „Meßlatte ‚NRW gesamt‘“. Die fünf Verbreitungsgebiete sollten sich dabei hinsichtlich Wirtschaftsstruktur, geographischer Lage, Siedlungsform, kultureller Traditionen und Medienangebot voneinander unterscheiden. Diese heterogene Zusammensetzung der Regionen erschwert es allerdings, Unterschiede im Medienverhalten ausschließlich auf das Angebot lokalen Hörfunks zurückzuführen.

Die Zahl der geführten Interviews verteilt sich wie folgt (Tabelle 1):

Tabelle 1 Geographische Verteilung der Interviews

Nordrhein-Westfalen, landesweit	1.278 Interviews
Verbreitungsgebiete	
Stadt Dortmund	591 Interviews
Stadt Duisburg*	546 Interviews
Kreis Neuss	668 Interviews
Kreis Soest*	692 Interviews
Kreis Siegen-Wittgenstein*	576 Interviews
Gesamt	4.351 Interviews

* privater lokaler Hörfunk bereits auf Sendung

Ein statistischer Vergleich zwischen den Interviews der Repräsentativerhebungen und der vorausgegangenen Strukturerhebung zeigt, daß die befragten Personen hinsichtlich der demographischen, empfangstechnischen und geographischen Merkmale mit der Hörerstruktur in Nordrhein-Westfalen übereinstimmen. Des weiteren erfüllt die Studie die Bedingungen des ZAW-Rahmenschemas. Als Besonderheit der Untersuchung ist darüber hinaus zu vermerken, daß über die Abfrage von „weitestem Hörerkreis" und „Hörer gestern" hinaus auch Tagesabläufe in Viertelstundenabschnitten ermittelt wurden. Daneben wurden mit Hilfe des LOCAL-Systems kleinräumige, auf Wohnquartiere bezogene Analysen der technischen Empfangsbedingungen der lokalen Hörfunkprogramme durchgeführt. Hierbei werden die Wohngebiete anhand der Gebietscharakteristika in Wohnquartiere segmentiert und diese „Zellen" auf der Grundlage verschiedener Kriterien aus der LOCAL-Datenbank beschrieben. Die wichtigsten Merkmale zur Beschreibung sind dabei Wohnumfeld, Gebiets- und Bevölkerungsstruktur, Wahlergebnisse und (als Besonderheit beim Radio) technische Empfangsanlagen.

Schließlich wurden noch in jedem Verbreitungsgebiet Experteninterviews mit Repräsentanten vorhandener Kommunikationsanbieter (Vereine, Weiterbildungsanbieter) und des Lokalradios durchgeführt, um Einschätzungen und Erfahrungen bezüglich infrastruktureller Voraussetzungen und des Stellenwerts, den das Lokalradio in dieser Infrastruktur hat beziehungsweise haben wird, zu erheben.

Aus der umfangreichen Studie[4] sollen im folgenden einige Ergebnisse diskutiert werden, die sich auf den Vergleich von landesweitem, regionalem und lokalem Hörfunk beziehen.

3. Ergebnisse

3.1 Ausgangslage: Die Hörfunknutzung in NRW im Jahre 1990

Jene Minderheit der Bevölkerung (weniger als zehn Prozent), die in Nordrhein-Westfalen 1990 bereits lokalen Hörfunk empfangen konnte, hörte insgesamt deutlich länger; ihr Radiokonsum erhöhte sich gegenüber dem landesweiten Schnitt um eine halbe Stunde,

während die Fernsehnutzung etwas zurückging. Die für die Zeitungslektüre aufgewendete Zeit (31 Minuten) blieb konstant: Lokaler Hörfunk substituierte diese also nicht.
Die Chancen des lokalen Hörfunks sind zweifach:
- Marktausweitung: Mehr Menschen hören Radio.
- Umverteilung: Viele Hörer schalten um.

Der nordrhein-westfälische Lokalfunk bewirkt beides.

Wie sah die landesweite Hörfunknutzung in NRW 1990 im einzelnen aus? Es dominieren in allen Landesteilen WDR4 und WDR2, die die längste Hördauer zu verzeichnen haben. Demgegenüber sind WDR1 und WDR3 von deutlich geringerer Bedeutung. Auffällig ist die Resonanz des Südwestfunks dort, wo er empfangen werden kann. In den Verbreitungsgebieten, in denen die lokalen Radios schon senden, sind sie auch recht erfolgreich. Sie können bereits zwischen 35 und 58 Minuten durchschnittliche Hördauer verbuchen. Der private lokale Hörfunk macht vor allem WDR4 und WDR2 Konkurrenz: Diese Programme verlieren am stärksten Hörer und werden nicht so lange genutzt wie im Landesdurchschnitt. Besonders gilt dies für Soest und Siegen, nicht so sehr für Duisburg.

3.2 Akzeptanz von landesweitem Rahmenprogramm (Radio NRW), lokalem Hörfunk und Bürgerfunk

Das Lokalfunkkonzept in Nordrhein-Westfalen ist im Vergleich zu anderen Bundesländern durch rundfunkpolitische und medienwirtschaftliche Besonderheiten geprägt. Das Zwei-Säulen-Modell gründet auf zwei bekannten Organisationsformen: Einmal zeigt es durch die Form der Zusammensetzung der „Veranstaltergemeinschaft" (aus Vertretern gesellschaftlich relevanter Gruppen) und deren Funktionsbereichen (Programmgrundsätze, -planung, -verantwortung) wesentliche Strukturmerkmale des binnenpluralistischen Vielfaltsmodells, wie sie auch in der Organisation des öffentlich-rechtlichen Rundfunks zu finden sind; andererseits trägt es Züge des privatkommerziellen Modells: Die für die finanzielle und technische Seite verantwortliche „Betriebsgesellschaft" weist gewinnorientierte Handlungsrationalität auf. Die Finanzierung erfolgt schließlich durch Werbeeinnahmen.

Zwischen den beiden „Säulen" bestehen sechs „Verbindungsbrücken", die die Aufgabenbereiche gegeneinander abgrenzen und die Möglichkeit einer gleichberechtigten Partnerschaft schaffen. Auf diese Weise werden also lokale Rundfunkpluralität und Presseschutz auf lokalen Märkten miteinander verbunden.

Als weitere, in diesem Kontext erwähnenswerte Besonderheit bestimmt das Landesrundfunkgesetz für Nordrhein-Westfalen von 1988, daß dem sogenannten „Bürgerfunk" täglich 15 Prozent, höchstens jedoch zwei Stunden der täglichen Sendezeit einzuräumen sei.[5] Die lokale politische Partizipation soll damit – wohl auch im Hinblick auf die Monopolsituation im Tageszeitungsbereich – angeregt werden.

Radio Siegen im Verbreitungsgebiet Siegen-Wittgenstein

Radio Siegen, am 2.6.1990 auf Sendung gegangen, ist es relativ schnell gelungen, über weite Strecken des Tages gehört zu werden. Im Vergleich mit der Gesamtnutzung des Radios im Siegerland zeigt Radio Siegen den typischen Tagesverlauf der Radionutzung: In den Morgenstunden ist es mit seinem lokalen Programm überdurchschnittlich erfolgreich, übertrifft dabei sogar das beliebte WDR4-Programm. Im Vergleich mit WDR2 erzielt SWF3 eine höhere Nutzung, WDR2 und SWF3 haben fast den ganzen Tag über weniger Zuhörer als Radio Siegen.

Ein feinerer Vergleich der Hörfunknutzung im Tagesablauf zwischen „Radio gesamt" und Radio Siegen (Graphik 1) ergibt keine besonderen Abweichung: Die Nutzungskurve von Radio Siegen schmiegt sich eng an die „Radio-gesamt"-Kurve an. Zwischen 6.00 und 8.00 Uhr morgens liegt Radio Siegen sogar leicht darüber. Dies bedeutet, daß das spezifische lokale Programm von Radio Siegen gut genutzt und akzeptiert wird, auch die für den Bürgerfunk reservierte Zeit (zwischen 18.00 und 20.00 Uhr) führt nicht zu Einbußen. Beim Aufschalten des Mantelprogramms von Radio NRW gibt es zwar eine kleine Absenkung in der Nutzung, aber dann ist auch über den Tag mit guter Akzeptanz zu rechnen.

Graphik 1 Akzeptanz von lokalem Radio. Rahmenprogramm und Bürgerfunk im Verbreitungsgebiet Siegen

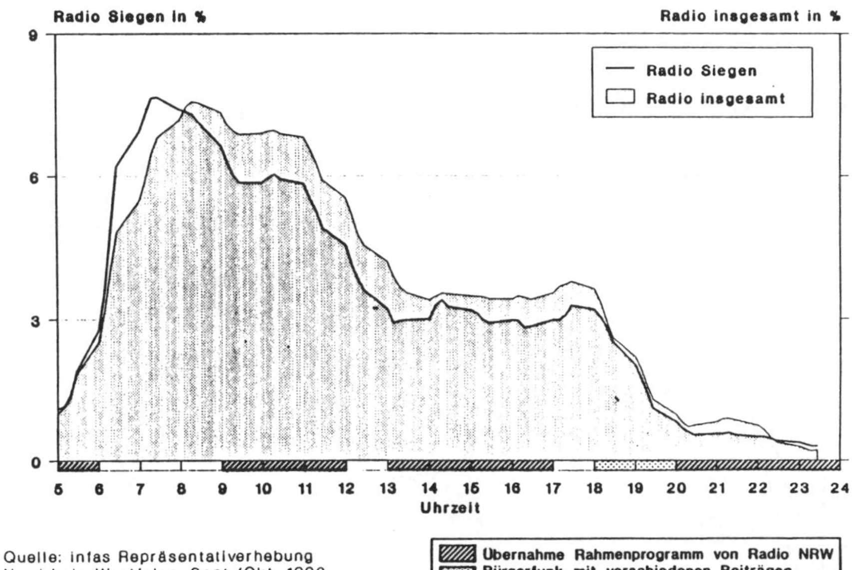

Quelle: infas Repräsentativerhebung Nordrhein-Westfalen, Sept./Okt. 1990

Hellweg Radio im Verbreitungsgebiet Soest

Ähnlich erfolgreich wie Radio Siegen erweist sich auch das Hellweg Radio in seinem Verbreitungsgebiet, wo Einstrahlungen von außen im Vergleich zum Siegerland geringer sind. Die Nutzung des Hellweg Radios ist zu allen Zeiten des Tages deutlich stärker als die von WDR2, wobei es dem Lokalsender am Nachmittag sogar gelingt, zum Marktführer zu werden. Nur am Morgen zwischen 6.00 und 9.00 Uhr bleibt die Nutzung gegenüber der Radio-Gesamtnutzung etwas zurück. Ein negativer Einfluß des lokalen Programms gegenüber dem Mantelprogramm läßt sich allerdings bei der Gesamtbetrachtung nicht feststellen: Am Nachmittag (ca. 17.00 Uhr) führt das lokale Angebot, inklusive Bürgerfunk, zu der erwähnten Nutzungssteigerung, während es am Morgen noch nicht ganz so erfolgreich ist. Ein Grund dafür könnte sein, daß morgens die Aufnahmebereitschaft der Hörer für lokale Informationen – insbesondere für längere Wortbeiträge – geringer ist.[6]

Anders als um die erfolgreichen Sender Radio Siegen und Hellweg Radio ist es um Radio DU in Duisburg bestellt.

Radio DU im Verbreitungsgebiet Duisburg

Radio DU, am 1.4.1990 auf Sendung gegangen, steht im Wettbewerb mit WDR2 und WDR4, daneben können auch lokale Radioprogramme aus benachbarten Verbreitungsgebieten empfangen werden. Die Nutzungskurve von Radio DU liegt den ganzen Tag über unterhalb der von WDR4 und WDR2. Radio DU kann daher nicht so viele Hörer an sich binden wie etwa Radio Siegen oder Hellweg Radio. Die Akzeptanz von Radio DU steht nicht auf denselben soliden Füßen wie die der beiden anderen Lokalradios.

Graphik 2 Akzeptanz des lokalen Radios im Verbreitungsgebiet Duisburg

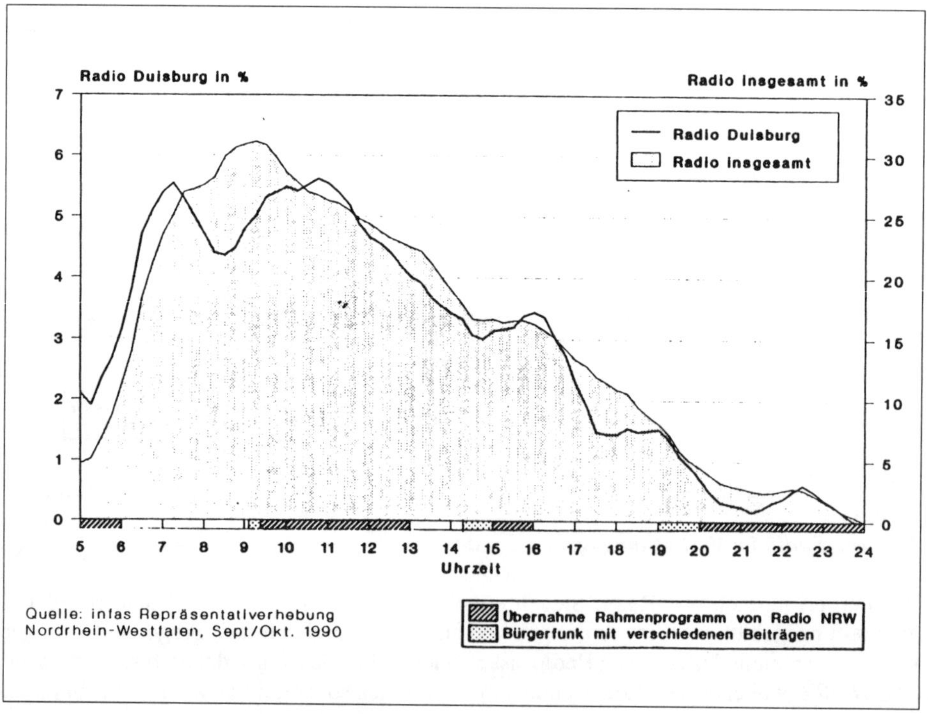

Im Vergleich zur gesamten Radionutzung im Verbreitungsgebiet weist Radio DU vor allem in den Zeiten zwischen 7.00 und 9.00 Uhr sowie zwischen 17.00 und 19.00 Uhr einen starken Nutzungsabfall auf. Das spezifisch lokale Angebot stößt insgesamt auf eine deutlich geringere Akzeptanz als das landesweite Rahmenprogramm. Der Bürgerfunk findet allenfalls zwischen 19.00 und 20.00 Uhr Interesse. Auch kann Radio DU im Vergleich zu den anderen beiden Lokalradios nicht denselben Nutzungsumfang (nur 35 Minuten pro Tag im Durchschnitt) für sich verbuchen.

Als Grund für diese insgesamt schwache Position könnte zunächst vermutet werden, daß das spezifisch lokale Angebot nicht attraktiv genug ist, um Hörer gerade an Radio DU zu binden, denn das Rahmenprogramm schneidet ja vergleichsweise besser ab. Für die geringe Akzeptanz können darüber hinaus zwei weitere Gründe ausschlaggebend sein:

a) Hörerstruktur

Das Hörerprofil des Duisburger Lokalradios ist weniger ausgeprägt als in Siegen oder Soest. Obwohl alle Lokalradios jüngere Personen unter 50 Jahren besonders gut erreichen – nicht zuletzt ein Beweis für die landesweite Wirksamkeit der überregionalen Klangfarbe –, werden die berufstätigen, männlichen und gebildeteren Bevölkerungssegmente von Radio DU vergleichsweise schlechter angesprochen.

Tabelle 2 Hörerstruktur der Lokalradios (in Prozent)

	Radio Siegen (Siegerland)	Hellweg Radio (Soest)	Radio DU (Duisburg)
Männer	64	62	51
Frauen	46	49	49
unter 30 Jahre	50	66	51
30 bis 49 Jahre	67	66	64
über 50 Jahre	48	40	38
Volksschule	47	49	48
Mittlere Ausbildung	65	65	52
Abitur	75	59	48
Berufstätige	69	66	36
Nicht-Berufstätige	44	46	45

Quelle: infas-Repräsentativerhebung Nordrhein-Westfalen, September 1990.

Graphik 3 Empfangbarkeit von Radio DU – Wohnquartiere nach Kaufkraft (in Prozent)

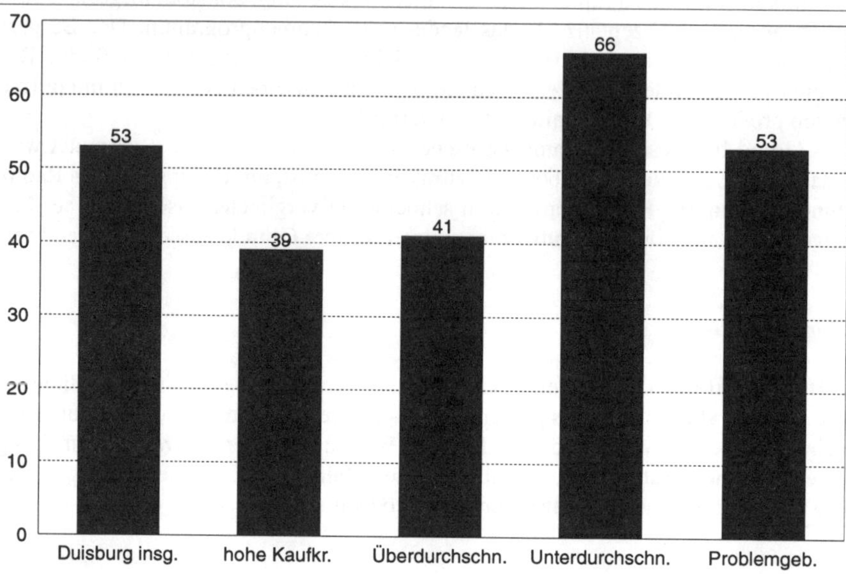

Quelle: infas; Örtl. Erfassungen in 227 Wohnquartieren

b) Empfang in den Wohnquartieren

Die kleinräumige Analyse der Empfangsbedingungen in den Wohnquartieren (LOCAL-System) zeigt, daß der Lokalfunk in Duisburg nur in 60 Prozent der erfaßten Wohnquartiere gut empfangen werden kann, während in 27 Prozent der Fälle gar kein und in 13 Prozent nur schlechter Empfang möglich ist.

Die Typologie der Wohnquartiere nach einem Kaufkraftindex zeigt, daß gerade in den Quartieren mit hoher Kaufkraft Radio DU schlechter empfangen wird als in den Gebieten, in denen die Kaufkraft unterdurchschnittlich ist. Dies erklärt, weshalb Radio DU sich nicht durchsetzen konnte. Die Schichten, auf die insbesondere das Rahmenprogramm abzielt, können das Radio nicht gut genug empfangen.

3.3 Radio und Lokalität

Die mit Ausnahme von Duisburg feststellbare große Akzeptanz des lokalen Hörfunks ist Indiz für den Erfolg, den die Kombination von landesweitem Musikprogramm und nahweltspezifischem Wortprogramm hat: Radio Siegen zum Beispiel ist ein Konkurrent der Wellen WDR2 und SWF3 geworden. Sein lokalspezifisches Angebot stößt auf hohe Akzeptanz. Die Besonderheit des „Lokalen" führte im Falle von Siegen sogar dazu, daß das – bis zur Programmreform des WDR gesendete – Regionalprogramm von WDR1

Tabelle 3 Erwartungen an das Radio – Raum für Lokalfunk (in Prozent)

Lokalfunk sollte bedienen ...	NRW gesamt N = 1278	Siegen Lokalfunkhörer N = 326	Soest Lokalfunkhörer N = 412	Duisburg Lokalfunkhörer N = 313	Dortmund allgemein N = 591
Stadtteil	3	1	1	6	2
Stadt/Gemeinde	28	14	10	51	62
Kreis/städtisches Umland	52	72	74	34	28
Regierungsbezirk	15	11	11	5	5
keine Angabe	2	2	4	4	2

Quelle: infas-Repräsentativerhebung Nordrhein-Westfalen, September 1990.

zurückgedrängt wurde: Nur noch vier Minuten wurde es im Schnitt im Siegerland gehört. Warum ist Kommunalisierung der Regionalisierung überlegen?

3.3.1 Kommunalisierung und Regionalisierung

Landesweite Programme können das lokale Umfeld aufgrund der breiteren Perspektive nicht so intensiv beleuchten wie lokaler Hörfunk oder die lokale Tageszeitung. Das lokale Radio ist dabei in der Lage, auf die Situationen am Ort mit hoher Authentizität einzugehen, einem regionalen oder landesweiten Programm ist dies nicht in demselben Maße möglich. Von Interesse ist in diesem Zusammenhang die Definition des Raumes, die die Hörer dem Radio zumessen (Tabelle 3).
Vom Lokalfunk wird – ähnlich wie von der Tageszeitung – erwartet, daß er über die Stadt und das städtische Umland informiert und weniger den größeren regionalen Raum (zum Beispiel Regierungsbezirke) bedient. Die Lokalfunkhörer in Siegen und Soest definieren als Raum besonders häufig den Kreis/das städtische Umland, während die Duisburger den Lokalfunk stärker auf das Stadtgebiet im engeren Sinn beschränken. So wünschten es sich auch die Dortmunder, hätten sie den Lokalfunk bereits empfangen können. Es zeigt sich damit, daß es für den lokalen Hörfunk ein klares Verbreitungsgebiet gibt, die Grenze wird dabei in den Metropolen sogar etwas enger gezogen. Für eine Regionalisierung des Hörfunks spricht dagegen wenig.

Inzwischen wurde im übrigen WDR1 in eine „junge Welle" (Eins Live) transformiert, die landesweit „Rock-Pop around the clock" anbietet. Mit WDR Radio 5 wurde zusätzlich ein Programm etabliert, das morgens von 6.00 bis 9.00 Uhr acht Regionalmagazine für die verschiedenen Landesteile von Nordrhein-Westfalen offeriert. Über die Akzeptanz dieses Programmes liegen uns noch keine Daten vor.

Für den bisherigen Erfolg des Lokalradios sprechen noch weitere Faktoren, auf die im folgenden eingegangen wird.

Tabelle 4 Soziale Bindung – Ansässig am Ort (in Prozent)

	NRW gesamt N = 1278	Siegen Lokalfunkhörer N = 326	Soest Lokalfunkhörer N = 412	Duisburg Lokalfunkhörer N = 313
10 Jahre und mehr	84	82	84	91
5 bis 9 Jahre	9	7	3	3
weniger als 5 Jahre	7	11	9	6

Quelle: infas-Repräsentativerhebung Nordrhein-Westfalen, September 1990.

Tabelle 5 Alltagsaktivitäten im lokalen Bereich (in Prozent)

	NRW gesamt N = 1278	Siegen Lokalfunkhörer N = 326	Soest Lokalfunkhörer N = 412	Duisburg Lokalfunkhörer N = 313
Arbeiten	64	72	62	70
Einkaufen	75	85	70	74
Freizeit verbringen	63	64	60	45
Freunde treffen	63	68	66	53
Verwandte treffen	42	43	36	42

Quelle: infas-Repräsentativerhebung Nordrhein-Westfalen, September 1990.

Tabelle 6 Mitgliedschaft in örtlichen Vereinen (in Prozent)

	NRW gesamt N = 1278	Siegen Lokalfunkhörer N = 326	Soest Lokalfunkhörer N = 412	Duisburg Lokalfunkhörer N = 313
Sportverein	27	32	35	29
Kultureller Verein	7	6	15	3
Heimatverein	5	8	8	2
anderes	13	12	9	11
keine Mitgliedschaft	54	48	44	57

Quelle: infas-Repräsentativerhebung Nordrhein-Westfalen, September 1990.

3.3.2 Soziale Integration der Hörer im lokalen Kommunikationsraum

Das hohe Interesse am Lokalfunk rührt auch daher, daß die meisten Menschen in Nordrhein-Westfalen (85 Prozent) zehn Jahre und länger am derzeitigen Wohnort ansässig sind. Auch die Lokalfunkhörer leben überwiegend schon lange dort (Tabelle 4).

Der soziale Alltag von Lokalfunkhörern ist ferner überwiegend auf den lokalen Bereich konzentriert: „Arbeiten", „Einkaufen", „Freizeit verbringen", „Freunde treffen" stellen Alltagsaktivitäten dar, die überwiegend im lokalen Raum stattfinden. Eine Ausnahme bilden nur die Duisburger Lokalfunkhörer, die ihre Freizeit häufiger auch auswärts verbringen (Tabelle 5).

Viele Lokalfunkhörer in Siegen und Soest sind auch Mitglieder in örtlichen Vereinen und dadurch in das lokale Geschehen eingebunden. In besonderem Maße gilt dies für Sport-, Kultur- und Heimatverbände. Lokalfunkhörer in Duisburg dagegen sind überwiegend im Sportverein, nicht aber in den kulturellen, traditionellen Heimatvereinen Mitglied. Dies deutet darauf hin, daß die lokalen Kommunikationsräume in soziologischer, institutioneller Hinsicht Besonderheiten aufweisen, worauf später (Abschnitt 4) noch eingegangen wird (Tabelle 6).

3.3.3 Lokale Informationsbedürfnisse

Die soziale Integration der Lokalfunkhörer schlägt sich in entsprechenden lokalen Informationsbedürfnissen nieder, die vom lokalen Hörfunk gedeckt werden können. Das Interesse an der lokalen Berichterstattung steht bei Tageszeitungslesern seit Jahren an erster Stelle des Informationsbedürfnisses, auch das lokale Radio kann von diesem zentralen Interesse an lokaler Information profitieren. Gerade durch Schnelligkeit, Authentizität und kurze Berichterstattung kann das Radio die publizistische Leistung der Tageszeitung ergänzen und darüber hinaus Informationen beisteuern, die man nicht aus der Zeitung erfährt.[7] In besonderem Maße könnte dies gerade auch für die Sendungen des Bürgerfunks gelten, die eine Alternative zum professionellen Journalismus darstellen können.

Nach Ansicht der befragten Lokalfunkhörer in den untersuchten Verbreitungsgebieten gehört an erster Stelle Musik zum Programm. Noch stärker als im nordrhein-westfälischen

Tabelle 7 Programmerwartungen (in Prozent)

Zu einem Radioprogramm gehört unbedingt ...	NRW gesamt N = 1278	Siegen Lokalfunkhörer N = 326	Soest Lokalfunkhörer N = 412	Duisburg Lokalfunkhörer N = 313
Musik	91	97	94	97
polit. Hintergrundberichte	69	72	67	54
Verkehrsinformationen	62	69	69	71
Wirtschaftsberichte	50	55	49	39
Sportberichte	45	53	49	51
Veranstaltungshinweise	32	44	45	45
Berichte aus Parteien und Verbänden	30	34	26	22
Einkaufstips	23	22	25	23
Hörergrüße	22	30	17	22
Mundartbeiträge	22	23	30	18
Quiz, Gewinnspiele	20	25	18	25

Quelle: infas-Repräsentativerhebung Nordrhein-Westfalen, September 1990.

Durchschnitt dominiert die Präferenz von Musik alles andere (97 Prozent in Siegen). Der Musik wegen wird das Programm eingeschaltet, aber auch wieder abgeschaltet.

Von den Informationsbeiträgen stechen bei den Lokalfunkhörern Verkehrsinformationen, aber auch politische Hintergrundberichte hervor, gefolgt von Veranstaltungshinweisen, Sportberichten und Berichten aus der Wirtschaft. Quiz und Gewinnspiele sind von geringerer Bedeutung. Mundartbeiträge werden vor allem von Lokalfunkhörern in Soest gewünscht (vergleiche oben auch Mitgliedschaft im Heimatverein), aber kaum in Duisburg. Lokalfunkhörer zeichnen sich insgesamt im Vergleich zum Landesdurchschnitt durch besondere Erwartungen an Musik und Informationsservice sowie Interesse an Sportberichten und politischen Hintergrundberichten aus. Die üblichen Berichte aus Parteien und Verbänden sind dagegen weniger gefragt (Tabelle 7 auf S. 59).

Thematische Präferenzen von Lokalfunkhörern beziehen sich schließlich insbesondere auch auf die – von der Tageszeitung häufig vernachlässigten – Themen der alternativen Kommunikation: Randgruppen und Bürgerinitiativen sollten demnach im lokalen Radioprogramm stärker berücksichtigt werden. Der Bürgerfunk stellt dabei ein wichtiges Instrument dar, um diesen Themen auf einem eigenen Sendeplatz Raum zu geben; aber auch in den normalen Nachrichtensendungen und Magazinen könnte verstärkt auf solche Themen eingegangen werden (Tabelle 8).

Selbstverständlich interferieren hinsichtlich derartiger Präferenzen soziodemographische Merkmale: zum Beispiel haben Frauen über 50 Jahre in Haushalten mit Kindern eher Interesse an der Übertragung eines lokalen Gottesdienstes, während jüngere Frauen mit höherer Schulbildung es begrüßen, wenn im lokalen Hörfunk Randgruppen und Bürgerinitiativen zu Wort kommen.

Wenn es dem lokalen Hörfunk gelingt, Themen und Inhalte den Hörern zu präsentieren, die lokalen Bezug haben, könnte der Lokalfunk zu einer Instanz im lokalen Kommunikationsraum werden. Ein Blick auf andere Untersuchungen – etwa in Bayern – zeigt freilich, daß der Hörer von den Lokalprogrammen nicht immer die gewünschte Information erhält und der vorhandene Informationsbedarf nicht vollkommmen gedeckt werden kann. Dies gilt für Metropolen (zum Beispiel München) aufgrund der komplexen wirtschaftlichen,

Tabelle 8 Themenpräferenzen (in Prozent)

Folgende inhaltliche Themen eines Radioprogrammes finden gut ...	NRW gesamt N = 1278	Siegen Lokalfunkhörer N = 326	Soest Lokalfunkhörer N = 412	Duisburg Lokalfunkhörer N = 313
Bürgerinitiativen tragen ihr Anliegen vor	72	76	83	78
Sportvereine stellen sich vor	66	79	80	78
Randgruppen melden sich zu Wort	62	73	74	68
Übertragung des Kirchengottesdienstes	46	57	45	33
Bürgermeister hält Ansprache	42	49	39	37
selbst Beiträge gestalten	34	29	40	33

Quelle: infas-Repräsentativerhebung Nordrhein-Westfalen, September 1990.

sozialen und kulturellen Gegebenheiten noch mehr als für andere Städte. In München erwiesen sich Lokalfunkhörer uninformierter als in kleineren Städten.[8]

Wir haben es offenbar mit einem Wechselspiel zwischen Hörerinteressen einerseits und den Prozessen und Strukturen der lokalen Kommunikationsräume andererseits zu tun, in das der lokale Hörfunk eingebunden ist.

4. Raumstrukturelle Aspekte

Gerade dem Rundfunk ist es zuzuschreiben, die Grenzen der Nahwelt, an die die Tageszeitung noch gebunden war und ist, überschritten und somit den Raum für die öffentliche Kommunikation ausgedehnt zu haben. Mit der Privatisierung des Hörfunks wurde jedoch wieder die umgekehrte Richtung eingeschlagen. Durch die Verfügbarkeit der Ultrakurzwelle bot sich die Möglichkeit, eine größere Anzahl kleinerer Kommunikationsräume zu versorgen. Dieser Rückzug ins Lokale läßt sich einmal mit dem Bedürfnis nach Überschaubarkeit erklären: Gerade der allgemeine Trend zur Globalisierung führt zu einer Renaissance des Lokalprinzips. Des weiteren kann das Bewußtsein von der Zusammengehörigkeit von Menschen unter jeweils von der Umwelt abgrenzbaren Bedingungen ein ausschlaggebender Faktor für die Zuwendung zur Nahwelt sein.[9]

In den hier untersuchten Gebieten wurden den einzelnen Lokalfunksendern durch die Einteilung der Verbreitungsgebiete Kommunikationsräume zugeordnet, die nicht immer zusammengehörig sind und folglich mehrere lokale Identitäten beinhalten. Im Verbreitungsgebiet von Radio Siegen handelt es sich um die beiden ehemals eigenständigen Kreise Siegen und Wittgenstein, die erst in neuerer Zeit aus regionalpolitischen Gründen zusammengelegt wurden. Diese Altkreise zeichnen sich durch historisch gewachsene lokale Identitäten und starke Zugehörigkeitsgefühle ihrer Bewohner zur jeweiligen Gemeinde aus.

Auch in der Stadt Duisburg findet sich keine lokale Einheit: Durch das Fehlen eines eigenständigen Hauptzentrums spielt sich das Leben in mehreren Nebenzentren ab.

Die Lokalsender stehen also vor der Aufgabe, je verschiedene, teils sogar miteinander konkurrierende, historisch oder wirtschaftlich gewachsene lokale Identitäten gleichermaßen zu versorgen. Die Schwierigkeit liegt hierbei besonders darin, daß diese schon bestehenden Räume über das Zugehörigkeitsgefühl der am Ort Ansässigen verschiedene Formen des Interesses an lokaler Berichterstattung hervorbringen.

Kommunikationsräume müssen jedoch nicht nur geographisch-historisch definiert sein; auch infrastrukturelle Faktoren stehen mit ihnen in Zusammenhang und bestimmen inhaltliche Erwartungen. So ließ sich selbst innerhalb einer Gemeinde eine widersprüchliche Palette an Erwartungshaltungen ermitteln – sie reicht von einer Beschränkung auf das „Menschliche“, auf nachbarschaftliche Plaudereien oder gar Regenbogengeschichten bis hin zu einer Forderung nach lokal- und sozial-integrativer Funktion (Sprachrohr für spezielle Gruppen).

Grenzen von Kommunikationsräumen können jedoch auch verändert werden. Ihre Entfaltung ist untrennbar mit der Funktion und Verarbeitung von Informationen verknüpft. Wenn es dem Lokalfunk gelingt, die drei Wirkungsfilter – Verfügbarkeit der Information, Informationssuch- und -nutzungsverhalten, Umsetzbarkeit in raumwirksame Aktivitäten[10] – zu passieren, kann er auch in bereits bestehenden Räumen Grenzen überschreiten und darüber hinaus neu festlegen; allerdings immer unter der Voraussetzung, daß er die spezifische raumstrukturelle Situation am Ort und die daraus resultierenden Bedürfnisse in seiner Programmplanung berücksichtigt.

5. Resümee

Die hier diskutierten Ergebnisse weisen darauf hin, daß lokale Hörfunkprogramme gute Chancen haben, sich gegen die bereits bestehenden, landesweit sendenden öffentlich-rechtlichen Rundfunkveranstalter durchzusetzen. Regionale Sender finden – wie gezeigt werden konnte – wohl aufgrund des breiteren Kommunikationsraumes weniger Akzeptanz.

Die Kombination aus landesweitem Musikprogramm und lokalbezogenem Wortprogramm erweist sich vor allem in den untersuchten Verbreitungsgebieten Soest und Siegen-Wittgenstein als gelungen und erfolgreich. Die Rezipienten scheinen das neue lokale Medium nicht nur der Musik wegen zu nutzen; vielmehr ist die hohe Akzeptanz der lokalen Inhalte am Programm – inklusive Bürgerfunk – ein Indiz dafür, daß die Hörer die Informationen, die sie zum Teil nicht aus der Tageszeitung erhalten, nun aus dieser komplementären Quelle beziehen. Hierzu zählen sowohl Berichte über politische Hintergründe, Randgruppen und Bürgerinitiativen als auch Verkehrsinformationen aus dem Nahbereich. Programmerwartungen und Themenpräferenzen der Befragten bestätigen dieses Ergebnis.

Schließlich spielt die räumliche und zeitliche Dimension eine nicht zu unterschätzende Rolle. In Kommunikationsräumen, die aus Gebieten mit verschiedenen Identitäten bestehen, stößt der Lokalfunk einerseits auf Schwierigkeiten, die sich aus der Raumdimension in ihrer historisch, soziologisch und/oder wirtschaftlich bedingten Struktur ergeben. Dies gilt gleichermaßen für ländliche und städtische Gebiete, obgleich sich auch Unterschiede zwischen Stadt und Land erkennen lassen. Andererseits liegt gerade hier die Chance für den Lokalfunk, konstruktive Arbeit zu leisten im Sinne einer Verbesserung der Informationsstruktur am Ort und einer Überwindung der bestehenden Raumbarrieren.

In den Morgenstunden muß von einer geringeren Aufnahmebereitschaft der Hörer für längere Wortbeiträge ausgegangen werden, wohingegen besonders am Abend auch Informationsprogramme genutzt werden. Die Positionierung des Bürgerfunks in diese Sendezeit bietet sich an, besonders wenn er die beabsichtigte Funktion – die Herstellung einer demokratischen Öffentlichkeit – erfüllen soll. Dabei gilt es allerdings zu berücksichtigen, daß sich bestimmte Hörgewohnheiten – Stichworte „Begleitmedium", „Präferenz kurzer Wortbeiträge" – herausgebildet haben, denen auch das Lokalradio entgegenkommen muß. Die Gültigkeit dieser Aussage wird jedoch durch Nutzungsdaten zu den Programmen öffentlich-rechtlicher Rundfunksender eingeschränkt: dessen Publikum, das sich zu 60 Prozent aus Personen über 50 Jahren zusammensetzt, zeigt sich auch zur Aufnahme längerer Wortbeiträge bereit.[11]

Der Lokalfunk in Nordrhein-Westfalen hat durch seine nahweltspezifischen Informationen dennoch gute Chancen, seine im Schnitt jüngeren Hörer auch für ausführlichere Wortbeiträge zu begeistern – womit er nicht nur eine gute Stellung beim Publikum einnähme, sondern darüber hinaus als geeignetes Medium zum Transport immaterieller Güter sogar auf höherem Niveau genutzt werden könnte.

Anmerkungen

1. Noelle-Neumann, Elisabeth/Winfried Schulz/Jürgen Wilke (Hrsg.): Fischer Lexikon Publizistik/Massenkommunikation. Frankfurt/Main 1989, S. 203.
2. Mathes, Rainer/Helmut Scherer: Private Hörfunkprogramme in Bayern und Baden-Württemberg im Vergleich. In: Rundfunk und Fernsehen 40, 1/1992, S. 85f.
3. Wir bedanken uns bei infas und der Landesanstalt für Rundfunk Nordrhein-Westfalen für die Möglichkeit, diese Sekundäranalyse durchführen zu können.
4. Vgl. Liepelt, Klaus/Wolfgang Neuber/Michael Schenk: Lokalradio in NRW – Analysen zur Mediennutzung. Opladen 1993.
5. Landesrundfunkgesetz Nordrhein-Westfalen vom 1.1.1988, Paragraph 24. In: Media Perspektiven – Dokumentationen II/1988, S. 144.
6. Steinborn, Peter: Hörererwartungen und -reaktionen auf lokale Hörfunkprogramme. In: Rundfunk und Fernsehen 40, 1/1992, S. 80.
7. Scherer, Helmut: Lokalradiohörer und Lokalradioprogramm. In: Rundfunk und Fernsehen 40, 2/1992, S. 70.
8. Bauer, Brigitte: Lokalfunk und Lokalität – Analyse der Umfeld- und Einflußfaktoren. In: BLM 1990: Sechs Jahre Privatfunk in Deutschland. München 1990, S. 200.
9. Ronneberger, Franz: Entwicklungsstränge des Raumverständnisses. In: Hömberg, Walter/Michael Schmolke (Hrsg.): Zeit – Raum – Kommunikation. München 1992, S. 355.
10. Gräf, Peter: Wandel von Kommunikationsräumen durch neue Informations- und Kommunikationstechnologien. In: Hömberg, Walter/Michael Schmolke (Hrsg.): Zeit – Raum – Kommunikation. München 1992, S. 374.
11. Steinborn, Peter: Hörererwartungen und -reaktionen. In: Rundfunk und Fernsehen 40, 1/1992, S. 84.

Literaturverzeichnis

Bauer, Brigitte: Lokalfunk und Lokalität – Analyse der Umfeld- und Einflußfaktoren. In: BLM 1990: Sechs Jahre Privatfunk in Deutschland. München 1990, S. 182–203.

Gräf, Peter: Wandel von Kommunikationsräumen durch neue Informations- und Kommunikationstechnologien. In: Hömberg, Walter/Michael Schmolke (Hrsg.): Zeit – Raum – Kommunikation (= Schriftenreihe der Deutschen Gesellschaft für Publizistik- und Kommunikationswissenschaft, Band 18). München 1992, S. 371–386.

Hirsch, Nicola: Das Zwei-Säulen-Modell für lokalen Rundfunk in Nordrhein-Westfalen. In: Rundfunk und Fernsehen 39, 2/1991, S. 173–184.

Hömberg, Walter/Michael Schmolke (Hrsg.): Zeit – Raum – Kommunikation (= Schriftenreihe der Deutschen Gesellschaft für Publizistik- und Kommunikationswissenschaft, Band 18). München 1992.

Kiefer, Marie-Luise: Massenkommunikation 1990. In: Media Perspektiven 4/1991, S. 244–261.

Landesrundfunkgesetz Nordrhein-Westfalen. In: Media Perspektiven – Dokumentationen II/1988, S. 136ff.

Liepelt, Klaus/Wolfgang Neuber/Michael Schenk: Lokalradio in NRW – Analysen zur Mediennutzung. Opladen 1993.

Mathes, Rainer/Helmut Scherer: Private Hörfunkprogramme in Bayern und Baden-Württemberg im Vergleich. In: Rundfunk und Fernsehen 40, 1/1992, S. 85–105.

Noelle-Neumann, Elisabeth/Winfried Schulz/Jürgen Wilke (Hrsg.): Fischer Lexikon Publizistik/Massenkommunikation. Frankfurt/Main 1989.

Prodoehl, Hans Gerd: Organisationsprobleme des lokalen Rundfunks. In: Media Perspektiven 4/1987, S. 229ff.

Ronneberger, Franz: Entwicklungsstränge des Raumverständnisses in der Medienkommunikation. In: Hömberg, Walter/Michael Schmolke (Hrsg.): Zeit – Raum – Kommunikation (= Schriftenreihe der Deutschen Gesellschaft für Publizistik- und Kommunikationswissenschaft, Band 18). München 1992, S. 339–356.

Steinborn, Peter: Hörererwartungen und -reaktionen auf lokale Hörfunkprogramme. In: Rundfunk und Fernsehen 40, 1/1992, S. 75–84.

Jugendwellen gewinnen junge Hörerschaften

Ergebnisse der Media Analyse 1996

*Von Michael Keller und Walter Klingler**

Die Hörfunknutzung bleibt in der Bundesrepublik Deutschland auf sehr hohem Niveau stabil, so lautet die Kernbotschaft der seit 5. Juni 1996 vorliegenden neuen Reichweitenuntersuchung Media Analyse 1996 (MA 96). Im Rahmen dieser Untersuchung wurden von September 1995 bis März 1996 in zwei Wellen insgesamt 47 475 Interviews durchgeführt, die etwas mehr als 63 Millionen Personen der deutschen Bevölkerung in Privathaushalten ab 14 Jahren repräsentieren. An der Feldarbeit waren acht Marktforschungsinstitute beteiligt, die mit einem standardisierten Fragebogen neben der Hörfunknutzung auch Fragen zum Freizeitverhalten, zur technischen Ausstattung des jeweiligen Haushaltes sowie zur Soziodemographie stellten.

Kern des Fragebogens für die elektronischen Medien ist das Tagesablaufschema. Für jede Viertelstunde zwischen 5.00 und 24.00 Uhr wird anhand von elf Leittätigkeiten ermittelt, womit sich die Befragten am Tag vor dem Interview beschäftigt haben und ob bei diesen Tätigkeiten – wie zum Beispiel Hausarbeiten, Essen – Radio gehört oder ferngesehen wurde. Bundesweit entsteht so ein Datensatz mit Informationen über 226 Hörfunkangebote, die regional unterschiedlich verbreitet sind. Deshalb wurde in der MA 96 mit 49 Regionalsplits gearbeitet.

Die in der MA 94 erstmalig zustandegekommenen Kooperationen mit den Landesmedienanstalten in Baden-Württemberg und Hamburg konnten auch für die MA 96 realisiert werden. Diese Kooperationen waren aus der Berücksichtigung der hörfunkspezifischen Besonderheiten der jeweiligen Regionen heraus entstanden, die eine Aufstockung der Fallzahlen im Untersuchungspanel auf Kreis- bzw. Stadtkreisebenen erforderten, um dadurch die Hörfunknutzung auch in lokalen Räumen angemessen abbilden zu können. Die Basisstichprobe der MA ist für derartig kleinräumige Auswertungen zu gering. Die betroffenen Hörfunkanbieter in Baden-Württemberg und in Hamburg haben sich deshalb mit der jeweiligen Landesmedienanstalt zu Anbietergemeinschaften zusammengeschlossen, um die Finanzierung von Aufstockungsinterviews in der MA zu gewährleisten. Dadurch konnten regionale Funkanalysen entfallen, die in den vorangegangenen Jahren neben der MA durchgeführt wurden. Allein für Baden-Württemberg konnte somit die Basisstichprobe von rund 3 200 Fällen um knapp 7 000 auf über 10 000 Fälle aufgestockt

* Michael Keller ist Mitarbeiter der ARD-Werbung Sales & Services, Walter Klingler ist Leiter der Abteilung Unternehmensplanung/Medienforschung des Südwestfunks in Baden-Baden. Dieser Beitrag erschien erstmals in Media Perspektiven 8/1996, S. 441–450.

werden und erlaubt so auch den Vergleich der lokalen Angebote in Baden-Württemberg aus der MA.

Einen weiteren Sonderfall stellt Nordrhein-Westfalen dar, wo nun bereits zum vierten Mal die „Lokale Reichweitenuntersuchung Nordrhein-Westfalen" die MA-Basisstichprobe als Grundstock benutzt, um diese dann mit mehr als 17 000 parallel zur MA durchgeführten Interviews zu ergänzen. Da Stichprobe, Befragungszeit und Befragungsprogramm auf die MA abgestimmt sind, steht den nordrhein-westfälischen Hörfunkanbietern und der Landesmedienanstalt LfR damit zusammen mit den regulären MA-Interviews eine Regionaldatei mit über 20 000 Fällen zur Verfügung.

Mit der MA 96 wird das gesamtdeutsche Hörfunkangebot nun zum fünften Mal erhoben. Die Angebote der öffentlich-rechtlichen und privaten Hörfunkanbieter, die sich vor allem in den Jahren 1993/94 in den neuen Bundesländern erheblich erweiterten, haben sich im Laufe des letzten Jahres konsolidiert, wobei der Hörfunkmarkt in Ostdeutschland noch weit davon entfernt ist, sich zu beruhigen. Eindrucksvoll zeigt dies insbesondere der lokale Berliner Hörfunkmarkt mit über 20 verschiedenen Programmen und Anbietern. Eine ähnliche Dynamik ist für Sachsen zu verzeichnen, dem neben Bayern, Baden-Württemberg und Nordrhein-Westfalen vierten Bundesland mit lokalen Rundfunkanbietern.

Im Norden Deutschlands konnte der neue NDR-Sender N-Joy Radio seine Marktposition durch weitere Zugewinne nicht nur festigen, sondern noch weiter ausbauen. Der NDR hat mit N-Joy Radio ein auf die ganz junge Zielgruppe der unter 25jährigen zugeschnittenes Programm konzipiert, das großen Zuspruch gefunden hat. Auch der Westdeutsche Rundfunk hat mit seinem – ebenfalls auf die jüngere Zielgruppe ausgerichteten – Programm Eins Live offenbar genau die Bedürfnisse dieser Zielgruppe getroffen. Im Vergleich zum Vorgängerprogramm WDR 1 konnte Eins Live seine Reichweiten verdreifachen und kommt nun in der Zeit von 6.00 bis 18.00 Uhr auf stündlich über 400 000 Hörer. Die Tagesreichweite (Hörer gestern, Mo – So, 5.00 bis 24.00 Uhr) liegt mit 1,7 Millionen Hörern um das zweieinhalbfache über dem letztjährigen Wert. Eine Sonderanalyse wird im Rahmen dieses Artikels auf beide Programme eingehen.

Im folgenden werden zentrale Ergebnisse und Trends dieser neuesten Reichweitenstudie für den Hörfunk dokumentiert und analysiert.

Hörfunknutzung 1995/96 in der Übersicht

80 Prozent aller Bundesdeutschen haben nach den Ergebnissen der MA 96 an einem durchschnittlichen Wochentag von Montag bis Sonntag zumindest kurz Radio gehört. Damit bewegt sich der Wert exakt auf dem Niveau des vorangehenden Jahres (MA 95) und nur knapp unter dem der vorletzten MA 94 mit 81 Prozent. Am Hördauerwert hat sich ebenfalls wenig verändert. Laut MA 96 lag die durchschnittliche Hördauer in der Bundesrepublik pro Person bei 169 Minuten, in den vorangehenden Jahren pendelte der Wert zwischen 167 und 169 Minuten.

Im Zehnjahresvergleich der alten Bundesländer zeigt sich, gemessen an der Tagesreichweite des Mediums, nur eine relativ geringe Streuung: zwischen 78 Prozent (MA 87 und MA 88) und 82 Prozent (MA 92 und MA 93). Die Hördauer ist im Vergleichszeitraum von 146 Minuten in der MA 87 auf 169 Minuten in der MA 96 gestiegen (vgl. Tabelle 1 auf S. 72). Wie stark sich die hinter diesen Nutzungsdaten liegende Hörfunklandschaft verändert hat, macht folgende Zahlenreihe deutlich (vgl. Tabelle 2 auf S. 72): Während im

Rahmen der MA 87 die Nutzung von 44 Radioprogrammen abgebildet wurde, waren es beispielsweise in der MA 89 140 Programme, in der MA 91 180 und in der aktuellen MA 96 226.

In einzelnen soziodemographischen Gruppen sind die Veränderungen von der MA 95 zur MA 96 bundesweit betrachtet minimal oder gar nicht vorhanden. So stehen zum Beispiel der Tagesreichweite von 81 Prozent bei Männern in der MA 95 ebenfalls 81 Prozent in der MA 96 gegenüber, bei den Frauen sind es jeweils 79 Prozent. Nicht viel anders sieht das Bild in den einzelnen Alters- oder Bildungsgruppen aus (vgl. Tabelle 3 auf S. 73).

Konstant blieb ebenfalls die Zahl der genutzten Hörfunkprogramme. Knapp unter drei verschiedene Programme nutzte ein Bundesdeutscher im Durchschnitt innerhalb von 14 Tagen, ein Jahr zuvor lag der Wert exakt bei drei. Pro Tag waren es seit 1989 konstant 1,3 Programme (Ausnahme MA 92: 1,4 Programme, vgl. Tabelle 4 auf S. 74).

Auch im Vergleich von alten und neuen Bundesländern zeigt die MA 96 konstante Ergebnisse. Nach wie vor ist hier das auffallendste Kennzeichen die höhere Radionutzung in den neuen Bundesländern. Während zum Beispiel der Wert Hörer gestern für die westlichen Bundesländer im Durchschnitt von Montag bis Sonntag bei knapp 79 Prozent lag, wurde für Ostdeutschland 85 Prozent ermittelt. Das Ergebnis für die Hördauer: 159 Minuten wurde im Durchschnitt in den alten Bundesländern Radio gehört, 196 Minuten waren es in den neuen (vgl. Tabelle 6 auf S. 75).

Die Unterschiede zwischen den alten und den neuen Bundesländern sind auch für die einzelnen Wochentage deutlich. 81 Prozent Tagesreichweite des Mediums an einem durchschnittlichen Werktag von Montag bis Freitag für die alten Bundesbürger stehen 86 Prozent für die neuen Länder gegenüber, für Samstage und für Sonntage sind die Relationen ähnlich (vgl. Tabelle 7 auf S. 76).

Die Radionutzung findet nach wie vor hauptsächlich in den heimischen vier Wänden statt. Von den insgesamt 80 Prozent Tagesreichweite von Montag bis Sonntag entfallen 70 Prozent auf Radionutzung im und 33 Prozent (zum Teil identischer Hörerinnen und Hörer) auf Radiohören außer Haus (vgl. Tabelle 5 auf S. 74). Von den insgesamt 169 Minuten der Gesamthördauer entfielen 121 Minuten auf Radiohören im Haus und 45 Minuten auf Radiohören außer Haus.

In diesen Relationen zeigen sich allerdings deutliche Unterschiede bei einer Analyse nach Altersgruppen. Während die Hörsituation der 14- bis 29jährigen und der 30- bis 49jährigen noch relativ ähnlich ausfiel, sah das Bild bei den ab 50jährigen deutlich anders aus. Die Tagesreichweite Radiohören gesamt betrug bei den 14- bis 29jährigen 79 Prozent, bei den 30- bis 49jährigen 83 Prozent und bei den ab 50jährigen 78 Prozent. Je älter die Hörer, desto mehr wird Radio im Haus gehört: Bei den 14- bis 29jährigen waren es 66 Prozent, bei den 30- bis 49jährigen 70 Prozent und bei den ab 50jährigen 78 Prozent. Entsprechend hörten nur 20 Prozent der ab 50jährigen Radio außer Haus (14- bis 29jährige 41 Prozent, 30- bis 49jährige 46 Prozent).

Ähnlich ist das Bild bei der Hördauer. Insgesamt lag die Gesamthördauer bei 151 Minuten für die Altersgruppe 14 bis 29 Jahre (91 Minuten im, 57 Minuten außer Haus), bei 189 Minuten für die Altersgruppen 30 bis 49 Jahre (118 Minuten im, 68 Minuten außer Haus) und schließlich bei 164 Minuten für die ab 50jährigen (139 Minuten im, 22 Minuten außer Haus).

Im Detail ergeben sich für Radionutzung und Tätigkeiten folgende Werte: Rund 59 Prozent aller Bundesdeutschen hörten im Laufe des Tages während des Essens zumindest eine Viertelstunde Radio. 40 Prozent verrichteten beim Radiohören Arbeit im Haus, bei 34 Prozent war Radiohören von einer Freizeittätigkeit begleitet, 27 Prozent hörten Radio im Auto, und 8 Prozent nutzten den Hörfunk bei der Arbeit außer Haus. Gemessen an der Hördauer kommt der Arbeit im Haus allerdings die größte Bedeutung zu: 51 Minuten entfallen auf die Kombination Radiohören bei der Arbeit im Haus. An zweiter Stelle folgte Radiohören und Freizeittätigkeiten mit 37 Minuten. Immerhin auf rund 29 Minuten kam Radiohören und Essen; Arbeit außer Haus mit 21 Minuten und Radiohören im Auto mit 19 Minuten waren – wie im Jahr zuvor – die beiden Schlußlichter (vgl. Tabelle 8 auf S. 77).

Bei den direkten akustischen Konkurrenten Schallplatten, Kassetten, Tonband und CD sind nach den Ergebnissen der MA 96 minimale Rückgänge in Reichweite und Nutzungsdauer zu verzeichnen. Die Tagesreichweite ging von knapp 12 Prozent auf nicht ganz 11 Prozent zurück, die Nutzungsdauer von 15 Minuten auf 14 Minuten.

Dabei ist die Entwicklung in den einzelnen Altersgruppen uneinheitlich. Fast konstant blieb die Tagesreichweite der Tonträger bei den 14- bis 19jährigen, die nach wie vor den Spitzenplatz mit gut 31 Prozent einnehmen sowie bei den 40- bis 49jährigen (knapp 9 Prozent) und schließlich bei den Altersgruppen ab 60 Jahren. Gemessen an der Hördauer gab es nur in den Altersgruppen 40 bis 49 Jahre und ab 60 Jahre konstante Werte im Vergleich zum Vorjahr (vgl. Tabelle 9 auf S. 77). Unverändert bleibt der CD- und Kassettenmarkt ein Markt für die Jüngeren, aber auch bei ihnen dominiert der Hörfunk unter den auditiven Medien eindeutig.

Öffentlich-rechtlicher und kommerzieller Hörfunk in der Konkurrenz

Im dualen Rundfunksystem ist der ARD, bis in die 80er Jahre alleiniger Anbieter von Radioprogrammen, zahlreiche Konkurrenz erwachsen. In den Media Analysen MA 91 bis MA 94 war dabei jeweils ein deutlicher Rückgang des Marktanteils der ARD-Rundfunkprogramme zu verzeichnen gewesen. Der Anteil ging von 72 Prozent über 70 Prozent auf 66 Prozent und 60 Prozent zurück – parallel zur Inbetriebnahme jeweils neuer privatrechtlicher Sender. Seit der MA 95 ist jedoch eine Stabilisierung der Marktanteile zu verzeichnen. In der MA 95 kam der öffentlich-rechtliche Rundfunk auf einen Gesamtmarktanteil von gut 59 Prozent und in der MA 96 auf knapp 59 Prozent. Dementsprechend stagnierten die Werte für die kommerzielle Konkurrenz bei 40 Prozent in der MA 95 und 41 Prozent in der MA 96 (vgl. Tabelle 10 auf S. 78).

Die Analyse nach einzelnen Bundesländern macht die Entwicklung noch deutlicher. In den alten Bundesländern weist der öffentlich-rechtliche Rundfunk entweder konstante oder steigende Marktanteile auf. Ausnahme sind dabei Hessen und Berlin. In Nordrhein-Westfalen beispielsweise stieg der ARD-Marktanteil von 66 Prozent auf 71 Prozent, in Rheinland-Pfalz von 51 Prozent auf 55 Prozent und in Schleswig-Holstein von 54 Prozent auf 56 Prozent. Den größten Zuwachs verzeichnete die kommerzielle Seite in den alten Bundesländern in Hessen, von 42 Prozent auf 46 Prozent. In den neuen Bundesländern gab es – abgesehen von Brandenburg – zum Teil deutliche Zugewinne bei den privatrechtlichen Anbietern, ausgelöst durch die Neulizenzierung von Programmen. Die größte Zuwachsrate war dabei im Bundesland Thüringen zu verzeichnen, mit einer Marktanteilszunahme von 29 Prozent auf 46 Prozent (vgl. Tabelle 11 auf S. 78).

Hörfunknutzung junger Zielgruppen

Eine der sowohl auffallenden wie erfreulichen Entwicklungen der aktuellen MA zeigt sich bei den jüngeren Hörerinnen und Hörern: An gleicher Stelle mußte vor einem Jahr für die MA 95 im Vergleich zur MA 94 noch festgestellt werden, daß die jüngsten und jungen Zielgruppen zunehmend schwieriger vom Hörfunk erreicht werden.[1] Der Abwärtstrend ist für die MA 96 deutlich gestoppt, zum Teil können erhebliche Zugewinne verzeichnet werden. Ganz besonders erfreulich sind die höheren Werte in den Kategorien Hörer gestern und Hördauer für die ganz jungen Hörerschaften unter 20 Jahre. Zum einen konnte der Hörer-gestern-Wert, der den Prozentsatz der täglich erreichten Personen angibt, für die Zielgruppe der 14- bis 19jährigen um 1,6 Prozent auf 77,7 Prozent gesteigert werden. Zum anderen hat diese Hörerschaft mit 121 Minuten im Durchschnitt auch noch vier Minuten länger Radio gehört als im Vergleichszeitraum MA 95.

Noch vor einem Jahr mußte die Entwicklung sehr pessimistisch betrachtet werden, zumal die Gefahr bestand, daß diese Zielgruppe, kann sie nicht in jungen Jahren für das Medium gewonnen werden, sich auch später nicht für das Radio interessieren würde.[2]

Diese erfreuliche Entwicklung wird durch die in der ARD neu entstandenen Jugendprogramme WDR Eins Live, N-Joy Radio (NDR), Fritz (ORB/SFB) und RB 4 unterstützt. An den jüngsten Beispielen Eins Live und N-Joy Radio soll diese Funktion der Wiedergewinnung junger Leute für das Radio etwas näher dargestellt werden. Deutlich wird, daß auch in stark fragmentierten und wettbewerbsintensiven Märkten, in denen sich NDR und WDR befinden, noch ein großes Hörerpotential unentdeckt geblieben ist. Zum anderen zeigt sich bei der programmlichen Ausrichtung und Konzeption, daß die konsequente Umsetzung durchaus unterschiedlicher innovativer Strategien wichtiger Erfolgsgarant sein kann. So strahlt Eins Live auch Werbung aus, während N-Joy ein werbefreies Programm ist. Beide Programme sind Beispiele dafür, wie sehr sich der öffentlich-rechtliche Rundfunk bei einer entsprechend offensiven und innovativen Strategie zum einen die Wettbewerbsfähigkeit sichert, zum anderen damit aber auch Zukunftssicherung für den Hörfunk insgesamt betreibt, indem er junge Menschen mit dem Medium vertraut macht.

In der folgenden Analyse soll gezeigt werden, wie die beiden Programme sich im Vergleich zum Vorjahr entwickelt haben. Da beide Programme sich verstärkt an ein junges bis ganz junges Zielgruppenpublikum richten, wurden die unteren Altersgruppen noch feiner aufgegliedert (14–19 Jahre, 20–25 Jahre, 26–39 Jahre). Die Analyse folgt dabei nicht so sehr den in der Media- und Werbeplanung üblichen Alterseinteilungen, etwa in Dekaden, sondern eher an soziologisch orientierten Lebensabschnitten und Umfeldern. Bei den 14- bis 19jährigen steht beispielsweise noch die Ausbildung im Vordergrund. Darüber hinaus ist diese Zielgruppe noch stark an das Elternhaus und die direkte Umgebung gebunden. Für die 20- bis 25jährigen wird dagegen eine zunehmende Eigenständigkeit und Verantwortung kennzeichnend, man geht zusehends seine eigenen Wege, zieht von zu Hause weg oder gründet auch schon eine Familie.

Vergleicht man die beiden ARD-Jugendprogramme auf der Basis der Hörer-gestern-Werte mit denen aus der Vorjahres-MA, zeigen sich in den einzelnen Altersgruppen erhebliche Steigerungsraten. Im Falle von N-Joy Radio fallen die Unterschiede zwar nicht mehr so groß wie bei Eins Live aus, jedoch ist zu beachten, daß es dieses Programm schon seit dem 4. April 1994 gibt und es somit von der MA bereits zum zweiten Mal erfaßt wird.[3] So betrachtet zeigt die weitere Zunahme der Gesamtreichweite von 6,3 auf 7,9 Prozent, jeweils bezogen auf das Sendegebiet des NDR, wie sehr das Programm angenommen wird (vgl. Graphik 1 auf S. 79). Bei den jungen und ganz jungen Hörern sind diese Steigerungsraten überproportional hoch. N-Joy erreicht an einem durchschnittlichen Wochentag fast 40 Prozent (Zuwachs: 5,7 Prozent) der 14- bis 19jährigen und über ein Fünftel der 20- bis 25jährigen.

Eins Live konnte gegenüber dem Vorgängerprogramm WDR 1 fast eine Verdreifachung von 4,8 auf 12,7 Prozent der Hörerschaft bezogen auf das Gebiet von Nordrhein-Westfalen erzielen (vgl. Graphik 2 auf S. 80). In den jungen Altersgruppen sind die Unterschiede im Vergleich zur MA 95 noch viel deutlicher. Hier stiegen die Hörer-gestern-Werte der ganz jungen Hörer von 10,2 auf 37,6 Prozent, die der 20- bis 25jährigen von 10,7 auf 29,3 Prozent. Die Programmreform von WDR 1 hin zu Eins Live, das seit 1. April 1995 ausgestrahlt wird, konnte somit ihr Ziel, adäquate Radioangebote für junge Leute bereitzustellen, erreichen.[4]

Hörfunknutzung im Tagesablauf und nach Altersgruppen

Die bisher dargestellten Ergebnisse der MA 96 werden im folgenden durch die Betrachtung der Viertelstundenreichweiten über einen durchschnittlichen Wochentag hinweg ergänzt und ergeben dadurch ein noch deutlicheres Bild über Tendenzen in der Hörfunknutzung.

Graphik 3 auf S. 80 zeigt, daß die Hörfunknutzung über die einzelnen Tagesabschnitte einen ähnlichen Verlauf wie im Vorjahr hatte, zu einigen Tageszeiten aber leicht hinzugewonnen hat. In der Prime time zwischen 8.00 und 10.00 Uhr liegt die aktuelle MA 96-Kurve etwas über der Vorjahreskurve. Dies gilt auch für den Vormittag zwischen 10.00 und 12.00 Uhr sowie in der Nachmittagszeit zwischen 15.00 und 17.30 Uhr.

Bei der Darstellung der Zielpublika zeigen sich für die bereits bekannten Kategorien der ganz jungen (14 bis 19 Jahre), jungen (20 bis 25 Jahre), mittleren (26 bis 39 Jahre) und älteren (über 40 Jahre) Hörerschaften für die MA 96 erhebliche Unterschiede (vgl. Graphik 4 auf S. 81): Zunächst verlaufen die vier Kurven bis etwa gegen 7.00 Uhr parallel, mit Ausnahme der 26- bis 39jährigen, die insgesamt früher anfangen, Radio zu hören und von denen die meisten dies auch bis kurz vor 8.00 Uhr tun. Die Erklärung liegt auf der Hand. Es handelt sich um eine Altersgruppe, die hauptsächlich mitten im Arbeitsleben steht und deshalb früh aufstehen muß.

Die Gemeinsamkeiten sind aber nach 7.00 Uhr rasch vorbei. So betragen die Reichweitenunterschiede zwischen der jüngsten Gruppe der 14- bis 19jährigen und den über 40jährigen zwischen 8.00 und 9.00 Uhr zum Teil 30 Prozent. Aber auch diese Entwicklung läßt sich plausibel erklären. Die 14- bis 19jährigen gehen zum großen Teil in die Schule, die Radionutzung muß dabei zwangsläufig auf ein Minimum sinken. Stetig aufgeholt wird dies im Laufe des Morgens von dieser Altersgruppe, bis etwa zwischen 13.00 und 14.00 Uhr in etwa das Niveau vom frühen Morgen erreicht wird. Die Kurve der jungen Hörerschaften zwischen 20 und 25 Jahren verläuft ähnlich wie die der 26- bis 39jährigen, aber auf deutlich niedrigerem Niveau. Nach 18.00 Uhr fallen die Hörfunkreichweiten deutlich ab. Das Fernsehen tritt hier bekanntermaßen stärker in den Vordergrund.

Festzuhalten bleibt, daß es bezüglich der Altersgruppen über den Tagesverlauf drei Phasen zu verzeichnen gibt, während derer sich das Radionutzungsverhalten ändert. Früh morgens ist es nahezu gleich. Ab 8.00 Uhr fächert sich ein breites Kurvenverlaufsbild auf, das etwa in der Nachmittagszeit wieder aufeinanderzuläuft. Die ganz jungen Hörer schalten besonders am Nachmittag wieder das Radio ein. Bis zum frühen Abend nehmen die Reichweiten tendenziell ab, bis sie gegen 19.00 Uhr die Zehn-Prozent-Grenze und nach 20.00 Uhr die Fünf-Prozent-Grenze unterschreiten.

Aber auch ein weiterer Befund fällt auf: Das Radionutzungsverhalten wird offenbar durch die zunehmende Konkurrenz des Fernsehens über den Tag hinweg wenig bis gar nicht beeinflußt. Auch die verstärkt um die Nachmittagszeit plazierten Talkshows scheinen sich nicht auf die Radionutzung auszuwirken. Das Radio bleibt somit der Tagesbegleiter Nummer eins.

Die Nutzungskurven der ganz jungen Hörerschaften von N-Joy und Eins Live spiegeln in etwa das wider, was für die Gesamtradionutzung bereits festgestellt wurde. Die am frühen Morgen extrem hohen Reichweiten und der anschließende Rückgang fallen mit dem Schulbeginn gegen 8.00 Uhr zusammen. Sowohl bei N-Joy als auch bei Eins Live wird nach der Mittagszeit gegen 13.00 Uhr das Radio wieder eingeschaltet. Bei N-Joy fällt auf, daß die beiden jüngsten Zielgruppensegmente das Programm zu einem hohen Prozentsatz auch bis in die frühen Abendstunden nutzen, also auch in der Prime time des Fernsehens (vgl. Graphik 5 auf S. 81). Bei Eins Live zeigt sich bei den hohen Reichweitenwerten der 26- bis 39jährigen, daß dieses Hörersegment zu einem großen Teil zum Zielgruppenpublikum gehört, Eins Live also etwas weniger „jung" konzipiert ist als N-Joy (vgl. Graphik 6 auf S. 82). Somit spiegeln sich die Programmkonzepte in den Reichweitenzahlen nach Hörergruppen wider.

Fazit

Der Hörfunk in Deutschland konnte in diesem Jahr seine Position nicht nur halten, sondern in einigen Bereichen sogar deutlich stärken. Auch die erhebliche Ausweitung des Fernsehangebotes in den letzten Jahren hat daran nichts wesentliches geändert.

Im Unterschied zum Fernsehen ist Radiohören durch konstante Nutzungsmuster geprägt und weniger durch situatives Auswahlverhalten. Dahinter verbergen sich mit großer Wahrscheinlichkeit auch unterschiedliche Erwartungshaltungen und Gratifikationsmuster. Während beim Radio noch eine große Programmtreue besteht – innerhalb von 14 Tagen werden höchstens drei verschiedene Sender gehört –, bewegen sich beim Fernsehen diese Muster weg von einer Senderidentifikation hin zu einer programminhaltlichen Orientierung. Das heißt beispielsweise: Der Unterhaltungs- oder filmorientierte Fernsehzuschauer sucht sich – Stichwort Zapping – aus den Angeboten aller Sender die passende Sendung heraus. Beim Radio dagegen bleiben die Hörer sehr viel stärker beim einmal eingestellten, häufig durchfomatierten Programm.

Der Vergleich der beiden Hörfunksysteme – öffentlich-rechtlich organisierter Hörfunk hier und privatrechtlicher dort – zeigt ganz deutlich, daß sich Reichweitengewinne bei Privatsendern nicht mehr auf Kosten der öffentlich-rechtlichen Programme erweitern lassen, sondern durchaus immer stärker auf Kosten der Konkurrenz aus dem eigenen Lager gehen. Diese Vermutung wurde bereits im Vorjahr konstatiert. Die öffentlich-rechtlichen Hörfunkangebote haben ihre Marktführerschaft in der bundesdeutschen Gesamtbilanz und für die überwiegende Zahl der Bundesländer deutlich behaupten können. Dies ist nicht zuletzt ein Erfolg der ARD-Jugendradioprogramme.

Anmerkungen

1. Vgl. Keller, Michael/Walter Klingler: Media-Analyse 1995: Hörfunk behauptet sich im Wettbewerb. In: Media Perspektiven 11/1995, S. 522–534.
2. Vgl. Keller/Klingler (Anm. 1), S. 524.
3. Vgl. Drengberg, Joachim: N-Joy Radio: Ein öffentlich-rechtliches Erfolgsradio. In: Media Perspektiven 3/1996, S. 134–143.
4. Vgl. Eckhardt, Josef: Die Reform der WDR-Hörfunkprogramme 1995. Reaktion auf die Konkurrenz der privaten Lokalradios. In: Media Perspektiven 11/1995, S. 535–541 und Volpers, Helmut/Detlef Schnier: Das WDR-Hörfunkprogramm Eins Live. Ergebnisse einer empirischen Programmanalyse. In: Media Perspektiven 5/1996, S. 249–258.

Tabelle 1 Hörfunknutzung 1987 bis 1996 (Montag bis Sonntag, Personen ab 14 Jahre)

	Hörer pro Tag in Prozent	Hördauer in Minuten
MA 87	78	146
MA 88	78	156
MA 89	79	154
MA 90	80	156
MA 91	81	162
MA 92	82 (81)	169 (163)
MA 93	82 (81)	169 (164)
MA 94	81 (80)	168 (162)
MA 95	80 (78)	167 (159)
MA 96	80 (79)	169 (162)

Die Zahlen in Klammern beziehen sich auf BRD West inkl. Berlin West.
Quelle: MA 87 bis MA 96.

Tabelle 2 Anzahl erhobener Sender und Programme 1987 bis 1996

MA 87	44
MA 88	48
MA 89	140
MA 90	163
MA 91	180
MA 92	188
MA 93	227
MA 94	237
MA 95	245
MA 96	226

Quelle: MA 87 bis MA 96.

Tabelle 3 Hörfunknutzung nach soziodemographischen Gruppen 1995 und 1996 (Montag bis Sonntag)

	Hörer gestern in Prozent			Hördauer in Minuten		
	MA 95	MA 96	Index MA 95 = 100	MA 95	MA 96	Index MA 95 = 100
Personen ab 14 Jahre	80,0	79,8	100	167	169	101
Geschlecht						
Männer	81,0	80,7	100	160	161	101
Frauen	79,1	79,1	100	173	176	102
Alter in Jahren						
14 bis 19	76,1	77,7	102	117	121	103
20 bis 29	80,7	80,2	99	161	164	102
30 bis 39	83,3	82,5	99	192	191	99
40 bis 49	83,8	83,7	100	180	186	103
50 bis 59	82,8	82,0	99	177	173	98
60 bis 69	79,3	78,7	99	169	171	101
70 und älter	68,9	70,8	103	135	143	106
Bildung						
Volks-/Hauptschule	80,6	80,4	100	144	174	121
Weiterf. Schulen ohne Abitur	83,7	83,4	100	176	179	102
Abitur/Studium	81,2	81,3	100	155	157	101
Beruf						
In Ausbildung	76,8	77,9	101	118	124	105
Berufstätig	83,3	82,7	99	175	176	101
Nicht berufstätig/ Rentner	76,2	76,3	100	169	170	101

Quelle: MA 87 bis MA 96.

Tabelle 4 Anzahl durchschnittlich genutzter Hörfunkprogramme (Montag bis Sonntag, Personen ab 14 Jahre, BRD gesamt*)

	Durchschnittlich wurden ... Programme/Sender gehört innerhalb der letzten 14 Tage	gestern
MA 89	2,8	1,3
MA 90	2,8	1,3
MA 91	2,8	1,3
MA 92	3,0	1,4
MA 93	3,0	1,3
MA 94	3,0	1,3
MA 95	3,0	1,3
MA 96	2,9	1,3

* Bis MA 91 BRD West inkl. Berlin West.
Quelle: MA 89 bis MA 96.

Tabelle 5 Radiohören im Haus und außer Haus 1995 und 1996 (Montag bis Sonntag)

	Reichweite in Prozent			Hördauer in Minuten[1]			Verweildauer in Minuten[2]		
	MA 95	MA 96	Index: MA 95 = 100	MA 95	MA 96	Index: MA 95 = 100	MA 95	MA 96	Index: MA 95 = 100
Personen ab 14 Jahre									
Radiohören gesamt	80,0	79,8	100	167	169	101	209	212	101
Radiohören im Haus	70,3	70,3	100	119	121	102	169	172	102
Radiohören außer Haus	34,2	33,4	98	46	45	98	134	136	101
14 bis 29 Jahre									
Radiohören gesamt	79,3	79,4	100	148	151	102	186	190	102
Radiohören im Haus	66,5	65,9	99	89	91	102	134	138	103
Radiohören außer Haus	41,4	40,8	99	56	57	102	136	141	104
30 bis 49 Jahre									
Radiohören gesamt	83,5	83,0	99	187	189	101	224	227	101
Radiohören im Haus	70,4	70,1	100	118	118	100	168	169	101
Radiohören außer Haus	46,2	46,4	100	67	68	101	144	147	102
50 Jahre und älter									
Radiohören gesamt	77,7	77,7	100	162	164	101	209	211	101
Radiohören im Haus	72,4	72,8	101	135	139	103	187	190	102
Radiohören außer Haus	21,3	19,7	92	25	22	88	115	112	97

1. Basis: gesamte Bevölkerung.
2. Basis: Hörfunknutzer.

Quelle: MA 95, MA 96.

Tabelle 6 Hörfunknutzung in West- und Ostdeutschland* nach soziodemographischen Gruppen 1995 und 1996

	Hörer gestern in Prozent								
	BRD gesamt			MA 95			MA 96		
	MA 95	MA96	Index MA 95 = 100	BRD West	BRD Ost	Index: West = 100	BRD West	BRD Ost	Index: West = 100
Personen ab 14 Jahre	80,0	79,8	100	78,2	86,9	111	78,5	85,3	109
Männer	81,0	80,7	100	79,1	88,5	112	79,2	86,5	109
Frauen	79,1	79,1	100	77,4	85,6	111	77,8	84,2	108
Alter in Jahren									
14 bis 19	76,1	77,7	102	73,0	85,5	117	75,4	84,5	112
20 bis 29	80,7	80,2	99	78,6	89,9	114	78,7	86,6	110
30 bis 39	83,3	82,5	99	80,9	92,1	114	80,4	90,2	112
40 bis 49	83,8	83,7	100	81,9	91,0	111	82,0	90,4	110
50 bis 59	82,8	82,0	99	81,3	88,6	109	81,1	85,3	105
60 bis 69	79,3	78,7	99	78,1	84,3	108	77,5	83,6	108
70 und älter	68,9	70,8	103	68,7	69,8	102	70,7	70,9	100

	Hördauer in Minuten								
				MA 95			MA 96		
	MA 95	MA 96	Index MA 95 = 100	BRD West	BRD Ost	Index: West = 100	BRD West	BRD Ost	Index: West = 100
Personen ab 14 Jahre	167	169	101	159	196	123	162	199	123
Männer	160	161	101	149	200	134	152	199	131
Frauen	173	176	102	168	192	114	170	198	116
Alter in Jahren									
14 bis 19	117	121	103	109	140	128	109	156	143
20 bis 29	161	164	102	151	204	135	154	209	136
30 bis 39	192	191	99	178	241	135	177	243	137
40 bis 49	180	186	103	172	211	123	177	222	125
50 bis 59	177	173	98	170	205	121	170	187	110
60 bis 69	169	171	101	166	182	110	166	188	113
70 und älter	135	143	106	135	134	99	144	141	98

* BRD West: inkl. Berlin West; BRD Ost inkl. Berlin Ost.
Quelle: MA 95, MA 96.

Tabelle 7 Hörfunknutzung in West- und Ostdeutschland* nach Wochentagen (Personen ab 14 Jahre)

	Mo bis So	Mo bis Fr	Sa	So
Hörer gestern in Prozent				
BRD gesamt				
MA 95	80,0	82,1	77,2	72,1
MA 96	79,8	81,7	78,2	72,1
Index: MA 95 = 100	100	100	101	100
MA 95				
West	78,2	80,7	75,1	68,9
Ost	86,9	87,7	85,3	84,7
Index: West = 100	111	109	114	123
MA 96				
West	78,5	80,7	76,2	69,6
Ost	85,5	85,8	86,3	81,9
Index: West = 100	109	106	113	118
Hördauer in Minuten				
BRD gesamt				
MA 95	167	174	153	142
MA 96	169	173	168	148
Index: MA 95 = 100	101	99	110	104
MA 95				
West	159	168	143	131
Ost	196	199	191	188
Index: West = 100	123	118	134	144
MA 96				
West	162	167	158	138
Ost	199	199	206	191
Index: West = 100	123	119	130	138

* BRD West: inkl. Berlin; BRD Ost: inkl. Berlin Ost.

Quelle: MA 95, MA 96.

Tabelle 8 Radiohören und Tätigkeiten 1995 und 1996 (Montag bis Sonntag, Personen ab 14 Jahre)

	Hörer gestern in Prozent			Hördauer in Minuten		
	MA 95	MA 96	Index: MA 95 = 100	MA 95	MA 96	Index: MA 95 = 100
Essen	59,1	59,2	100	29	29	100
Arbeit im Haus	39,7	40,3	102	50	51	102
Arbeit außer Haus	7,2	7,5	104	21	21	100
Autofahren	27,5	26,9	98	20	19	95
Freizeittätigkeiten	32,2	33,8	105	35	37	106
Im Haus gesamt	70,3	70,3	100	119	121	102
Außer Haus gesamt	34,2	33,4	98	42	45	107

Quelle: MA 95, MA 96.

Tabelle 9 Nutzung von Schallplatte/Kassette/Tonband/CD 1995 und 1996 (Montag bis Sonntag)

	Hörer gestern in Prozent			Nutzungsdauer in Minuten		
	MA 95	MA 96	Index: MA 95 = 100	MA 95	MA 96	Index: MA 95 = 100
Personen ab 14 Jahren	11,5	10,7	93	15	14	93
14 bis 19 Jahre	31,2	31,5	101	44	41	93
20 bis 29 Jahre	23,2	21,1	91	31	29	94
30 bis 39 Jahre	12,9	11,6	90	17	14	82
40 bis 49 Jahre	8,6	8,7	101	10	10	100
50 bis 59 Jahre	6,1	5,7	93	8	7	88
60 bis 69 Jahre	3,4	3,4	100	4	4	100
70 Jahre und älter	2,3	2,3	100	3	3	100

Quelle: MA 95, MA 96.

Tabelle 10 Marktanteile des Hörfunks nach Sendesystemen – Bundesrepublik Deutschland gesamt (Montag bis Sonntag, Personen ab 14 Jahre, in Prozent)

	ARD-Hörfunk	Privater Hörfunk
MA 91[1]	72,2	26,5
MA 92	69,8	29,0
MA 93	65,7	34,3
MA 94	60,1	39,9
MA 95	59,3	40,1
MA 96	58,6	41,4

1. Nur alte Bundesländer inkl. Berlin West.

Quelle: MA 91 bis MA 96.

Tabelle 11 Marktanteile des Hörfunks nach Sendesystemen und Bundesländern 1995 und 1996 (Montag bis Sonntag, Personen ab 14 Jahre, in Prozent*)

	ARD-Hörfunk			Privater Hörfunk		
	MA 95	MA 96	Index: MA 95 = 100	MA 95	MA 96	Index: MA 95 = 100
BRD gesamt	59,3	58,6	99	40,1	41,4	103
Schleswig-Holstein	54,4	56,4	104	45,6	43,3	95
Hamburg	43,2	43,3	100	56,8	58,2	102
Niedersachsen	68,9	69,0	100	30,5	31,5	103
Nielsen 1 ohne Bremen	62,2	62,7	101	37,2	37,8	102
Bremen	78,2	80,8	103	21,8	19,2	88
Nordrhein-Westfalen	65,7	70,9	108	34,3	28,5	83
Hessen	57,7	53,1	92	42,3	46,2	109
Rheinland-Pfalz	51,0	54,7	107	49,0	46,0	94
Baden-Württemberg	68,6	69,1	101	30,1	29,6	98
Saarland	62,1	63,5	102	37,3	35,8	96
Bayern	48,0	47,1	98	52,0	52,3	101
Berlin	29,3	25,7	88	70,7	73,7	104
Brandenburg	51,0	50,0	98	48,6	50,0	103
Mecklenburg-Vorpommern	74,7	64,5	86	25,3	35,5	140
Sachsen-Anhalt	57,8	50,2	87	43,1	50,2	116
Thüringen	71,5	53,9	75	28,5	46,1	162
Sachsen	62,3	56,1	90	37,7	44,4	118

* Die Abweichungen von 100 Prozent ergeben sich durch Rundungsdifferenzen und die Berücksichtigung sonstiger Programme wie Militärsender oder ausländische Sender.

Quelle: MA 95, MA 96.

Graphik 1 Tagesreichweite von N-Joy Radio nach Altersgruppen (Montag bis Sonntag, Personen ab 14 Jahre, NDR-Sendegebiet, Reichweite in Prozent)

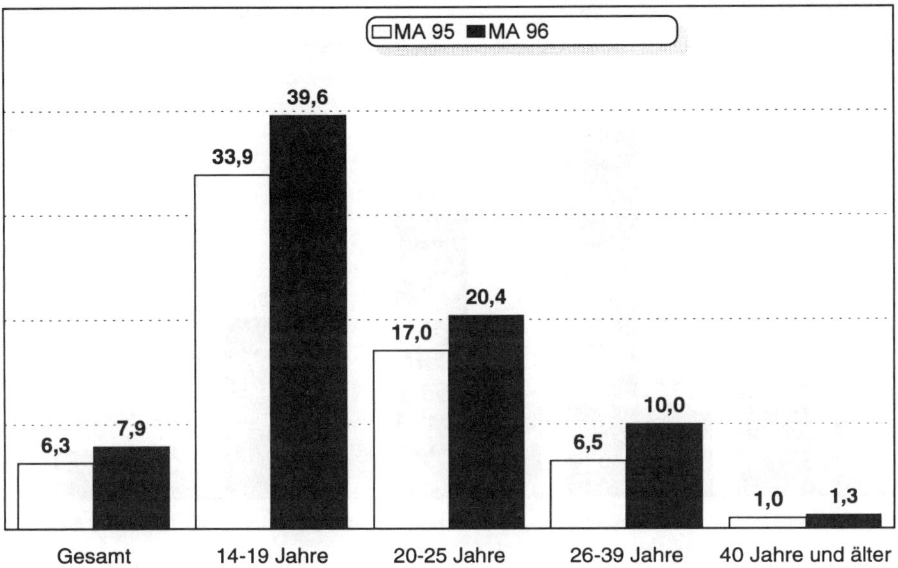

Quelle: MA 95, MA 96.

Graphik 2 Tagesreichweite von WDR 1/Eins Live nach Altersgruppen (Montag bis Sonntag, Personen ab 14 Jahre, Nordrhein-Westfalen, Reichweite in Prozent)

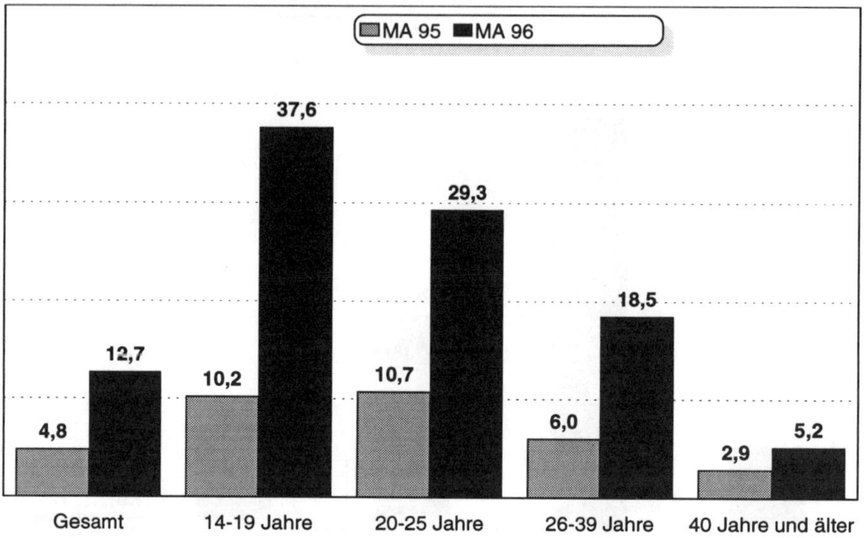

Quelle: MA 95, MA 96.

Graphik 3 Hörfunknutzung im Tagesverlauf 1995 und 1996 (Montag bis Sonntag, Personen ab 14 Jahre, BRD gesamt, Reichweite in Prozent)

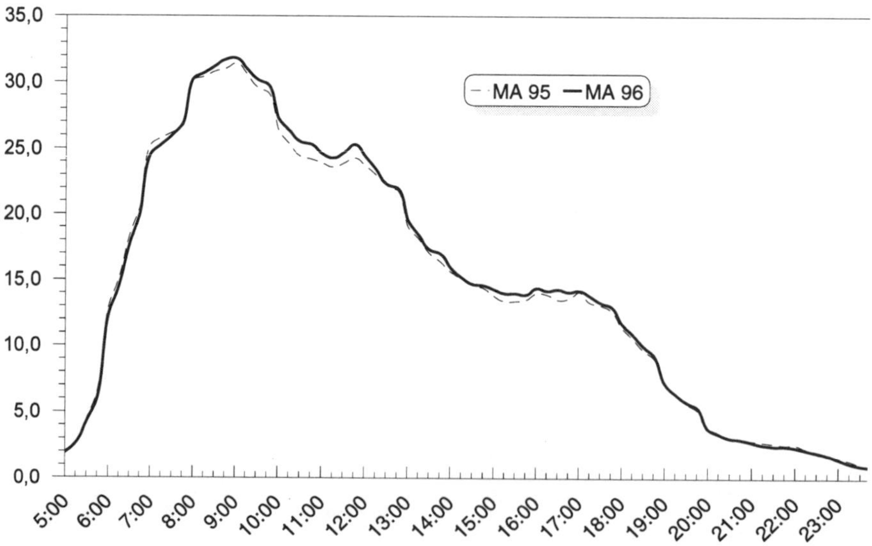

Quelle: MA 95, MA 96.

Graphik 4 Hörfunknutzung im Tagesverlauf nach Altersgruppen (Montag bis Sonntag, Personen ab 14 Jahre, BRD gesamt, Reichweite in Prozent)

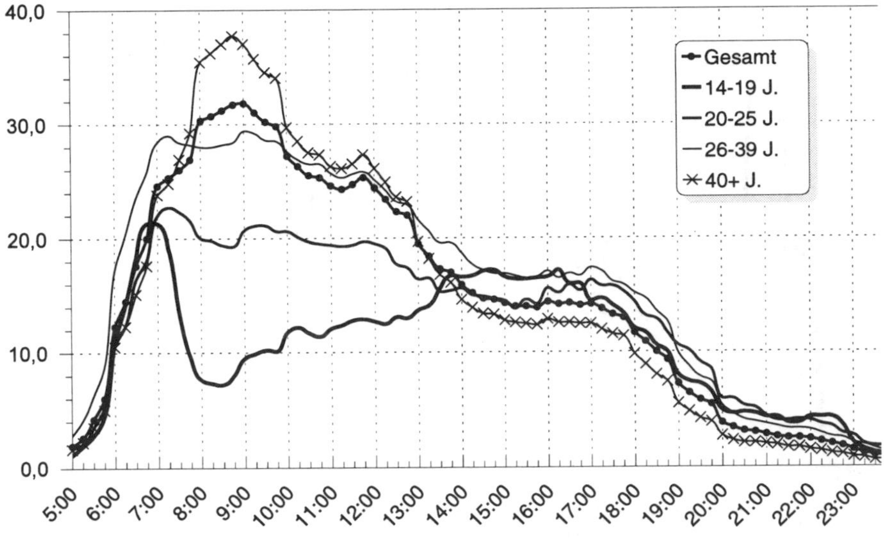

Quelle: MA 96.

Graphik 5 Nutzung von N-Joy Radio im Tagesverlauf (Montag bis Sonntag, Personen ab 14 Jahre, NDR-Sendegebiet, Reichweite in Prozent)

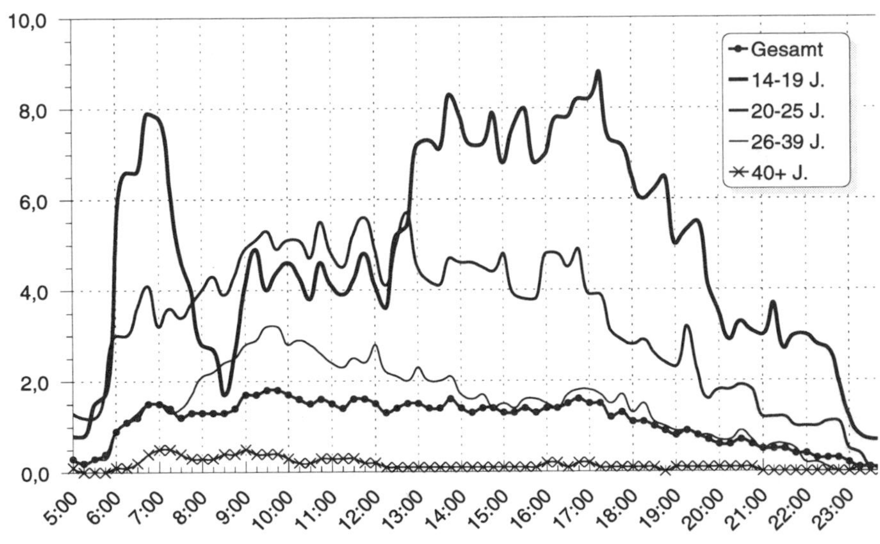

Quelle: MA 96.

Graphik 6 Nutzung von Eins Live im Tagesverlauf (Mo bis So, Personen ab 14 Jahre, Nordrhein-Westfalen, Reichweite in Prozent)

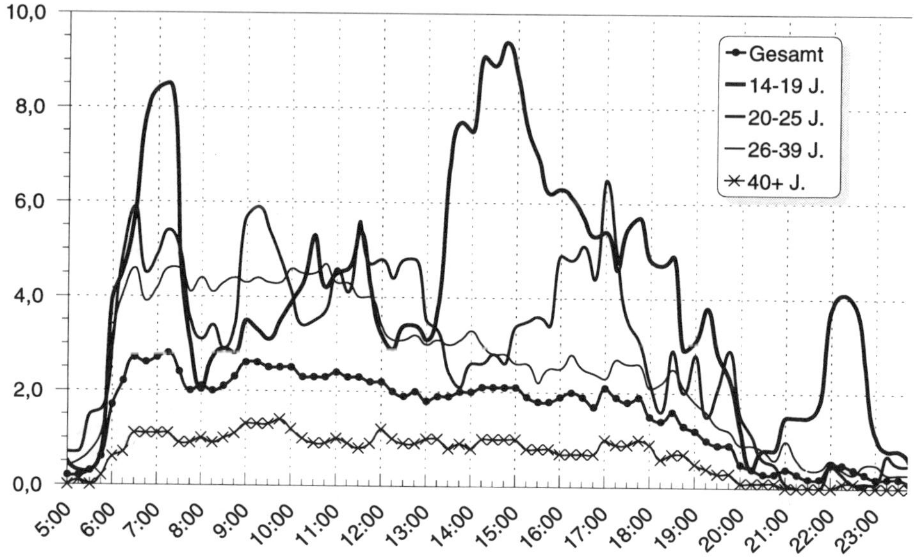

Quelle: MA 96.

Kommerzieller und nichtkommerzieller privater Hörfunk in Baden-Württemberg

*Von Christian Schröter**

Die privatrechtliche Hörfunklandschaft in Baden-Württemberg wurde zum 1. Oktober 1994 neu geordnet. Das Datum markiert das Inkrafttreten der neuen, von der Landesanstalt für Kommunikation auf acht Jahre ausgeschriebenen Sendelizenzen für die Privatanbieter, nachdem die alten zum 30. September 1994 ausgelaufen waren. Die Neuzulassungen bis ins Jahr 2002 sind zugleich mit einem neuen Zuschnitt der Sendegebiete verbunden. Die alte Planungskonzeption hatte sich als wenig tragfähig erwiesen.

Der vorliegende Bericht versteht sich als Bestandsaufnahme der veränderten Situation auf dem kommerziellen Radiomarkt in Baden-Württemberg. Er greift die für den Privatfunk relevanten Veränderungen des Landesmediengesetzes von 1992 auf, setzt diese in Bezug zu den ursprünglichen Planungen, zeigt die Situation in den Regionen und problematisiert die sich daraus ergebenden Interessen- und Zielkonflikte. Damit knüpft er auch an frühere Darstellungen an.[1]

Um den privaten Hörfunk in Baden-Württemberg hat es seit seiner Zulassung in den 80er Jahren immer wieder Konflikte gegeben. Dies resultiert auch daraus, daß die Legislativen zum Aufbau eines privaten Rundfunks weder von einem gesamtgesellschaftlichen Impuls noch von einem parteiübergreifenden parlamentarischen Konsens getragen waren. So sagten die Oppositionsparteien im baden-württembergischen Landtag der Mehrheitsfraktion und Regierung schon bei der Verabschiedung der Erstfassung des Landesmediengesetzes im Landtag im Dezember 1985 eine „Vierte Lesung in Karlsruhe" voraus. Um den schnellen Aufbau des privaten Rundfunks zu fördern, sollten damals die Programme des öffentlich-rechtlichen Rundfunks auf dem Status quo eingefroren werden. Infolge der dagegen erhobenen erfolgreichen Verfassungsbeschwerden von SDR und SWF mußte das Landesmediengesetz novelliert werden. Daß weitere Veränderungen folgten, verdeutlicht, wie sehr der private Hörfunk medienpolitisches Dauerthema war. Die zur Zeit gültige Gesetzesneufassung datiert vom 17. März 1992[2]. Die Rechtsverordnungen der Landesanstalt für Kommunikation zum Frequenznutzungsplan brachten es von 1986 bis heute auf 16 Fassungen.

Das Ziel eines kommerzialisierten Rundfunksystems trat in die baden-württembergische Medienpolitik Ende der 70er Jahre mit dem Beginn der Ära Lothar Späth (Ministerpräsident von 1978 bis 1991) ein. Unter dem Eindruck technologischer Entwicklungen,

* Christian Schröter ist Redakteur in der Abteilung Unternehmensplanung/Medienforschung des Südwestfunks Baden-Baden. Dieser Beitrag erschien bereits in: Pape, Martin/Detlev Samland (Hg.): Medienhandbuch – die Privaten. Neuwied 1995. Er wurde auf den Stand von 1997 aktualisiert.

Gesellschaftsanalysen sowie wirtschaftlicher Prognosen aus dem Ausland (Amerika, Frankreich, Schweiz) machte Späth das Thema Neue Medien zu einem Zentralthema seiner Regierungspolitik. Die Vision der Wende in die Informationsgesellschaft als technokratisches Fortschrittsmodell wurde zur neuen Orientierungsmarke im intendierten gesellschaftlichen Modernisierungs- und wirtschaftlichen Umstrukturierungsprozeß. Transmissionsriemen in die Zukunft – und in Buchtiteln auch programmatisch so propagiert – sollte „Das Kabel" (Stichwort: Breitbandkabelnetze) sein. Als Motor wurde die mittelständische Wirtschaft gesehen, in erster Linie Elektronikfirmen, aber auch Verlags- und Medienhäuser, denen Wachstumsimpulse durch die Teilhabe an den elektronischen Medien und demzufolge auch am Rundfunk garantiert werden sollten.

Für den öffentlich-rechtlichen Rundfunk bedeutete das anvisierte Nebeneinander mit privatrechtlich organisiertem Rundfunk eine – politisch gewollte – Veränderung der Rahmenbedingungen: Statt der kulturellen Dimension wurde die wirtschaftliche Dimension des Rundfunks in der Vordergrund gerückt.

Nach einer Bestandsaufnahme der Mediensituation zwischen Neckar und Bodensee durch eine Expertenkommission Neue Medien (EKM) 1981 und dem Ausstieg des Landes aus dem zunächst gemeinsam mit Rheinland-Pfalz angedachten Kabelversuchsprojekt Ludwigshafen/Mannheim legte Baden-Württemberg 1982 als erstes Bundesland einen Diskussionsentwurf für ein Landesmediengesetz vor, das dann aber erst Ende 1985 im Landtag verabschiedet wurde. Der umfassende Titel „Landesmediengesetz" signalisiert schon den im Vergleich zu anderen Bundesländern weitgehenden Ansatz der baden-württembergischen Vorgehensweise, die auch rundfunkähnliche Kommunikationsdienste wie Text- und Abrufdienste etc. berücksichtigte. Andere Bundesländer konzentrierten sich bei ihrem Weg ins duale System auf Hörfunk und Fernsehen und agierten bei der Namenswahl eher mit dem Begriff „Gesetz für privaten Rundfunk".

Eine weitere Besonderheit des baden-württembergischen Landesmediengesetzes besteht in der Kompetenzzuweisung der Landesanstalt für Kommunikation, einen Frequenznutzungsplan sowohl für die privaten Anbieter als auch die öffentlich-rechtlichen Rundfunkanstalten aufzustellen. Damit war ein weitreichender Konflikt programmiert.

Im Vorfeld dazu und parallel zu den Kabelpilotprojekten in anderen Bundesländern wurden auf einer operativen Ebene 1984/85 zwei Stadtradioversuchsprojekte gestartet, die unter Verantwortung der öffentlich-rechtlichen Häuser SDR und SWF erstmals in der Bundesrepublik auch privatrechtliche Verlagshäuser als terrestrische Hörfunkmitveranstalter beteiligten.[3] Die Fortführung einer solchen Kooperation wurde im späteren Landesmediengesetz ausdrücklich ausgeschlossen. Zu diesem Zeitpunkt verschob sich die Debatte um die „Neuen Medien": Es zeichnete sich ab, daß sich private Veranstalter nicht allein auf das Übertragungsmedium Breitbandkabelnetze beschränken würden, sondern vor allem auch auf die Zulassung als Rundfunkveranstalter auf terrestrischem Wege drängten.

Frequenztechnische Voraussetzungen

Die technischen Voraussetzungen zur Nutzung neuer UKW-Frequenzen sind 1984 bei der Internationalen Wellenkonferenz mit dem Genfer Wellenplan geschaffen worden. Hier griff das Land Baden-Württemberg in seiner Zielsetzung ein Argument der Expertenkommission Neue Medien (EKM) auf, die – auch aufgrund der zahlreichen Gebiete im Lande mit Monopolzeitungen – Defizite in der lokalen wie regionalen Kommunikation aufgezeigt hatte. Verhandlungsziel in Genf war es, zu den bestehenden und zusätzlich benötigten Frequenzen der Landesrundfunkanstalten, des Deutschlandfunks sowie der Alliierten im neu zu planenden Wellenbereich 100 bis 108 MHz drei ganz unterschiedlich konfigurierte Frequenzebenen bzw. -netze aufzubauen:

- ein Lokalsystem mit einer Vielzahl von Frequenzen kleinerer Reichweiten für Städte bzw. Gebiete mit über 25 000 Einwohner;
- ein Regionalsendernetz, das das Land flächendeckend regional versorgt und zusammen- wie auseinandergeschaltet werden kann (Landeskette) sowie
- ein weiteres Regionalsendernetz, das (auch wegen der Frequenzen für die Lokalsender) jedoch nicht flächendeckend sein kann, sich an regionalen Schwerpunkten orientiert und daher Rumpfnetz genannt wurde.

Die spätere Nutzung dieser Frequenzen war zum Zeitpunkt der Genfer Verhandlungen noch offen. Die Landesrundfunkanstalten vertrauten darauf, mit Hilfe der regional flächendeckend versorgenden Regionalfrequenzen ihr Regionalisierungskonzept vollenden zu können. Hierzu hatten sie frühzeitig Pläne vorgelegt und Frequenzbedarf angemeldet. Zu diesem Konzept sahen sie sich aber auch von der Landesregierung aufgefordert: „Die Landesregierung würde es aber begrüßen, wenn die Rundfunkanstalten ihre Bemühungen noch verstärken würden, das gewachsene kulturelle Eigenprofil der Landschaften des Sendegebietes durch Sendungen mit regionalem Bezug zum Ausdruck bringen. Zu einem hohen Programmniveau gehören nach Auffassung der Landesregierung unverzichtbar regionale Meinungsvielfalt und regionales Eigenprofil.“[4]

Die erste Lizenzierungsphase (1987 – 1994)

Die im Landesmediengesetz von 1985 vorgesehene und im Frühjahr 1986 gegründete Landesanstalt für Kommunikation (LfK) stellte einen Frequenznutzungsplan auf und schrieb im gleichen Jahr 50 lokale und 23 regionale UKW-Frequenzen zur Nutzung für Private aus. Anders als zum Beispiel in den norddeutschen Flächenstaaten wie etwa Niedersachsen und Schleswig-Holstein war kein landesweites Netz für einen oder mehrere Privatfunkveranstalter vorgesehen. Statt dessen ging man von einer regionalen und einer lokalen Ebene aus. Nachdem im März 1987 die ersten Lizenzen vergeben worden waren, ging am 4. April 1987 der erste privatrechtliche Veranstalter (Antenne Hochrhein) auf Sendung.

Die rasche Lizenzierung stellte jedoch eher die Ausnahme dar. Für die ausgeschriebenen 73 Frequenzen gingen von 144 Interessenten 461 Einzelanträge ein. Bei der Ausschreibung und Ausgestaltung wurde in Baden-Württemberg auf organisatorische Vorgaben der Gesellschafterkonstruktion – wie sie sich etwa im nordrhein-westfälischen Zwei-Säulen-Modell finden – verzichtet. Ein folgenreiches Defizit, da man darauf vertraute, daß sich im freien Spiel der ökonomischen Kräfte außenplurale Konkurrenz sowie Programmqualität von selbst einstellen würde. Die Mehrfachbewerbung verdeutlicht aber schon zu diesem frühen Zeitpunkt, daß die Bewerber an eine Vernetzung bzw. an ein Mehrfachangebot ihrer Programme dachten.

Unter der Moderation der Landesanstalt für Kommunikation kam es in etlichen Fällen, bei denen sich die Frequenzbewerber auf keine gemeinsame Betreibergesellschaft einigen konnten, zur Teilung (sog. Frequenzsplitting) von Frequenzen, das heißt, die Gesamtsendezeit wurde unter verschiedenen Lizenznehmern aufgeteilt (beim Regionalsender Stuttgart gab es beispielsweise sechs). Nicht zuletzt führten diese Zulassungspraxis und die mit ihr verbundenen Auswirkungen auf das Programmangebot und seine Akzeptanz zu dem Negativimage, das dem privatrechtlichen Radio in Baden-Württemberg unter marktwirtschaftlichem Blickwinkel bundesweit zugeschrieben wird. Mit je nach Anbieter unterschiedlichen Programmvorstellungen auf ein und derselben Frequenz ließen sich weder bei den Hörern noch bei der Werbewirtschaft große Erfolge erzielen.

Ursache des Frequenzsplittings der ersten Lizenzierungsphase war die Tatsache, daß sich die damaligen Anbieter – obwohl zum Teil sogar durch Tochterunternehmen miteinander wirtschaftlich verbunden – nicht auf ein gemeinsames Programm einigen konnten. Grob lassen sich die Veranstalter in drei Gruppen unterteilen: Große Medienkonzerne (Springer, Holtzbrinck, Burda), regionale Verlagshäuser sowie eher branchenfremde Firmengruppen, und zwar aus dem Nahrungs- und Genußmittelbereich wie Brauereien (Dinkelacker oder Nanz).

Auf den am heftigsten umworbenen reichweitenstärksten Regionalsenderfrequenzen versuchte die LfK durch Anwendung kartellrechtlicher Bestimmungen, die Dominanz einzelner Konzerne auszutarieren. Gleichzeitig wurde die Zulassung von Zeitungsverlegern als Veranstalter in solchen Gebieten, in denen ihre Zeitung mehr als 50 Prozent Marktanteil aufwies, an verschiedene Bedingungen geknüpft. In der Folgezeit versuchten die kommerziellen Veranstalter immer wieder, größere Einzelfrequenzen zu ganzen Netzen zu verknüpfen – wie etwa die Radio-7- oder die Bürgerradio-Gruppe und später RTL. Dies führte immer wieder zu Konflikten mit der LfK, die sich einerseits den Wirtschaftlichkeitsüberlegungen vieler wenig rentabler Sender nicht verschließen, andererseits aber verhindern wollte, daß lokale Radios zu bloßen Abspielstationen werbegerecht zugeschnittener überregionaler Mantelprogramme gerieten und die Rahmenprogramme anbietenden Unternehmen sich quasi durch die Hintertür zusätzliche Sendemöglichkeiten erschlichen. Die LfK legte deshalb beispielsweise Mindestanteile sowie Sendezeiten für Eigenprogramme fest, und sie kontrollierte Zulieferverträge.[5]

Ideen im Privathörfunk engagierter Konzerne, die leistungsstärksten Regionalsender per kostengünstigerem Ballempfang, das heißt, ohne Postleitungen oder Satelliten anmieten zu müssen, technisch zu einer landesweiten Kette zusammenzuführen (Burda) oder die einzelnen Anbieter mit einem Rahmenprogramm via Satellit zu versorgen (Holtzbrinck), stießen bei den baden-württembergischen Zeitungsverlagshäusern, die ihren Einfluß gegen die Konzerne stets zu sichern trachteten, auf wenig Resonanz. Den größten Verbund stellte bislang das Verbreitungsgebiet der – von Zeitungsverlegern dominierten (vor allem Südwest-Presse, Schwäbischer Verlag) – Radio-7-Kette im Südosten des Landes dar.

Das Landesmediengesetz diente auch dazu, bei der Entwicklung des dualen Systems Erfahrungen zu sammeln. Daher mußten inzwischen wegen verschiedener Interventionen bzw. medienrechtlicher Veränderungen (etwa die Anpassung an den Rundfunkstaatsvertrag) verschiedene Teile novelliert werden. Die bedeutendste Korrektur erfolgte nach der Klage der Landesrundfunkanstalten gegen das im Landesmediengesetz zunächst gegenüber den Öffentlich-rechtlichen ausgesprochene Lokalisierungs- bzw. Regionalisierungsverbot, was schließlich beim Bundesverfassungsgericht zum 5. Rundfunkurteil führte, in dem ein solches Verbot für unzulässig erklärt wurde.[6]

Die Grundlinien für die aktuelle Situation wurden in der Gesetzesnovelle vom 17. März 1992 festgeschrieben. Zu diesem Zeitpunkt waren etwa 40 privatrechtliche Hörfunkanbieter auf Sendung, deren Veranstaltungserlaubnisse sämtlich zum 30. September 1994 ausliefen.[7]

Das Landesmediengesetz in der Neubekanntmachung vom 17. März 1992

Kernpunkt der Gesetzesnovelle vom März 1992 war eine deutliche Reduktion der Anzahl der Sendegebiete (von bisher 50 Lokal- und 23 Regionalsendern auf nun drei Bereichs- und 15 Lokalgebiete) und damit auch eine Reduktion der Lizenznehmer bei gleichzeitiger Vergrößerung der jeweiligen Sendegebiete. Diese sollten nach der ursprünglichen Lokal- bzw. Regionalitätsvorstellung auf ein Programm bezogen maximal ein Sechstel der Landesfläche abdecken können.

Der Novelle zufolge sollen die Sendegebiete auf zusammenhängende Kommunikations-, Kultur-und Wirtschaftsräume zugeschnitten sein und einen wirtschaftlich leistungsfähigen kommerziellen Hörfunk ermöglichen. Mit den Lokalsendern sollen als Minimum 300 000 Einwohner (Lokalsenderplanungsvorgabe für den Genfer Wellenplan 1984: 25 000), mit den regionalen Hörfunkgebieten 1,5 Millionen Einwohner technisch erreicht werden (zur Bevölkerungsdichte in Baden-Württemberg vgl. Graphik 1 auf S. 88). Dabei sollen bei den Lokalsendern maximal 15 Verbreitungsgebiete und bei den Regionalsendern maximal sechs Verbreitungsgebiete entstehen. Ferner sollte nach dem Gesetz durch die Erhöhung der Sendeleistung sowie mit dem Abrücken vom Einzelfrequenzprinzip – die Vergabe von mehreren Frequenzen an einen Veranstalter war auch nach der Gesetzesnovelle von 1987 eher die Ausnahme – durch die Vergabe von Frequenzpaketen und ähnlichem ein möglichst flächendeckender Stereoempfang in den Verbreitungsgebieten erreicht werden, wobei zugleich auch bestehende Versorgungsgebiete des Privatfunks zu berücksichtigen waren.

Nach verschiedenen Modellvarianten[8] schrieb die LfK in ihrem Planungskonzept schließlich 15 Lokalsendergebiete in Ballungsgebieten und Industrieachsen des Landes aus sowie drei Bereichssendergebiete. Zusätzlich sollte eine reichweitenstarke Frequenz (105,7 MHz, 75 kW) für den Großraum Stuttgart zur Nutzung durch privatkommerzielle Veranstalter ausgeschrieben werden. Auf diese Frequenz erhob auch der Süddeutsche Rundfunk nach Paragraph 5 und 7 (sie enthalten Bestimmungen über die Ausgestaltung eines als Rechtsverordnung zu erlassenden Nutzungsplans) des Landesmediengesetzes Anspruch.[9] Der SDR berief sich dabei auf die Vorrangstellung des Grundversorgungsauftrags und wollte mit der Frequenz 105,7 MHz die Versorgungslücken des gemeinsam mit dem SWF veranstalteten Kulturprogramms S2 Kultur schließen. Diesen Anspruch bestätigt der Verwaltungsgerichtshof (VGH) in seinem Urteil vom 30. August 1994, das inzwischen vom Bundesverwaltungsgericht in Berlin bestätigt wurde.[10]

Bei den neuen Lokalsendern wurden zum Teil bis zu acht Frequenzen für ein Zielgebiet zusammengepackt, so daß sich kleinere Regionen versorgen lassen. Im einzelnen handelt es sich um folgende Zielgebiete: Lokalsender 1 Mannheim/Heidelberg, Lokalsender 2 Karlsruhe, Lokalsender 3 Ortenau, Lokalsender 4 Freiburg, Lokalsender 5 Hochrhein/Bodensee, Lokalsender 6 Oberer Neckar, Lokalsender 7 Tübingen/Reutlingen, Lokalsender 8 Ulm/Biberach, Lokalsender 9 Ostwürttemberg, Lokalsender 10 Göppingen, Lokalsender 11 Böblingen/Sindelfingen, Lokalsender 12 Stuttgart, Lokalsender 13 Rems-Murr, Lokalsender 14 Heilbronn/Franken, Lokalsender 15 Esslingen/Kirchheim.

Die drei Bereichssendergebiete, die sich teilweise überlappen, tranchieren in Nord-Süd-Richtung das Land in drei Versorgungszonen (vgl. Graphik 2 auf S. 90):

- Das Bereichssendergebiet 1 (Baden-Schiene) wird über drei verschiedene Frequenzen versorgt. Deren Senderstandorte erreichen Heidelberg/Mannheim, Karlsruhe, Baden-Baden, Freiburg und Lörrach.

Graphik 1 Bevölkerung in den Kreisen von Baden-Württemberg

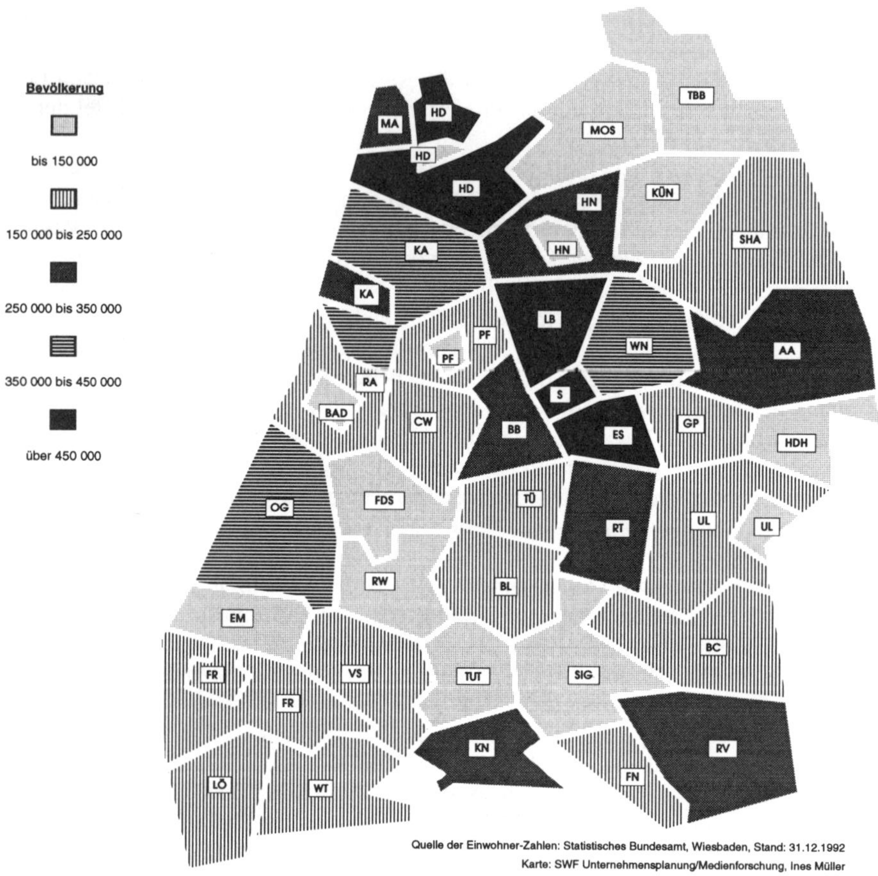

Quelle der Einwohner-Zahlen: Statistisches Bundesamt, Wiesbaden, Stand: 31.12.1992
Karte: SWF Unternehmensplanung/Medienforschung, Ines Müller

Die Beschriftung der Kreisgebiete von Baden-Württemberg (entsprechend Autokennzeichen):

AA	Ostalb
BAD	Baden-Baden
BB	Böblingen
BC	Biberach
BL	Zollernalb
CW	Calw
EM	Emmendingen
ES	Esslingen
FDS	Freudenstadt
FN	Bodenseekreis
FR	Freiburg, Breisgau-Hochschwarzwald
GP	Göppingen
HD	Heidelberg, Rhein-Neckar
HDH	Heidenheim
HN	Heilbronn, Stadt- und Landkreis
KA	Karlsruhe, Stadt- und Landkreis
KN	Konstanz
KÜN	Hohenlohe
LB	Ludwigsburg
LÖ	Lörrach
MA	Mannheim
MOS	Neckar-Odenwald
OG	Offenburg
PF	Pforzheim, Enz
RA	Rastatt
RT	Reutlingen
RV	Ravensburg
RW	Rottweil
S	Stuttgart
SHA	Schwäbisch-Hall
SIG	Sigmaringen
TBB	Main-Tauber
TÜ	Tübingen
TUT	Tuttlingen
UL	Ulm, Alb-Donau
VS	Schwarzwald-Baar
WN	Rems-Murr
WT	Waldshut-Tiengen

- Das Bereichssendergebiet 2 (Württemberg-Schiene) wird von sieben Frequenzen versorgt. Die Senderstandorte erreichen Bad Mergentheim, Heilbronn, Stuttgart und Tübingen/Reutlingen.
- Im Bereichssendergebiet 3 (Südost-Württemberg-Schiene) liegen fünf verschiedene Frequenzen. Die Senderstandorte erreichen Aalen, Geislingen, Ulm, Tuttlingen und Ravensburg.

Die zweite Lizenzierungsphase (1994 – 2002)

Die zweite Lizenzierungsphase wurde nötig, weil die bisherigen Sendelizenzen nur auf fünf Jahre vergeben worden waren. Die einzelnen Lizenzlaufzeiten hatten zum Teil eine Differenz von bis zu zweieinhalb Jahren. Diejenigen, deren Lizenzen schon abgelaufen waren, erhielten eine Verlängerung bis 30. September 1994. Damit war ein zeitgleicher Neubeginn zum 1. Oktober 1994 möglich (vgl. Tabelle 1 und 2 auf S. 102/103).

Die neuen Bereichssender

Um eine Bereichssenderlizenz für den Bereich der Baden-Schiene hatten sich 15 Antragsteller bemüht. Lizenznehmer dieses drei Sender umfassenden Frequenzpaketes wurde die Radio Regenbogen Hörfunk in Baden GmbH & Co. KG. Zu ihr hatten sich schon im Vorfeld der Neulizenzierung vier der bislang entlang des Rheins auf Regionalsendern ausstrahlenden Veranstalter zusammengeschlossen.

Als erstes und auch schon relativ früh hatte sich das im südbadischen Raum zu empfangende und über den Regionalsender Blauen ausgestrahlte Schwarzwald Radio Blauen für einen Verbund mit Radio Regenbogen (Regionalsender Heidelberg) entschieden. Die beiden Lizenznehmer der bislang geteilten Frequenz des reichweitenstarken Regionalsenders Hornisgrinde, Radio Victoria und Radio Ladies First, hatten lange Zeit auf einen vierten Bereichssender für den Raum Oberrhein spekuliert. Nachdem sich eine solche Lösung seitens der LfK nicht abzeichnete, arrangierte man sich auch hier Anfang 1994 mit Radio Regenbogen, dessen Sitz sich im nordbadischen Mannheim befindet.

Gesellschaftsanteile der neuen Radio Regenbogen Hörfunk in Baden GmbH & Co. KG hält die Radio Regenbogen Hörfunk in Baden Geschäftsführungs GmbH, eine Gesellschaft größerer (Haas GmbH/Mannheimer Morgen, Axel Springer Verlags-AG, AVE Gesellschaft für Hörfunkbeteiligungs-GmbH – Holtzbrinck–) sowie kleinerer Verlagshäuser (Fränkische Nachrichten, Diesbach Medien GmbH, Schwetzinger Verlagsdruckerei u. a.). Weitere Gesellschafter sind Verlagsgruppen wie die Moira Rundfunk GmbH (Medien Union Ludwigshafen), die Mediengesellschaft Donau-Iller (Ebner-Gruppe, Südwest-Presse), die Südwestdeutsche Mediengesellschaft mbH (Stuttgarter Nachrichten, Stuttgarter Zeitung), die Rundfunkbeteiligungs- und Betriebsgesellschaft Blauen mbH und andere.

Neben seinem Zentralbüro in Mannheim hat Radio Regenbogen zwei weitere Regionalbüros bzw. Studios in Freiburg und Baden-Baden. Auf auseinandergeschaltete Regionalfensterflächen will das Programm verzichten, statt dessen will es – so der Geschäftsführer bei der Vorstellung des Sendekonzepts – insgesamt 70 Minuten Regionales in erster Linie als Regionalnachrichten sowie Wetterservice im Anschluß an die Weltnachrichten anbieten und zusätzliche Beiträge mit Regionalbezug in das laufende Programm einstreu-

Graphik 2 Die Senderstandorte der Bereichsprogramme in Baden-Württemberg

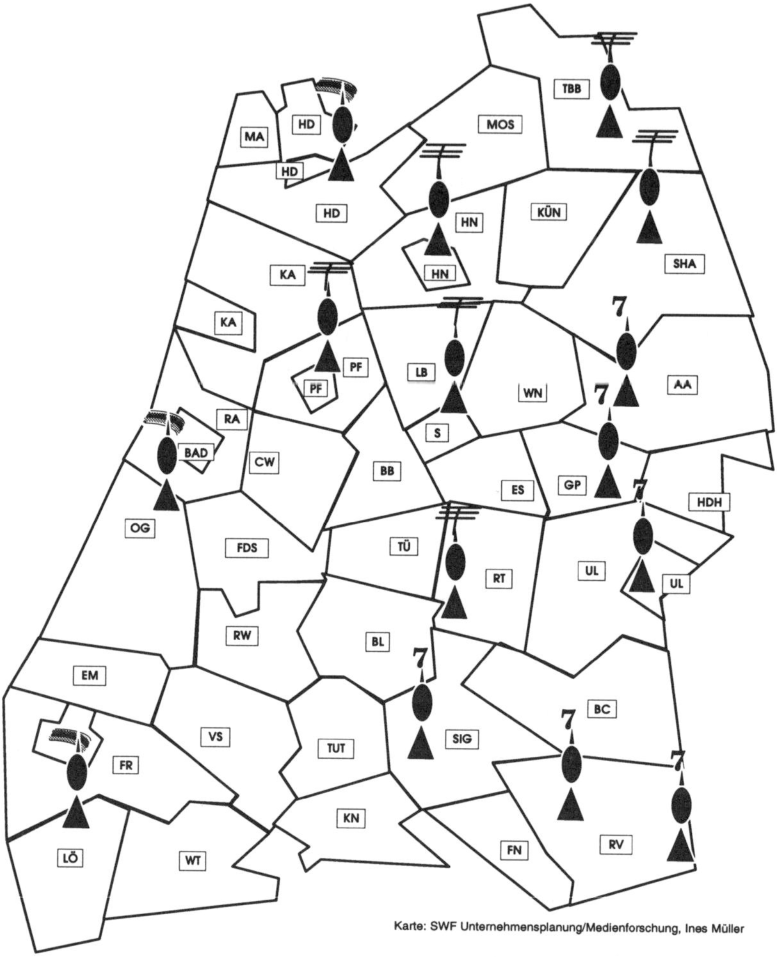

Karte: SWF Unternehmensplanung/Medienforschung, Ines Müller

Bereich 1
Baden-Schiene

Bereich 2
Württemberg-Schiene

Bereich 3
Südost-Württemberg-Schiene

Radio Regenbogen

Antenne 1/ Antenne RT 4

Radio 7

en. Die Musik wird dabei in Mannheim zusammengestellt. Dies bedeutete auch eine Umstellung in der bisherigen Musikfarbe, zumindest für die früheren Hörer von Radio Victoria, das sich mit Oldies, aber auch Chansons als „(Franco-)Feeling-Programm" profilieren wollte.

Bei den Werbebuchungsmöglichkeiten sieht Radio Regenbogen neben einer Gesamtbelegung auch Einzelbelegungen sowie Kombibelegungen von Frequenzen vor.

Geographisch nimmt die Württemberg-Schiene eine Mittelstellung ein. Lizenznehmer für dieses sieben Sender umfassende Frequenzpaket ist die Antenne Radio GmbH & Co. KG. Knapp zwei Drittel der Gesellschafteranteile hält hier die Stuttgart Regional 101,3 Hörfunk GmbH & Co., zu der mit den meisten Anteilen die Stuttgarter Pressefunk GmbH (Stuttgarter Zeitung, Stuttgarter Nachrichten, Stuttgarter Wochenblatt und weitere Regionalzeitungen), dann die Mediengesellschaft Mittlerer Neckar mbH (DVA etc.) sowie die Axel Springer Verlags-AG gehören. Das übrige gute Drittel der Gesellschaftsanteile wird von der Radio RT4 Programm-und Lizenzgesellschaft OHG gehalten, die wiederum knapp zu drei Viertel der Radio RT4 GmbH & Co. Programm- und Beteiligungsgesellschaft (Reutlinger Generalanzeiger, Schwäbisches Tagblatt sowie weitere Regionalzeitungen) gehört. Ein gutes Viertel von Radio RT4 entfällt auf die LR Lokal-Regionalfunk GmbH & Co. KG (Haas GmbH, Mannheim). Diese war mit einem nachmittäglichen Fenster Juniorpartner und Lizenznehmer auf der gesplitteten Raichbergfrequenz 103,4 und bot dort ein Programm unter den Namen Radio Neufunkland an.

Auch in dieser verschachtelten Gesellschafterkonstruktion finden sich frühere Lizenznehmer: die des Regionalsenders Stuttgart (Antenne 1) sowie des Regionalsenders Raichberg (Antenne RT4). Beide Veranstalter hatten schon vor der Frequenzneuordnung miteinander kooperiert (Mantelprogrammübernahme), treten „on air" als Antenne 1 mit Frequenzangabe bzw. Antenne RT4 auf und praktizieren in ihrem Programm auch entsprechende Regionalauseinanderschaltungen sowie Regionalnachrichten zur halben Stunde. Antenne RT4 ist über die Sender Raichberg 103,4 MHz und Langenbrand 105,2 MHz zu hören, Antenne 1 über Stuttgart 101,3 MHz und drei weitere Frequenzen im nördlichen Teil des Landes. Die Musikrichtung besteht aus einer Mischung aus Pop, Oldies und Rock. Antenne 1/Antenne RT4 kann bei der Werbung mit einer Gesamtbelegung, aber auch in Teilgebieten, gebucht werden.

Lizenznehmer des fünf Sender umfassenden Frequenzpakets der Südost-Württemberg-Schiene ist die Radio 7 Hörfunk GmbH & Co. KG. Deren Anteile halten zu jeweils gut einem Drittel die Mediengesellschaft Donau-Iller GmbH & Co. KG (Ebner-Gruppe, Südwest-Presse Ulm) sowie die Schwäbische Verlag KG Drexler, Gessler (Schwäbische Zeitung, Leutkirch). Das übrige knappe Drittel fällt auf die AVE (Holtzbrinck), den Süddeutschen Zeitungsdienst Verlag, die Schwarzwälder Bote GmbH & Co. KG sowie die Verlag Hermann Kuhn GmbH & Co. KG. Auch hier finden sich unter den Gesellschaftern im wesentlichen diejenigen Gruppierungen, die zuvor schon auf den Sendern in diesem Bereich unter dem Radio-7-Logo aufgetreten waren.

Lokalsenderzielgebiete im Bereich der Baden-Schiene

Das Lokalsenderzielgebiet 1 im Nordosten des Landes umfaßt die Kreise Rhein-Neckar, Neckar-Odenwald sowie die beiden Städte Mannheim und Heidelberg (vgl. Graphik 3 auf S. 92 und Tabelle 3–6 auf S. 104–107). Lizenznehmer für das aus fünf Sendern bestehende

Graphik 3 Die Senderstandorte der Lokalprogramme in Baden-Württemberg

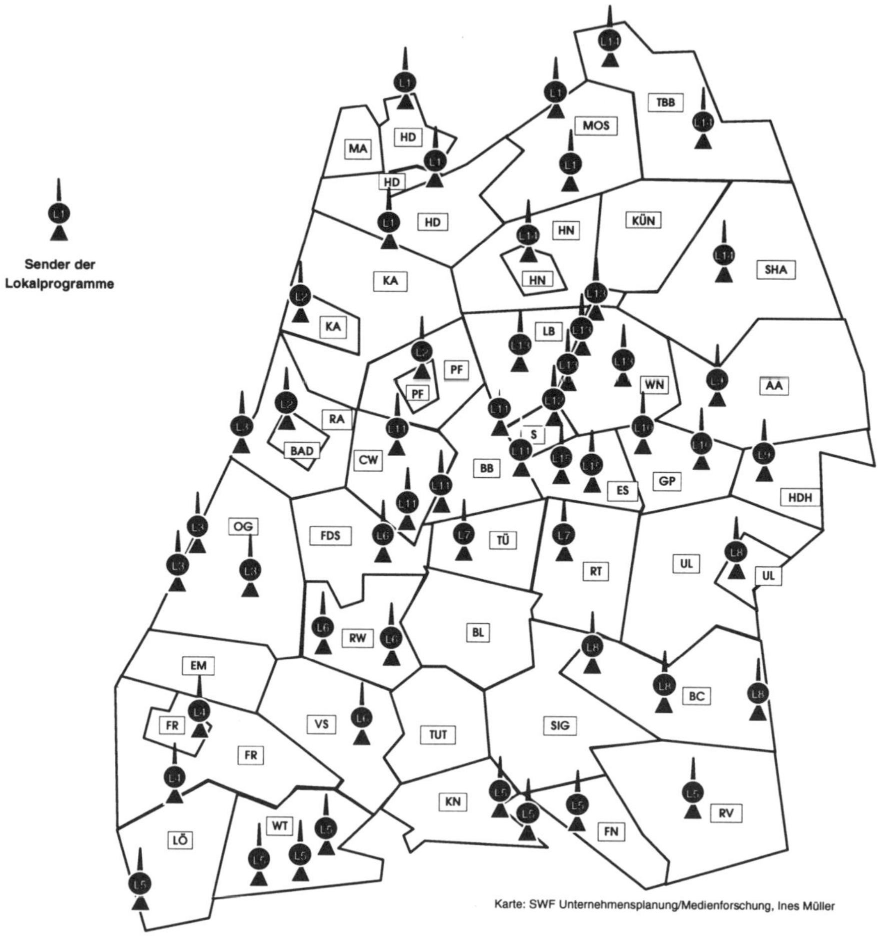

Karte: SWF Unternehmensplanung/Medienforschung, Ines Müller

L 1	Radio Sunshine	L 5	Radio Seefunk	L 9	Radio Komma 1	L 13	RMB-Radio
L 2	Welle Fidelitas	L 6	Radio Neckarburg	L 10	Antenne Filstal	L 14	Radio T.O.N.-Regional
L 3	Radio OHR	L 7	Neckar-Alb-Radio	L 11	Radio BB	L 15	Radio 7 ES
L 4	FR 1 Freiburg	L 8	Radio 7 Melody	L 12	Stadtradio 107,7		

Graphik 4 Die Senderstandorte der nichtkommerziellen Radioprogramme

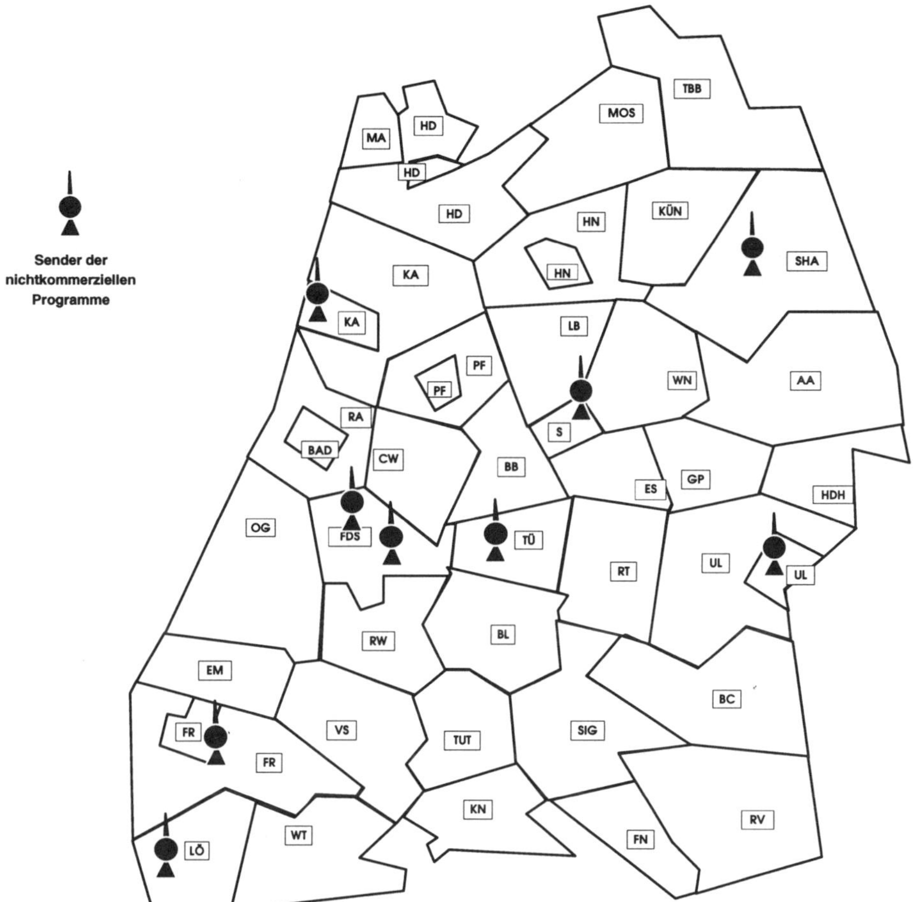

Karte: SWF Unternehmensplanung/Medienforschung, Ines Müller

Karlsruhe, 104,8 Mhz	Baiersbronn, 104,1 Mhz	Stuttgart, 97,2 Mhz	Schwäbisch Hall, 97,5 Mhz
Freiburg, 102,3 Mhz	Freudenstadt, 100,0 Mhz	Tübingen, 96,6 Mhz	Ulm, 100,8 Mhz
Hohe Möhr, 104,5 Mhz			

Frequenzpaket ist die RNO Rhein-Neckar-Odenwald Radio GmbH & Co. KG, der Programmname lautet Radio Sunshine. Ihre Hauptgesellschafter, örtliche Zeitungsverleger (Diesbach-Medien, Weinheimer Stimme etc.), hatten zuvor einmal als Radio Wachenburg über die Lokalsender Weinheim (107,7 MHz) sowie Heidelberg (106,1 MHz) ein Rahmenprogramm mit Oldieformat von RTL Baden-Württemberg ausgestrahlt, die K. F. Schimper-Verlag GmbH (Speyerer Tagespost etc.) war als Rheintal Radio aufgetreten und hatte ihren Programmantel von Radio Regenbogen bezogen. Ebenfalls mit Einlagen beteiligt sind die Haas-Gruppe, Radio T.O.N. sowie Radio NRJ GmbH.

Das Lokalsenderzielgebiet 2 – ebenfalls noch Nordbaden – umfaßt im wesentlichen den Stadt-und Landkreis Karlsruhe, Rastatt, Pforzheim und Baden-Baden. Hier war zuvor einmal Stadtradio Karlsruhe mit einem Rahmenprogramm der Städte-Radio Produktions-GmbH über den Karlsruher Lokalsender (104,8 MHz) aufgetreten. Radio Merkur strahlte über den Lokalsender Baden-Baden (100,9 MHz) zunächst ein RTL-Rahmenprogramm aus, schloß sich dann aber der Welle Fidelitas an, die über den Karlsruher Regionalsender (101,8 MHz) sendete. Über den einstrahlenden Regionalsender Mühlacker (100,7 MHz) war RTL-Radio ein zweites Mal zu empfangen. Radio Bruchsal/Bretten hatte zwar für zwei weitere kleinere Lokalfrequenzen in diesem Bereich ebenfalls eine Lizenzurkunde, war jedoch nicht auf Sendung gegangen. Die Auswahlentscheidung der LfK fiel auf die Welle Fidelitas Privater Karlsruher Rundfunk GmbH & Co. KG (Badische Neueste Nachrichten, G. Braun GmbH, Multi Media Röser GmbH etc.), die ihr Programm unter dem Namen Welle Fidelitas über den Lokalsender Baden-Baden (100,9 MHz), den Regionalsender Karlsruhe (101,8 MHz) sowie über den Regionalsender Mühlacker (100,7 MHz) ausstrahlt. Letztere Frequenz sorgt dafür, daß dieser badische Lokalanbieter entlang der Autobahn Karlsruhe-Stuttgart bis weit in den Stuttgarter Raum einstrahlen kann. In Bruchsal kommt noch eine Lokalsendefrequenz (107,3 MHz) hinzu.

Das Lokalsenderzielgebiet 3 in Mittelbaden umfaßt mit vier Sendern weite Teile des Ortenaukreises mit Offenburg als Mittelzentrum. Lizenznehmer wurde hier die Private Rundfunkgesellschaft Ortenau GmbH & Co. KG, eine Gesellschaft unter Hauptbeteiligung mittelbadischer Pressehäuser wie etwa dem Offenburger Tageblatt (A. Reiff GmbH & Co.) sowie einiger privater Geschäftsleute. Der Programmname lautet hier Radio Ohr.

Das Lokalsenderzielgebiet 4 liegt in Südbaden und umfaßt mit den drei Sendern Freiburg (94,7 MHz), Blauen (106 MHz) und Hochfirst (106,6 MHz) neben den Kreisen Freiburg und Lörrach auch Teile des Kreises Breisgau/Hochschwarzwald sowie Emmendingen. Lizenznehmer ist hier die Radio Freiburg FR 1 GmbH (sechs Privatpersonen und FR1-Mitarbeiter), die ihren Mantel bislang von RTL bezogen hatte.

Das Lokalsenderzielgebiet 5 zieht sich mit neun verschiedenen Frequenzen in einem schmalen Streifen entlang des Hochrheins und der schweizerischen Grenze über Waldshut, Singen, Konstanz bis an das Nordwestufer des Bodensees inklusive Friedrichshafen und Ravensburg.

Ausgestrahlt wurden hier zuvor zwei Programme mit Oldie-Format: Seefunk Radio Bodensee der Radio Konstanz Betriebs GmbH & Co. (u. a. Südkurier/Holtzbrinck) sowie RTL Radio Hochrhein der RTL Südbaden Rundfunk Betriebsgesellschaft mbH. Beide Anbieter bezogen ihr Rahmenprogramm bislang von RTL Baden-Württemberg.

Vor Ablauf der ersten Lizenzierungsphase hatte hier die Radio 7 Friedrichshafen Lokalfunk GmbH & Co. KG doch noch von ihrem Senderecht Gebrauch gemacht und auf den Lokalfrequenzen Friedrichshafen (101,3 MHz) und Ravensburg/Weingarten (102,6 MHz) ein Programm von Radio 7 übernommen und ausgestrahlt.

Über den Vorschlag an die alten Lizenznehmer von RTL Hochrhein und Seefunkradio einerseits sowie Radio 7 Friedrichshafen Lokalfunk GmbH & Co. KG andererseits, sich in einer Lizenznehmergemeinschaft für das Lokalsendergebiet 5 im Verhältnis 60 zu 40 Prozent zusammenzuschließen, kam zunächst keine Einigung zustande. Inzwischen hält die Lizenz die Radio Seefunk GmbH & Co. KG.

Lokalsenderzielgebiete im Bereich der Württemberg-Schiene

Das Lokalsenderzielgebiet 6 liegt am oberen Neckar und umfaßt mit zwei Sendern in Rottweil (102 MHz) und Villingen (93,1 MHz) Teile des Kreises Rottweil sowie Schwarzwald-Baar (Villingen-Schwenningen). Lizenznehmer ist hier die Radio Neckarburg GmbH. Vor der Frequenz-Neuordnung strahlte man zwischen 16.00 und 21.00 Uhr ein regionales Fenster aus und übernahm das Rahmenprogramm von der Städte-Radio Produktions-GmbH in Stuttgart.

Das Lokalsenderzielgebiet 7 umfaßt vier Sender in Reutlingen (104,8 MHz), Tübingen (100,9 MHz), Ermstal (99,0 MHz) sowie Hechingen (100,1 MHz). Lizenznehmer ist hier die Achalm Kommunikation Agentur für Werbung, Public Relations und Funkproduktionen GmbH (LR Lokal Regionalfunk GmbH & Co. KG). Der Programmname lautet Neckar-Alb-Radio.

Das Lokalsenderzielgebiet 11 grenzt an die Nordostausläufer des Schwarzwaldes an und umfaßt mit fünf Sendern in Sindelfingen (104,3 MHz), Herrenberg (89,0 MHz), Leonberg (106,9 MHz), Calw (103,0 MHz) sowie Nagold (102,7 MHz) vor allem den Landkreis Böblingen. In der neben Daimler Benz wegen der Ballung von Technologiekonzernen (IBM, HP etc.) auch gerne als „Schwäbisches Silicon-Valley" apostrophierten Region ist die RBB-Radio im Kreis Böblingen Rundfunkproduktionsgesellschaft mbH Lizenznehmer. Gesellschafter sind verschiedene regionale Firmen, aber auch der Zeitungsverlag Calw sowie die Schwarzwälder Bote GmbH & Co. KG. Der Programmname lautet Radio BB; von RTL-Baden-Württemberg hatte man zeitweise ein Rahmenprogramm bezogen.

Das Lokalsenderzielgebiet 12 mit der Stuttgarter Frequenz 107,7 MHz erreicht über das Stadtgebiet hinaus auch einen Teil des Landkreises Ludwigsburg. Die Lizenz erhielt die RSL Radio Schwabenland Stuttgart GmbH. Beteiligt sind hier Hans-Frieder Willmann, Ungeheuer & Ulmer KG GmbH & Co., Pro Stuttgart Verwaltungsgesellschaft mbH, BTG Beteiligungsgesellschaft mbH, Handel- und Gewerbeverein Gablenberg e.V., Kartenhäusle GmbH, die Rolf Deyhle GmbH & Co. Holding KG sowie zwei weitere Privatpersonen. Diese Gesellschaft konnte zuvor einen Teil der Sendezeit auf dieser gesplitteten Frequenz nutzen. Wie schon der Programmnamenzusatz dieses Anbieters „Stadtradio für Stuttgart – 107,7 Melodie für Sie" signalisierte, operierte man mit einer auf ältere Hörer gerichteten Musikorientierung ganz anders als das in seiner Splittingzeit auf der gleichen Frequenz mit einem Hitformat angetretene Stadt-Radio 107,7 (Hithouse und Power-Station).

Das Lokalsenderzielgebiet 13 umfaßt mit Sendern in Schorndorf (104,6 MHz), Waiblingen (104,9 MHz), Backnang (101,8 MHz) den Rems-Murr-Kreis sowie über einen weiteren Sender in Ludwigsburg (103,9 MHz) den östlichen Teil dieses Landkreises. Lizenznehmer dieses Frequenzpaketes ist die Rems-Murr-Radio-Beteiligungs GmbH & Co. Werbe KG, in der sich sieben Privatpersonen zusammengeschlossen haben. Der Programmname ist RMB-Radio (Ludwigsburg), der Sender wirbt mit dem Zusatz „Total

Lokal". Das zuvor auf einem Teil dieser Frequenzen sendende Rems-Murr-Bürgerradio hatte sein Rahmenprogramm von RTL-Baden-Württemberg bezogen.

Das Lokalsenderzielgebiet 14 umfaßt über sechs Frequenzen in Wertheim (104,7 MHz), Schwäbisch Hall (102,6 MHz), Bad Mergentheim (103,5 MHz), Heilbronn (103,2 MHz), Crailsheim (104,8 MHz) und Künzelsau (96,0 MHz) weite Teile des württembergischen Franken. Lizenznehmer ist hier die Radio T.O.N. Regional-Hörfunk GmbH & Co. KG, „on air" lautet der Programmname Radio Ton-Regional (Studio Bad Mergentheim bzw. Studio Heilbronn). Die Namenskombination verrät schon, daß sich hier zwei frühere Regionalanbieter zusammengeschlossen haben: Hinter Radio Ton steht die Privat-Radio Tauber-Odenwald-Neckar (T.O.N.) Rundfunkbetriebs GmbH & Co. KG, eine Gesellschaftsgruppe um die Rhein-Neckar-Zeitung (Heidelberg) und die Medien Union (Ludwigshafen). Hinter Radio Regional steht die Frankenstimme Radio Regional Heilbronn GmbH & Co. KG, eine Gesellschaftergruppe um die Heilbronner Stimme. Beteiligt sind hier auch die AVE, Antenne Radio GmbH & Co. KG, die Fränkischen Nachrichten, die Städte-Radio Produktions-GmbH, Ungeheuer & Ulmer KG sowie die Mediengesellschaft Donau-Iller mbH & Co. KG.

Das Lokalsenderzielgebiet 15 erreicht über die drei Sender in Esslingen (97,5 MHz), Kirchheim (100,8 MHz) und Nürtingen (106,8 MHz) weite Teile des Kreises Esslingen. Lizenznehmer ist hier die Kreiswelle Esslingen Hörfunk GmbH, eine Gesellschaftergruppe um die Esslinger Kreiszeitung (Bechtle Verlagsgesellschaft OHK, Gottliebs & Osswalds Buchdruckereien Co. KG). Die Esslinger, die zuvor das Rahmenprogramm von RTL-Baden-Württemberg übernommen hatten, treten inzwischen als Radio-7-ES und Partner von Radio 7 auf und übernehmen auch dessen Rahmenprogramm.

Lokalsenderzielgebiete im Bereich der Südost-Württemberg-Schiene

Das Lokalsenderzielgebiet 8 umfaßt über drei Sender in Ulm (105,8 MHz), Biberach (103,8 MHz) und Riedlingen (99,3 MHz) Teile der Region Donau/Iller und erreicht damit auch das bayerische Neu-Ulm. Lizenznehmer ist die Lokalrundfunkgesellschaft Biberach und Donau 1 mbH & Co. KG. Beteiligt sind dabei die Biberacher Verlagsdruckerei GmbH & Co. KG, die Schwäbischer Verlags KG, die Mediengesellschaft Donau-Iller GmbH & Co. KG, die OZ Verlagsdruckerei GmbH sowie die Radio Donau 1 GmbH & Co. KG. Der Programmname lautet Radio 7 melody. Von Radio 7 war bislang auch das Mantelprogramm übernommen worden.

Das Lokalsenderzielgebiet 9 umfaßt über die Sender in Aalen (107,1 MHz) und Heidenheim (104,2 MHz) den Ostalbkreis sowie auch Teile des Landkreises Heidenheim. Lizenznehmer ist die Radio Ostalb GmbH & Co. KG: An ihr sind beteiligt Heidenheimer Zeitung GmbH & Co. KG, die Schwäbischer Verlag KG, die Süddeutscher Zeitungsdienst GmbH sowie die Radio Ostalb Verwaltungsgesellschaft mbH. Auch hier wurde bislang das Rahmenprogramm von Radio 7 übernommen, der neue Programmname lautet Radio Komma 1 – Der Ostalbsender.

Das Lokalsenderzielgebiet 10 umfaßt über die beiden Sender in Göppingen (103,0 MHz) und Geislingen (105,4 MHz) weite Teile des Landkreises Göppingen. Lizenznehmer ist die Filstalwelle 105,4 Rundfunkbetriebs GmbH, zu der sich zwei Privatleute zusammengeschlossen haben. Der Programmname lautet Filstalwelle 105,4. Dieser Anbieter mußte sich vor der Neuordnung im zeitlichen Frequenzsplitting die Göppinger Frequenz mit RTL-Radio 103 teilen.

Frequenzen für nichtkommerzielle Veranstalter

Für verschiedene Orte des Landes sieht der Frequenznutzungsplan der LfK gemäß der in Paragraph 27 des Landesmediengesetzes eröffneten Möglichkeiten Frequenzen für nichtkommerzielle Veranstalter vor: Freiburg, Freudenstadt, Baiersbronn, Karlsruhe, Schwäbisch Hall, Tübingen, Ulm, Schopfheim und Stuttgart. Für neun Orte hat die LfK Entscheidungen gefällt – zum Teil im Frequenzsplitt zwischen verschiedenen Antragstellern. (Vgl. Tabelle 7/8 auf S. 108/109).

Resümee und Ausblick

Die aktuelle Entwicklung auf dem privaten Hörfunkmarkt in Baden-Württemberg erlaubt noch keine anschließende Bewertung. Dennoch soll hier noch einmal kurz auf die wichtigsten Punkte der sich abzeichnenden Veränderungen eingegangen werden: die Situation bei den Werbekombis, die Konstellation bei den Veranstaltern, das Szenario ihrer denkbaren Weiterentwicklung sowie auch die Frequenzproblematik, von der unmittelbar auch die beiden Landesrundfunkanstalten SWF und SDR betroffen sind.

Die mit der Neulizenzierung Anfang Oktober 1994 initiierte Flurbereinigung stand unter der primären Zielsetzung, einem werbefinanzierten, kommerziellen Privatfunkmodell mehr finanziellen Spielraum zu gewähren. Die tragfähige wirtschaftliche Basis sollte erreicht werden mit größeren Hörerpotentialen – durch Vergrößerung der Verbreitungsgebiete (Frequenzpakete) bei gleichzeitiger Verringerung der Veranstalterzahl (Auswahlentscheidungen). Was topographisch als Weg vom bisherigen Sendermosaik zur Flächenversorgung beschrieben werden kann, korrespondiert bevölkerungsstatistisch der intendierten Entwicklung von einem Lokal- zu einem überregionalen Publikum. Auf dem Werbemarkt findet dieser Trend seinen Niederschlag im Aufbau von Werbekombis. Dabei müssen die Buchungsmechanismen der nationalen Mediaplaner wie auch der Markenartikler bedacht werden, die sich traditionell am Maßstab der Nielsen-Gebiete (Baden-Württemberg: Nielsen IIIb) orientieren. Hier bot Baden-Württemberg bislang ein unübersichtliches und inhomogenes Bild.

Nach der MA 96 überschritten außer dem Radio-7-Verbund nur drei weitere Regionalsender die Schwelle von 150 000 Hörern gestern (Montag bis Freitag, Erwachsene ab 14 Jahre in Baden-Württemberg), nämlich Radio Regenbogen, Antenne 1/RT4 und Welle Fidelitas. Von den beiden Werbekombis erreichte die Funk-Kombi Baden über 210 000 Hörer gestern, die Radio Kombi Baden-Württemberg über 1,7 Millionen Hörer gestern. Alle baden-württembergischen Privatsender zusammen erreichten 1,7 Millionen Hörer gestern. Als eine Konsequenz der Lizenzentscheidungen im Neustrukturierungsprozeß zog sich das Funknetwork vom baden-württembergischen Markt zurück.

Auf der Ebene der Werbekombis ist damit offenbar der Weg zu einem landesweiten Verbund schon vollzogen. Gewinner ist hier die Radio Kombi Baden-Württemberg. Es wird sich zeigen, ob die einzigartige „Dreilagigkeit“ der baden-württembergischen Privatfunkstruktur – einander überlappende Bereichssendergebiete unterlegt von Lokal-/Regionalsenderzonen – letzteren genug Luft zum Atmen und wirtschaftlichen Überleben läßt.

Vorbeugend sieht das Landesmediengesetz in Paragraph 33 hier eine Schutzregelung vor, deren Wirksamkeit allerdings erst die Praxis zeigen wird. So darf Werbung prinzipiell nur im gesamten Verbreitungsgebiet eines regionalen Hörfunkprogramms ausgestrahlt werden. Da die Bereichssender aufgrund der verschiedenen Frequenzen ihre Programme regional auseinanderschalten können, gibt es dafür eine abweichende Regelung. In einem durch Auseinanderschalten entstehenden Teilverbreitungsgebiet ist Werbung auf zwölf Minuten täglich begrenzt und ihre Zulässigkeit an zwei weitere Bedingungen geknüpft. Liegt innerhalb eines solchen Teilverbreitungsgebietes zu einem Drittel oder mehr das Sendegebiet eines oder mehrerer lokaler Anbieter, so müssen alle gegenüber der LfK ihr Einverständnis bezüglich der Werbung in den Teilverbreitungsgebieten der Bereichssender erklären. Ein solches Plazet wird Absprachen zur Folge haben – mit welchen Auswirkungen, muß hier zunächst offen bleiben. Die 1994 schon geäußerte Erwartung der Bereichssender, ihre Hörerschaften auf über 400 000 auszubauen, hat sich nach den Daten der MA 96 (Hörer gestern, Montag bis Freitag) für Radio 7 (MA 96: 365 000) sowie Antenne 1/RT4 (MA 96: 364 000) noch nicht erfüllt. Nur Radio Regenbogen liegt in Baden-Württemberg schon über einer halben Million (MA 96: 528 000).

Veranstalter

Was die Veranstalter und Lizenznehmer betrifft, so zeigt sich, daß mit der Neustrukturierung der Einfluß der eher kommunikationsbranchenfremden Kapitalgruppen zurückgedrängt wurde. Als lizenzentscheidend dürften sich die Faktoren wirtschaftliche Potenz, regionalpublizistische Kompetenz sowie erwartbare Programmakzeptanz ausgewirkt haben.

Beim Konzerneinfluß muß differenziert werden: Nachdem sich Burda im Vorfeld der Neulizenzierung ganz aus dem Privathörfunk in den Regionen zurückgezogen hatte und allein auf die dann nicht vergebene attraktive Stuttgarter Regionalfrequenz (105,7 MHz) spekulierte, ist RTL als der eigentliche Verlierer anzusehen. Möglicherweise hat sich hier die Regelung des § 21 Abs. 3 des Landesmediengesetzes ausgewirkt. Dort heißt es, daß bei der Zulassungsentscheidung im Falle gleichrangiger Antragsteller „derjenige bei der Auswahl nicht zu berücksichtigen (ist), der bereits in einem anderen Verbreitungsgebiet im Land als Veranstalter zugelassen oder Inhaber von mehr als zehn vom Hundert der Kapital- oder Stimmrechtsanteile eines zugelassenen Veranstalters ist." Wenig eindeutig ist die Situation bei der AVE (Holtzbrinck). Ihr Einfluß liegt im Bereichssender 3 (Radio 7) bei 10 Prozent und wurde beim Bereichssender 2 zurückgedrängt. Beim Bereichssender 1 (Radio Regenbogen) konnte der Konzern seine Anteile dagegen aufstocken.

Eine nach wie vor dominante Position im baden-württembergischen Privatfunk nehmen die regionalen Zeitungshäuser ein – sowohl bei den Bereichs- als auch bei vielen Lokalsendern.[12] Hervorzuheben sind die württembergischen Zeitungshäuser Stuttgarter Zeitung, Stuttgarter Nachrichten, die Ebner-Gruppe Ulm (Südwestpresse), die Schwäbische Zeitung, der Reutlinger Generalanzeiger, die Heilbronner Stimme sowie der Schwarzwälder Bote. Zugenommen hat bei den badischen Zeitungsverlegern der Einfluß der Haas-Gruppe (Mannheimer Morgen). Sie hat inzwischen in verschiedenen Gesellschaftergruppen die Anteile des LR Lokal-Regionalfunks übernommen. Die südwestdeutschen

Zeitungshäuser sind über zahlreiche Tochterunternehmen (IWZ, Sonntag aktuell, Rechenzentrum Südwest etc.) miteinander wirtschaftlich verbunden. Den Kapitalgebern dieser Tochterunternehmen hinzuzurechnen ist auch die Moira/Medien Union Ludwigshafen, die auch über die Tageszeitung Rheinpfalz beim rheinland-pfälzischen Privatfunkanbieter RPR beteiligt ist.

In den Verbreitungsgebieten, in denen die Verlagshäuser eine dominante Marktstellung haben (über 50 Prozent), ist ihre Zulassung bzw. ihre Beteiligung mit mehr als 50 Prozent an der Lizenznehmergesellschaft zur „Sicherung der Meinungsvielfalt bei Veranstaltern ohne hinreichende Konkurrenz" (§ 24 Landesmediengesetz) an die Bildung eines Programmbeirats geknüpft. Dessen Vertreter sollen darauf einwirken, daß in den Sendungen dieses Anbieters insgesamt ein ausgewogenes Meinungsbild vermittelt wird. Inwieweit das Programmangebot der neuen Gesellschaftsformationen zu neuen Programmformaten führen wird, die auch dezidierte Beiträge zum Land bzw. der Region beinhalten, ist noch offen. Nach den vorliegenden Inhaltsanalysen der bisherigen Programme war der Sendegebiets- bzw. Regionalbezug eher schwach ausgeprägt.[13] Gerade auch aus pluralistischen Gesichtspunkten kommt daher einem öffentlich-rechtlichen Programmangebot als Gegengewicht ein besonderer Stellenwert zu.

Auch zu den Mantelprogrammzulieferungen wie etwa von RTL liefert das Landesmediengesetz nun präzise Vorgaben. Jetzt geht der Gesetzgeber (§ 22 Landesmediengesetz) davon aus, daß – mit einigen Ausnahmeregelungen – in der Zeit zwischen 6.00 und 20.00 Uhr mindestens sieben Stunden redaktionell selbst gestaltet werden müssen. Zwischen 20.00 und 6.00 Uhr kann nach wie vor ein Nacht- bzw. Mantelprogramm von Dritten bezogen werden. Wie dies im einzelnen umgesetzt bzw. eingehalten wird, bleibt abzuwarten. Nach dem Aufbau von regionalen Werbeakquisitionsbüros planen die Privaten nun auch den Aufbau regionaler Studios und Büros. Regionale Auseinanderschaltungen praktizieren etwa Antenne 1 und Antenne RT4.

Die momentane Situation mit einer Bereichs- sowie Lokal-/Regionalsenderebene mag durchaus nur eine Zwischenlösung darstellen. Denkbar ist, daß sich, analog zur Entwicklung bei der Werbekombi, zum Beispiel die Veranstalter der Bereichssender zu einem landesweiten Hörfunkprogramm zusammenschließen. In den Übergangs- und Schlußbestimmungen des Landesmediengesetzes wird unter § 93 (landesweites Hörfunkprogramm) ein solches Modell auf freiwilliger Basis schon eingeräumt. Voraussetzungen sind, daß keiner der bisherigen Veranstalter einen dominanten Stimmrechtsanteil erhält, Werbung im gesamten Verbreitungsgebiet der bisherigen Regionalsender ausgestrahlt wird und mindestens 10 Prozent der Sendezeit für Regionalberichterstattung verwandt wird. Eine solche Entwicklung, aus der als denkbares Szenario zwei aufeinander abgestimmte Programmformate resultieren könnten, würde allerdings wegen der dann völligen Aufgabe des ursprünglichen Lokal- und Regionalfunkgedankens wohl auch eine Neudisposition der zur Nutzung durch private Lizenznehmer vorgesehenen Frequenzen (Netze und Ketten) zur Folge haben müssen.

Ein weiterer Punkt berührt die Marktanteilsprognose für die privaten Radios, die jetzt etwa ein Drittel der Hörfunknutzung an sich binden können. Ob dieser Anteil weiter ausbaubar ist, ist fraglich: Denn die Privatanbieter im Land sind mit einer leistungsstarken Konkurrenz zweier öffentlich-rechtlicher Häuser konfrontiert, die nicht nur flexibel durch Programmreformen auf die neue Situation reagiert haben, sondern auch ihre landesweite wie auch regionale Berichterstattung durch den Start eines kooperierten vierten Hörfunkprogramms, S4-Baden-Württemberg, intensiviert haben.

Eine erste Interessenskollision bei der Neugestaltung der Hörfunklandschaft ergab sich 1990 aus einer Klage des Deutschlandfunks. Die LfK hatte zwei bis dahin vom Deutschlandfunk genutzte Frequenzen in ihre Nutzungsplanverordnung aufgenommen und sie zur Nutzung durch den Südwestfunk ausgewiesen. Daraufhin beauftragte der Deutschlandfunk eine Überprüfung der von der LfK erlassenen Norm. In dem dadurch ausgelösten Normenkontrollverfahren wurde in einem Beschluß des baden-württembergischen Verwaltungsgerichtshofs (VGH) in Mannheim vom 3. Juni 1992 die Nutzungsverordnung der LfK insoweit für nichtig erklärt, als die Frequenzen Witthoh (100,6 MHz) und Hornisgrinde (106,3 MHz) von der LfK dem Südwestfunk zugewiesen wurden.[14]

Die genannten Frequenzen waren von der LfK für den Südwestfunk zur Schließung der Versorgungslücken des in Kooperation mit dem SDR angebotenen Landesprogramms S4-Baden-Württemberg ausgewiesen worden. Damit hatte die LfK den Versorgungsanspruch des SWF anerkannt, ohne ihn erfüllen zu können. In einem in der Folgezeit intensivierten Verhandlungsmarathon mit der LfK suchten beide Landesrundfunkanstalten einen Kompromiß zwischen den Frequenzinteressen der öffentlich-rechtlichen und der privaten Seite zu ermöglichen. Der SWF etwa hatte auf insgesamt 17 Frequenzen verzichtet, um mit fünf neuen eine bessere Versorgung des Sendegebiets zu erzielen. Auch im SDR-Sendegebiet zeichneten sich Verhandlungslösungen ab.

Der LfK-Vorstand verabschiedete schließlich am 18. Oktober 1993 einen Frequenznutzungsplan, der in den Frequenzbestand des SDR eingriff, ohne seinerseits Ersatzfrequenzen bereitzustellen.[15] Daraufhin beantragte der SDR am 28. Dezember 1993 beim Verwaltungsgerichtshof Mannheim eine Normenkontrolle. Das inzwischen vorliegende Urteil des VGH erklärt Teile des Frequenznutzungsplans, darunter auch die Ausweisung der reichweitenstarken Stuttgarter Frequenz 105,7 MHz zur Nutzung durch privatrechtliche Veranstalter für nichtig. Diese Frequenz war vom SDR zur Schließung von Versorgungslücken des werbefreien und mit dem SWF kooperierten Hörfunkprogramms S2-Kultur im Stuttgarter Raum beansprucht worden.[16]

Gegen den Beschluß des VGH, der insbesondere auch noch einmal die Grundversorgungsqualität des Landesprogrammes S4-Baden-Württemberg herausstreicht, hat die Landesregierung heftige Urteilsschelte geübt. Das Bundesverwaltungsgericht hat inzwischen die Entscheidung bestätigt.

Wagt man eine Prognose über den Zustand des baden-württembergischen Privatfunks am Ende der zweiten Lizenzierungsphase im Jahr 2002, so kann man angesichts der sich jetzt schon abzeichnenden wirtschaftlichen Verflechtungen von ein oder zwei landesweiten Anbietern ausgehen.

Wie schnell dieser Prozeß voranschreitet, wird davon abhängen, ob es den lokalen Anbietern gelingt, sich auf dem regionalen Werbemarkt Vermarktungsvorteile zu verschaffen. Als Zwischenschritte sind gemeinsame produktionssenkende Kooperationen in Form von Nacht- und Nachrichtenprogrammübernahmen ebenso denkbar wie eine Komplementärstrategie mit zwei Programmänteln nach dem rheinland-pfälzischen Muster von RPR 1 und RPR 2.

Anmerkungen

1. Vgl. Schröter, Christian: Frequenzgerangel. Zur Entwicklung und Problematik der baden-württembergischen Frequenzzuteilung im UKW-Hörfunkbereich. In: Biege, Hans-Peter (Hg.): Massenmedien in Baden-Württemberg, Stuttgart 1990 (Schriften zur politischen Landeskunde Baden-Württemberg, Band 17); Klingler, Walter/Christian Schröter: Privatrechtlicher Hörfunk in Baden-Württemberg. Auf dem Weg zur landesweiten Kette. In: Media Perspektiven 7/1989, S. 419–435.
2. Vgl. Gesetzesblatt für Baden-Württemberg Nr. 9/1992, S. 189–217.
3. Vgl. Vereinbarung über Versuche mit lokalem Rundfunk in Baden-Württemberg (Monrepos-Rahmenvertrag). In: Media Perspektiven 5/1983, S. 356–357.
4. Antwort der Landesregierung auf eine Große Anfrage der CDU vom 27. Oktober 1977. Vgl. Landtagsdrucksache 7/2494, S. 11f.
5. Vgl. Wöste, Marlene: Networkbildung durch die Hintertür? Programmzulieferer für privaten Hörfunk in der Bundesrepublik – eine Bestandsaufnahme. In: Media Perspektiven 1/1989, S. 9–22 sowie Wöste, Marlene: Programmquellen privater Radios in Deutschland. Rahmenprogramme, Beitragsanbieter und PR-Agenturen. In: Media Perspektiven 9/1991, S. 561–569.
6. Vgl. Wittig-Terhardt, Margret/Jörg Rüggeberg (Hg.): Das Landesmediengesetz Baden-Württemberg vor dem Bundesverfassungsgericht. Baden-Baden 1989.
7. Vgl. Veranstalterliste der LfK.
8. Vgl. etwa: Landesanstalt für Kommunikation Baden-Württemberg: Überlegungen der Landesanstalt für Kommunikation für eine künftige Struktur privater Hörfunkveranstalter in Baden-Württemberg. Stuttgart 1990.
9. Zu einer grundsätzlichen Problematisierung der Befugnisse der Landesanstalt für Kommunikation gegenüber öffentlich-rechtlichen Landesrundfunkanstalten vgl. Radeck, Bernd/Jörg Rüggeberg: Verfassungsrechtliche Fußangeln auf medienpolitischen Seitenpfaden. Eine Betrachtung zum baden-württembergischen Landesmediengesetz. In: Rundfunk und Fernsehen 1/1993. S. 66–75.
10. Verwaltungsgerichtshof Baden-Württemberg, Urteil vom 30. August 1994 – 10 S 3152/93–AfP 1994/95, S. 426–431.
11. Vgl. Südkurier vom 24.8.1994 sowie vom 27.10.1994; ferner Funk-Korrespondenz 44/1994, S. 13.
12. Die intermedialen Verflechtungen im privaten Hörfunk und die dominierende Stellung von Presseverlagen hat Carsten Jens bereits früh dokumentiert. Vgl. Jens, Carsten: Privater Hörfunk – eine Verlegerdomäne. Ergebnisse einer Dokumentation über Verlagsbeteiligungen an Privatradios in der Bundesrepublik Deutschland. In: Media Perspektiven 1/1989, S. 23–27 sowie Jens, Carsten: Die Entwicklung des Presseengagements beim privaten Hörfunk 1988 bis 1991. Ergebnisse der zweiten Dokumentation über Verlagsbeteiligungen an Privatradios in der Bundesrepublik Deutschland. In: Media Perspektiven 9/1991, S. 570–589.
13. Vgl. Kutteroff, Albrecht/Rainer Mathes: Charakteristika und Unterschiede von privaten Hörfunkprogrammen in Baden-Württemberg. In: Media Perspektiven 9/1991, S. 590-603: Bucher, Hans-Jürgen/ Christian Schröter: Privatrechtliche Hörfunkprogramme zwischen Kommerzialisierung und publizistischem Anspruch. In: Media Perspektiven 8/1990, S. 517–540 sowie Schönbach, Klaus/Sabine Feierabend/Wiebke Möhring: Lokale Hörfunksender in Baden-Württemberg. Eine Inhaltsanalyse ihrer Berichterstattung. (= LfK-Dialog 7). Stuttgart 1994.
14. Verwaltungsgerichtshof Baden-Württemberg: Beschluß vom 31. März 1992 – 10 F 3166/90. In: Zeitschrift für Urheber- und Medienrecht 1993, S. 44–52.
15. Rechtsverordnung der Landesanstalt für Kommunikation Baden-Württemberg zur Änderung der Ersten Verordnung über einen Nutzungsplan (13. ÄnderungsVO zur Nutzungsverordnung) vom 18. Oktober 1993. In: Gesetzblatt Baden-Württemberg, 1993, S. 642.
16. Die Zuteilung der Stuttgarter Frequenz 105,7 MHz zur Nutzung für private Anbieter war auch von den privaten Lokalsendern im Stuttgarter Raum beargwöhnt worden, die einen Verdrängungswettbewerb Vgl. Die Angst der Lokalsender vor der Frequenz 105,7. In: Stuttgarter Zeitung vom 14.5.1994.
17. Quelle: Hörfunk- und TV-Liste der Landesanstalt für Kommunikation 1/1997 sowie eigene Recherchen.

Tabelle 1 Bereichssender in Baden-Württemberg[17]
Zielgebiete, Anbieter und Frequenzen nach der Neuordnung vom 1. Oktober 1994

Zielgebiete	Programmname/ Lizenznehmer	Gesellschafter	Sender und terr. Frequenz	Vorheriges Privatprogramm
Bereich I Baden-Schiene	**Radio Regenbogen** Lizenznehmer: Radio Regenbogen Hörfunk in Baden GmbH & Co. KG	– Radio Regenbogen Hörfunk in Baden Geschäftsführungs GmbH • AVE Ges. für Hörfunkbeteiligungen mbH • Rhein-Neckar-Zeitung • Radio Perkeo GmbH • LR Lokal Regionalfunk • IPH-Interessengemeinschaft privater Hörfunk • Diesbach Medien GmbH • Schwetzinger Verlagsdruckerei • Text & Ton Radio GmbH • Matthias Hoffmann • Klambt Medien • Rundfunkbeteil. und Betriebsges. Blauen mbH • Schwarzwälder Bote • MOIRA Rundfunk GmbH (Medien Union) • Mediengesellschaft Donau-Iller • Südwestdeutsche Mediengesellschaft mbH	Heidelberg 102,8 Hornisgrinde 100,4 Blauen 101,1	Radio Regenbogen Radio Regenbogen Radio Regenbogen

Tabelle 2 Bereichssender in Baden-Württemberg
Zielgebiete, Anbieter und Frequenzen nach der Neuordnung vom 1. Oktober 1994 (Forts.)

Zielgebiete	Programmname/ Lizenznehmer	Gesellschafter	Sender und terr. Frequenz	Vorheriges Privatprogramm
Bereich 2 Württemberg-Schiene (Mitte)	**Antenne 1** **Antenne RT4** Lizenznehmer: Antenne Radio GmbH & Co. KG	– Stuttgart Regional 101,3 Hörfunk GmbH & Co. • Stuttgarter Presse Funk GmbH (Stuttgarter Zeitung Verlagsgesellschaft / Co., Stuttgarter Nachrichten Verlags GmbH, Stuttgarter Wochenblatt, Südwestdeutsche Mediengesellschaft) • Mediengesellschaft Mittlerer Neckar mbH (DVA) • Axel Springer Verlag AG u. a. – Radio RT4 Programm- und Lizenzgesellschaft OHG • Radio RT4 GmbH & Co. Programm und Beteiligungsgesellschaft (Reutlinger Generalanzeiger Verlags GmbH & Co. u. a., Schwäbisches Tagblatt GmbH Tübingen) • LR Lokal Regionalfunk GmbH & Co. KG (Dr. Haas GmbH Mannheim)	Langenburg 100,1 Bad Mergentheim 101,2 Heilbronn 89,1 Stuttgart 101,3 Raichberg 103,4 Langenbrand 105,2 Bad Urach 89,3 (Fensterzeiten vorhanden)	Radio Regional Radio Regional Stadtradio Heilbronn Antenne 1 Antenne RT4
Bereich 3 Süd-Ost-Württemberg-Schiene	**Radio 7** Lizenznehmer: Radio 7 Hörfunk GmbH & Co. KG	– Medienges. Donau-Iller GmbH & Co. KG – Schwäbischer Verlag KG Drexler, Gessler – AVE Ges. für Hörfunkbeteiligungen mbH – Schwarzwälder Bote GmbH & Co. KG – Verlag Hermann Kuhn GmbH & Co. KG – Süddeutscher Zeitungsdienst Verlag	Aalen 103,7 Geislingen 100,3 Ulm 101,8 Ravensburg 105,0 Witthoh 102,5 (Fensterzeiten vorhanden)	R7 Ostalb R7 / RTL R7 Ulm R7 Oberschwaben R7 Witthoh

Tabelle 3 Lokalsender in Baden-Württemberg
Zielgebiete, Anbieter und Frequenzen nach der Neuordnung vom 1. Oktober 1994 (Forts.)

Zielgebiete	Programmname/ Lizenznehmer	Gesellschafter	Sender und terr. Frequenz	Vorheriges Privatprogramm
Zielgebiet 1 Mannheim/ Heidelberg	**Radio Sunshine** Lizenznehmer: RNO Rhein-Neckar-Odenwald Radio GmbH & Co. KG	– Radio Wachenburg Weinheimer Rundfunkgesellschaft mbH – K. F. Schimper-Verlag GmbH – Privat-Radio-Tauber-Odenwald Neckar (T.O.N.) Rundfunkbetriebs GmbH & Co. KG – Dr. Haas GmbH – Radio NRJ GmbH	Heidelberg 106,1 Mudau 102,1 Weinheim 107,7 Wiesloch 107,1 Mosbach 107,9	Radio Wachenburg/RTL Radio Ton Radio Wachenburg/RTL Rheintal Radio Radio Ton
Zielgebiet 2 Karlsruhe	**Welle Fidelitas** Lizenznehmer: Welle Fidelitas Priv. Karlsruher Rundfunk GmbH & Co. KG	– PKR Beteiligungs- und Priv. Rundfunkbetriebs GmbH – WFR Beteiligungs- und Verwaltungs GmbH – Radio Merkur Mittelbadenwelle GmbH & Co. KG	Mühlacker 100,7 Karlsruhe 101,8 Baden-Baden 100,9 Bruchsal 107,3 (Fensterzeiten vorhanden)	Welle Fidelitas Welle Fidelitas Welle Fidelitas
Zielgebiet 3 Ortenau	**Radio Ohr** Lizenznehmer: Private Rundfunkgesellschaft Ortenau GmbH & Co. KG	– A. Reiff GmbH & Co. – Reinmar Glutsch – Werner Morstadt – Frank Leonhard	Willstätt 104,9 Lahr 107,4 Haslach 93,0 Bühl 103,8	Radio Ohr Radio Ohr Radio Ohr Radio Ohr
Zielgebiet 4 Freiburg	**Radio FR 1** Lizenznehmer: Radio Freiburg FR 1 GmbH	– K. H. Zurbonsen – Günter Ebi – Martin Knoll – Gerhard Happel – Dr. Hans Glatz – H. Scheu	Freiburg 94,7 Blauen 106,0 Hochfirst 106,6	FR 1

Tabelle 4 Lokalsender in Baden-Württemberg
Zielgebiete, Anbieter und Frequenzen nach der Neuordnung vom 1. Oktober 1994 (Forts.)

Zielgebiete	Programmname/ Lizenznehmer	Gesellschafter	Sender und terr. Frequenz	Vorheriges Privatprogramm
Zielgebiet 5 Hochrhein/ Bodensee	**Radio Seefunk** Lizenznehmer: Radio Seefunk GmbH & Co. KG	– Friedrichshafener Lokalrundfunkgesellschaft mbH & Co KG – Südkurier GmbH – Singener Wochenblatt GmbH & Co – Meier & Cie AG – Blumeninsel Mainau GmbH – Bodan AG Druck und Verlag GmbH – Kuhn Mediengesellschaft Donau-Iller – Schwäbischer Verlag – Schwarzwälder Bote	St. Chrischona/ Rührberg 103,1 Lörrach 104,3 Laufenburg 102,4 Waldshut 105,4 Wannenberg 107,0 Radolfzell/ Singen 105,3 Konstanz 101,8 Friedrichshafen 89,1 Weingarten 102,6	 RTL Hochrhein RTL Hochrhein seefunk radio seefunk radio Radio 7 (101,3)
Zielgebiet 6 Oberer Neckar	**Radio Neckarburg** Lizenznehmer: Radio Neckarburg GmbH	– Gerd Kieninger – Martin Himmelheber – SRP (Städte-Radio-Produktions) GmbH – Lokalrundfunkges. Oberer Neckar	Rottweil 102,0 Villingen 93,1	
Zielgebiet 7 Tübingen/ Reutlingen	**Neckar-Alb-Radio** Lizenznehmer: Achalm Kommunikation Agentur f. Werbung, Public Relations und Funkproduktionen GmbH	– LR Lokal-Regionalfunk GmbH & Co. KG	Reutlingen 104,8 Tübingen 100,9 Ermstal 99,0 Hechingen 100,1	StadtRadio Neckar-Alb/RTL StadtRadio Neckar-Alb
Zielgebiet 8 Ulm/Biberach	**Radio 7 melody** Lizenznehmer: Lokalrundfunkges. Biberach + Donau 1 mbH & Co. KG	– Biberacher Verl.druck GmbH & Co. – Schwäbischer Verlag KG – Medienges. Donau-Iller GmbH & Co. KG – OZ Verlagsbeteil. GmbH – Radio Donau 1 GmbH & Co. KG	Ulm 105,9 Biberach 103,9 Riedlingen 106,2	 Radio 7 Biberach Radio 7 Biberach

Tabelle 5 Lokalsender in Baden-Württemberg
Zielgebiete, Anbieter und Frequenzen nach der Neuordnung vom 1. Oktober 1994 (Forts.)

Zielgebiete	Programmname/ Lizenznehmer	Gesellschafter	Sender und terr. Frequenz	Vorheriges Privatprogramm
Zielgebiet 9 Ostwürttemberg	**Radio Komma 1** Lizenznehmer: Radio Ostalb GmbH & Co. KG	– Schwäbischer Verlag KG – Radio Ostalb Verwaltungsges. mbH – Heidenheimer Zeitung GmbH & Co. KG – Süddeutscher Zeitungsdienst Druckerei und Verlagsges. mbH	Aalen 107,1 Heidenheim 104,2	
Zielgebiet 10 Göppingen	**Antenne Filstal** Lizenznehmer: Filstalwelle 1 Rundfunkbetriebs GmbH	– Gabriele Behles – Christoph Weirich – Antenne Radio GmbH & Co. KG	Geislingen 105,4 Göppingen 103,0 (Fensterzeiten vorhanden)	Filstalwelle Filstalwelle
Zielgebiet 11 Böblingen/ Sindelfingen	**Radio BB** Lizenznehmer: RBB-Radio im Kreis Böblingen Rundfunkproduktions GmbH	– Radio Sindelfingen GmbH – Werbeagentur Seitz u. Mattis GmbH – Brüggemeier Lokaler Rundfunk Lizenznehmer GmbH – Radio Schönbuch Rundfunkges. mbH – Zeitungsverlag Calw GmbH – Schwarzwälder Bote GmbH & Co. KG	Sindelfingen 104,3 Herrenberg 89,0 Leonberg 106,9 Calw 103,0 Nagold 102,7	Radio BB Radio BB Radio BB
Zielgebiet 12 Stuttgart	**Stadtradio 107,7** Lizenznehmer: RSL Radio Schwabenland Stuttgart GmbH	– Hans-Frieder Willmann – Ungeheuer & Ulmer KG GmbH & Co. – Pro Stuttgart Verwaltungsges. mbH – BTG Beteiligungsgesellschaft mbH – Handels- und Gewerbeverein Gablenberg e. V. – Kartenhäusle GmbH – Rolf Deyhle GmbH & Co. Holding KG – Helga Ulmer – Prof. Dr. Claudia Hübner	Stuttgart 107,7	Stadtradio/Hithouse

Tabelle 6 Lokalsender in Baden-Württemberg
Zielgebiete, Anbieter und Frequenzen nach der Neuordnung vom 1. Oktober 1994 (Forts.)

Zielgebiete	Programmname/ Lizenznehmer	Gesellschafter	Sender und terr. Frequenz	Vorheriges Privatprogramm
Zielgebiet 13 Rems-Murr	**RMB-Radio** Lizenznehmer: Rems-Murr-Radio Beteiligungs GmbH & Co. Werbe KG	– Werner Weng – Dr. Manfred Hennecke – Ewald Reile – Hermann Biehal – Peter Hildenbrand – Helmut Förster – Monika Kurzenberger	Schorndorf 104,6 Waiblingen 104,9 Backnang 101,8 Ludwigsburg 103,9 (mit Fensterzeiten)	RMB Total RMB Total RMB Total
Zielgebiet 14 Heilbronn/ Franken	**Radio TON-Regional** Lizenznehmer: Radio T.O.N. Regional Hörfunk GmbH & Co. KG	– Radio TON Regional Hörfunk Verwaltungs GmbH – Privat-Radio Tauber-Odenwald-Neckar (T.O.N.) Rundfunkbetriebs GmbH & Co. KG – Frankenstimme Radio Regional Heilbronn GmbH & Co. KG – Städte-Radio-Produktions GmbH – Antenne Radio GmbH & Co. KG – Fränkische Nachrichten Druck- und Verlags GmbH – AVE, Ges. f. Hörfunkbeteiligung mbH – Ungeheuer & Ulmer KG GmbH & Co. – Medienges. Donau-Iller mbH & Co. KG	Bad Mergentheim 103,5 Heilbronn 103,2 Schwäbisch Hall 102,6 Wertheim 104,7 Crailsheim 104,8 Künzelsau 96,0	Radio Ton Radio Regional Radio Ton
Zielgebiet 15 Esslingen/ Kirchheim	**Radio 7 ES** Lizenznehmer: Kreiswelle Esslingen Hörfunk GmbH	– Richard Bechtle Verlagsges. OHG – A. Gottliebs & J. Osswalds Buchdruckereien GmbH & Co. KG	Esslingen 97,5 Kirchheim 100,8 Nürtingen 106,8	 Radio ES

Tabelle 7 Nichtkommerzielle privatrechtliche Hörfunkveranstalter in Baden-Württemberg

Zielgebiete	Programmname/Lizenznehmer	Sender und terr. Frequenz	Vorheriges Privatprogramm
Freiburg	**Radio Dreyeckland** Radio Dreyeckland Betriebsgesellschaft mbH	Freiburg 102,3	Radio Dreyeckland
Freudenstadt	**Freies Radio Freudenstadt** Förderkreis Radio Freudenstadt e. V.	Freudenstadt 100,0	
Baiersbronn	**Freies Radio Freudenstadt** Förderkreis Radio Freudenstadt e. V.	Baiersbronn 104,1	
Karlsruhe	**Querfunk** Querfunk Radiobetriebsgesellschaft mbH/Freies Radio Karlsruhe **Radio aus Bruchsal/Lernradio** Arbeitsgemeinschaft Lernradio GdbR (Staatliche Hochschule für Musik Karlsruhe, Institut zur Förderung von Wissenschaft und Ausbildung im Bereich der neuen Medien e. V. (IFM Bruchsal))	Karlsruhe 104,8 (Frequenzsplitting mit Fensterzeiten)	Stadtradio Karlsruhe
Schwäbisch Hall	**Radio StHörfunk** Förderverein Freies Radio Schwäbisch Hall e. V.	Schwäbisch Hall 97,5	
Tübingen	**Freies Radio „Wüste Welle“** Förderverein für ein Freies Radio Tübingen/Reutlingen e. V. **Uni Welle** Universitätsradio Tübingen **radio helle welle** radio helle welle e. V.	Tübingen 96,6 (Frequenzsplitting mit Fensterzeiten)	
Ulm	**Radio FreeFM** Radio Free FM GmbH **Radio Canale Grande** Offener-Kanal-Rundfunk e. V. Radio Canale Grande	Ulm 100,8 (Frequenzsplitting mit Fensterzeiten)	
Schopfheim	**Radio „Kanal Ratte“** Förderverein für das Freie Radio „Kanal Ratte“ e. V. **Radio Dreyeckland** Radio Dreyeckland Betriebsgesellschaft mbH	Hohe Möhr 104,5 (Frequenzsplitting mit Fensterzeiten)	

Tabelle 8 Nichtkommerzielle privatrechtliche Hörfunkveranstalter in Baden-Württemberg (Forts.)

Zielgebiete	Programmname/Lizenznehmer	Sender und terr. Frequenz	Vorheriges Privatprogramm
Stuttgart	**Freies Radio Stuttgart** Förderverein für das Freie Radio Stuttgart e. V. **Radio Kormista** Niki und Georgios Baboulis	Stuttgart 97,2 (Frequenzsplitting mit Fensterzeiten)	

Radio-Aktiv

Vom aktiven Umgang der Hörer mit dem Radio

*Von Helmut Scherer**

1. Radio als Nebenbeimedium?

Radiohören wird im allgemeinen sehr stereotyp beurteilt. Radio wird als Sekundärmedium, als Hintergrundmedium[1], als tagesbegleitendes Medium[2] oder als Geräuschkulisse bzw. Klangtapete[3] beschrieben. Auch wenn mit solchen Stereotypen sicherlich ein großer Teil des Radiohörens adäquat beschrieben werden kann, wird damit doch die Vielfalt der Radiorezeptionsformen unzulässig vereinfacht abgebildet. Radio wird eben nicht immer und von allen Hörern in der gleichen Art und Weise genutzt. So unterscheidet beispielsweise Rogge drei Formen des Hörens, das konzentrierte ausschließliche Hören, das Nebenbei- und Zwischendurchhören und das inadäquate Hören.[4] Eckhardt kann mit Hilfe empirischer Daten zeigen, daß Radiohören schon hinsichtlich der verschiedenen Tageszeiten sehr unterschiedlich ist. Gaben für die Zeit vor 9.00 Uhr morgens nur neun Prozent der Hörer an, sie würden sich ganz auf das Radiohören konzentrieren, so sieht dies zwölf Stunden später ganz anders aus: Nach 21.00 Uhr geben 23 Prozent der Hörer an, sie würden sich voll auf das Radioprogramm konzentrieren.[5] Auch wenn Radio nur als Sekundärtätigkeit neben anderen Tätigkeiten genutzt wird, bedeutet dies nicht zwangsläufig geringe Aufmerksamkeit. „Insbesonders wenn die Primäraktivität eher einen mechanischen Charakter hat, dürfte die Aufmerksamkeit für die Rezeption eines Mediums eher erhöht werden."[6]

Mit dieser stereotypen Beschreibung der Radionutzung korrespondierte auch lange Zeit ein Desinteresse in der Kommunikationsforschung, sich mit Radiohören auseinanderzusetzen. Der Blick war lange Zeit auf die anderen Medien – vor allem auf das Fernsehen – fokussiert. In jüngerer Zeit sind aber zwei Entwicklungen eingetreten, die zu einem größeren Interesse an Radio allgemein und auch am Radiohören geführt haben. Zum einen die starke Ausweitung der Nutzungsdauer: Die mit Radiohören zugebrachte Zeit hat deutlich zugenommen. Wurden im Jahr 1964 nur knapp eineinhalb Stunden am Tag Radio gehört, so waren es 1990 schon beinahe drei Stunden. Radio ist zu dem Medium geworden, dessen Nutzung die meiste Zeit beansprucht.[7] Radio ist somit der „Hauptmotor" der Expansion der Mediennutzung, die positive Entwicklung der Nutzung zieht sich quer durch alle Gesellschaftsschichten.[8]

* Helmut Scherer ist Professor für Kommunikationswissenschaft an der Universität Augsburg.

Als weiterer wichtiger Faktor kann die Einführung des dualen Systems gesehen werden. Dadurch ist es im Radiobereich zu einer Gründungswelle gekommen, so daß nun eine Vielzahl von Radiostationen um die Gunst der Zuhörer buhlen. Die Situation ist durch einen starken Wettbewerb der Anbieter gekennzeichnet. Gerade dieser Wettbewerb führt zu einer Ausweitung der Nutzungsforschung. Jährlich durchgeführte Höreranalysen gehören inzwischen zum Standard.

Ziel dieser Reichweitenmessung ist aber nur eine möglichst exakte quantitative Beschreibung des Hörverhaltens. Es wird nicht zwischen verschiedenen Hörern unterschieden. Die Frage nach Funktion und Bedeutung des Radiohörens für die Hörer wurde weitgehend vernachlässigt.[9] Der eigentliche Vorgang des Radiohörens und seine Bestimmungsfaktoren wurden lange Zeit aus der Diskussion ausgeblendet. Wenn die Hörer differenziert werden, dann nach Zielgruppenkriterien und nicht nach Variablen, die das Radiohören näher beschreiben. Aus diesem Grund ist man lange Zeit nicht über die oben angesprochene stereotype Beschreibung des Radiohörens hinausgekommen.

In jüngerer Zeit gibt es aber einige Forschungsansätze, die Radionutzung differenzierter untersuchen, die etwa nach den Motiven der Nutzung fragen oder komplexe Nutzertypologien und Nutzerstile unterscheiden.[10] Gemeinsam ist diesen Ansätzen, daß sie die klassische, inzwischen in der Kommunikationsforschung aber wieder moderne Frage stellen: „Was machen die Menschen mit den Medien?"

Auch dieser Beitrag versucht, einige Puzzlestücke zur Beantwortung dieser Frage beizutragen. Ausgangspunkt ist dabei die Vorstellung, daß sich die Rezipienten danach unterscheiden lassen, wie aktiv und zielgerichtet sie jeweils mit dem Medium umgehen.

2. Datenmaterial

Der Lehrstuhl für Kommunikations- und Politikwissenschaft an der Friedrich-Alexander-Universität Erlangen-Nürnberg führte von Februar bis Mai 1989 eine Umfrage zur Mediennutzung in Nürnberg durch. Diese Umfrage wurde von der Bayerischen Landeszentrale für Neue Medien und der Hans-Frisch-Stiftung unterstützt.

Die Erhebung wurde in zwei getrennten Befragungen mit dem gleichen Befragungsbogen durchgeführt. Beide Befragungen sollten für die Stadt Nürnberg repräsentative Ergebnisse erbringen. Bei der ersten Tranche, die vom Februar 1989 bis zum März 1989 durchgeführt wurde, handelte es sich um eine Randomstichprobe. Ausgangspunkt war die Kartei des Einwohnermeldeamtes der Stadt Nürnberg. Wegen der geringen Ausschöpfungsquote (44 Prozent) und deutlicher Abweichungen der Stichprobe von der amtlichen Statistik wurde zusätzlich im April und Mai 1989 eine Erhebung nach dem Quotenverfahren durchgeführt. Beide Stichproben zusammengefaßt ergaben 669 Interviews. Durch die Zusammenfassung beider Stichproben wurden die Abweichungen der Randomstichprobe weitgehend korrigiert. Es blieb lediglich eine leichte Überbetonung der höheren Bildungsgruppen bestehen.

3. Radio-Aktivitäten

Im folgenden werden die Aktivitäten der Radiohörer mit Hilfe von vier Indikatoren beschrieben:

- Zahl der gehörten Programme[11]
- Aufmerksamkeit[12]
- Häufigkeit des Radiohörens[13]
- Auswahlverhalten[14].

Es wären noch einige andere Verhaltensdimensionen denkbar. Da es sich im vorliegenden Fall aber um eine Sekundäranalyse handelt, muß sich die Untersuchung an den Indikatoren orientieren, die im vorliegenden Datensatz vorhanden sind.

Auch bei der Analyse der im Datensatz enthaltenen Faktoren findet sich eine relativ große Bandbreite und eine Vielzahl von Verhaltensmöglichkeiten (Graphik 1–4 auf S. 121/122). Ein erster Ansatzpunkt, um zu zeigen, daß Radiohören eine zielgerichtete Aktivität sein kann, liegt in der Zahl der Sender, die die Befragten nutzen. Personen, die Radio nur als Hintergrundmedium brauchen, haben nur geringe Veranlassung, verschiedene Sender zu nutzen. Zwar ist es möglich, daß sie etwas im Radioprogramm stört, so daß sie auf ein anderes, angenehmeres Programm ausweichen. Wahrscheinlicher ist das Umschalten aber dann, wenn das Radio gezielt für bestimmte Zwecke eingeschaltet wird. Dann ist es denkbar, daß für einen ganz bestimmten Zweck ein Sender zu einer bestimmten Zeit eingeschaltet wird und für andere Zwecke andere Sender. Solche Strategien setzen aber gute Kenntnisse des Programmangebots voraus.

Es muß vor der Analyse erwähnt werden, daß sich ein gewisser Anteil an Nutzung mehrerer Sender einfach dadurch ergibt, daß es in Nürnberg zwei Frequenzen gab, auf denen zwei Anbieter im zeitlichen Wechsel sendeten.[15] Wenn man also eine bestimmte Frequenz einigermaßen lang eingeschaltet hatte, dann hörte man zwangsläufig zwei Sender. Allzu groß ist dieser Effekt aber nicht, da diese Splittingfrequenzen nur relativ geringe Reichweiten hatten. Konkret wird im folgenden analysiert, wieviele Sender die Befragten in den letzten vierzehn Tagen gehört hatten. Nur eine Minderheit von knapp 30 Prozent nutzt dabei nur einen oder keinen Sender in diesem Zeitraum. Nahezu ebensoviele haben in dieser Zeit zwei Sender genutzt, und das letzte Drittel nutzt mehrere Sender, in Extremfällen bis zu zehn innerhalb von zwei Wochen. Dieses Ergebnis verdeutlicht, daß viele Befragte aktiv mit dem Medium Radio umgehen. Sie verfolgen mit der Nutzung bestimmte Ziele und suchen sich die Sender danach aus.

Diese Sichtweise wird durch die Analyse des Senderwahlverhaltens bestätigt. Zwar geben 45 Prozent der Befragten an, sie würden immer den gleichen Sender hören, aber wir finden auch sehr aktives Wahlverhalten. Etwa 30 Prozent geben an, sie würden suchen, bis sie etwas finden, das ihnen gefällt. Ein gutes Drittel hat mehrere Sender mit Stationstasten eingestellt. 30 Prozent geben an, sie würden ganz gezielt bestimmte Sendungen einstellen, die sie kennen. Gerade in der letzten Angabe zeigt sich ein hohes Maß an zielbewußtem, interessengeleitetem Umgang mit dem Medium. Dieses Interesse drückt sich auch in der Aufmerksamkeit aus, mit der die Befragten das Radio nutzen. Mehr als die Hälfte hört häufig oder sehr häufig aufmerksam zu.

Diese Verhaltensweisen sind miteinander verbunden. Wer mehr verschiedene Sender hört, der wählt in der Regel das Programm anders aus. Wer sein Programm zielgerichtet auswählt, der hört häufiger aufmerksam zu. Dies legt es nahe, die Beschreibung der Nutzung zu verdichten, indem man aus den verschiedenen Aktivitäten eine Nutzertypologie ableitet. Eine Möglichkeit, zu solch einer Typologie der Radionutzung zu kommen, liegt in der Verwendung einer Clusteranalyse. Im vorliegenden Fall wurde mit dem Verfahren Quick Cluster aus dem Programmpaket SPSSPC+ gearbeitet.[16] Dieses Verfahren erlaubt es, die Zahl der zu erzielenden Cluster vorzugeben. Eine Lösung mit vier

Clustern erwies sich dabei als brauchbar. Zum einen ergaben sich bei dieser Zahl für alle clusterbildenden Variablen signifikante Unterschiede für die Mittelwerte in den Clustern, zum anderen ergaben sich Cluster, die auch im ungünstigsten Fall noch eine genügend große Zahl von Befragten enthielten. Zu guter Letzt lieferte diese Lösung auch inhaltlich plausible Cluster. In die Clusteranalyse wurden nur solche Befragte aufgenommen, die angaben, auch Radio zu hören. Befragte, die angaben, nie Radio zu hören, wurden ausgeschlossen. Dadurch verringert sich die Fallzahl um 15 auf 654. Die folgenden Analysen beziehen sich also auf die Radiohörer in der Stichprobe.

Es ergaben sich vier verschiedene Typen, die im folgenden als „Sendertreue", „Radiomuffel", „Wellenbummler" und „aktive Sucher" bezeichnet werden. Dabei sind zwei Typen relativ weit verbreitet. 49 Prozent zählen zu den Sendertreuen und 34 Prozent zu den Wellenbummlern. Die anderen beiden Typen sind eher klein: neun Prozent zählen zu den Radiomuffeln und acht Prozent zu den aktiven Suchern.

4. Die clusterbildenden Merkmale

Im folgenden werden die Radionutzertypen hinsichtlich der Merkmale beschrieben, die in die Clusteranalyse eingegangen sind. Es handelt sich hier eigentlich noch um die Darstellung der Clusteranalyse. Die Ergebnisse sollen helfen, die Typen zu begreifen und deren Benennung zu verstehen.

Wenn wir uns als erstes die Häufigkeit des Radiohörens anschauen, dann läßt sich recht einfach die Benennung „Radiomuffel" begründen (Graphik 5 auf S. 123). Die anderen drei Gruppen unterschieden sich kaum hinsichtlich der Anzahl der Tage pro Woche, an denen Radio genutzt wird. In der Regel sind es weniger als 20 Prozent, die nur an fünf oder sechs Tagen der Woche Radio nutzen, nahezu 80 Prozent nutzen das Radio täglich. Nicht so die Radiomuffel. Mehr als 80 Prozent nutzen das Radio nur bis zu vier Tage die Woche, weitere 19 Prozent an fünf oder sechs Tagen, und nur eine Minderheit dieses Typs an sieben Tagen.

Die „aktiven Sucher" und die „Sendertreuen" sind sich darin ähnlich, daß sie beim Radio relativ häufig aufmerksam zuhören (Graphik 6 auf S. 123). Bei den Radiomuffeln und den Wellenbummlern ist dies nicht der Fall. Bei den Radiomuffeln liegt dies wiederum daran, daß sie selten Radio hören und somit auch nicht oft Gelegenheit und grundsätzlich wohl auch wenig Interesse daran haben, beim Radio aufmerksam zuzuhören. Die Wellenbummler sind offensichtlich nur an den Oberflächenreizen interessiert. Die aktiven Sucher dagegen nutzen Radio zielgerichtet. Es ist anzunehmen, daß sie sich ihr persönliches Wunschprogramm zusammenstellen und, da sie aufmerksam mit dem Medium umgehen, entsprechend oft Gelegenheit finden, dem Medium Aufmerksamkeit zu widmen. Die Sendertreuen scheinen jeweils ein Programm gefunden zu haben, das ihnen gut gefällt. Dieses Programm bringt offensichtlich vieles Interessante für diese Gruppe, sei es gute Musik oder attraktive Wortbeiträge.

Auch die Zahl der genutzten Sender unterscheidet sich von Typ zu Typ auf sehr aufschlußreiche Weise (Graphik 7 auf S. 124). Die aktiven Sucher haben mit Abstand die meisten Sender in den letzten vierzehn Tagen genutzt, 5,7 im Schnitt. Weit abgeschlagen auf dem zweiten Platz folgen die Wellenbummler. Diese bummeln in der Regel immerhin noch über mehr als drei Sender innerhalb von 14 Tagen. Die beiden anderen Gruppen nutzen nicht mehr als zwei Sender binnen 14 Tagen. Dabei ist die Begründung aber sehr unterschiedlich. Die Sendertreuen hören sehr oft Radio, bleiben aber ihrem Sender weitgehend treu, während die Radiomuffel offensichtlich nur aus Mangel an Gelegenheit nicht den Sender wechseln. Sie hören sehr selten Radio. Über die Umschaltgründe erfahren wir in unserem Datenmaterial nur wenig. Es gibt in der Literatur Ergebnisse zu den Gründen des Senderwechsels. Barnett und Morrison haben die Bedeutung verschiedener Gründe für das Umschaltverhalten analysiert. 17 Prozent schalten wegen der Musikfarbe um, 16 Prozent, um ein ganz bestimmtes Programm zu nutzen, und 15 Prozent gaben für das Umschalten negative Gründe an. Sie wollten einen bestimmten Moderator umgehen oder das eingeschaltete Programm schien ihnen uninteressant. Eine kleine Gruppe (drei Prozent) schaltete einfach herum, um zu sehen, was gesendet wird.[17]

Auf indirektem Weg lassen sich aus dem vorliegenden Datenmaterial auch Aufschlüsse über das Umschaltverhalten gewinnen. Das Programmwahlverhalten steht in enger Beziehung mit dem Umschaltverhalten. Aus der Analyse des Programmwahlverhaltens lassen sich deshalb gewisse Erkenntnisse für das Umschaltverhalten ableiten (Graphik 8–11 auf S. 125/126). Mehr als 80 Prozent der aktiven Sucher kennen Sendungen, die sie ganz gezielt einstellen. Die anderen Nutzertypen geben dies wesentlich seltener an. Die aktiven Sucher geben auch häufig an, daß sie suchen, bis sie etwas finden, das ihnen gefällt. Eine Angabe, die auch von den Radiomuffeln relativ häufig genannt wird. Kennzeichnend für die Sendertreuen ist dagegen die Angabe, daß sie immer den gleichen Sender hören. Die Wellenbummler fallen dadurch auf, daß sie mehrere Sender mit Stationstasten eingestellt haben, also ohne großen Aufwand den Sender wechseln können. Diese Ergebnisse machen es auch plausibel, daß die aktiven Sucher deshalb so viele verschiedene Sender nutzen, weil sie dort ganz bestimmte Sendungen und Programminhalte suchen. Wir müssen davon ausgehen, daß auch ihr Umschaltverhalten davon geprägt ist. Sie schalten also vor allem deshalb um, weil auf einem anderen Kanal eine Sendung kommt, die sie unbedingt hören wollen. Die Wellenbummler dagegen schalten wohl eher um, weil ihnen das eingeschaltete Programm nicht mehr zusagt.

Zusammenfassend lassen sich die aktiven Sucher durch ihren sehr aufwendigen Umgang mit dem Radio beschreiben. Sie nutzen auch sehr viele verschiedene Sender. Offensichtlich sind diese Hörer gut über das Programmangebot informiert; dies ermöglicht ihnen ein sehr zielgerichtetes Radiohören. Die Wellenbummler, die auch relativ viele Sender nutzen, versuchen dagegen, ihren Aufwand relativ gering zu halten. Sie haben keine aufwendigen Suchstrategien, sondern drücken einfach ihre Stationstaste, wenn ihnen ein Programm nicht mehr gefällt. Möglicherweise ist hier eher von einer Vermeidung bestimmter Programmelemente auszugehen als von einer aktiven Suche nach denselben. Die Sendertreuen, die in punkto Aufmerksamkeit den aktiven Suchern ähneln, sind offensichtlich mit ihrem Programm zufrieden. Ihr wichtigstes Kennzeichen ist die geringe Zahl genutzter Programme und das reduzierte Auswahlverhalten. Die Radiomuffel sind am besten durch die geringe Nutzungshäufigkeit charakterisiert.

5. Die soziodemographische Beschreibung der Hörertypen

Hinsichtlich Alter und Geschlecht ähneln sich aktive Sucher und Wellenbummler auf der einen Seite und Radiomuffel und Sendertreue auf der anderen (Graphik 12–14 auf S. 127/128). Die aktiven Sucher und die Wellenbummler sind häufiger männlich (circa 60 Prozent) und im Schnitt jünger (circa 40 Jahre) als die Radiomuffel und die Sendertreuen, bei denen die Frauen überwiegen. Dies bestätigt in etwa Ergebnisse von Ronneberger aus dem Jahr 1986. Auch er fand, daß jüngere Hörer in der Programmwahl flexibler sind und oft mehrere Programme hören, während ältere Hörer überdurchschnittlich häufig einen Sender mit Stationstaste fest eingestellt haben.[18]

Hinsichtlich der Schulbildung fällt das relativ hohe Niveau der aktiven Sucher auf. Sie haben seltener den Hauptschulabschluß, aber häufiger weiterführende Schule oder Abitur als die anderen Hörertypen. Die Gruppe mit der größten Anzahl von Akademikern stellen die Radiomuffel. Den größten Anteil an Personen mit niedrigem Bildungsabschluß finden wir bei den Sendertreuen.

Hinsichtlich der soziodemographischen Merkmale sind aktive Sucher und Sendertreue also die Gegenpole. Erstere sind vor allem junge Männer mit formal gehobener Bildung, während letztere vielfach Frauen höheren Alters mit niedriger Schulbildung sind.

6. Die Nutzung anderer Medien

Mediennutzung ist vielfach aufeinander bezogen. Ein Medium wird nicht unabhängig von der Nutzung anderer Medien genutzt. Oft stimuliert ein Medium die Nutzung anderer Medien, vielfach ist die Nutzung verschiedener Medien durch ähnliche Bedürfnisse erklärbar. So erscheint es auch naheliegend, daß die Radionutzertypen sich auch in ihrer Mediennutzung unterscheiden.[19] Diese Hypothese wird bestätigt. Es gibt deutliche Unterschiede in der Nutzung des Fernsehens (Graphik 15 auf S. 128). Wellenbummler und vor allem Sendertreue haben mit 145 bzw. 140 Minuten am Tag eine sehr ausgeprägte Fernsehnutzung. Die beiden anderen Nutzertypen dagegen schauen pro Tag weniger als zwei Stunden fern. Auch bei der Nutzung der Lokalzeitung gibt es deutliche Unterschiede.

Die Radiomuffel sind auch Lokalzeitungsmuffel (Graphik 16–17 auf S. 129). Weniger als 50 Prozent geben an, regelmäßig eine Lokalzeitung zu lesen. Dies läßt sich vor allem durch ein geringes Interesse am Lokalteil dieser Zeitung erklären. Die Radiomuffel schätzen den Lokalteil nur zu einem geringen Anteil als sehr wichtig ein. Die Sendertreuen dagegen schätzen ihn sehr hoch ein. Die Radiomuffel sind also an lokaler Information wenig interessiert und somit auch an den Medien, die lokale Information enthalten.

7. Das Radio als Informationsmedium

Es ist anzunehmen, daß sich Personen mit unterschiedlicher Radionutzung auch in ihren Motiven und Erwartungen gegenüber dem Medium unterscheiden. Eine erste Annäherung an diese Fragestellung erlaubt die Analyse der Funktion, unter der der Hörfunk gesehen wird. Die zentrale Fragestellung lautet hierbei: Wird das Radio als Informationsmedium betrachtet?

Nur wenige Befragte geben an, daß sie das Radio als bevorzugtes Informationsmedium ansehen (Graphik 18 auf S. 130). Es ergeben sich aber bedeutsame Unterschiede zwischen den verschiedenen Typen. Bei den Radiomuffeln ist es nur eine verschwindende Minderheit, die dem Radio diese Rolle zuweist. Bei den Sendertreuen und den Wellenbummlern sind es immerhin über zehn Prozent. Bei den aktiven Suchern sogar 20 Prozent. Diese Gruppe sieht im Radio also offenbar mehr als eine Geräuschkulisse. Wenn sie nach bestimmten Programminhalten suchen, dann sind damit offenbar auch recht häufig Informationsbeiträge gemeint.

Auch als Lokalinformationsmedium erreicht das Radio in keiner der Gruppen die Bedeutung der Tageszeitung (Graphik 19 auf S. 130). Aber es gibt wiederum deutliche Unterschiede. Der Vorsprung der Tageszeitung ist bei den Radiomuffeln besonders ausgeprägt, am geringsten ist er bei den aktiven Suchern.

Für das Radio als Informationsmedium haben die Nachrichten eine große Bedeutung. Oft hören auch bei den Nachrichten die Personen aufmerksam zu, die ansonsten das Radio im Hintergrund laufen lassen und ihm nur wenig aufmerksam folgen.[20] Radionutzung bedeutet in der Regel auch die Nutzung von Radionachrichten.[21] In drei der vier Radionutzergruppen hört die Mehrheit mehrmals täglich Nachrichten im Radio (Graphik 20 auf S. 131). Nur die Radiomuffel unterschieden sich in dieser Hinsicht. In dieser Gruppe ist es nur eine Minderheit, die mehrmals täglich Radio hört. Hier spielt aber wohl vor allem die geringe Gesamtnutzungsdauer der Radiomuffel eine entscheidende Rolle.

Die relativ hohe Bedeutung, die die aktiven Sucher dem Radio als Informationsmedium beimessen, wird noch einmal verdeutlicht durch die Reaktionen auf die Frage, bei welchen Programminhalten aufmerksam zugehört wird (Graphik 21 auf S. 131). Die aktiven Sucher nennen zu mehr als 80 Prozent „Politische Meldungen und Berichte aus Deutschland" (Innenpolitik). Die Wellenbummler und die Sendertreuen nennen dies zu etwa 60 Prozent. Die Radiomuffel geben dies seltener an.

Es stellt sich die Frage, ob es sich bei diesem unterschiedlichen Interesse an Information um eine radiospezifische Orientierung handelt oder ob dahinter ein allgemein größeres Informationsinteresse steht. Wenn wir allgemein nach dem Interesse an Politik fragen, so gibt es Hinweise, daß die aktiven Sucher insgesamt etwas interessierter sind. Sie geben häufiger an als die anderen, sich sehr für Politik zu interessieren (Graphik 22–23 auf S. 132).[22] Zwischen den anderen Nutzergruppen gibt es nur geringe Unterschiede. Die aktiven Sucher kommunizieren auch sehr gerne über Politik. Sie geben am meisten an, „ich unterhalte mich öfter mit anderen über Politik". Den zweiten Platz nehmen hier die Radiomuffel ein, so daß wir nicht davon ausgehen können, diese seien grundsätzlich weniger politisch interessiert. Für sie ist offensichtlich nur das Radio nicht das richtige Medium. So erscheinen hier beide oben geäußerten Hypothesen angemessen. Die Nutzung des Radios als Informationsmedium ist also einerseits gebunden an medienübergreifende Interessenmuster, andererseits gibt es auch spezifisch auf das Medium gerichtete Bedürfnisse.

8. Radioträume

Neben den Interessen, die sich auf die allgemeine politische Information richten, sollen im folgenden die Unterschiede in der Bewertung des Radios und seiner Möglichkeiten dargestellt werden. Diese Bewertung drückt sich aus in Gründen der Nutzung, in den Wünschen an das Radioprogramm und letztlich in Senderpräferenzen. Wir werden hier zunächst damit beginnen, welche Gründe die verschiedenen Nutzertypen angeben, Radio zu hören. Dabei werden wir uns auf einen Grund konzentrieren, für den sich interessante Unterschiede zwischen den Nutzertypen ergeben.[23] Die aktiven Sucher und vor allem die Wellenbummler hören Radio, „um zu wissen, wo etwas los ist in Nürnberg" (Graphik 24 auf S. 133). Die Radiomuffel stimmen dieser Angabe nur sehr selten zu. Die aktiven

Sucher und die Wellenbummler scheinen also auch in der Freizeit sehr aktive Menschen zu sein, und sie nutzen das Radio, um diese Freizeitaktivitäten zu organisieren. Hier spielt natürlich das relativ niedrige Alter dieser beiden Hörertypen eine große Rolle. Auch Kiefer fand heraus, daß Vielhörer in ihrer Freizeit relativ aktiv sind, daß sie überdurchschnittlich oft außerhäusige Freizeitaktivitäten betreiben wie Ausgehen und Sportveranstaltungen besuchen.[24]

Größere Unterschiede ergaben sich hinsichtlich der Wünsche, was alles ein gutes Radioprogramm beinhalten sollte. Auch hier zeigt sich wieder die starke Informationsorientierung der aktiven Sucher (Graphik 25–27 auf S. 133/134). Sie wünschen sich besonders

- gut gemachte Nachrichten,
- anregende Berichte und
- Informationen, die nicht in der Zeitung stehen.

Bei diesen Vorgaben finden wir sehr ähnliche Antwortmuster. Die aktiven Sucher sind daran am meisten interessiert. Dahinter folgen die Sendertreuen und die Wellenbummler nahezu gleichauf. Die Radiomuffel geben dies am seltensten an. Sie fordern dagegen Sendungen für bestimmte Hörergruppen (Graphik 28–30 auf S. 135/136). In keiner anderen Gruppe erreicht diese Vorgabe einen solch hohen Zustimmungswert wie bei den Radiomuffeln. Hier deutet sich eine Erklärung für die Radioabstinenz dieser Gruppe an. Sie sind möglicherweise nicht grundsätzlich gegen Radio eingestellt. Sie finden in der Radiowirklichkeit nur kein adäquates Angebot. Auch beim Musikangebot wünscht sich diese Gruppe „Sendungen für bestimmte Musikrichtungen“. Ein Wunsch, der allerdings bei den aktiven Suchern noch ausgeprägter ist. Auch die Wellenbummler äußern relativ häufig Wünsche an das Musikprogramm. Sie wünschen sich „die neuesten Schlager, Songs, Musiktitel“. Dies gilt auch für die aktiven Sucher.

Noch auf einer anderen Ebene sind die aktiven Sucher aktiv, sie wollen das Radioprogramm mitgestalten, deshalb sind sie der Hörerbeteiligung gegenüber aufgeschlossen. Sie wünschen sich auch relativ häufig Gewinnspiele (Graphik 31–32 auf S. 136/137).

Da sich die Radionutzertypen in ihren Vorstellungen davon, was ein gutes Radioprogramm ausmacht, unterscheiden, erscheint es plausibel, daß sie jeweils andere Sender nutzen. In der folgenden Graphik werden verschiedene Sendertypen zusammengefaßt (Graphik 33 auf S. 137). Es wird zwischen Lokalsendern, den Sendern des Bayerischen Rundfunk (BR) und sonstigen Sendern unterschieden, wobei es sich bei den sonstigen Sendern um Antenne Bayern handelt.

Die Radiomuffel hören vor allem die Sender des BR, wenn sie Radio hören. Auch die Sendertreuen bringen ihre Treue dadurch zum Ausdruck, daß sie überwiegend die neuen Anbieter weniger wahrnehmen. Die aktiven Sucher nutzen genauso häufig öffentlich-rechtliche Programme wie lokale Anbieter. Bei den Wellenbummlern überwiegt dann die Nutzung der privaten Lokalsender.

Die unterschiedlichen Hörertypen lassen sich also in eine Struktur einordnen, die sich aus Informationsinteressen, spezifischen Bedürfnissen und Programmpräferenzen zusammensetzt. Spezifische Hörerbedürfnisse führen zu einem je unterschiedlichen Umgang mit dem Medium Radio, und dieser unterschiedliche Umgang drückt sich auch in bestimmten Senderpräferenzen aus.

10. Schlußbetrachtung

Die oben dargestellten Ergebnisse stellen nicht mehr als erste, tastende Versuche dar, Radiohören als einen komplexen Vorgang zu betrachten, der wesentlich von den jeweiligen Nutzerinteressen geprägt ist. Sie haben aber deutlich gemacht, daß Radiohörer sich nach einem eher aktiven oder eher passiven Zugriff auf das Radio unterscheiden lassen. Auf der Basis der verschiedenen Aktivitätsindikatoren ließ sich eine sinnvolle Hörertypologie entwickeln. Die Beschreibung der verschiedenen Hörertypen machte deutlich, daß sich die Typologie in umfassendere Mediennutzungsstile einordnen läßt und mit den Motiven der Nutzung in Zusammenhang steht. Insbesondere hat die Analyse aufgedeckt, daß Radiohören eben nicht notwendigerweise eine anspruchslose Kommunikationsform mit geringer Ich-Beteiligung darstellt. Es gibt eine kleine Gruppe, für die das Radioprogramm mehr ist als eine Geräuschkulisse oder Klangtapete. Diese Gruppe ist vielseitig interessiert und sehr anspruchsvoll gegenüber dem Radio. Ihr hoher Kenntnisstand über das Medium erlaubt diesen Hörern einen souveränen und zielgerichteten Umgang mit ihm. Sie stellen sich aus der Vielzahl der Angebote ihr persönliches Wunschprogramm zusammen. Es lohnt sich durchaus, für diese kleine Gruppe Programme zu produzieren. Man erzielt zwar keine hohen Reichweiten, hat dafür aber ein sehr aufmerksames Publikum. Auch dies kann durchaus ein Argument für die werbetreibende Wirtschaft sein. In jedem Fall ist es ein Argument für das Radio als anspruchsvolles, kulturell und journalistisch ambitioniertes Medium.

Anmerkungen

1. Vgl. Teichert, Will: Hörerbedürfnisse. In: Arnold, Bernd-Peter/Siegfried Quandt: Radio heute. Die neuen Trends im Hörfunkjournalismus. Frankfurt/Main 1991, S. 275-283, hier S. 275.
2. Vgl. Franz, Gerhard/Walter Klingler/Nike Jäger: Die Entwicklung der Radionutzung 1968 bis 1990. In: Media Perspektiven 6/1991, S. 400–409, hier S. 404.
3. Vgl. Rogge, Jan-Uwe: Radio-Geschichten. Beobachtungen zur emotionalen und sozialen Bedeutung des Hörfunks im Alltag von Vielhörern. In: Media Perspektiven 3/1988, S. 139–151, hier S. 141.
4. Vgl. Rogge, a.a.O., S. 141.
5. Vgl. Eckhardt, Josef: Musikakzeptanz und Programmstrategien des Hörfunks. In Media Perspektiven 7/1987, S. 405–427, hier S. 407.
6. Scheuch, Erwin K./Ute Scheuch: Veränderungen im Stellenwert des Hörfunks unter den Medien. Der heutige Forschungsbedarf. In: Communications 15, 1990, S. 231–241, hier S. 239.
7. Vgl. Berg, Klaus/Marie-Luise Kiefer (Hrsg.): Massenkommunikation IV. Eine Langzeitstudie zur Mediennutzung und Medienbewertung 1964 – 1990. Baden-Baden 1992, S. 43.
8. Vgl. Berg/Kiefer, a.a.O., S. 43 und 45.
9. Vgl. Eckhardt, Josef: Stellenwert des Radiohörens –Versuch eines neuen Forschungsansatzes. In: Rundfunk und Fernsehen 30, 1982, S. 178–188, hier S. 178. Auch wenn diese Einschätzung aus dem Jahre 1982 stammt, bleibt sie doch für weite Teile der 80er Jahre richtig.
10. Einige Beispiele für solche Studien sind:
Keller, Michael: Affektive Dimensionen der Hörfunknutzung. Eine empirische Studie zur Nutzung und Bewertung von Hörfunkprogrammen. München 1992.
Weiß, Hans-Jürgen et al.: Programmbindung und Radionutzung. Eine Studie zur Ermittlung von Hörertypologien an sechs Standorten lokaler Radios in Bayern. München 1991.
Ecke, Jörg-Oliver: Motive der Hörfunknutzung. Eine empirische Untersuchung in der Tradition des

„Uses-and-Gratifications-Ansatzes". München 1991.
Franz, Gerhard/Walter Klingler: Hörfunk zu Beginn der 90er Jahre. Trends und Analysen. In: Media Perspektiven 8/1991, S. 537–552.

11. Gebildet als Summenskala aus den Antworten auf die Fragen. „Wann haben Sie zuletzt den ... (Sender) gehört? Hier habe ich eine Zeiteinteilung, die Ihnen vieleicht helfen kann, die richtige Antwort zu finden. Wenn Sie die Karten da noch auf das Blatt hier verteilen."
    - Innerhalb der letzten 2 Wochen
    - 2 – 4 Wochen her
    - Länger her

    Gestellt für 12 Radiosender, die im Raum Nürnberg empfangbar sind. Kleine Anbieter, die pro Woche nur wenige Stunden Programm machen, sind nicht erfaßt.
12. Frage: „Manchmal hört man Radio ja nur so nebenbei, manchmal hört man auch genauer hin, wenn das Radio eingeschaltet ist. Wie häufig kommt es bei Ihnen vor, daß Sie beim Radio besonders aufmerksam zuhören: Würden Sie sagen sehr häufig, häufig, manchmal oder selten?"
13. Frage: „An wie vielen Tagen pro Woche hören Sie im allgemeinen Radio, ganz gleich, welchen Sender?"
14. Frage: „Wie wählen Sie einen Sender oder ein Programm aus, wenn Sie Radio hören?"
    - Ich habe mehrere Sender mit Stationstasten fest eingestellt
    - Ich höre immer den gleichen Sender.
    - Ich suche, bis ich etwas finde, das mir gefällt.
    - Ich kenne bestimmte Sendungen, die ich gezielt einstelle.
    - Sonstiges
15. Eine Beschreibung der Nürnberger Radiostruktur und der Radioinhalte zum Zeitpunkt der Befragung liefert eine beinahe zeitgleich durchgeführte Inhaltsanalyse. Vgl. Schulz, Winfried /Helmut Scherer: Die Programme der Lokalradios im Raum Nürnberg. München: 1989, besonders S. 20–24.
16. Um aus den vorliegenden Daten eine Clusteranalyse zu rechnen, war es notwendig, sie zu verarbeiten. So wurde zunächst mit Hilfe einer Faktorenanalyse überprüft, ob sich hinter den verschiedenen Auswahlverhalten bestimmte grundlegende Suchstrategien verbergen. Es wurden zwei Dimensionen gefunden. Für beide wurden jeweils eine Summenskala gebildet. Weiter wurde eine Variable gebildet, welche die Anzahl der in den letzten vierzehn Tagen gehörten Sender ausdrückte. Alle Variablen wurden nun z-transformiert. Die Z-Transformation führt zu einer Standardisierung der Variablen. Durch diese Prozedur wird verhindert, daß eine Variable auf Grund ihrer großen Streuung einen zu großen Anteil an der Bestimmung der Clusterlösung hat.
17. Vgl. Barnett, Steven/David Morrison: The Listener Speaks: The Radio Audience and the future of Radio. London 1989, S. 17.
18. Vgl. Ronneberger, Franz: Nutzung und Akzeptanz von Fernsehen und Hörfunk in München. In: Media Perspektiven Heft 4/1986, S. 223–236, hier S. 235.
19. Kiefer zeigt, daß Personen, die das Fernsehen intensiv nutzen, auch oft den Hörfunk stark nutzen. Vgl. Kiefer, Marie-Luise: Vielseher und Vielhörer. Profile zweier Mediennutzergruppen. Daten aus der Studie „Massenkommunikation 1974 – 1980 – 1985". In: Media Perspektiven 11/1987, S. 677–692, hier S. 680.
20. Vgl. Rogge a.a.O., hier S. 141.
21. Vgl. Eckhardt, Josef: Hörerschaften von Programmsparten. Ein Methodenexperiment des WDR. In: Media Perspektiven 9/1991, S. 616–624, hier S. 618f.
22. Auch hier ergeben sich wieder Übereinstimmungen mit den Ergebnissen von Kiefer, die feststellt, daß Vielhörer sich oft als politisch interessiert bezeichnen. Vgl. Kiefer a.a.O, S. 685.
23. Bei den anderen Vorgaben zu den Gründen der Radionutzung ergibt sich meistens ein sehr stereotypes Muster. Die Radiomuffel stimmen der Vorgabe selten zu, und die anderen Nutzergruppen unterscheiden sich nur unwesentlich.
24. Vgl. Kiefer a.a.O., hier S. 685ff.

Graphik 1 Zahl der genutzten Radiosender (innerhalb der letzten 14 Tage in Prozent der Befragten)

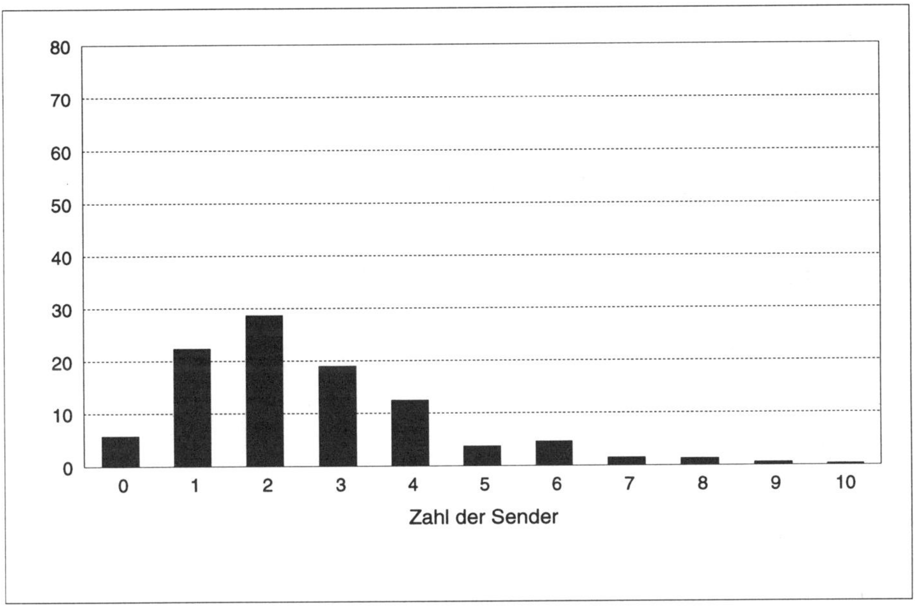

Graphik 2 Häufigkeit aufmerksamen Zuhörens (in Prozent der Befragten)

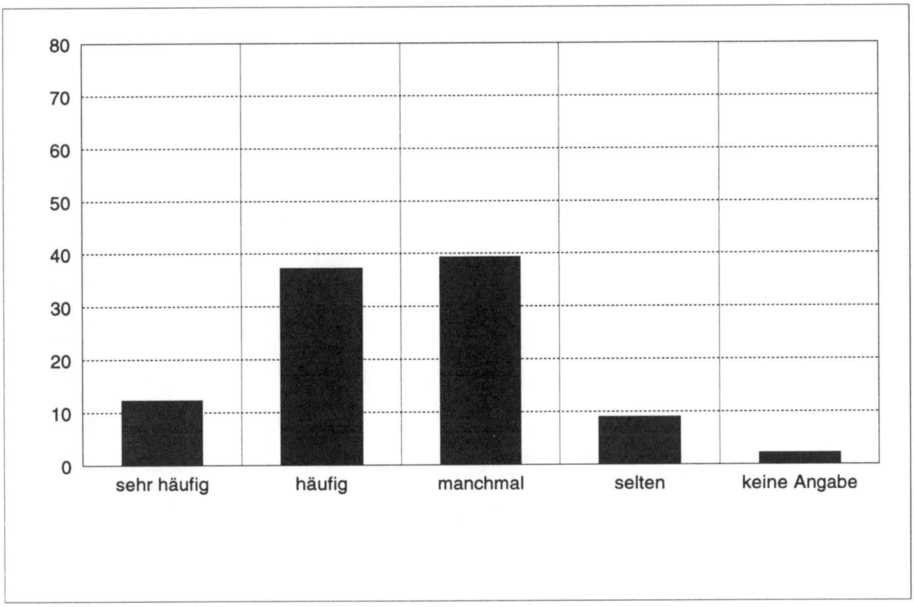

Graphik 3 Senderwahl beim Radio (Mehrfachangaben möglich, in Prozent der Befragten)

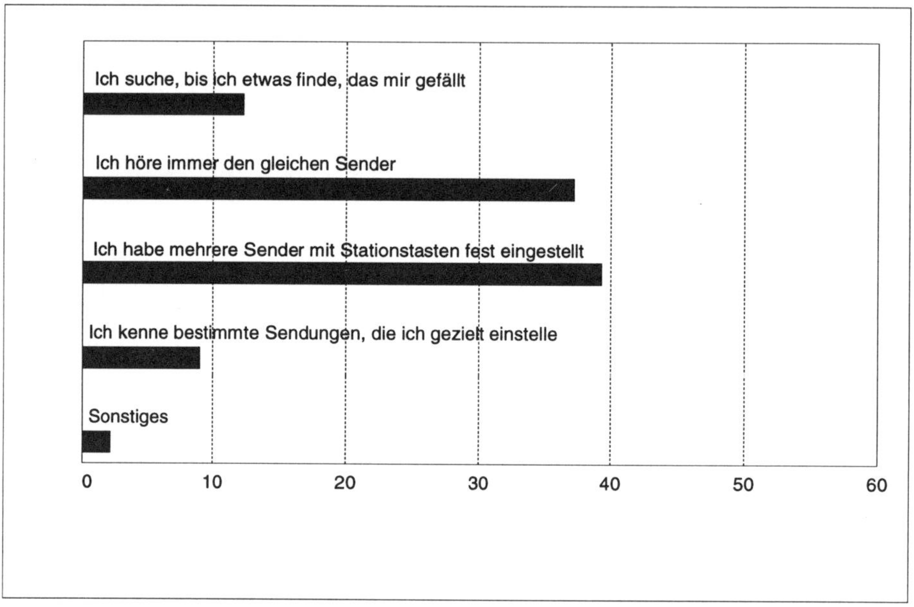

Graphik 4 Häufigkeit der Radionutzung (Tage pro Woche in Prozent der Befragten)

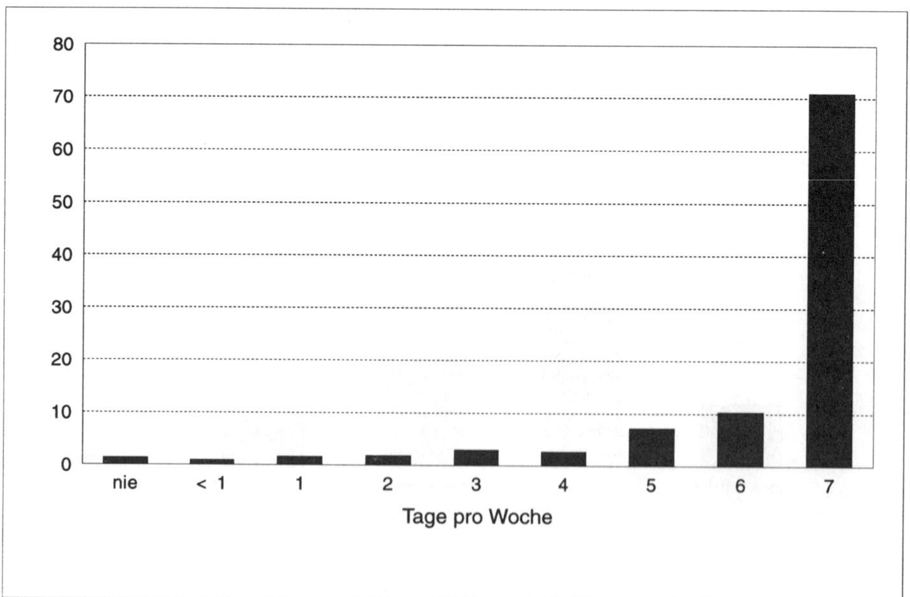

Graphik 5 Hörertypologie und Häufigkeit des Radiohörens (Tage pro Woche; in Prozent der Hörertypen)

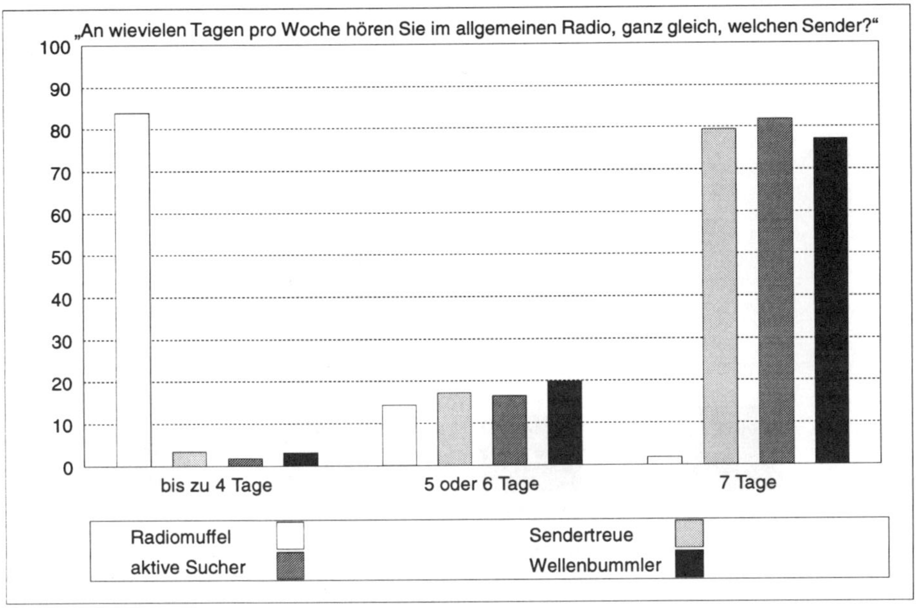

Graphik 6 Hörertypologie und Aufmerksamkeit (in Prozent der Hörertypen)

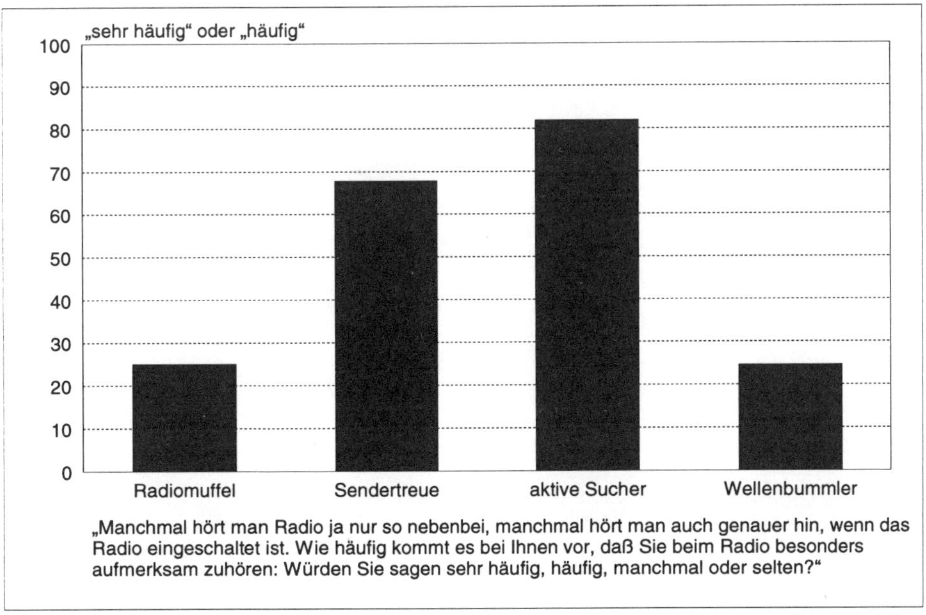

Graphik 7 Hörertypologie und Zahl der gehörten Sender (in den letzten 14 Tagen gehört; Durchschnittswerte für die Hörertypen)

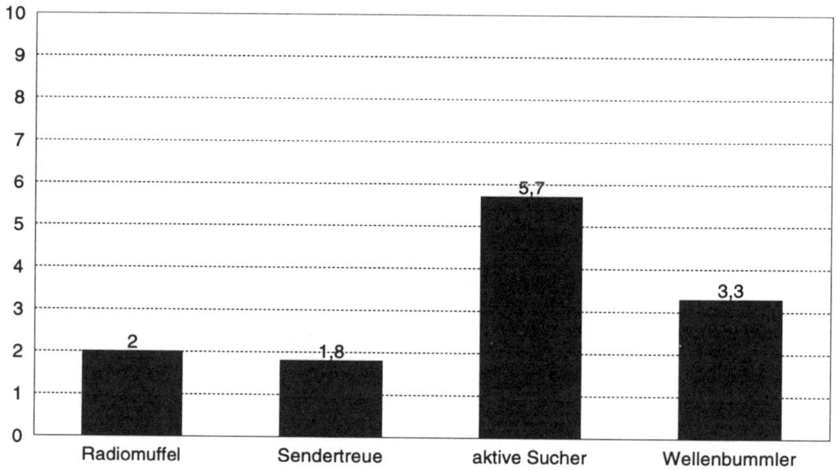

„Wann haben Sie zuletzt den (Sender) gehört? Hier habe ich eine Zeiteinteilung, die Ihnen vielleicht helfen kann, die richtige Antwort zu finden: Wenn Sie die Karten da noch auf das Blatt verteilen." Erfragt für zwölf verschiedene Sender.

Graphik 8 Auswahlverhalten und Hörertypologie – „Ich habe mehrere Sender mit Stationstasten fest eingestellt“

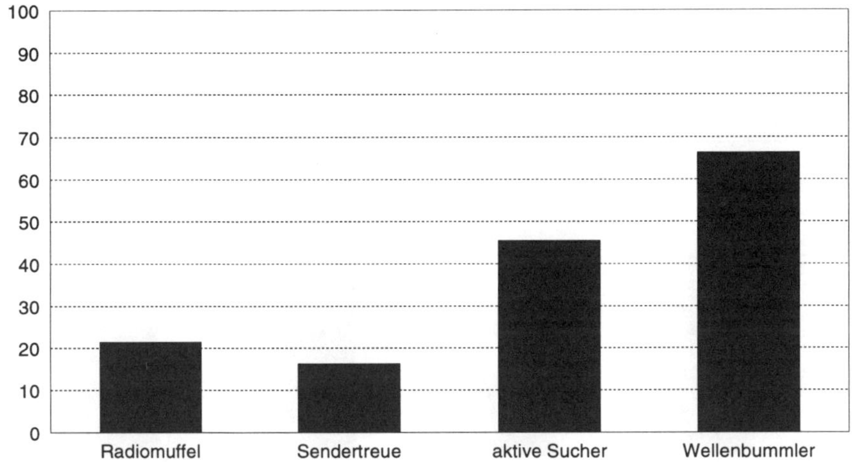

„Wie wählen Sie einen Sender oder ein Programm aus, wenn Sie Radio hören?“
Listenvorlage

Graphik 9 Auswahlverhalten und Hörertypologie – „Ich kenne bestimmte Sendungen, die ich gezielt einstelle“

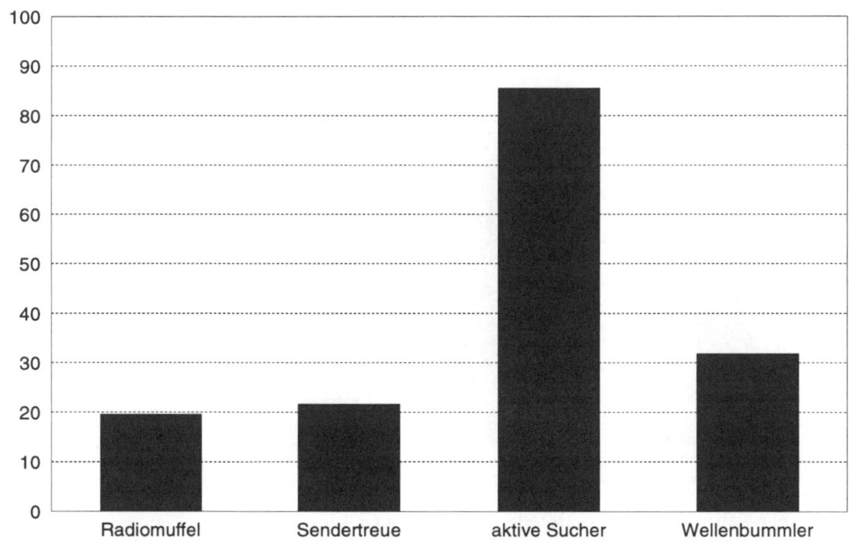

Graphik 10 Auswahlverhalten und Hörertypologie – „Ich suche, bis ich etwas finde, das mir gefällt“

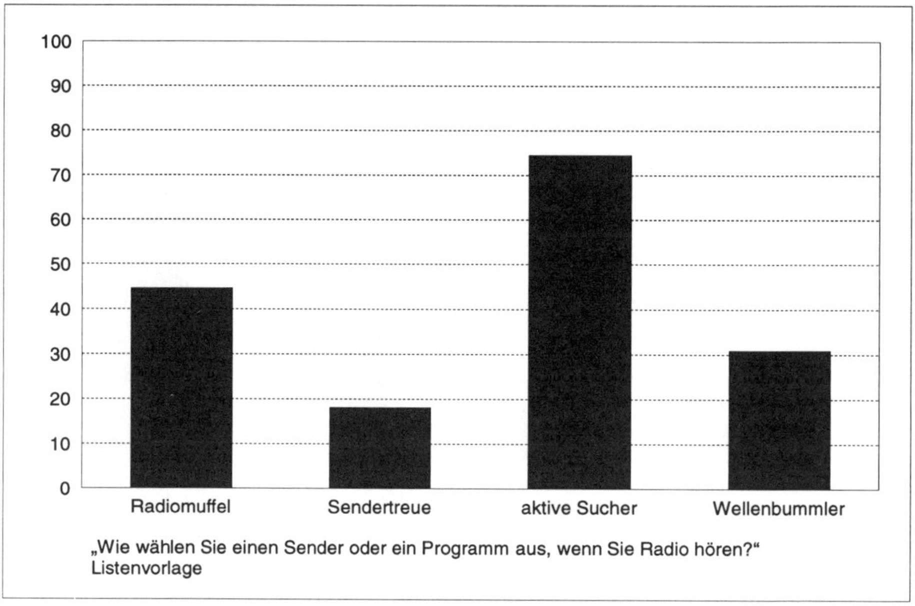

Graphik 11 Auswahlverhalten und Hörertypologie – „Ich höre immer den gleichen Sender“

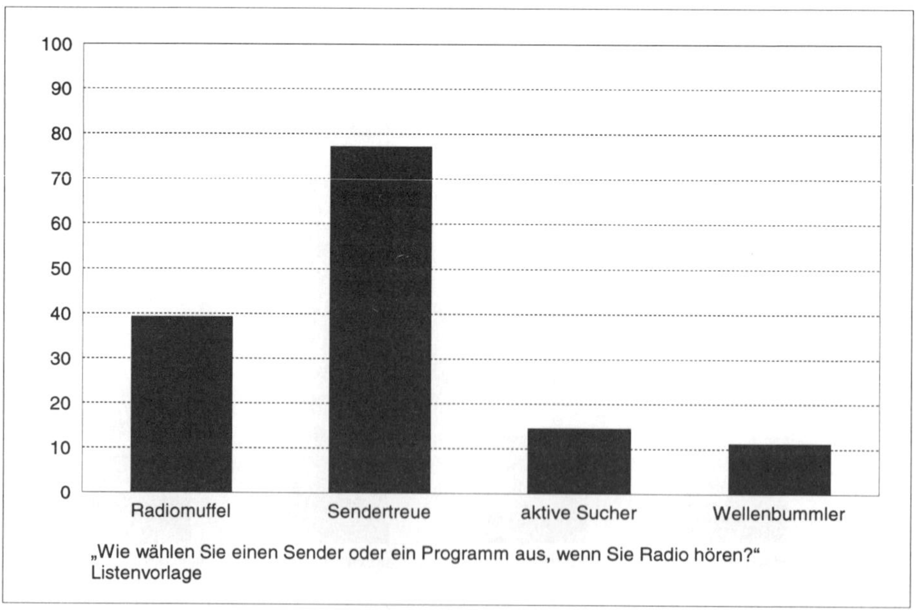

Graphik 12 Soziodemographische Beschreibung der Radionutzertypen Geschlecht (in Prozent)

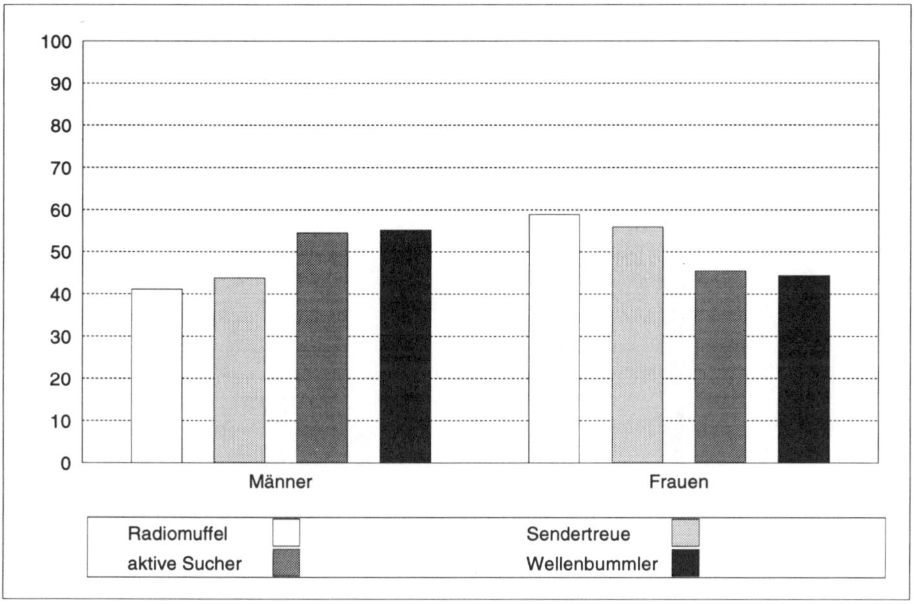

Graphik 13 Soziodemographische Beschreibung der Radionutzertypen Alter (in Prozent)

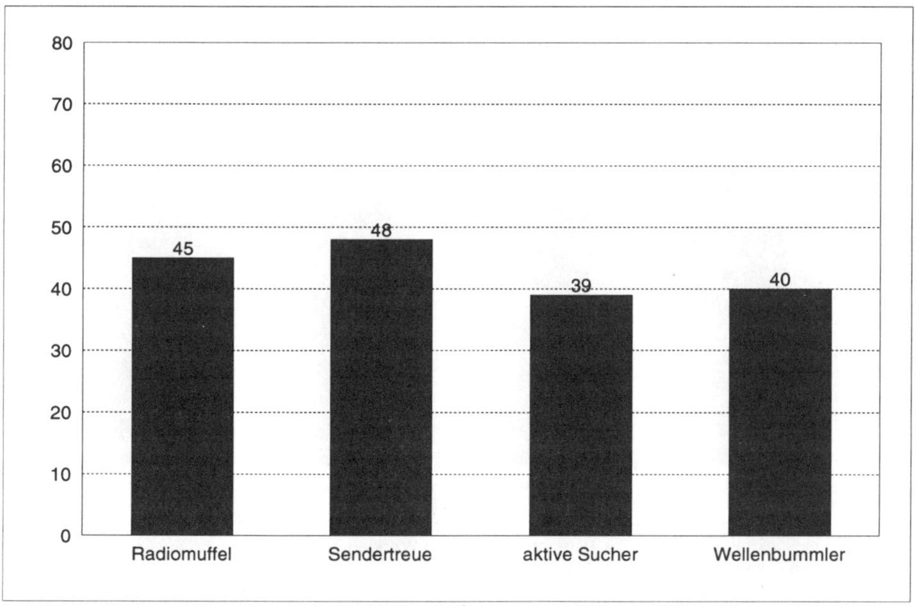

Graphik 14 Soziodemographische Beschreibung der Radionutzertypen Schulbildung (in Prozent)

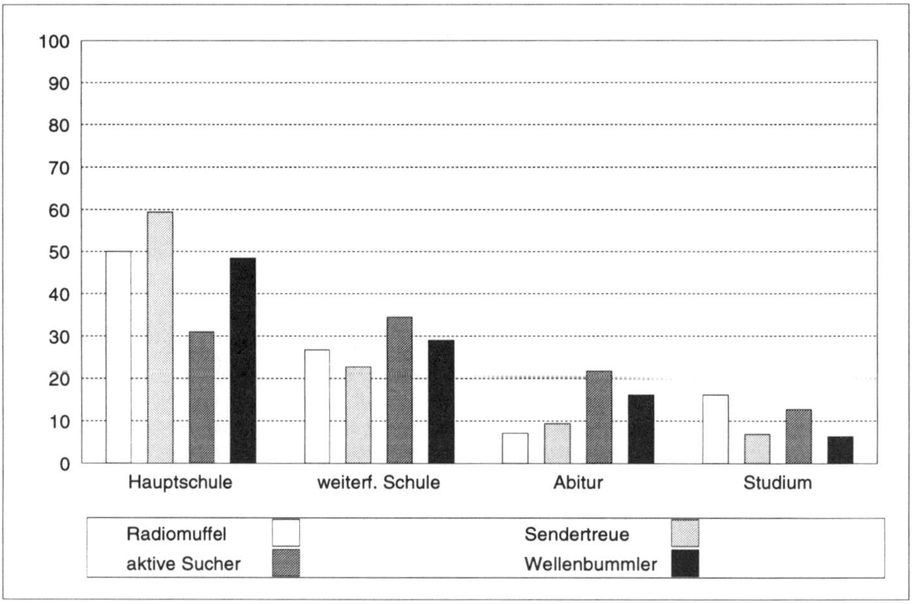

Graphik 15 Radiotypologie und Dauer der Fernsehnutzung (Durchschnittswerte für die Radionutzertypen in Minuten pro Tag)

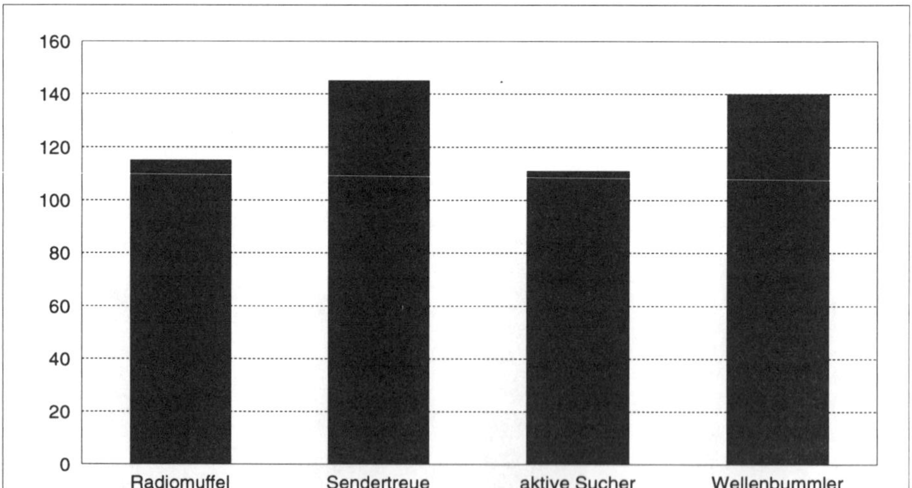

„Wieviele Stunden sehen Sie zur Zeit an einem normalen Werktag fern?"
(Bei Rückfragen: „Wenn Sie an einen bestimmten Werktag der letzten Woche denken, an dem nichts Außergewöhnliches war.")

Graphik 16 Hörertypologie und Lokalzeitung – Nutzung der Lokalzeitung (in Prozent der Hörertypen)

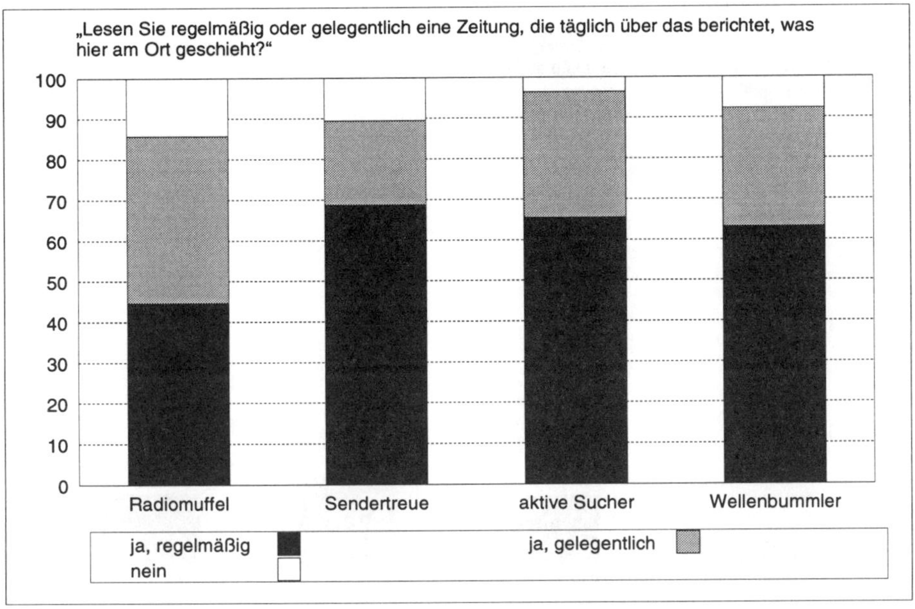

Graphik 17 Hörertypologie und Lokalzeitung – Wichtigkeit verschiedener Zeitungssparten (in Prozent der Hörertypen)

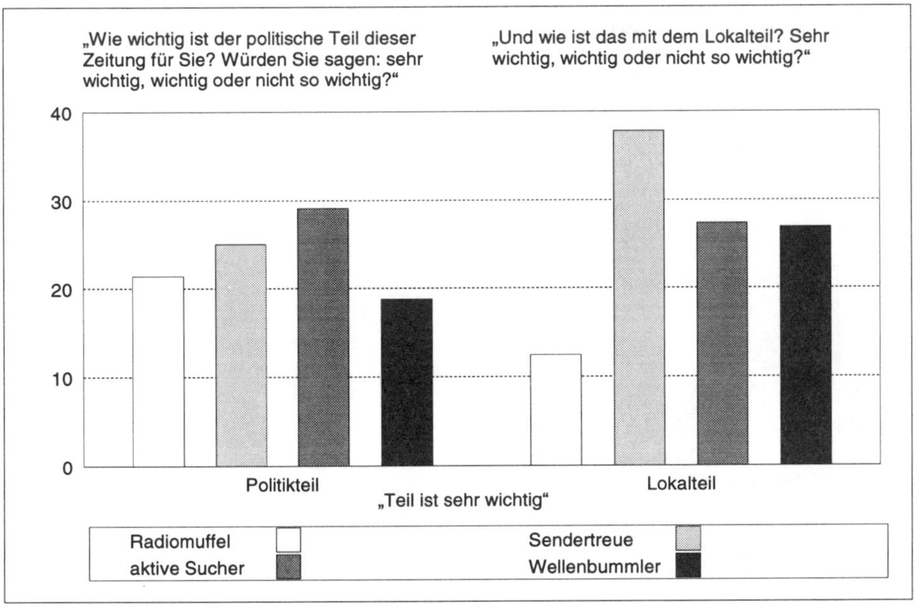

Graphik 18 Radio als Informationsmedium – Radio als bevorzugtes Informationsmedium (in Prozent der Hörertypen, die angaben, Radio sei am wichtigsten)

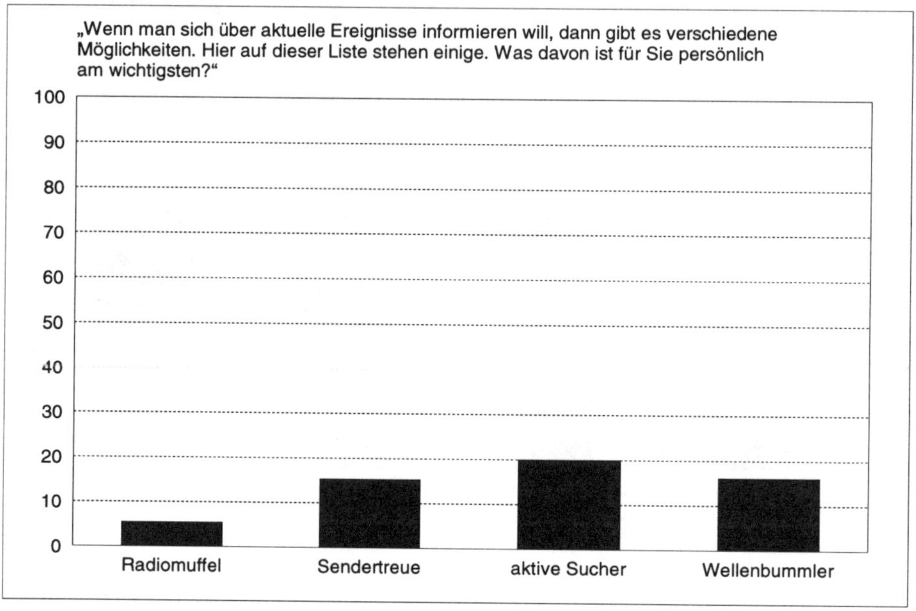

Graphik 19 Radio als Informationsmedium – Bevorzugtes Lokalnachrichtenmedium (in Prozent der Hörertypen)

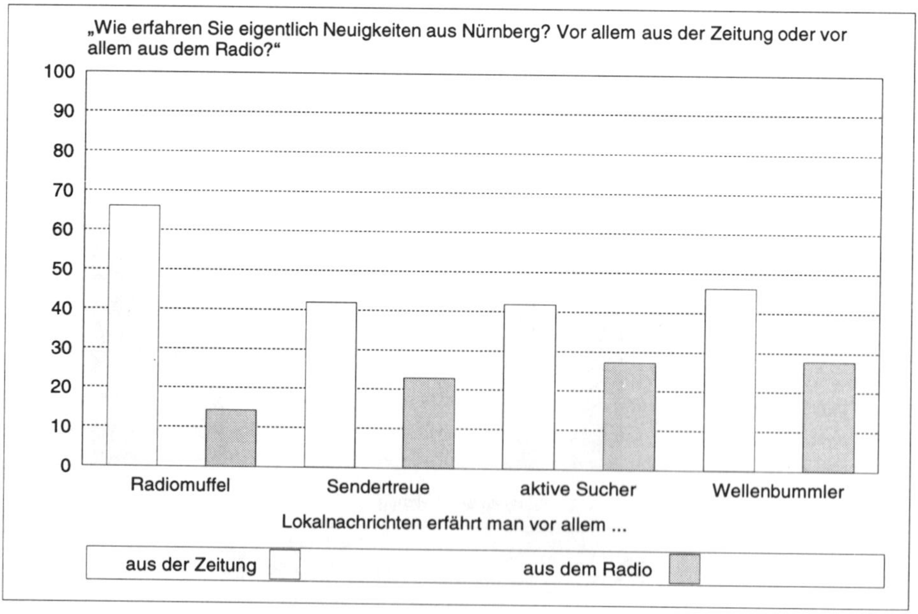

Graphik 20 Nutzung politischer Information im Radio – Nutzung von Nachrichten (in Prozent der Hörertypen)

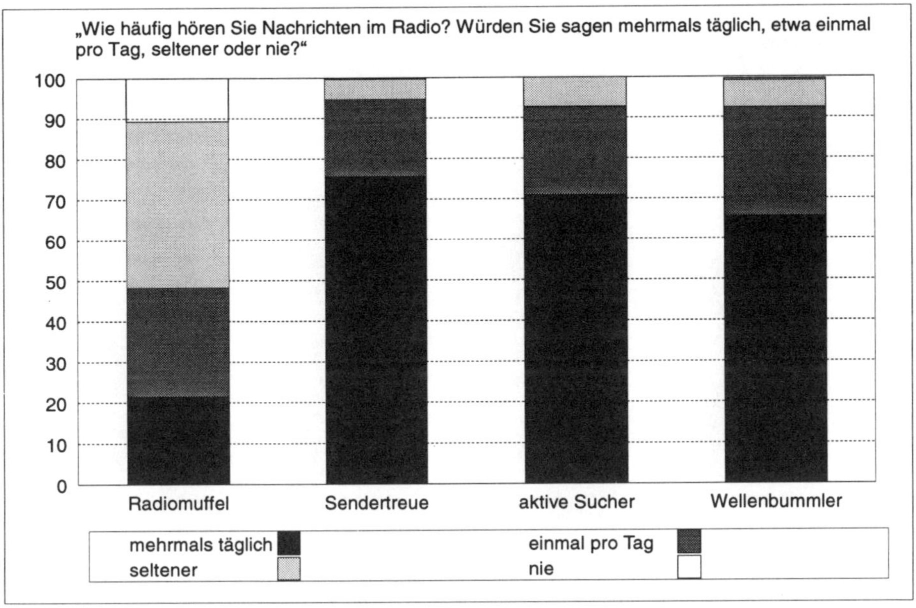

Graphik 21 Nutzung politischer Information im Radio – Aufmerksamkeit bei Informationsbeiträgen (in Prozent der Hörertypen)

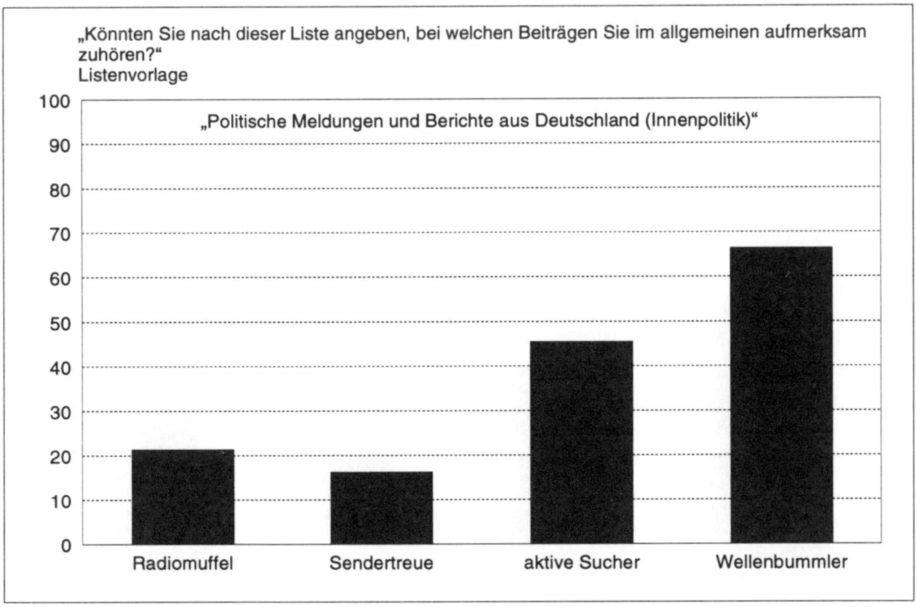

Graphik 22 Hörertypologie und politisches Interesse (in Prozent der Hörertypen)

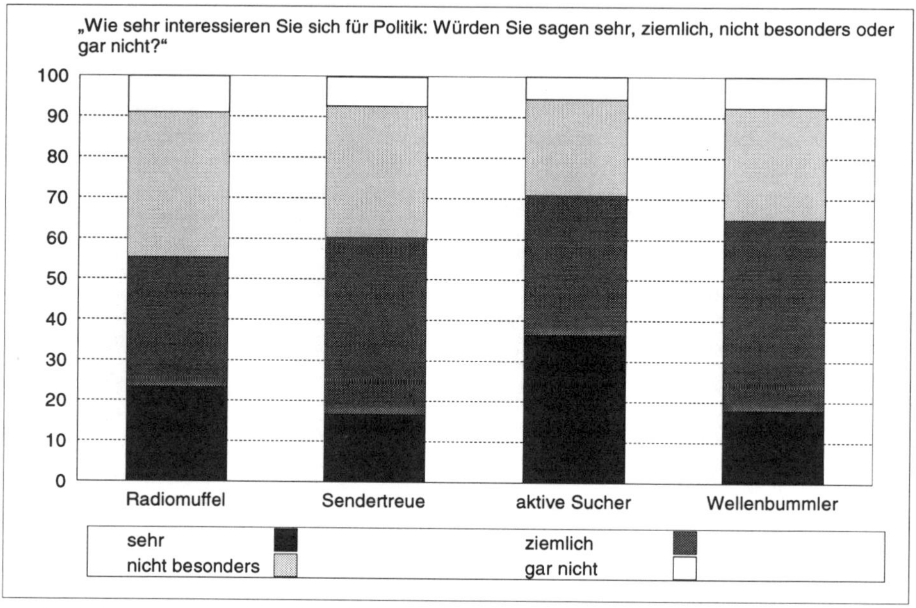

Graphik 23 Hörertypologie und politische Beteiligung (in Prozent der Hörertypen)

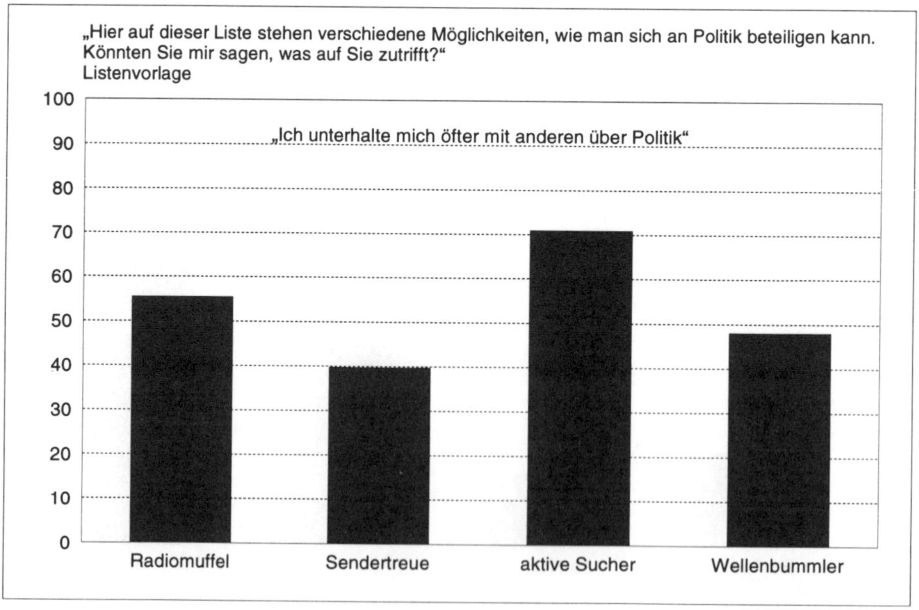

Graphik 24 Hörertypologie und Grund für die Nutzung von Radio (in Prozent der Hörertypen)

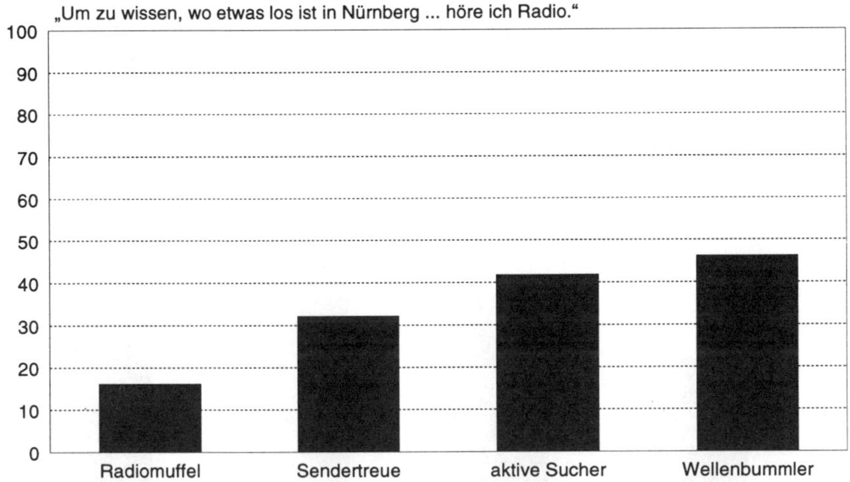

„Es gibt ja verschiedene Gründe, eine Tageszeitung zu lesen und Radio zu hören. Wenn Sie das hier bitte einmal der Reihe nach durchlesen und immer ankreuzen, ob das für Sie ein wichtiger Grund ist, Zeitung zu lesen oder Radio zu hören. Sie können auch beides oder nichts ankreuzen."

Graphik 25 Hörertypologie und Hörerwünsche – „gut gemachte Nachrichten" (in Prozent der Hörertypen)

„Hier auf diesen Karten haben wir verschiedenes aufgeschrieben, wie man sich ein Radioprogramm wünschen kann. Würden Sie bitte die Karten herauslegen, bei denen Sie sagen, das wünsche ich mir von einem Radioprogramm, so stelle ich mir ein gutes Radioprogramm vor."
Kartenspiel

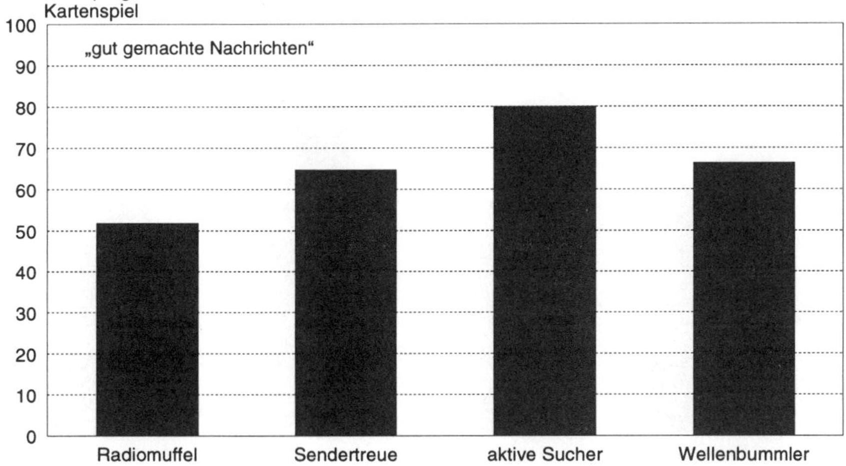

Graphik 26 Hörertypologie und Hörerwünsche – „anregende Berichte“ (in Prozent der Hörertypen)

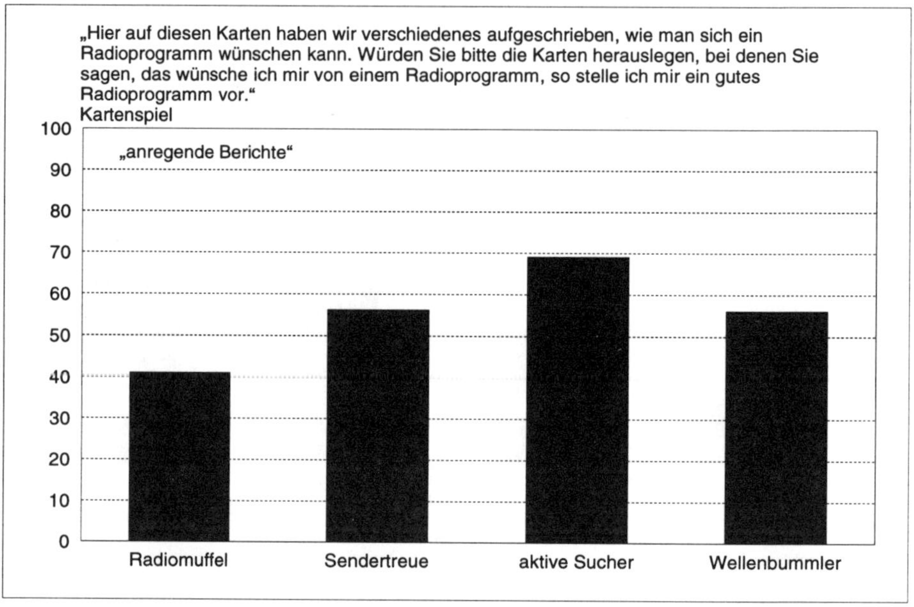

Graphik 27 Hörertypologie und Hörerwünsche – „Informationen, die man nicht aus der Zeitung erfährt“ (in Prozent der Hörertypen)

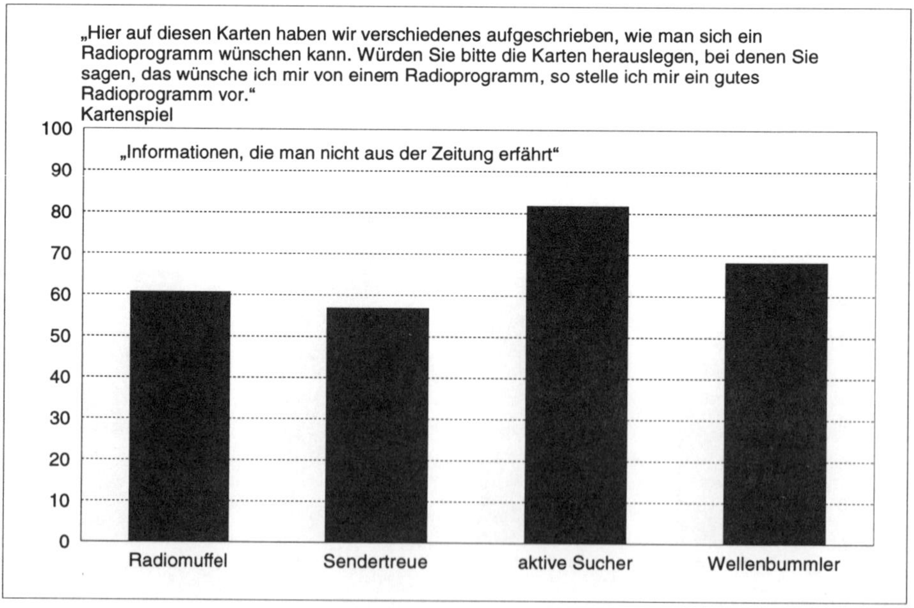

Graphik 28 Hörertypologie und Hörerwünsche – „spezielle Sendungen für bestimmte Hörergruppen“ (in Prozent der Hörertypen)

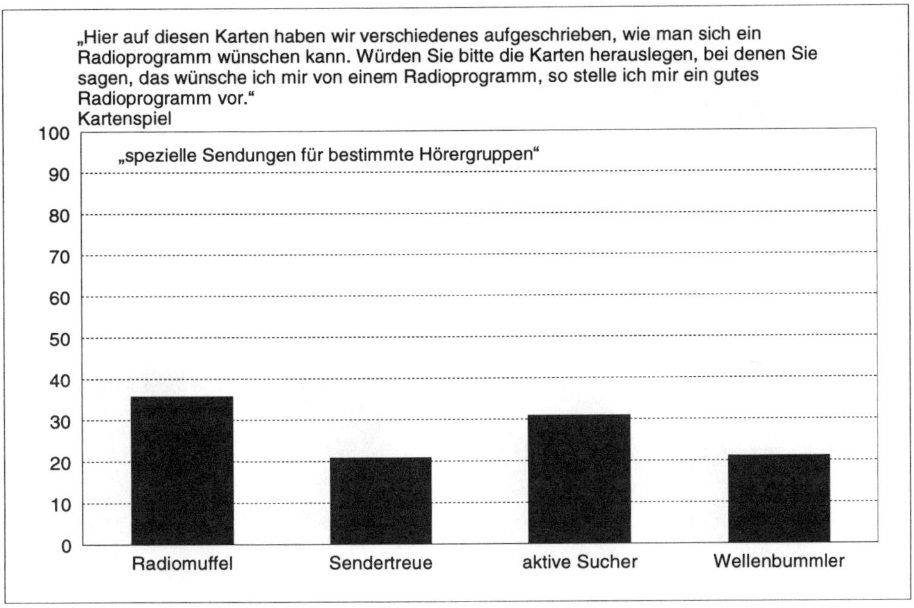

Graphik 29 Hörertypologie und Hörerwünsche – „Sendungen für bestimmte Musikrichtungen“ (in Prozent der Hörertypen)

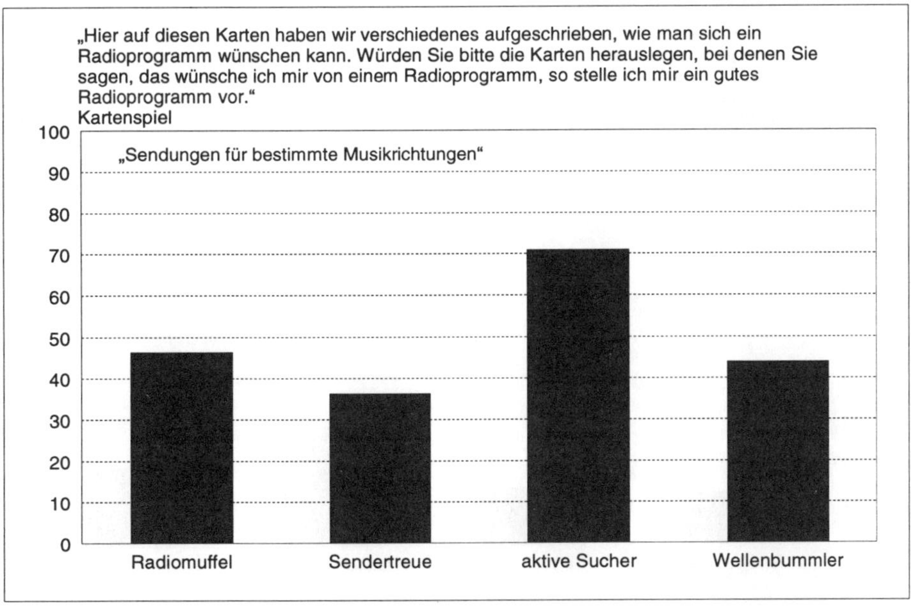

Graphik 30 Hörertypologie und Hörerwünsche – „die neuesten Schlager, Songs, Musiktitel“ (in Prozent der Hörertypen)

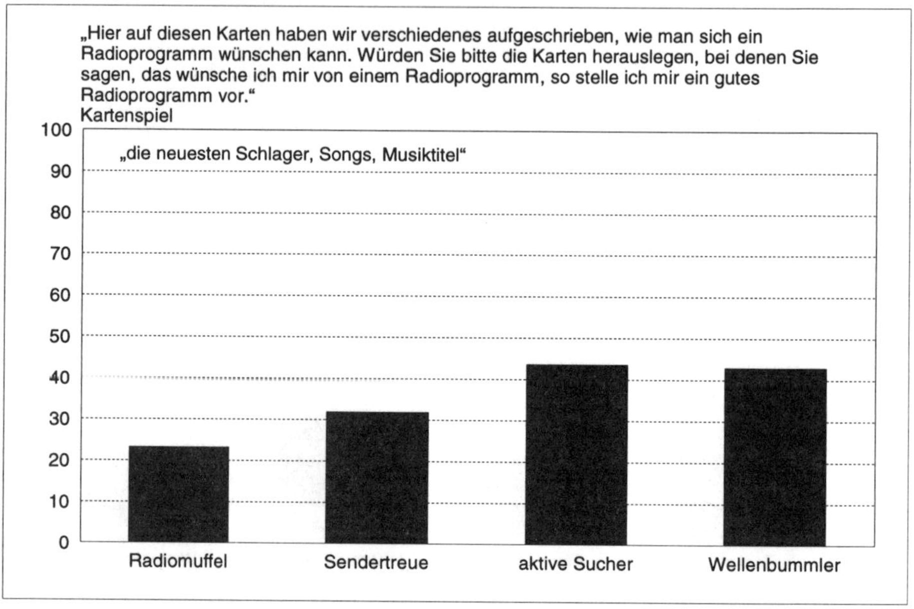

Graphik 31 Hörertypologie und Hörerwünsche – „Sendungen, bei denen man mitmachen kann“ (in Prozent der Hörertypen)

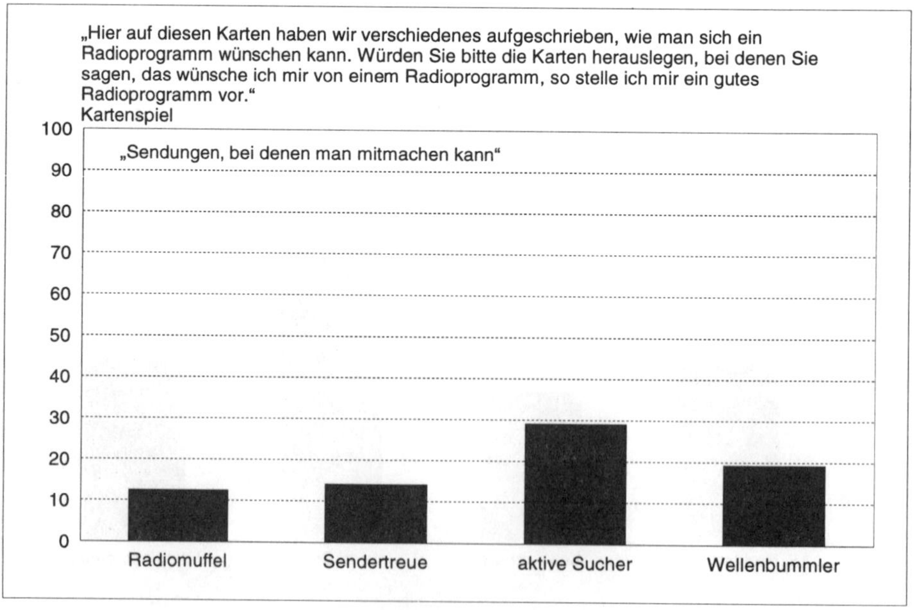

Graphik 32 Hörertypologie und Hörerwünsche – „Gewinnspiele“ (in Prozent der Hörertypen)

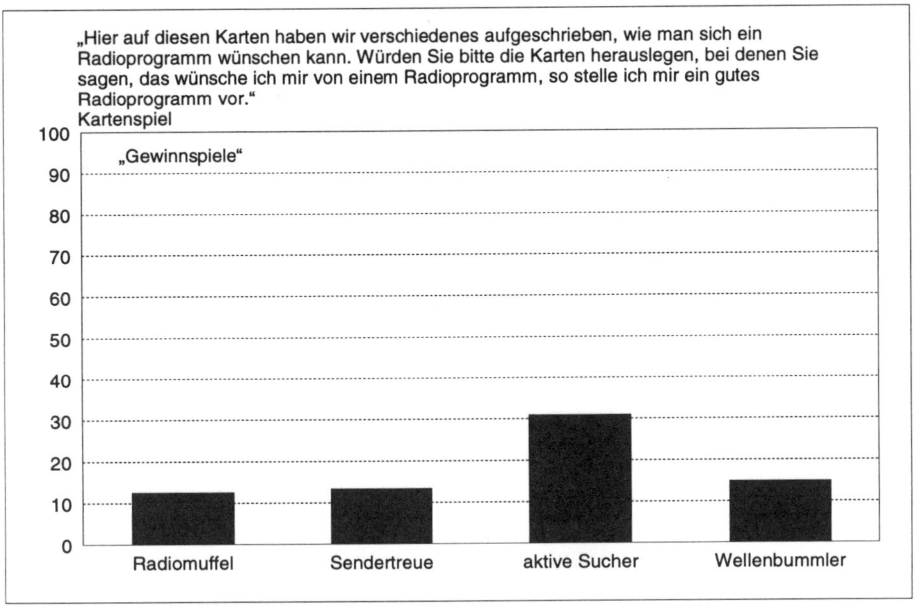

Graphik 33 Hörertypologie und Lieblingssender (in Prozent der Hörertypen)

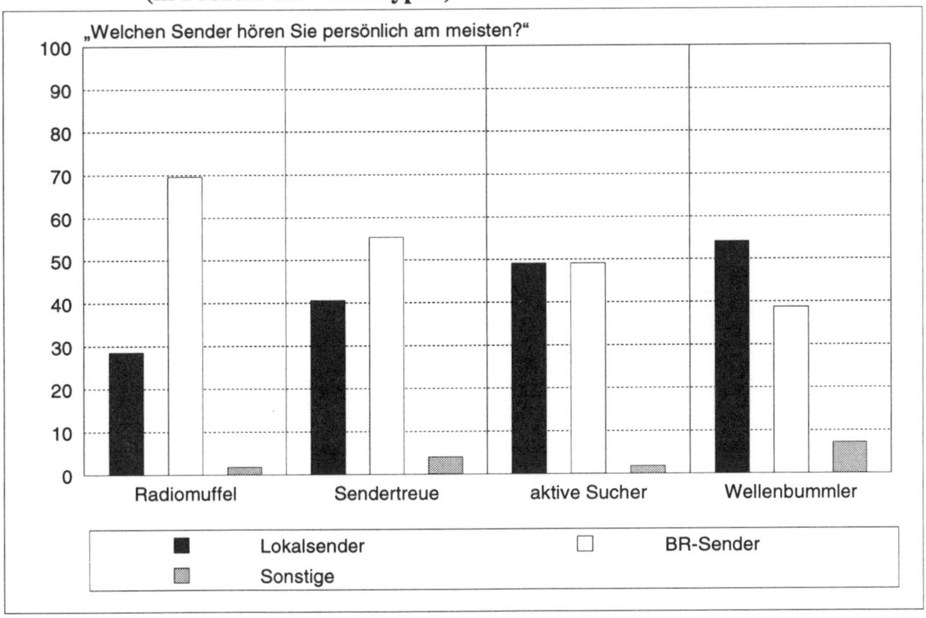

Radiopräferenz und Radionutzung

Die Entwicklung der Radionutzung in einem Dezennium – am Beispiel Österreichs

*Von Sigrid Svitek**

Einleitung

Die Hörfunkforschung in Österreich kann auf eine lange Tradition zurückblicken. Seit in Österreich Rundfunk ausgestrahlt wird, gibt es auch Rundfunkforschung. Genau zwei Wochen, nachdem am 1. Oktober 1924 die „Österreichische Radio-Verkehrs AG" (RAVAG) für 11.000 Personen mit einer offiziellen Sendelizenz den Sendebetrieb aufgenommen hatte, wurde bereits die erste Hörerbefragung durchgeführt. Die Zeitschrift „Radiowelt" wandte sich damals mit der Frage „Was wünschen Sie zu hören?" an ihre Leser. Und obwohl die Begriffe wie „Infotainment", „Newsic" „U-Musik" und dergleichen noch Lichtjahre entfernt waren, brachte diese erste Präferenzerhebung in ihren Grundzügen dieselben Ergebnisse wie die heute nach den modernsten computerunterstützten wissenschaftlichen Methoden durchgeführten Untersuchungen, die sowohl öffentlich-rechtlichen als auch privaten Anbietern als wesentliche Programmierungsgrundlage dienen. Kurz gesagt, Radio war damals wie heute für den Hörer in erster Linie Unterhaltung und Information. Von 30 zu bewertenden Programmkategorien (bei sechs Bewertungsmöglichkeiten) wurde die unterhaltende Musik positiver als die sogenannten ernsten Sparten bewertet; Humoristisches und Unterhaltendes stand bei den Wortprogrammen an der Spitze, wenn man von den bis auf den heutigen Tag hochgeschätzten Zeitangaben absieht. Nach einer von einer anderen Programmzeitschrift durchgeführten Leserumfrage gab die RAVAG selbst 1930 und 1931 bei der Wirtschaftspsychologischen Forschungsstelle der Universität Wien erste Hörerumfragen in Auftrag. Das Ergebnis war auch in diesen beiden Fällen das gleiche. Am oberen Ende der Beliebtheitsskala der Mehrzahl des Publikums lagen leichte Unterhaltungsprogramme, am unteren Ende Literatur und Klassik. Durch die Zeit des Nationalsozialismus unterbrochen, trat die empirische Hörerforschung erst ein Vierteljahrhundert später wieder auf den Plan. Aber erst Ende der sechziger Jahre beauftragte der Österreichische Rundfunk (ORF) regelmäßig Forschungsinstitute mit der Durchführung von Publikumsforschung. Kontinuierliche Forschung in ihrem heutigen Erscheinungsbild wurde erst Anfang der achtziger Jahre mit der Institutionalisierung einer hauseigenen Medienforschungsabteilung möglich. Daher bezieht sich der weiter unten folgende Langzeitvergleich lediglich auf rund ein Dezennium – 1984 bis 1992.

* Sigrid Svitek ist Leiterin der Radioforschung in der Hörfunkintendanz des ORF.

Erwartungen des Publikums

Zu den Publikumserwartungen von heute: Radio ist, wie man an den Programmpräferenzen leicht erkennen kann, auch heutzutage – kurzgefaßt – für breite Hörerschichten „angenehme Musik, ansprechendes Wort und aktuelle Information". Bei den Wortprogrammen dominieren zwei wesentliche Faktoren: hoher Informationsgehalt und tägliche Ausstrahlung. Sendungen mit religiösen, kulturellen und bildenden Inhalten sowie Zielgruppenprogramme finden sich generell eher im unteren Drittel der Rangreihe. Auf der Angebotsseite wird diesem Umstand Rechnung getragen. Der Allgemeinheit zu dienen heißt auch, Programme für sogenannte „Minderheiten" anzubieten. Dies resultiert aus dem Selbstverständnis des öffentlichen Rundfunks. Im Lichte der medienpolitischen Entwicklung in Europa der letzten Jahre, unter dem Eindruck des Anwachsens von im grenznahen Ausland stationierten Konkurrenzsendern und der zu erwartenden Etablierung von privaten Anbietern in Österreich wurden die Radioprogramme des ORF auf die neuen Bedingungen schrittweise vorbereitet. Grundprinzip ist und bleibt, daß das ORF-Radio gegen die Konkurrenz auf dem Markt bestehen, gleichzeitig jedoch öffentlich-rechtliche Ansprüche erfüllen muß. Ziel des ORF ist es, auch unter veränderten Bedingungen Marktführer zu bleiben.

Die Programme des ORF heute

Österreich 1 ist und bleibt das Kulturradio des ORF. Die Programmsäulen Kultur, Information und ernste Musik, zeitgemäß aufbereitet und dargeboten, garantieren den Erfolg dieses Programms, das seit Jahren Reichweiten zwischen fünf und sechs Prozent und Marktanteile von rund vier Prozent hält.

Österreich 2, das „Heimatradio" des ORF, ist ein Programmnetwork mit neun Regionalprogrammen. Lokale und nationale Information, Landeskultur und Musik – (deutsche) Schlager, volkstümliche Musik und echte Volksmusik – kennzeichnen das Programmprofil, wobei die konkrete Angebotssituation auf den jeweiligen Konkurrenzmarkt ausgerichtet ist und sich die pro Bundesland empfangbaren Regionalprogramme zu einer sinnvollen Einheit ergänzen. Abweichend von dieser Grundstruktur ist Radio Wien konzipiert. Im Großraum Wien, dem größten Ballungszentrum Österreichs, soll Radio Wien ein aktuelles, flexibles, modernes, breites, aber nicht altersspezifisches (Groß-)Stadtprogramm sein. Seit Mitte November 1992 sendet Radio Wien nach dieser neuen Konzeption. Ergänzend ist der Raum Wien durch ein volkstümlich geprägtes Lokalprogramm und ein „Heimatradio" mit (volks-)kulturellen Schwerpunkten aus den benachbarten Bundesländern Niederösterreich und Burgenland versorgt. Bei Österreich 2 (vormals Österreich Regional) wurden entscheidende Strukturveränderungen gesetzt. Der lokale Gedanke wurde in den Vordergrund gestellt, Sternschaltungen (Mantelprogramme), die bislang einen guten Teil der Sendezeit in Anspruch nahmen, zugunsten lokaler Angebotsvielfalt ersetzt.

Ö3 ist das nationale Pop-, Informations- und Serviceprogramm. Die Musik entspricht dem Format „gemäßigter Pop-Mainstream". Um seinen Auftrag als modernes Unterhaltungsprogramm erfüllen zu können, wird die „prime time" seit Anfang der 90er Jahre „Selector"-gestützt programmiert, eigene formatgerechte stündliche Ö3-Nachrichten sollen das Informationsangebot effizienter und zielgruppengerechter gestalten, wobei die Zielgruppe zwischen zehn und 45 Jahren definiert ist.

Blue Danube Radio ist die dritte nationale Kette des ORF, die seit seiner Gründung im Jahr 1979 von einem auf den Wiener Raum beschränkten vorwiegend englischsprachigen Sender für die Angehörigen der Vereinten Nationen zu einem – weiterhin vorwiegend englischsprachigen – Vollprogramm, dem Europaradio des ORF, weiterentwickelt wurde. Derzeit sind weitere rund 25 aus dem benachbarten Ausland einstrahlende Privatsender, aber auch öffentlich-rechtliche Stationen, in regional begrenzten Empfangsgebieten und in sehr unterschiedlicher Empfangsqualität zu empfangen. Der Einfluß dieser Stationen auf die Nutzung der ORF-Programme wird nachfolgend anhand konkreter Beispiele zur Nutzungsentwicklung der letzten zehn Jahre erörtert.

Nutzungsgewohnheiten in Österreich

Seit Anfang 1993 ist die Radioforschung des ORF in eine neue Phase getreten. An die Stelle der seit Anfang der achtziger Jahre kontinuierlich durchgeführten Allmedia-Untersuchung „Optima" mit jährlich rund 18 000 Face-to face-Interviews bei Personen ab 14 Jahren ist der „Radiotest" getreten, eine auf die neuen Bedürfnisse des ORF zugeschnittene telefonische Erhebungsmethode mit 24 000 Interviews pro Jahr bei Personen ab zehn Jahren. Blicken wir aber zurück: Wie haben sich die Nutzungsgewohnheiten im Laufe von zehn Jahren in Österreich verändert? Das vergangene Jahrzehnt war und ist weitgehend von einer – international gesehen vielleicht einzigartigen – Nutzungsstabilität des Radios gekennzeichnet, wenngleich sich mit dem Auftreten der privaten Konkurrenz aus dem Ausland Trends im Nutzungsverhalten herauskristallisierten, die auch unter veränderten Bedingungen ihre Gültigkeit behalten könnten. Pro Tag wurden seit 1984 konstant rund 75 Prozent der Österreicher vom Radio erreicht. Die Tagesreichweite aller ORF-Programme unterlag in diesem Zeitraum ebenfalls nur minimalen und mehr oder weniger im Bereich der statistischen Toleranz liegenden Schwankungen. Im Schnitt wurden pro Tag 71 bis 73 Prozent der über 14jährigen Österreicher vom ORF-Angebot erreicht. Dagegen stiegen die Reichweiten der aus dem benachbarten Ausland einstrahlenden Sender kontinuierlich von rund drei auf neun Prozent. 1993 konnte erstmals die Zehn-Prozent-Marke übersprungen werden.

Nutzung des Informationsangebots

Interessant ist in diesem Zusammenhang der direkte Einfluß der Nachrichtennutzung auf die Reichweitensituation. 1991, dem Jahr des Golfkriegs und dem Beginn der Katastrophe im Nachbarland Jugoslawien, konnte ein meßbarer Reichweitenanstieg verzeichnet werden, der sich vor allem bei den ORF-Programmen zeigte. Sonderauswertungen haben nachgewiesen, daß dies in erster Linie auf eine verstärkte Nachrichtennutzung zurückzuführen war. 1992 setzte sich dieser Trend zwar fort, allerdings spielt hier auch die verstärkte Nutzung von Kommerzsendern aus dem Ausland eine nicht zu übersehende Rolle. Die Tagesreichweiten der ORF-Programme gehen nicht im selben Ausmaß zurück, in dem die Auslandsreichweiten steigen. Auslandsprogramme werden von der Hälfte bis rund zwei Drittel der „Auslandshörer" als Zusatzangebote genutzt, der Rest des Auslandspublikums hört pro Tag ausschließlich ausländische Programme, wobei die Exklusivnutzung des Auslands mit zunehmender Dauer der Konkurrenzsituation langsamer zunimmt bzw. Anzeichen von Stagnation zeigt. Vor allem die Nutzung der ORF-Informationsangebote führt im Tagesverlauf zu einer „Rückwanderung" der Auslandshörer. Bei den einzelnen ORF-Angeboten herrscht ebenfalls weitgehende Stabilität vor, wenngleich hier eine differenziertere Betrachtung nach regionalen Konkurrenzbedingungen vonnöten wäre.

Das seit Jahren reichweitenstärkste Programm ist Ö2 mit seinen lokalen Angeboten. Ö3 erreicht konstant 38 bzw. 39 Prozent der Österreicher. Ö1 mit seinem Kulturangebot kann fünf bis sechs Prozent Reichweite für sich verbuchen, und Blue Danube Radio steigt analog der Ausweitung seines Empfangsgebietes von 0,6 auf circa zwei Prozent. Die tägliche Hördauer ist im Laufe der letzten Jahre um rund zehn Minuten gestiegen (von rund 140 Minuten in den achtziger Jahren auf circa 151 Minuten Ende 1992). Diese Entwicklung ist nicht nur dem massiven Auftreten der privaten Konkurrenz aus dem Ausland zuzuschreiben, auch die ORF-Programme können nach einem Hörzeitrückgang in den Jahren 1988 bis 1990, also nach Auftreten der Konkurrenz, zu Beginn der neunziger Jahre wieder Hörzeitgewinne für sich verbuchen.

Die Entwicklung der Marktanteile

Der ORF-Marktanteil ist seit 1984 österreichweit von 97 auf 91 Prozent Ende 1992 gesunken. Vor allem Ö3 ist von dieser Entwicklung betroffen. Ö2 ist bundesweit weitgehend stabil geblieben, in regionalen Auslandseinstrahlungsgebieten (vor allem im Einstrahlungsgebiet von Antenne Bayern) gingen Ö2-Marktanteile auch ans Ausland. Alle rund 25 aus den Grenzregionen einstrahlenden Sender gemeinsam konnten seit 1984 ihren Marktanteil bundesweit von drei auf neun Prozent (Anfang 1993: zehn Prozent) steigern, wobei der Sprung von rund fünf auf neun Prozent durch das Auftreten von Antenne Bayern (in Oberösterreich und Salzburg) sowie Radio CD im Osten Österreichs (1988/89) und MM2 (RMI) in der Steiermark bedingt wird. In Vorarlberg und Kärnten hingegen, wo schon länger aus dem Ausland einstrahlende Programme (kommerzielle und – in Vorarlberg – auch öffentlich-rechtliche) empfangen werden können, stagnierte der Auslandsmarktanteil bei zehn bis knapp 20 Prozent. Dagegen ist in den erst in jüngerer Zeit von der Konkurrenz betroffenen Bundesländern ein sprunghaftes Ansteigen des Auslandsmarktanteils im ersten Jahr der Konkurrenzsituation auf zwei Prozent, im Folgejahr auf circa fünf Prozent und im dritten Jahr auf circa zehn Prozent festzustellen. Weitere Anstiege vollziehen sich dann langsamer (Tirol), bzw. es kann vorübergehend eine auch mehrere Jahre dauernde Stagnation eintreten. Die veränderte Konkurrenzlandschaft führte vor allem zu Verlusten bei Ö3, weniger bei Ö2. Die Ö3-Verluste werden aber durch Verschiebungen von Ö2 zu Ö3 zum Teil kompensiert. Verschiebungen innerhalb der beiden österreichischen „Großprogramme" Ö2 und Ö3 sind vor allem in jenen bislang traditionell ländlichen Regionen zu beobachten, in denen ein „geistiger Urbanisierungsprozeß" stattgefunden hat. In solchen Gebieten ist Ö3 der Marktführer, Ö2 wird zunehmend zurückgedrängt. Neue Ö2-Hörerschichten werden in einigen Bundesländern aber durch die eingangs erwähnten Programmaßnahmen (bessere Abstimmung der Programme, Arbeitsteilung) gewonnen, so daß sich grosso modo auch beim österreichischen „Heimatradio" bundesweit keine wesentlichen Veränderungen ergeben.

Nutzung im Tagesablauf

Betrachtet man die Nutzungskurven 1984 bis 1992, zeigt sich, daß sich an der „Tagesbegleitfunktion", die das Radio seit Mitte der fünfziger Jahre mit Beginn des TV-Zeitalters in Österreich und massiv seit den siebziger Jahren innehat, auch mit dem Auftreten der privaten Stationen wenig geändert hat. Rund 75 Prozent der Österreicher werden pro Tag vom Radio erreicht, ebenfalls drei Viertel der Österreicher machen pro Tag von TV-Angeboten Gebrauch. Zwei Nutzungsspitzen kennzeichnen den Hörverlauf des Tages: Die Morgennutzungsspitze und die Mittagsnutzungsspitze, wenngleich letztere im Laufe der letzten Jahre weniger stark ausgeprägt ist als früher. Vor allem auf die ORF-Programme trifft dieser Verlauf deutlich zu; die ausländischen Sender haben zwar eine weniger stark ausgeprägte Morgenspitze, werden aber auf Grund ihrer verstärkt musikorientierten Tagesprogrammierung vor allem im Laufe des Vormittags und Nachmittags konsumiert, was sich sowohl auf die Ö3- als auch Ö2-Nutzung auswirkt. Das Phänomen, daß einerseits mit traditionellen, langbewährten Programmen (zum Beispiel der nachmittäglichen Wunschkonzerte), andererseits mit aufwendigen Sendungen (vor allem im Bereich der Information, siehe das „Ö3-Journal" um 17.00 Uhr) Hörerbindung bzw. sogar Rückholeffekte erzielt werden können, läßt sich vor allem auf regionaler Ebene im Langzeitvergleich beobachten, wobei ein Teil dieser Hörerschaft natürlich auch durch eine entsprechende Plazierung der Informationssendungen in attraktive Programmflächen beim ORF bleibt, ein Teil wieder zu ausländischen Sendern zurückwechselt. Eine entscheidende Rolle spielen – und das ist selbst aus den bisherigen Beobachtungen der Konkurrenz in Österreich möglich – ausländische Stationen als Begleiter bei der Arbeit, noch nicht quantitativ, wohl aber qualitativ. Insgesamt findet mehr als 80 Prozent der Radionutzung zu Hause statt, und nur ein Zehntel der Radiohörer findet auch am Arbeitsplatz Zeit zum Radiohören. Knapp ein Fünftel hört im Auto Radio. Ausländische Radioprogramme werden von ihren Hörern zu rund einem Viertel während des Autofahrens verfolgt. 14 Prozent hören die ausländischen Programme während der Arbeit, nur zu zwei Drittel werden sie auch zu Hause erreicht. Ähnliche Hörgewohnheiten liegen Ö3 zugrunde, während Ö2 und vor allem Ö1 Programme sind, die in erster Linie zu Hause verfolgt werden.

Radio in Osteuropa nach der politischen Öffnung 1993

Die Entwicklung in Estland, Polen, Rußland

*Von Peter Widlok**

Der wilde Osten hat den Wilden Westen abgelöst, auch im Hinblick auf die elektronischen Medien. Wie beim Goldrausch vor hundert Jahren besetzen Glücksritter vor allem aus dem Ausland die Claims, betreiben Lobbyarbeit, um an die gewinnversprechenden Minen heranzukommen, und vor allem: Sie haben das Kapital, um mit modernerem Werkzeug als die Einheimischen das Beste aus dem Boden beziehungsweise aus der Luft zu holen. Und man kann sich auch in Osteuropa die Warnschilder vorstellen, wie sie heute noch im Yukon vor den Eingängen zu den Goldminen zu sehen sind: „Smile, but keep out!" Die einflußreichen Besitzer wollen unter sich bleiben, dulden keine Konkurrenten neben sich – und können sich dabei der Unterstützung der Regierung sicher sein. Und interessanterweise sind oftmals die Schürfrechte, sprich: Lizenzen, offiziell noch gar nicht vergeben.

Es ist so wie in Tschechovs Drama „Drei Schwestern": „Nach Moskau, nach Moskau!" rufen sie, doch anders als bei Tschechov, dessen Heldinnen nicht mehr in die Stadt ihrer Träume gehen können, deren Sehnsucht also unerfüllt bleibt, erreichen Radioinvestoren sehr wohl Rußlands Hauptstadt – und machen dort ihr Glück.

Diejenigen, die sich – wie zum Beispiel Radio 101 oder wie Radio Maximum – in Moskau früh um den Markt gekümmert haben, stehen nun ausgesprochen gut da: Mit ausländischem Risikokapital ausgestattet, wird von Radio Maximum für die „konsumstarke Bevölkerungsgruppe von 19 bis 49 Jahren mit hohem Bildungsniveau und überdurchschnittlichem Monatseinkommen" Programm gemacht, wie es in dem deutschsprachigen Prospekt heißt. Der 10 000-Watt-Sender im Zentrum Moskaus garantiert eine immense technische Reichweite. Ein „gut gemixtes Musikprogramm mit internationalen und nationalen Hits, mit volkstümlichen Hitparaden, mit Oldies, Klassik, Pop und Rock" soll Hörerinnen und Hörer binden. Das Wortprogramm in englisch, deutsch und russisch zielt eindeutig auch auf die ausländischen Bewohner Moskaus – und auf jene Moskowiter, deren Sehnsucht nach westlichen Lebensformen und westlichem Lebensstandard (vorerst) durch das Einschalten von Radio Maximum gestillt werden soll. Die Ausrichtung des Kommerzsenders ist eindeutig: „Radio Maximum ist nützlich für Geschäftsleute: Konjunktur, Wirtschaft, Management, Geld und Kapital, Finanzen, Devisen, Märkte und Unternehmen, Börsentrends – das gehört zum Programm dieses amerikanisch-russischen

* Peter Widlok ist Referent an der Landesanstalt für Rundfunk des Landes Nordrhein-Westfalen.

Joint Venture. Ein Sender, der flächendeckend, werbewirksam und ohne Streuverluste Moskau und Umgebung (...) konstant bedient."

Durch Nikolai Karamsin, den berühmten russischen Reiseschriftsteller, war vor exakt zweihundert Jahren der Blick nach Westen und die begierige Aufnahme westlichen Fortschritts in Rußland buchstäblich salonfähig geworden. Jetzt vollzieht sich, im kleinen, aber wichtigen Segment des Hörfunks, ebenfalls ein Transformationsprozeß, wobei wiederum – zumindest auf den ersten Blick – fast alles erstrebenswert erscheint, was aus dem Westen kommt.

Selbstverständlich ist die Lage in Osteuropa von Land zu Land unterschiedlich, aber Gemeinsamkeiten sind zu beobachten. Der Medienwissenschaftler Wolfgang Kleinwächter aus Leipzig beschrieb die Entwicklung der Radios einprägsam: „Zuerst war im Osten Europas der Aufbruch da, dann kam der Umbruch, und nun: der Abbruch?"

Anders formuliert: Am Anfang war überall Euphorie zu spüren, doch schon bald kamen die schwierigen Probleme der Transition von dem alten Mediensystem in das neue, postkommunistische Medienzeitalter. Massenmedien hatten früher eine politisch-stabilisierende Funktion als Propagandawerkzeuge der jeweiligen Regierungen. Ein von Pluralität geprägtes Mediensystem war unbekannt. Dieser Anspruch an Medien in demokratisch verfaßten Gesellschaften ist auch heute noch nicht viel weiter entwickelt. Im Gegenteil: Wieder verfallen Regierungen, nun mit demokratischem Mandat, in die alten Fehler: Medien, und hier besonders der Rundfunk, gelten – wie früher – als Sprachrohre der Regierung. Die läßt nichts unversucht, die Kontrolle über die Medien zu behalten. Und die Opposition tut nichts dagegen, weil sie auf den nächsten Wahlsieg und damit auch auf Medienmacht hofft.

Das geschieht nicht immer so dreist wie in der neuen Tschechischen Republik: Dort plant die Regierung explizit, neben dem öffentlich-rechtlichen und dem privatwirtschaftlich verfaßten Rundfunk auch einen Regierungsrundfunk zu installieren. Und ein Bundesverfassungsgericht, das so wie in der Bundesrepublik 1961 beim „Adenauer-Fernsehen" solche Pläne höchstrichterlich verwerfen könnte, existiert in Prag nicht. Der tschechische Medienratsvorsitzende Daniel Korte ist im Juni 1993 aus Protest „gegen Einflußversuche der Regierung" zurückgetreten. Ein Faktum, so Korte, das „in allen postkommunistischen Staaten zu beobachten ist".

Neben die politische Funktion von Medien tritt eine völlig neuartige Funktion: Medien, die noch niemals eine in unserem Sinne ökonomische Funktion hatten, werden auf einmal zu einem relevanten wirtschaftlichen Faktor. Es scheint, daß dies in den meisten Staaten Osteuropas die eigentliche und ausschließliche Rolle des „neuen" Radios ist. Auf die Situation des „neuen" Hörfunks in den drei osteuropäischen Staaten Estland, Polen und Rußland soll im folgenden genauer eingegangen werden.

Estland

Das erste Lokalradio in dem baltischen Staat begann vor mehr als drei Jahren mit dem Sendebetrieb, im März 1990 in der Stadt Vöru. Damals gehörte Estland noch zur Sowjetunion; die Lizenz kam aus Moskau. Die einzige Möglichkeit, lokale Hörfunkprogramme zu produzieren und auszustrahlen, bestand darin, die Frequenz und den Sender von Eesti Raadio (ER) zu nutzen. Dieser staatliche Sender hatte gerade sein zweites Programm

Tabelle 1 Eesti Raadio

ER 1	„akademisches" Programmangebot; Klassik
ER 2	kommerziell orientiertes „jugendliches" Programm
ER 3	Wortprogramm/Sondersendungen (nur gelegentlich, zum Beispiel bei Parlamentsdebatten)
ER 4	russischsprachiges Programm (nur wenige Stunden täglich)

umstrukturiert. Zwei jeweils 20-minütige Fensterprogramme waren deshalb für andere Anbieter verfügbar.

Bereits ein Jahr später, 1991, nutzten zwei weitere Sender diese Möglichkeit und strahlten ihre Programme über ER 2 aus. Im Herbst 1991 startete dann mit Raadio Tartu das erste „richtige" Lokalradio mit einem Vollprogramm, 19 Stunden täglich aus der nach Tallinn zweitgrößten Stadt des Landes. Raadio Tartu ist heute einer von zwölf Anbietern; ein Sender, der Wert legt auf Informationen, vor allem lokale Informationen. Der Programmdirektor des Senders, Hando Sinisalu, beschreibt das Radio als „eine Mischung aus öffentlich-rechtlichem, aus kommerziellem und aus alternativem Funk". Werbung wird akzeptiert, weil, so Sinisalu, „ansonsten der Sendebetrieb völlig unmöglich wäre". (vgl. Tabelle 2 auf S. 148).

Die zwölf neuen Sender, sechs davon sind privat-kommerziell organisiert, realisieren ihren Programmbetrieb, ohne daß es ein Rundfunkgesetz gibt. Dies wird für das Ende des Jahres 1993 erwartet.

Die Situation der Lokalradios in Estland ist offenbar prototypisch für die Transitionsprozesse der elektronischen Mediensysteme in Osteuropa: Auch ohne gesetzliche Regelungen entstehen Sender, die in der Regel privatwirtschaftlich verfaßt sind. Fast alle sind von Einnahmen aus der Werbung abhängig, auch jene, die sich als eigentlich nichtkommerzielle, journalistisch ambitionierte Community Radios verstehen wie zum Beispiel Raadio Tartu. Das Programmangebot ist durchgehend angelehnt an ausländische Modelle, vor allem an US-amerikanische Formatradios.

Die estnische Besonderheit im Gegensatz zu anderen, größeren Ländern ist, daß ausländisches Kapital so gut wie nicht eingesetzt wird. Der Vorsitzende des estländischen Lokalradioverbandes, Vello Lään, erläutert: „Für ausländische Investoren sind die Märkte einfach zu klein."

Polen

Polen ist in rundfunkrechtlicher Hinsicht eine Ausnahme. Denn seit Dezember 1992 regelt ein Rundfunkgesetz das Nebeneinander von privatem und öffentlich-rechtlichem Rundfunk. Nach einer Schätzung der Zeitung Gazeta Wyborcza sendeten im Sommer 1993 56 private Radio- und 20 TV-Stationen. Zum 1. Juli 1993 mußten jedoch alle Privatanbieter ihre Sendungen einstellen und die Lizenzerteilung sowie die Zuweisung freier Frequenzen abwarten. Die Regierung versuchte mit dieser unpopulären Maßnahme, den Wildwuchs zu begrenzen und neu zu ordnen.

Nicht nur die klassischen Piratenradios, sondern auch jene Sender mit einer zeitlich befristeten Lizenz, unter ihnen das bekannteste polnische Privatradio Radio Zet in War-

Tabelle 2 Lokalradios in Estland (im Juni 1993)

Lokalradio	Organisationsform	Finanzierung	Programmsprache	Sendedauer/Tag	Festangestellte
Raadio KUKU	privatwirtschaftlich	100 Prozent aus der Werbung	Estnisch	24 Stunden	24
Raadio Tallinn	privatwirtschaftlich	80 Prozent aus der Werbung, 20 Prozent Spenden von Raadio KUKU	Englisch, Russisch, Finnisch	24 Stunden	8
Mulgi Raadio	kommunale Trägerschaft	Werbung; Zuwendungen der Gemeinde	Estnisch	6,5 Stunden	8
Läänemaa Radio	kommunale Trägerschaft	Zuwendungen der Gemeinde	Estnisch	35 Minuten	4
Polva Radio	kommunale Trägerschaft	90 Prozent Zuwendungen der Gemeinde; 10 Prozent aus der Werbung	Estnisch	12,5 Stunden	12
Voru Radio	privatwirtschaftlich	33 Prozent aus Werbung; 67 Prozent staatliche Zuwendungen	Estnisch; lokale Dialekte	(nicht bekannt)	6
Pärnu Radio	kommunale Trägerschaft	40 Prozent aus Werbung; 60 Prozent Zuwendungen aus der Gemeinde	Estnisch	15 Stunden	12
Raadio Tartu	privatwirtschaftlich	100 Prozent aus der Werbung	Estnisch und Englisch	24 Stunden	15
Raadio Kadi	privatwirtschaftlich	100 Prozent aus der Werbung	Estnisch	19 Stunden	6
Saaremaa Raadio	kommunale Trägerschaft	50 Prozent aus Werbung; 50 Prozent Zuwendungen der Gemeinde	Estnisch	40 Minuten	3
Viru Raadio	gehört zur staatlichen Organisation „Viru Infokeskus“	100 Prozent durch „Viru Infokeskus“	Estnisch und Russisch	1 Stunde	5
Viru R-Raadio	privatwirtschaftlich	100 Prozent aus der Werbung	Estnisch	8,5 Stunden	8

schau, mußten den Sendebetrieb einstellen. Nur die Stationen, die direkt von der katholischen Kirche betrieben wurden, waren von diesem strikten Reglement ausgeschlossen. Eine Entscheidung des polnischen Rundfunkrates, als Lizenzbehörde mit entsprechenden Vollmachten ausgestattet, wird für Ende 1993 erwartet.

Gewinner dieser Regelung war zweifellos der ehemals staatliche, jetzt öffentlich-rechtliche Rundfunk, Polskie Radio i Telewizja, kurz: Radio Polska. Er scheint generell in seinem Bestand gesichert. Stanislaw Jedrzejewski, der Programmdirektor von Radio Polen, hat hierzu während des Medienforums Nordrhein-Westfalen in Köln im Juni 1993 gesagt: „Vor allem die gut qualifizierten Journalistinnen und Journalisten, die für ein professionelles Programm sorgen, sind der Garant für die weitere Existenz."

Aber: Zuviele Stellen bewirken nach seinen selbstkritischen Worten eine üppige und schwerfällige Hierarchiestruktur mit dem Ergebnis, daß Entscheidungen viel zu langsam getroffen und umgesetzt würden.

In Polen zeigt sich zudem ein Trend, der auch für andere Länder gilt: Vor allem jüngere Hörerinnen und Hörer schalten sich sehr gezielt in die Programme der neuen Privatstationen ein (als beliebtester neuer Sender gilt Radio Zet in Warschau), die sich in erster Linie offenbar nicht als Radiosender verstehen, sondern nur noch als Jukebox: Fast ausschließlich Musik wird ausgestrahlt, nach amerikanischem Format – und Werbung, soviel wie zu akquirieren ist. Informationen jedoch sind Mangelware. Profit dominiert das Programm.

Rußland

In dem größten osteuropäischen Staat sind ebenfalls die Probleme zu beobachten, die für die anderen Länder genannt worden sind. Ein weiterer Aspekt kommt hinzu: Die unsichere politische Lage hat zu einem „Schlingerkurs" auch im Medienbereich geführt. Zu erwähnen ist etwa der Erlaß von Präsident Boris Jelzin „über Garantien für die Stabilität im Informationsbereich und die Anforderungen an Fernsehen und Rundfunk" vom 23. März 1993. In diesem Erlaß wird eine Arbeitsgruppe ins Leben gerufen, die Empfehlungen zur Finanzierung von Rundfunk sowie zur „Schaffung eines Konkurrenzsystems" vorlegen soll. In Punkt fünf dieses Erlasses ist genau geregelt, welche Aufgaben die „Arbeitsgruppe" zu lösen hat: zum Beispiel:

- das Verfahren für die Gründung und Tätigkeit einer föderalen Fernseh- und Rundfunkkommission sowie von regionalen Kommissionen festzulegen;
- das Verfahren zur Lizenzvergabe zu bestimmen;
- die Bestimmung des Rahmens, innerhalb dessen der staatliche Rundfunk, der private sowie der öffentliche Rundfunk operieren.

Der Präsidialerlaß ist nur wenige Tage später vom Volksdeputiertenkongreß durch einen Beschluß widerrufen worden, der die Massenmedien wieder dem Kongreß unterordnete. Dieser Konflikt zwischen Präsident und Kongreß wirft nur ein kleines Schlaglicht auf die Schwierigkeiten, vor denen jene stehen, die Hörfunk und Fernsehen weitgehend transparent und juristisch abgesichert gestalten wollen.

Die Einschätzung, die sich aus den jüngsten politischen Entwicklungen ergibt, lautet für die Struktur und Organisation der elektronischen Medien in Rußland: Man kann sehr wahrscheinlich davon ausgehen, daß sich das russische Rundfunksystem dem französischen angleichen wird. Jelzin als strikter Befürworter eines zentralistisch geführten Staats hat zumindest ein großes Interesse daran. Politisches System und das System der Medien werden sich in dieser Ausrichtung parallel ausgestalten. Die Tatsache, daß als oberste Institution eine Aufsichtsbehörde, eine Art Bundesmedienanstalt geplant ist, angeglichen an das Vorbild der Federal Communications Commission (FCC) in Washington, mag als weiteres Indiz hierfür gelten. Angesichts der geographischen und ökonomischen Dimension Rußlands werden nennenswerte dezentrale Strukturen im Medienbereich kaum Chancen haben.

Das heißt für Großstadtbewohner: Es gibt eine zunächst beeindruckende Quantität an privaten Betreibern neben dem konventionellen Rundfunk. Beispiele: St. Petersburg und Moskau. Auf dem Land kann von Vielfalt wahrscheinlich nicht die Rede sein. Dies ist übrigens ein durchaus verallgemeinungsfähiger Befund für die Lage von Hörfunk (und Fernsehen) in Osteuropa.

Das russische Rundfunkgesetz, seit Beginn 1992 in der Diskussion, ist noch immer nicht verabschiedet worden. Die Interimslösung zur rundfunkrechtlichen Regelung der elektronischen Medien, der sogenannte Ukas Nr. 500 vom September 1991, hat somit noch seine Gültigkeit. (Ende 1991 war ein erstes Mediengesetz in Kraft getreten, das jedoch spezifische Regelungen, etwa zur Frequenzzuweisung und -vergabe, nicht enthielt.)

Auch ohne endgültig verabschiedetes Rundfunkgesetz ist die Lage etwa in Moskau der in Warschau oder der in Prag verwandt: Eine Vielzahl privater Hörfunkanbieter hat in der rundfunkrechtlichen Grauzone ein profitables Terrain besetzt. Rund 15 private Anbieter senden bereits. Radio Maximum und Radio 101 sind bereits erwähnt worden, andere sind: Radio Nostalgie (mit französischen Anteilseignern), Radio Rock und Radio Echo Moskva, um nur einige zu nennen. Die Sender bringen fast ausschließlich Musik, in enger Anlehnung an US-amerikanische Kommerzradios mit klarer Zielgruppenansprache (zum Beispiel Rockformat); fast hat man den Eindruck, man habe wirklich einen amerikanischen Kommerzsender eingeschaltet.

„Drink deep, or taste not!" (Trinke viel oder gar nichts!) Nach diesem Motto des englischen Dichters Alexander Pope sind die meisten neuen Radios zu Epigonen des westlich geprägten, verkommerzialisierten Hörfunks geworden. Oder anders ausgedrückt: Sie haben einen tiefen Schluck aus der Flasche getan, die ihnen von amerikanischen, britischen, französischen und auch deutschen Lobbyisten angeboten worden ist.

Wie das Engagement im einzelnen verläuft, erläutert Jevgenij Borisov von Radio Maximum: Westwood One und die anderen beiden nordamerikanischen Teilhaber, Harris und Story First Distribution, haben den „Machern" in Moskau acht Millionen Dollar Risikokapital zur Verfügung gestellt. Einzige Auflage: Nach spätestens zwei Jahren muß sich das Radioengagement für die Geldgeber rentiert haben.

Journalistisch ausgerichtete Radios sind die Ausnahme: Radio Echo Moskau hat in der russischen Hauptstadt und darüber hinaus einen guten Ruf als weitgehend unabhängiger Hörfunkanbieter, der überdies nicht in der Hand von ausländischen Geldgebern ist. Echo Moskva war eines der ersten neuen Medien in Moskau. Gründer waren unter anderem der Stadtrat von Moskau, das Universitätsinstitut für Journalismus sowie die Zeitschrift „Ogonjok" („Feuerchen"). Peter Lewis, Kommunikationswissenschaftler und Journalist aus London, hat in der Zeitung „Observer" Echo Moskau als „Sprachrohr der demokratischen Opposition" bezeichnet. Da ist was dran: Mit einer Wort-/Musikmischung von 40:60, also einem erheblichen Anteil an Wortprogrammen, ist Echo mit seriöser Berichterstattung („BBC-ish") bis weit ins Umland hinein zu hören. Bekannt wurde Echo Moskva durch die Berichterstattung während des August-Putsches gegen Michail Gorbatschow im

Sommer 1991: Die einzige „unabhängige Stimme im Äther“ nannte sie damals ein Beobachter.

Was sind die derzeit größten Probleme zum Beispiel von Echo Moskva? Auf dem Wunschzettel von Tatjana Pelipejko, festangestellte Mitarbeiterin, stehen: Erstens eigene Senderanlagen und eine bessere Studiotechnik. Zweitens mehr Platz in einem frisch renovierten Gebäude. Drittens: daß nicht mehr die Nachrichtensendungen von Echo Moskau von Konkurrenten mitgeschnitten und ausgestrahlt, also schlicht geklaut werden.

Neue Programmformate und Grundversorgung

*Von Bernd Radeck**

Die Wirklichkeit der dualen Rundfunkordnung ist kein idealtypisches Nebeneinander öffentlich-rechtlicher und privater Veranstalter geblieben – wenn sie es denn je war –, sondern ein mitunter handfestes Gegeneinander. Der Grund dafür liegt auf der Hand: Konkurrenz. Konkurrenz um knappe, nicht beliebig vermehrbare und daher gemeinsam zu nutzende Ressourcen. In diesem Gegeneinander haben die Gesetzgeber – also die Landtage – die jeweiligen Erfolgschancen verteilt. Das ist ihre Aufgabe. Sie haben dem Rundfunk eine positive – also eine nicht dem Laisser-faire überlassene – Ordnung zu geben.

Den Werbemarkt haben sie zugunsten der privaten Veranstalter reguliert und dem Wettbewerb zwischen öffentlich-rechtlichem und privatem Rundfunk weitestgehend entzogen.[1] Sie haben die Veranstaltung neuer Programme durch öffentlich-rechtlichen Rundfunk für bestimmte Verbreitungsgebiete ausdrücklich unter Gesetzesvorbehalt gestellt;[2] ähnliches haben einzelne Gesetzgeber bestimmten Finanzierungsformen neuer öffentlich-rechtlicher Programme vorbehalten.[3]

Allein auf dem Sektor der Frequenzausstattung gilt von Verfassungs wegen ein Vorrang grundversorgender Programme des öffentlich-rechtlichen Rundfunks.[4] Insbesondere im Hörfunk hat dieser Vorrang indessen keineswegs zur Folge, daß das Frequenzspektrum vornehmlich öffentlich-rechtlichen Programmen offensteht. Im Sendegebiet des Südwestfunks etwa kann der auf terrestrischen Empfang angewiesene Rundfunkteilnehmer unter drei – in Teilen des Sendegebietes unter vier – an ihn gerichteten öffentlich-rechtlichen Programmen wählen, zusätzlich stehen ihm zum Beispiel in Baden-Württemberg mindestens zwei private sogenannte Bereichssender, mindestens ein privatrechtlich organisierter Lokalsender und vereinzelt ein nicht-werbefinanziertes privates Radioprogramm zur Auswahl. Trotz Vorrang also ein Gleichgewicht. Ähnlich ist die Situation in den Sendegebieten außerhalb der Südwestfunk-Staatsvertragsländer Rheinland-Pfalz und Baden-Württemberg.

Gestatten Sie mir eine Randbemerkung zur Situation im Kabel: Sie ist weder von Vorrang noch von Gleichgewicht geprägt. Hier wird die terrestrische Situation in der Regel abgebildet und um herangeführte oder ausschließlich via Kabel verbreitete – im allgemeinen private – Programmangebote ergänzt. Es gibt wohl kaum noch ein Kabelnetz der

* Der Verfasser ist Ressortleiter Recht im Justitiariat des Südwestfunks. Um Anmerkungen ergänzte Fassung eines Referats, das der Verfasser anläßlich der 5. Baden-Badener Hörfunktagung „Radio in der Konkurrenz" am 2. Juli 1995 gehalten hat.

Deutschen TELEKOM AG in denen Programme privater Hörfunkveranstalter nicht die Mehrheit des Angebots ausmachen. Bei den sonstigen Betreibern von Kabelnetzen ist die Situation keine andere. Allerdings ist der Hörer von Radioprogrammen – auch wenn er Kabelkunde ist – vornehmlich auf den terrestrischen Empfang fixiert. Das hängt mit den Hörgewohnheiten und der mangelnden Verfügbarkeit über einen Kabel- oder gar Satellitenanschluß dort zusammen, wo Radio gehört wird. Am Arbeitsplatz, in der Küche, im Auto. Oder wer von Ihnen hat beispielsweise seinen Radiowecker an das heimische Kabelnetz angeschlossen. Mit anderen Worten:

Auch mehr als zehn Jahre nach Einführung der dualen Rundfunkordnung sind attraktive Übertragungswege – entgegen anderslautender Prognose[5] – Mangelware. Zwar gibt es zwischenzeitlich Satellitenkapazitäten in ausreichendem Maße. Allein die Rezipienten mögen sie – insbesondere im Hörfunk – nicht in Anspruch nehmen. So ist zehn Jahre nach dem vermeintlichen Ende der „Sondersituation“[6] im Rundfunk ein Kampf zwischen privatrechtlichen Bewerbern und öffentlich-rechtlichen Rundfunkunternehmen um die raren terrestrischen Hörfunkfrequenzen entbrannt. Kaum eine Lizenzentscheidung einer Landesmedienanstalt, die der unterlegene Bewerber nicht vor Gericht austrägt.[7] Kaum ein neues öffentlich-rechtliches Hörfunkprogramm, das nicht durch den Veranstalter eines privaten Konkurrenzprogramms zu verhindern gesucht wird.[8]

Gerichte, Landesmedienanstalten und Politiker können sich in diesen Tagen der Gutachten kaum erwehren, die ihnen suggerieren oder wenigstens einreden sollen, daß das knappe Frequenzgut vorrangig dem einen, auf keinem Fall aber dem anderen zuzuteilen ist.[9] Entscheidende Bedeutung kommt dabei dem vom Bundesverfassungsgericht geprägten Begriff der Grundversorgung durch öffentlich-rechtliche Rundfunkprogramme zu. Beinahe alle Landesrundfunkgesetze haben aus der verfassungsgerichtlichen Rechtsprechung den Schluß gezogen, Programme der Grundversorgung seien vorrangig mit Frequenzen auszustatten.[10]

Und dies gereicht dem öffentlich-rechtlichen Rundfunk ebenso wie dem privatem zum Vorteil. Die duale Rundfunkordnung lebt nämlich von der Wahrnehmung der *Grundversorgung* durch öffentlich-rechtlichen Rundfunk. Solange und soweit öffentlich-rechtlicher Rundfunk in die Lage versetzt wird, die Grundversorgung wahrzunehmen, bleibt es gerechtfertigt, an die Breite des Programmangebots und die Sicherung gleichgewichtiger Vielfalt im kommerziell ausgelegten privatrechtlichen Rundfunk nur einen *Grundstandard* anzulegen.[11] Grundversorgung ist von Verfassungs wegen funktions-, nämlich programmbezogen. Die Wahrnehmung des klassischen Rundfunkauftrags ist insoweit ein Synonym für das programmliche Element der Grundversorgung.

Nach der Rechtsprechung des Bundesverfassungsgerichts bedarf Grundversorgung einer Mehrzahl von Programmen.[12] Nicht jedes Programm, nicht jede Sendung muß alle Bestandteile des klassischen Rundfunkauftrags, der neben seiner Rolle für die Meinungs- und politische Willensbildung, neben Unterhaltung und Information auch die kulturelle Verantwortung umfaßt[13], erfüllen. Zulässig sind auch zielgruppenspezifisch formatierte Programme, wie sie im Hörfunk seit langem existieren.

Für die Beantwortung der Frage, ob ein von einem öffentlich-rechtlichen Rundfunkveranstalter neu entwickeltes Programm von der Entwicklungsgarantie der Grundversorgung erfaßt wird, kann deshalb nicht dessen isolierte Betrachtung maßgeblich sein.[14]

Basis der Grundversorgung sind die am 4. November 1986 – zum Zeitpunkt der ersten Grundversorgungsentscheidung – veranstalteten Programme öffentlich-rechtlichen Rundfunks.[15] Basis – nicht Endstufe, denn damals wie heute kommt es darauf an, daß die klassische Aufgabe nicht nur wahrgenommen wird, sondern die in Wahrnehmung dieser Aufgabe veranstalteten Programme auch an den Rezipienten gebracht werden. Nur dann kann öffentlich-rechtlicher Rundfunk seine spezifische Funktion für das Gemeinwesen (seine demokratiebildende Funktion) und die duale Rundfunkordnung[16] (geringere Anforderungen an die inhaltliche Breite des privaten Rundfunks) erfüllen. Der öffentlich-rechtliche Rundfunk muß also den Erwartungen sowie den Seh- und Hörgewohnheiten der Rundfunkteilnehmer entsprechen können – neue, diversifizierte Programme anbieten[17] und neue Übertragungswege nutzen können.[18]

Soweit die verfassungsrechtliche – wie man meinen könnte recht klare – Ausgangslage. Zeit also für den Auftritt eines Heeres von Juristen, die all ihr argumentatorisches Geschick in die Waagschale werfen, um die Grundversorgungsqualität eines neuen öffentlich-rechtlichen Programms zu untermauern oder aber genau diese Argumentation zu erschüttern. So hatten früher vor allem Juristen Gelegenheit, als Gutachter ein Zubrot zu verdienen. Heute sind zunehmend auch Medienwissenschaftler im lukrativen Gutachtengeschäft tätig.

Ein Beispiel: Der Vorkämpfer der sogenannten Konvergenzthese, der Münsteraner Kommunikationswissenschaftler *Merten*. Er versteht es seit nunmehr fast drei Jahren, eine verfassungsrechtliche Notwendigkeit in der Programmgestaltung öffentlich-rechtlichen Rundfunks negativ aufzuladen. Der Frankfurter Rechtsgelehrte *Kübler* beschreibt dieses Essential in einem Auftragsgutachten für die in dieser Frage gewiß unverdächtige Landesmedienanstalt in Nordrhein-Westfalen so:

> Es „... ist daran festzuhalten, daß sich eine duale Rundfunkordnung auf Dauer nur dann als sinnvoll erweisen kann, wenn sie als ein Konvergenzmodell verstanden wird, dessen Segmente sich so nahe bleiben, daß sie sich gegenseitig zu beeinflussen, d. h. voneinander zu lernen vermögen. Der öffentlich-rechtliche Rundfunk verfehlt seinen Auftrag der Grundversorgung, wenn er wichtige Zielgruppen auf Dauer verliert; er muß in der Lage sein und bleiben, auch mit massenattraktiven Unterhaltungsprogrammen um Empfänger und Einschaltquoten zu konkurrieren. Der private Rundfunk soll sich an den Qualitätsstandards orientieren, die für den öffentlich-rechtlichen Rundfunk verbindlich sind und seine Programmpraxis bestimmen; ...“[19]

Anders *Merten*[20], dessen Auftraggeber stets einzelne Mitglieder im *Verband Privater Rundfunk und Telekommunikation (VPRT)* zusammengeschlossener privater Rundfunkveranstalter sind. Ihm geht es darum, nachzuweisen, daß öffentlich-rechtlicher Rundfunk mit neuen – neben das bisherige Angebot tretenden – Programmen jedenfalls keinen Beitrag zur Grundversorgung leistet. Besonders heftig wird die Auseinandersetzung um *N-joy Radio*, das fünfte Hörfunkprogramm des NDR, und *S4*, das (vierte) gemeinsam von Südwestfunk und SDR veranstaltete öffentlich-rechtliche Hörfunkprogramm für Baden-Württemberg, geführt. Den Hierarchen und Gremien des NDR, mit deren Segen sich die neue NDR-Welle recht erfolgreich[21] und nach dem Willen des NDR-Staatsvertrages werbefrei[22] an ein junges Zielpublikum wendet, wirft er im Auftrag der norddeutschen Privatradios „Heuchelei“ vor.

> „... Offenbar ... findet dieses Instrument der Hervorbringung wünschenswerter Wirklichkeit mittlerweile auch in Chefetagen des öffentlich-rechtlichen Hörfunks – bei der Bekämpfung eines spezifischen Typus von Schwindsucht – Anwendung. Obwohl doch die Suche nach und die Verbreitung von verbürgten (nicht von gewünschten!) Fakten nicht nur Sache der Wissenschaft, sondern auch und gerade Sache der Journalisten ist.“[23]

So Merten bei der Vorstellung seines Gutachtens im Branchendienst FUNK-Korrespondenz und fortfahrend:

> „... Vor die Wahl gestellt, für Jugendliche gemäß dem Auftrag zur Grundversorgung entweder ein anspruchsvolles Hörfunkprogramm zu machen, das nur noch von Minderheiten rezipiert wird (Marginalisierungshypothese) oder aber das massenattraktive Programmkonzept der privaten Sender zu übernehmen (Konvergenzhypothese), entscheidet sich der NDR für das Programmkonzept der privaten Sender. ...“[24]

Zitatende – eigentlich hätte hier der Klammerzusatz „Konvergenz“ nicht vergessen werden dürfen. Ich will die „Konvergenz“untersuchung indessen nicht durch weitergehende Kommentare zusätzlich aufwerten. Die These ist falsch, wie die zweite hier zu referierende Auseinandersetzung zeigt:

Angesichts der im wesentlichen 1987 gesetzten verfassungsgerichtlichen Bedingungen einer dualen Rundfunkordnung entschlossen sich Südwestfunk und SDR 1989 zu einer intensiven Kooperation bei der Veranstaltung von Hörfunkprogrammen. Beide Anstalten sind Anstalten des Landes Baden-Württemberg.[25] Die Sendegebietsgrenze verläuft – besatzungszonal bedingt – gleichsam auf dem Mittelstreifen der Autobahn zwischen Karlsruhe und Stuttgart. Da es 1989 anders als in anderen Bundesländern noch kein in ganz Baden-Württemberg empfangbares Programm mit vorwiegend landesspezifischen Inhalten gab, entschlossen sich die beiden Anstalten zu einem solchen zusätzlichen Programmangebot – ein im Sinne des politischen Gemeinwesens Baden-Württemberg integrativ wirkendes Landesprogramm mit regionalen Aufschaltungen. Die Musikfarbe – überwiegend deutsche Schlagertitel und Volksmusik – sollte ein vorwiegend älteres Publikum ansprechen. Eine Zielgruppe, die von privaten Rundfunkveranstaltern in Baden-Württemberg nicht erreicht wurde. Die notwendigen Frequenzen für die Verbreitung dieses Programms wurden aus frei gewordenen Beständen[26] rekrutiert und – soweit dies nicht zur landesweiten Verbreitung ausreichte – bei der Landesmedienanstalt Baden-Württembergs, der Landesanstalt für Kommunikation (LfK), beantragt. Nicht Konvergenz im Mertenschen Sinn also, sondern Divergenz als programmbestimmendes Element.

Zunächst schien auch die LfK von der Notwendigkeit überzeugt, das Programm mit Frequenzen auszustatten. Jedenfalls wurden dem Südwestfunk zwei, allerdings noch durch einen anderen öffentlich-rechtlichen Programmveranstalter, den Deutschlandfunk, genutzte Frequenzen zugewiesen. Um es kurz zu machen: Die Frequenzen gingen nie mit dem Programm S4 in Betrieb. Nach jahrelanger gerichtlicher Auseinandersetzung unterlag die LfK dem Deutschlandfunk in dem von dort angestrengten Normenkontrollverfahren. Wer nun geglaubt hätte, die LfK werde dem Südwestfunk alsbald Ersatzfrequenzen zuweisen, sah sich enttäuscht. Zwischenzeitlich war die LfK zu der Erkenntnis gelangt, das neue Programm S4 sei nicht der Grundversorgung zuzurechnen und daher nicht vorrangig mit Frequenzen auszustatten. Es könne – so die LfK – allenfalls ein nachrangiger Bedarf anerkannt werden. „Landesprogramm“ sei nämlich ein falsch gesetztes Etikett für das neue Programm, vielmehr handele es sich wegen seiner regionalen Aufschaltungen zu bestimmten Tageszeiten um ein Lokalprogramm mit einem Musikmantel. Im lokalen Bereich sei aber eine Grundversorgung nicht geboten.

Die Ausweisung der notwendigen Frequenzen wurde daher davon abhängig gemacht, daß Südwestfunk und SDR der LfK ihrerseits Frequenzen zur Ausweisung an private Programmveranstalter zur Verfügung stellten. Der Südwestfunk hat sich in dieser Situation zu einem sogenannten Frequenzkompromiß mit der LfK verstanden. Dem SDR, der zu einem solchen Kompromiß nicht bereit war, wurden seine Frequenzanträge abgelehnt. Darüber hinaus wurde sogar in den Frequenzbestand des SDR eingegriffen, um das sogenannte Bereichs- und Lokalsenderkonzept der LfK – also die Neuordnung des privaten Rundfunks in Baden-Württemberg – abzurunden. Dieser Akt mußte zu einer Auseinandersetzung darüber führen, ob S4 einen Beitrag zur Grundversorgung durch Rundfunk in Baden-Württemberg leistet. Die Auseinandersetzung hat am 30. August vergangenen Jahres ihr vorläufiges Ende gefunden. Wieder ist die LfK in einem Normenkontrollverfahren unterlegen, aber nicht die Medienforschung. Sowohl die Medienforscher des SDR als auch die der LfK hatten dem Gericht Streitentscheidendes – und im Ergebnis kaum Divergierendes – zugeliefert.

Was die Urteilsbegründung des Baden-Württembergischen Verwaltungsgerichtshofes[27] und die wesentlichen Aussagen darin angeht, möchte ich mich kurz fassen:

Der VGH Mannheim hat sich der vorhin beschriebenen Grundversorgungsdoktrin des Bundesverfassungsgerichts in der Begründung seines Urteils ausführlich angenommen und geprüft, inwieweit der Hinzutritt eines zusätzlichen Hörfunkprogramms zum bisherigen Angebot der Landesrundfunkanstalten dazu beiträgt, daß der öffentlich-rechtliche Rundfunk im Land Baden-Württemberg dadurch seinem Grundversorgungsauftrag nachkommt. Der VGH hat eine Gesamtbetrachtung aller Hörfunkprogramme vor und nach der Einführung von S4 Baden-Württemberg vorgenommen und dann festgestellt, daß bestimmte Programminhalte, die zuvor in anderen Programmen des Südwestfunks und des Süddeutschen Rundfunks ihren Platz hatten, nach S4 Baden-Württemberg gewandert sind. Und er hat dann in einem zweiten Schritt noch einmal überprüft, ob dieses Programm den Ansprüchen, die das Bundesverfassungsgericht an Grundversorgungsprogramme anlegt, entspricht.

Die Mannheimer Richterbank ist zu dem Ergebnis gekommen, daß dem so ist. Der VGH hat das allerdings zum Gegenstand umfänglicher Betrachtungen gemacht und die Programmacher von S4 Baden-Württemberg in ihrem Anspruch, ein integrativ wirkendes Landesprogramm mit untergeordneten regionalen Bestandteilen zu machen – wenn Sie so wollen – auch „verhaftet“. Aufgrund einer Bestimmung des Landesmediengesetzes, die regionale und lokale Programme der öffentlich-rechtlichen Rundfunkanstalten als nicht vorrangig einstuft, hat sich der VGH nämlich überlegen müssen: Ist dieses Programm ein reines Lokal- und Regionalprogramm, wie es die LfK im Verfahren immer wieder vorgetragen hat, oder handelt es sich um ein Landesprogramm im klassischen Sinn. Und dazu ist es dem VGH Baden-Württemberg sehr darauf angekommen festzustellen, wieviele Landesprogramminhalte denn in diesem Programm tatsächlich vermittelt werden. Er hat sich von den erwähnten Medienforschern ausrechnen lassen, welche und wieviel Bestandteile das denn eigentlich sind, hat also einen gemischt *quantitativ/qualitativen* Maßstab angelegt. Schließlich ist der Senat zu dem Ergebnis gekommen, es sind genug.[28] Darauf dürfen sich die Programmveranstalter allerdings nicht ausruhen. Es kommt darauf an, egal bei welcher regionalen Aufschaltung, immer deutlich zu machen, daß die jeweilige Aufschaltung einen Landesbezug hat und daß es sich keinesfalls um eigenständige Programme in dem Sinne handelt, daß ein Funkhaus sie ganz allein verantwortet. S4 braucht also auch dann den Bezug zum Land, wenn es beispielsweise als S4 Radio Breisgau aus dem Äther kommt.

Und nun fragen Sie natürlich, was hat das für Auswirkungen auf die Frequenzversorgung von S4 Baden-Württemberg. Ich habe der mündlichen Verhandlung als Zuhörer beigewohnt, und da hat der VGH sogar noch sehr viel offensiver gefragt: Süddeutscher Rundfunk, warum klagst Du eigentlich, wenn Du so viele Versorgungslücken hast, außer den vier umstrittenen Frequenzen nicht noch sehr viel mehr Frequenzen ein, wenn es denn wirklich ein Grundversorgungsprogramm ist. Der Süddeutsche Rundfunk hat sich da sehr lavierend verhalten und hat geantwortet: Wir stellen nur realistische Ansprüche, wir überlegen derzeit noch, wie man andere Gebiete, in denen S4 Baden-Württemberg nicht empfangen werden kann, versorgen könnte, mit welchen Frequenzen und wann diese zur Verfügung stehen werden. Dabei hat er sehr häufig auf Frequenzen, die heute noch von den Amerikanern benutzt werden, verwiesen. Diese Option wollte sich der Süddeutsche Rundfunk offenhalten. Die Antragsgegnerin, die LfK, hat in der mündlichen Verhandlung dann vorgetragen: S4 Baden-Württemberg als Programm der Grundversorgung anzuerkennen, wie es die Frage unterstelle, hieße der dualen Rundfunkordnung in Baden-Württemberg den Garaus zu machen. Es müsse dabei bleiben, daß die LfK entscheide, ob ein Programm zur Grundversorgung gehöre, und selbst dann müßten doch alle zukünftigen Frequenzen, die zur Verfügung stehen, wieder von der LfK zugeteilt werden. Es könne nicht per se so sein, daß die Frequenzen, die S4 Baden-Württemberg zur flächendeckenden Versorgung benötigt, automatisch an den Süddeutschen Rundfunk resp. an den Südwestfunk fallen.

In seiner Urteilsbegründung hat sich der VGH Mannheim – schlichtend – auch dieses Themas angenommen, er schreibt:

> „Die Befürchtungen der Antragsgegnerin (i. e. LfK, der Verfasser) die Anerkennung eines Grundversorgungsvorrangs[29] für S4 Baden-Württemberg gefährde den Weiterbestand des landesrechtlich eingeführten dualen Systems, vermag der Senat nicht zu teilen. Vielmehr findet der *Vorrang* nach § 7 Abs. 2 Satz 2 LMedienG, wie" eine andere Vorschrift des „LMedienG deutlich macht, seine Grenze in der Funktionsfähigkeit des dualen Systems. Bei systemkonformer Interpretation ergibt sich etwa, daß öffentlich-rechtliche Rundfunkanstalten ... keinen Anspruch auf Zuteilung von Frequenzen haben können, die schon *vor* Schaffung eines zur Grundversorgung gehörenden Programms ... aufgeteilt waren."[30]

Lassen Sie mich mit einem frischen Zitat eines ob dieser Entscheidung und des verhältnismäßigen Erfolgs der neuen öffentlich-rechtlichen Programmangebote verbitterten Vizepräsidenten des VPRT und einer daran anschließenden Bemerkung meinerseits schließen. Zunächst Herr Doetz, der im Hauptberuf Mitglied der Geschäftsführung des privaten Fernsehsenders SAT.1 ist:

> „Wir haben zehn Jahre lang einen Spagat des öffentlich-rechtlichen Rundfunks erlebt, einen Spagat zwischen dem Grundversorgungsauftrag, also den klassischen Programm-Mustern, und einer Strategie, sich mehr und mehr privatwirtschaftlich zu organisieren, vor allem privatwirtschaftlich zu programmieren – es reicht jetzt!"[31]

Und etwas später:

> „Ich bin entsetzt, wenn heute auch Unionspolitiker ... dabei sind, ... der ARD neue Spartenkanäle ... in Aussicht zu stellen. Sie zerstören damit das, was sie aufbauen wollten, nämlich die Existenz von zwei Rundfunkmärkten."[32]

Zweimal starke Worte – zwei Mißverständnisse. Erstes Mißverständnis: Grundversorgung umfasse nur die klassischen Programm-Muster – nein, sie schützt auch die Entwicklung neuer Programme (Entwicklungsgarantie). Zweites Mißverständnis: Die Politik habe zwei Rundfunkmärkte aufbauen wollen; einen privaten und einen öffentlich-rechtlichen. Das hieße, den nicht genannten Politikern ein Mißachten der Verfassung vorzuwerfen. Die Existenz des privaten Rundfunks in seiner gegenwärtigen Ausprägung ist nämlich von Verfassungs wegen an die Existenz eines funktionierenden öffentlich-rechtlichen Rundfunks gebunden. Die beiden Segmente des dualen Konvergenzmodells müssen sich so nahe bleiben, daß sie – wie ich das oben schon unter Bezug auf *Kübler* dargestellt habe – gegenseitig voneinander zu lernen vermögen.[33] Dem öffentlich-rechtlichen Rundfunk mißrät Grundversorgung, wenn er wichtige Zielgruppen auf Dauer verliert; er muß in der Lage sein und bleiben, auch mit massenattraktiven Unterhaltungsprogrammen um Empfänger und Einschaltquoten zu konkurrieren.[34]

Anmerkungen

1. Vgl. §§ 15, 27 RfStV 1991 (§§ 15, 45 RStV 1996).
2. Vgl. § 18 Abs. 3 RfStV 1991 (§ 19 Abs. 3 RStV 1996).
3. Vgl. etwa § 14 Abs. 3 LMedienG BW.
4. Vgl. *BVerfGE* 83, S. 238 [298, 299f.], jeweils mit weiteren Nachweisen.
5. Vgl. *Bullinger*: Kommunikationsfreiheit im Strukturwandel der Telekommunikation, Baden-Baden 1980, S. 23.
6. Die verfassungsgerichtliche Judikatur geht weiterhin von der zuerst 1961 festgestellten „Sondersituation“ aus (vgl. *BVerfGE* 12, S. 205 [261]; 73, S. 118 [123, 154]; 83, S. 238 [323]).
7. Vgl. die diesbezügliche Zusammenstellung der neueren Rechtsprechung bei *Hesse*: Ausgewählte Rechtsprechung mit grundsätzlicher Bedeutung für die Rundfunkordnung in der Bundesrepublik Deutschland, RuF 1995, S. 178 [198, Fn. 20].
8. *VG Hamburg*, Beschluß vom 24. März 1994 – 17 VG 749/94 – ZUM 1994, S. 565–569 – OK Radio ./. NDR wg. N-joy Radio; *OVG Hamburg*, Beschluß vom 4. Mai 1994 – Bs III 101/94 – ZUM 1994, S. 569–571 – OK Radio ./. NDR wg. N-joy Radio; *LG Leipzig*, Urteil vom 7. Dezember 1994 – 6 O 4330/93 – Private Sächsische Rundfunk GmbH u. a. ./. MDR wg. MDR Sputnik; *OLG Dresden*, Urteil vom 26. Juli 1995 – 12 U 58/95 – Private Sächsische Rundfunk GmbH u. a. ./. MDR wg. MDR Sputnik.
9. Statt vieler *Kresse*: Grundversorgung und kein Ende. Rechtsgutachten, erstattet im Auftrag des Verbandes Privater Rundfunk und Telekommunikation (VPRT), auszugsweise in: Medien-Dialog 12/94, S. 22–24.
10. Vgl. etwa § 7 Abs. 2 Nr. 1 LMedienG BW oder § 2 Abs. 2 Nr. 1 FrequenzVergG HH.
11. *BVerfGE* 73, S. 118 [159].
12. *BVerfGE* 74, S. 297 [326].
13. *BVerfGE* 73, S. 118 [158]; 74, S. 297 [324]; 90, S. 60 [90].
14. Vgl. *BVerfGE* 74, S. 297 [326]; vgl. auch *VGH Mannheim*, Urteil vom 30. August 1994 – 10 S 3152/93 –AfP 1994/95, S. 426 [428] = Umdruck, S. 13, a. A. *Ory*: „Lückenschließung“ durch Grundversorgung, AfP 1994/95, S. 383 [385] (die gegen das Urteil des VGH Mannheim eingelegte Nichtvorlagebeschwerde hat das BVerwG zwischenzeitlich verworfen – *BVerwG*, Beschluß vom 19. Juli 1995 – 6 NB 1.95).
15. *BVerfGE* 74, S. 297 [324].
16. Vgl. *Kübler*: Organisationsrechtliche Vielfaltssicherung im privaten Rundfunk. Gutachten, erstattet im Auftrag der Landesanstalt für Rundfunk Nordrhein-Westfalen, o. O. (Frankfurt am Main) o. J. (1995), Umdruck S. 22.
17. *BVerfGE* 87, S. 181 [203]; ebenso *VGH Mannheim*, Urteil vom 30. August 1994 – 10 S 3152/93 – AfP 1994/95, S. 426 [429] = Umdruck, S. 15 – ältere Zielgruppen; vgl. auch *BVerfGE* 74, S. 279 [354] – Teilhabe an rundfunkähnlichen Kommunikationsdiensten.

18. *BVerfGE* 83, S. 238 [299].
19. *Kübler*: wie Anm. 16.
20. *Merten*, *Gansen* und *Götz*: Veränderungen im dualen Hörfunksystem. Vergleichende Inhaltsanalyse öffentlich-rechtlicher und privater Hörfunkprogramme in Norddeutschland, Münster/Hamburg 1995.
21. Die Media Analyse ’95 weist für Hamburg eine aus dem Stand erreichte Reichweite von 5,9 Prozent aus, in Mecklenburg-Vorpommern erreichte N-Joy Radio 12,8 Prozent, in Niedersachsen 5,0 Prozent und in Schleswig-Holstein 7,4 Prozent. Die private Konkurrenz verlor gegenüber der Media Analyse ’94 z. T. deutlich an Reichweite: OK Radio und Radio Hamburg verloren in Hamburg 3,2 Prozent bzw. 1,8 Prozent, Antenne MV in Mecklenburg-Vorpommern verlor 6,0 Prozent, Antenne. Das Radio und radio ffn verloren in Niedersachsen zusammen 2,4 Prozent (Media Analyse ’95); allein in Schleswig-Holstein blieben die dort ansässigen Privatradios ohne Verluste gegenüber der Media Analyse ’94.
22. Vgl. § 36 Abs. 2 NDR-StV.
23. *Merten*: No Joy für N-Joy. Es tut weh, beim öffentlich-rechtlichen Heucheln ertappt zu werden, FUNK-Korrespondenz Nr. 20 vom 19. Mai 1995, S. 1.
24. Ebd., S. 2.
25. Der Südwestfunk ist eine Zweiländeranstalt. Das zweite Staatsvertragsland ist Rheinland-Pfalz.
26. Neben der Kooperation bei diesem neuen Programm wurden die beiden Kulturwellen SWF2 und SDR2 in das Gemeinschaftsprogramm S2 Kultur überführt, wodurch gegenüber dem Status quo ante ein sparsameres Frequenzmanagement möglich wurde.
27. Vgl. dazu auch *Ory*: „Lückenschließung“ durch Grundversorgung, AfP 1994/95, S. 383–386.
28. *VGH Mannheim*, Urteil vom 30. August 1994 – 10 S 3152/93 – AfP 1994/95, S. 426 [429] = Umdruck, S. 14–18.
29. Aufgrund eines Tippfehlers heißt es in der Entscheidung (Umdruck, S. 20) fälschlich „Grundversorgungs*vorgangs*“.
30. *VGH Mannheim*, Urteil vom 30. August 1994 – 10 S 3152/93 – AfP 1994/95, S. 426 [430] = Umdruck, S. 20f.
31. *Doetz*, Vizepräsident des Verbandes Privater Rundfunk und Telekommunikation (VPRT) sowie Mitglied der Geschäftsführung des privaten Fernsehveranstalters SAT.1, in einem Interview mit dem FAZ-Magazin am 16. Juni 1995, S. 34.
32. Ebd.
33. *Kübler*: wie Anm. 16.
34. Öffentlich-rechtlicher Rundfunk muß deshalb auch darauf drängen, die neuen Möglichkeiten für point-to-multipoint-Dienste im öffentlichen Interesse zu öffnen (vgl. auch BVerfGE 74, S. 279 [354] – Teilhabe an rundfunkähnlichen Kommunikationsdiensten). Sollten etwa die Data-Highways nur für Dienste genutzt werden, die kommerziellen Profit versprechen, würde das gesellschaftliche Potential, das in digitalen Übertragungstechniken steckt, ausgesprochen verkürzt. An diesem Übertragungstechniken wie an den neuen Diensten teilzuhaben, ist Aufgabe gerade öffentlich-rechtlichen Rundfunks. Klassischer Anwendungsfall wäre die mehrfache regionale Aufschaltung eines zentralen Fernseh- oder Hörfunkprogramms bei Nutzung nur eines Übertragungsweges. Aber auch programmbegleitende Signale unterschiedlichster Art (etwa zur Identifikation des Programms und des Genres, zur Übermittlung von Zusatzinformationen an Seh- oder Hörgeschädigte, zur Programminformation und zu anderen Zwecken mehr) gehören zu den klassisch zu nennenden Anwendungen. Ebenso denkbar ist es, Nachrichtensendungen und andere Produktionen aus regelmäßigen Programmen auf Abruf vorzuhalten sowie einen Zugriff auf bestimmte Archivbestände zu ermöglichen.

Teil II

Hörerpartizipation

Radio als Kontakt zur Außenwelt

Phone-in-Sendungen privater Radios in der Schweiz

*Von Michael Schanne**

Nachfolgend wird fast schon eine Geschichte aus den Tagen des guten alten – privaten – Dampfradios zur Darstellung gebracht. Die Erhebungen zum Projekt „Lokalradioszene Schweiz: Integration durch Partizipation?" wurden in den späten 80er Jahren durchgeführt. Das Projekt war im Rahmen des Nationalen Forschungsprogrammes 21 („Kulturelle Vielfalt und nationale Identität") angesiedelt und wurde vom Schweizerischen Nationalfonds zur Förderung der wissenschaftlichen Forschung finanziert.

Erwartungen an Hörerinnen- und Hörerbeteiligungssendungen

Phone-in-Sendungen, Hörerinnen- und Hörerbeteiligungssendungen gehören in den Bereich der aktiven, direkten und Live-Mitwirkung der Hörerinnen und Hörer am Radioprogramm. An solche Sendungen können die unterschiedlichsten Erwartungen herangetragen werden. Da sind zu nennen Bertolt Brechts „Vorschläge für den Intendanten des Rundfunks", den „Distributionsapparat in einen Kommunikationsapparat zu verwandeln", aus „dem Radio eine wirklich demokratische Sache zu machen."[1] Da ist zu nennen die Forderung nach Bürgernähe. Die Forderung nach gemeindebezogenen Medienprojekten also, die vielfältige Formen und verschiedene Grade der Öffnung, der Teilnahme und der Selbstverwaltung kennen. Kommunikationsaufgaben werden in diesem Rahmen auch von „Amateuren" wahrgenommen. Der Dialog zwischen Sendern und Empfängern und der stete Wechsel aus allfällig sich stabilisierenden Rollenverteilungen ist unverzichtbar. Da ist zu nennen der Versuch, „Radios zum Anfassen" zu kreieren. Das wären also Radioveranstaltungen, die Hörerinnen- und Hörerbindungen pflegen, zum Beispiel aus Gründen des redaktionellen Marketing.

Da ist zu nennen der Versuch, Belustigung aus den expressiven, exhibitionistischen, bekennenden Voten von „Amateuren" und „Saalkandidaten" zu gewinnen, den Spannungsbogen zwischen naiver Selbstdarstellung und akustischem Spannertum bis zur Neige auszunutzen.

* Michael Schanne ist Forschungsleiter der Arbeitsgruppe für Kommunikationsforschung & -beratung (AGK) in Zürich.

Hörerinnen und Hörer nehmen an Sendungen aktiv, direkt, „live" teil

Als Hörerinnen- und Hörerbeteiligungssendungen wurden Sendungen privater schweizerischer Radioveranstaltungen bezeichnet, an denen Hörerinnen und Hörer telefonisch aktiv teilnehmen konnten. Die Vielfalt der Sendungen reichte vom bloßen Platten-Wunschkonzert bis zur Live-Diskussion mit Moderatorinnen und Moderatoren, Expertinnen und Experten, anderen Anruferinnen und Anrufern; vom Verkaufsangebot zur Partnerinnen- und Partnerwahl; von der kurzen Meinungsäußerung bis zu Lebensbekenntnissen in langen Monologen.

Oft-Anruferinnen und -Anrufer waren Hörerinnen und Hörer, die mehrmals, in der Regel einmal pro Tag, telefonisch bei Hörerinnen- und Hörerbeteiligungssendungen sich beteiligt hatten.

> „Wenn das Lokalradio nicht mehr wäre, dann würde ich das schon unheimlich vermissen. Das ist eben so, wenn am Morgen die Nachrichten vorbei sind und diese Musik kommt, dann zieht es mich einfach ans Telefon. Dann muß ich immer anrufen. Das ist Sucht." (Hausfrau, 30 Jahre)

> „Manchmal vertätscht (in die Luft jagen) es die am anderen Ende fast, wenn ich meinen Namen sage. Dann sagt sie, sie habe fast noch gedacht, es könne nicht sein, daß ich einmal nicht anrufe. Sie muß manchmal grad lachen." (Schülerin, 16 Jahre)

Solche Personen meldeten sich auf ein Inserat im Zürcher Tages-Anzeiger und nach Hinweisen durch die Moderatorinnen und Moderatoren in den Hörerinnen- und Hörerbeteiligungssendungen selbst. Oft-Anruferinnen und -Anrufer waren nicht zuletzt Hörerinnen und Hörer, die „fast den ganzen Tag" Radio hörten.

> „Ja also, ich bin schon einige Male nicht einkaufen gegangen um die Zeit, wenn diese beiden Sendungen kommen. Das muß ich also zugeben. Es ist zwar verrückt, aber das höre ich eben gern." (Hausfrau, 50 Jahre)

„Ich höre Lokalradio, weil es da die Möglichkeit gibt, bei Sendungen anzurufen und mitzumachen" war 1985 von den Hörerinnen und Hörern unter 17 Vorgaben als zweitletzte Motivation, privates Radio zu hören, eingestuft worden. Trotzdem hatten rund ein Viertel der Befragten dieser Vorgabe zugestimmt.[2] In Übereinstimmung damit wurden in privaten schweizerischen Radioprogrammen pro Tag durchschnittlich drei Hörerinnen- und Hörerbeteiligungssendungen ins Programm genommen. Ein Radio bestritt zwei Tage des gesamten Wochen-Sendevolumens allein mit Hörerinnen- und Hörerbeteiligungssendungen. Hörerinnen- und Hörerbeteiligungssendungen wurden in der Regel zwischen 9.00 und 12.00 Uhr und zwischen 19.00 und 24.00 Uhr im Programm plaziert.

Typen von Hörerinnen- und Hörerbeteiligungssendungen

Im Rahmen der verschiedenen quantitativen und qualitativen Inhaltsanalysen solcher Sendungen konnten acht Typen und eine Residuale unterschieden werden. Etwas mehr als die Hälfte der Sendungen waren Spiele, Wettbewerbe und Wunschkonzerte. Sie durften knapp zwei Drittel der für solche Sendungen vorgesehenen Sendezeit beanspruchen. Kleinanzeigen, Gratulationen und Diskussionssendungen folgten vor Ratgebersendungen, vor Selbstdarstellungen von Gruppen und Vereinen und schließlich vor Kontaktsendungen.

Spiele, Wettbewerbe, Quiz

Wer zutreffend schätzte, wieviele Menschen am Mittag auf dem Säntis waren, hatte gewonnen. Wer die Gesamtsumme der Pferdestärken aller Autos eines Autovermietungsunternehmens zutreffend schätzte, hatte gewonnen. Auf mehr oder weniger schlaue und geschickte Hörerinnen und Hörer warteten Geschenke: Schallplatten, Kinobillete, Produkte und Dienstleistungen mehr oder minder bekannter lokaler Unternehmungen.

Wunschkonzerte

In gewöhnlich einstündigen Sendungseinheiten wurden schriftlich oder telefonisch geäußerte Musikwünsche von Hörerinnen und Hörern erfüllt.

Kleinanzeigen, Marktsendungen

Sendungen, in denen telefonisch Klein-„Inserate“ aufgegeben wurden. Gewöhnlich dauerten solche Sendungen fünf bis fünfzehn Minuten. Alles mögliche wurde zum Kauf oder Tausch angeboten.

Tabelle 1 Schweizerische private Radioveranstaltungen: Hörerinnen-, Hörerbeteiligungssendungen: Typen von Sendungen

	Prozent der Sendungen	Prozent der Sendezeit
Spiele, Wettbewerbe	29	38
Wunschkonzerte	24	25
Kleinanzeigen	18	9
Gratulationen	9	8
Diskussionssendungen	7	8
Ratgebersendungen	6	4
Selbstdarstellungen	3	3
Kontaktsendungen	1	1
Sonstige Sendungen	3	4
	100	100

Gratulationssendungen

Über Radio und „live“ wurde Bekannten und Verwandten zum Geburtstag gratuliert, wurden Grüße geschickt und sonst Liebes getan.

Diskussionssendungen

In Diskussionssendungen konnten Hörerinnen und Hörer sternförmig via Moderatorin, Moderator miteinander diskutieren. Sie konnten am Schluß einer Sendung ihre Meinung zum Thema äußern. Unter Umständen war es auch möglich, Fragen an die Teilnehmerinnen und Teilnehmer im Studio zu richten.

In einem Radioprogramm war die Diskussion der Hörerinnen und Hörer zum „Bettgeflüster“ geworden. Erfahrungen über das Liebesleben oder auch über Selbstbefriedigungen wurden ausgetauscht. Frau und Mann konnte darüber diskutieren, ob bei der eigentlichen Sache gesprochen werden soll. Christoph meinte, daß es sehr gut ist, daß Mann darüber spricht. „Wenn die Situation stimmt, dann kann man ganz entspannt sein. In dieser Situation spürt man das. Da muß man nicht. Ich gspüre das, auf alle Fälle.“ Gefragt danach, ob es denn „antörne“, wenn einer etwas sagt beim Liebemachen, reagierte Christoph eher erschreckt. Er spreche lieber danach, ganz spontan: „S’isch super gsi“ oder „Das Bett isch so chli“.

Ratgebersendungen

In solchen Sendungen stellten Hörerinnen und Hörer Fragen zu einem vorbestimmten Thema an die Wissenden im Studio. Themen waren Rechtsfragen, Probleme in Garten, Küche und Umwelt, Probleme im Umgang mit Tieren, aber auch gesundheitliche und sexuelle Probleme.

Der „Radio-Tierarzt“ begann eine seiner Sendungen mit einer längeren Erläuterung zu Hunde-Erziehungskursen und äußerte sich dann zu dem Schmerzempfinden „unserer Tiere“. Er betonte, wie wichtig Hunde-Erziehungskurse sind, wieviel Leid vermieden werden kann, ist Mann, Frau in der Lage, den Hund abzurufen. Auf alle Fälle hatte er eine Liste mit Informationen zu solchen Kursen zusammengestellt, die beim Radio mittels Kennwort und frankiertem Rückantwort-Kuvert bestellt werden konnte. Er selbst äußerte sich gespannt, wieviele Antworten eintreffen würden, wieviel Echo, „Feed-back, wie man so sagt“, „das ich da über das Radio auslösen kann. Das ist ja auch ein Dienst, den Sie nur da am Lokalradio haben“. Schließlich erreichte ihn „ein erstes Telefon“. Eine Frau fragte, da die Tochter nicht zu fragen gewagt hatte, was denn dem Hamster eigentlich fehle, der zwar „purrlimunter“ sei, aber „Knölleli“ am Bauch habe. Es handle sich um ein „Männli“, das sehr viel „rädele“. Der Tierarzt beruhigte. Die Sache sei harmlos. Wahrscheinlich handle es sich um eine Reizung durch das viele „Rädele“, vielleicht aber auch um eine altersbedingte Erscheinung der Sexualdrüsen. „Ich kann sie beruhigen, es ist nichts schlimmes.“

Nach „There’s magic everywhere“, „It’s a wonderful, wonderful life“ und „No need to run, no need to hide“ begann Frau Marta mit einem freundlich angenehm tönenden „Jaa, Guete n’Aabig“ und der Telefonnummer, unter der sie angerufen werden konnte, „Sex nach Neun“. Da noch niemand am Telefon war, nahm sie schnell einen Brief dran. Tanja fragte nach der Periode: Wie es funktioniert und „wo’s usächunnt“. Es funktioniere von selbst, „wenn’s chunnt, dann chunnt’s“, und es sei individuell. Tanja müsse sich nicht beunruhigen, es nähme alles seinen natürlichen Gang, und es komme an den üblichen Öffnungen heraus. „Det chunnt’s usä. Du wirsch es einfach erläbe.“ Stefanie fragte, warum ihr Freund seit zwei Monaten jeden Tag mit ihr schlafen wolle. Sonia wollte noch warten, doch ihr

Freund drängte darauf, jetzt mit ihr in das Bett zu gehen. Gina hatte keinen Orgasmus. Erich verstand nicht, warum das „Maidli" ihn nicht öfter sehen wolle. Alle bekamen bei Marta eine Antwort: Sie sollten in sich selbst hineinhören. „Mach so oft, wie Du wotsch". „Dein Gefühl täuscht Dich nicht". „Schmuset und machet petting". Alle sollten offen miteinander reden und der Sache den natürlichen Gang lassen.

Selbstdarstellungen von Gruppen und Vereinen

In solchen Sendungen präsentierten sich Schulklassen, Vereine oder auch Angestellte eines Unternehmens. Vorgestellt wurden Ziele, Aktivitäten, Betriebsklima. Ansonsten wurden von den Gruppen und Vereinen bevorzugte Musikstücke abgespielt.

Kontaktsendungen

In solchen Sendungen suchten Anruferinnen und Anrufer nach dem Mann, der Frau für das Leben, nach Mitfahrgelegenheiten und Ferienbegleitung.[3]

Typen von Hörerinnen- und Hörerbeteiligungssendungen: Bilanz

Die Mehrzahl der privatwirtschaftlich organisierten schweizerischen Lokalradios ermöglichte Hörerinnen und Hörern telefonische Mitwirkung in einfachen Sendungsformen. Solche Möglichkeiten der Beteiligung der Hörerinnen und Hörer am Programm konnten bei absolut niedrigen Kosten mit geringem journalistischem Aufwand realisiert werden. Mit Wolfgang Horn und Hans Paukens kann – auch für die Schweiz zutreffend – zusammengefaßt werden: „Das Publikum kann sich an Musikwunschprogrammen, an Rätsel- und Spielprogrammen beteiligen. (...) Es kann bei thematisch orientierten Sendungen nach einiger Zeit telefonisch seine Meinungen oder Erfahrungen mitteilen, Geschichten erzählen, Stimmungen übermitteln (...) Hörer können sich schriftlich und telefonisch zum

Tabelle 2 Anruf-Motivationen der Befragten

Gewinne, gewinnen	21
Mit Grüßen und Gratulationen anderen eine Freude machen	12
Ich weiß etwas	8
Dann lerne ich wieder etwas dazu	8
Es ist schön, wenn das Radio umgehend einen persönlichen Wunsch erfüllt	6
Öffentliche Anerkennung gewinnen	4
Verkaufs- und Kauferfolge und wenig Aufwand	4
Meinen Namen im Radio hören	3

Häufigkeit der ungefragten und expliziten Nennungen; Mehrfachnennungen; Gesamtzahl der befragten Personen: 49.

Programm, zu bestimmten Sendeplätzen äußern, können mit verantwortlichen Redakteuren sprechen und ihre Kritik, Anregungen, bisweilen Lob, loswerden und Fragen stellen. (...) Hörer können schriftliche oder telefonische Fragen an Experten stellen und erhalten Anregungen, Tips, Hilfen, auch Lebenshilfe in psychosozialen Krisen." Die Erscheinungsformen wurden schließlich in drei Grundmustern zusammengebracht: „1. Musikwunsch- oder Grußprogramme, Rätselsendungen und Spiele mit Publikum. 2. Ratgeber-, Lebenshilfe- oder Auskunftsendungen. Sendungen also, in denen der Hörer vor allem als Fragender oder Hilfesuchender zu Wort kommt. 3. Hörergespräche, Diskussionen mit oder ohne Experten oder Studiogästen, Sendungen also, in denen Hörer um Meinungen, Erfahrungen und Erlebnisse gebeten werden."[4]

„Es kommen alle gerne im Radio" – Gespräche mit Oft-Anrufern

Für die Untersuchung wurde an 215 Oft-Anruferinnen und -Anrufer ein Fragebogen geschickt. Davon kamen 77 Fragebogen verarbeitbar ausgefüllt zurück. Daraus ergaben sich erste Informationen zu den Personen, zu den beliebten Hörerinnen- und Hörerbeteiligungssendungen der Lokalradios, zu den Beweggründen, in den Sendungen anzurufen. Anhand dieser Informationen wurde ein Gesprächsleitfaden für die ausführlichen Gespräche mit 49 Oft-Anruferinnen und -Anrufern entwickelt. Etwas mehr als die Hälfte der Gesprächspartnerinnen und -partner waren über 30 Jahre alt. Zwei Drittel der Befragten waren Frauen. Die Gespräche fanden bei den Befragten zu Hause statt. Insgesamt durfte die Atmosphäre als offen und vertrauensvoll qualifiziert werden.

Einfach, schnell, praktisch: Hörerbeteiligungssendungen werden zweckbetont genutzt

Hörerinnen- und Hörerbeteiligungssendungen wie Wettbewerbe, Rätselsendungen, Wunschkonzerte, Kleinanzeigen, Gratulationen wurden selbst verständlich, pragmatisch und instrumentell genutzt.

> „Ich finde den Sender einfach schon wegen der Musik toll. Und weil man den Bekannten Wünsche herumgeben kann und auch wieder bekommt. Und Grüße. Und eben wenn man anruft, kommt man sofort, noch am gleichen Tag, dran." (Hausfrau, 30 Jahre)

Auf die gewünschten Musiktitel mußte nicht Wochen gewartet werden, sie wurden noch am gleichen Tag gespielt. Annähernd die Hälfte der Befragten hatte schon einen oder mehrere Preise, oft respektable, zum Beispiel eine längere Ferienreise in die U.S.A., gewonnen. Die Anruferinnen, Anrufer wurden in der Tat auch fast alle nicht länger gebrauchten Skischuhe, Kinderkleider und sonstigen Dinge los. Die Abnehmerinnen, Abnehmer waren erst noch dankbar, sie holten die Gegenstände schnell ab. Alles lief einfach und erstaunlich unbürokratisch.

Nun hätten solche Gegenstände auch mittels Kleinanzeigen der örtlichen Zeitung angeboten werden können. Der rasch entschlossene Griff zum Telefon, im Moment, da Frau, Mann gerade über das „nutzlose Ding stolperte", war einfacher, als sich hinzusetzen, die Annonce zu entwerfen, beim Verlag aufzugeben und darauf zu warten, daß Interessierte, die die Annonce gelesen hatten, dann auch noch reagieren würden. Das Telefon hingegen war im unmittelbaren Aktionsfeld präsent. Der Anruf nahm nur Sekunden routinemäßig ablaufender Alltage in Anspruch. Die Umsetzung in Schrift hätte nach genauerer Beschreibung des Gegenstands verlangt, hätte also Gedankenarbeit und – unter sonst vergleichbaren Umständen – höheren Aufwand bei der Formulierung verlangt.

„Nein, ich bin nicht groß im Schreiben. Ich schreibe nur, wenn ich muß. So Neujahrskarten oder so. Da gehe ich lieber schnell ans Telefon." (Hausfrau, 50 Jahre)

Öffentliche Anerkennung, oder: „Es kommen alle gerne im Radio"

Mit dem Anruf in eine Hörerbeteiligungssendung des Lokalradios wurde und war der Gewinn öffentlicher Anerkennung verbunden.

„Aber hier im Haus, da in unseren Blöcken hat es viele, die Lokalradio hören. Da heißt es dann vielleicht am anderen Tag: ‚Ich habe dich gehört.'" (Hausfrau, 40 Jahre)

„Es kommen alle gerne im Radio." (Schülerin, 16 Jahre)

Solche Momente des herausgehobenen Alltags verdienten selbstverständlich festgehalten und dokumentiert zu werden. Nicht wenige Befragte nahmen deshalb die Sequenzen auf Kassettten auf, um sie bei Gelegenheit dann wieder vor- und abzuspielen.

„Wir nehmen die Grüße auf. Wir haben ein ganzes Archivband. Aber Sie, das ist manchmal uuglatt (lustig und interessant). Wir haben da Bänder vom letzten Herbst. Wenn man die abhört, das ist also wirklich ..." (Hausfrau, 30 Jahre)

Auch ich weiß etwas: Der Versuch, auf sich selbst stolz zu sein

Das resultierende neue positive Selbstwertgefühl entsprang nicht nur der äußeren Anerkennung, sondern auch der Bestätigung des eigenen positiven Potentials für sich selbst.

„Es ist gut, wenn man auch einmal etwas zu sagen hat." (Hausfrau, 20 Jahre)

„Meine Schwester und ich, wir rufen gerne in Sendungen an, um etwas Kommentar abzugeben. Da sind wir stolz, etwas zu sagen." (Schülerin, 16 Jahre)

Solche Voten entsprangen weniger Bekennerinnen- und Bekennermut. Wurden die Äußerungen analysiert, so stellten sie oft bloße Wiederholungen schon veröffentlichter Ansichten zum Thema dar. Und doch waren solche Äußerungen für die Anruferinnen, Anrufer Versicherung, noch nicht im „Meer des Alltags" ertrunken zu sein, fähig zu sein, eine valable Meinung zu einem Thema – im Radio! – zu äußern. Die Bestätigung des eigenen Werts für sich selbst kam auch in anderer Weise zum Ausdruck. Wer Antworten auf schwierige Fragen in Rätselsendungen, also auf solche, die nicht gleich beim ersten Anruf richtig beantwortet werden können, wußte, hatte zumindest die Versicherung, daß sie, er auch mit Erfolg sich öffentlich hätte exponieren und zum Beispiel eine Reise „nach Amerika" gewinnen können. Insbesondere Befragte, denen irgendwann in ihrem Leben der gewünschte weitere Bildungsweg verbaut worden war, brachten diesen Gesichtspunkt in die Gespräche ein. Und schließlich lernte man auf diese Art und Weise auch selbst noch dazu.

> „Ja, herrlich, und dann kommen Fragen, so richtig knifflige Fragen. Das tut doch Geographie und das Wissen erweitern." (Hausfrau, 50 Jahre)

> „Daß man weiß, das wüßte ich jetzt oder so. Oder daß es einem verleidet (zuviel wird), wenn man x Mal einstellt (die Telefon-Nummer wählt) und nicht durchkommt. Dann denke ich manchmal: Ich habe fast mehr davon, wenn ich mich hinsetze und zuhöre. Denn lerne ich wieder etwas." (Hausfrau, 30 Jahre)

Eine neue, die andere Piazza

Hörerinnen- und Hörerbeteiligungssendungen, insbesondere in den Programmen von Lokalradios in kleineren Städten (um 20 000 Einwohnerinnen, Einwohner) kompensierten, so machte es den Anschein, fehlende öffentliche Kommunikationsräume, in denen Kommunikation habituell und konventionell, also üblicher-, anerkannter- und geschätzterweise geschehen, wo – vordergründig – zweckfrei kommuniziert werden kann. In der Tat, die Straßenränder und Gehsteige animieren nicht mehr zum abendlichen gemeinsamen „draußen" (öffentlich) Sitzen und Reden. Und „nördliche" Städte können nur schwerlich mit einer „südlichen" Piazza in einen Zusammenhang gebracht werden, auf der öffentliche Nähe und private Distanz gelebt werden können. Zunächst wurden so Informationen über das gemeindliche Leben vermittelt.

> „Es ist etwas Persönliches. Man kennt auch zum Teil die Leute, vielleicht auch die Moderatoren. Es bringt einem ziemlich viel. Eben auch die Grußsendungen. Das geht im ganzen Quartier herum und man weiß dann: Aha, diese hat wieder Geburtstag oder irgendwie so. Es ist schon das lokale Geschehen, das interessant ist. Man hat auch schon viele Leute kennengelernt nur durch das Radio." (Hausfrau, 35 Jahre)

Schon aufgebaute soziale, kommunikative Beziehungsnetze manifestierten sich nun auch mittels der Hörerbeteiligungssendungen im Medium Lokalradio.

> „Wir haben hier schon ein Nest, bei dem alle einander Grüße durchgeben, und das finde ich schön. Und wenn jemand Geburtstag hat, kommt sie so richtig dran (lacht). Das ist schon schön." (Hausfrau, 30 Jahre)

An die Piazza erinnerten auch die spöttisch kommentierenden, manchmal auch geharnischten Reaktionen der anderen, die nicht zum jeweils sich manifestierenden Kommunikationsnetz dazu gehörten.

> „Also, das finde ich manchmal beinahe lächerlich. Kaum hat die eine eingehängt, ist die andere am Draht." (Hausfrau, 20 Jahre)

Öffentliche Nähe und private Distanz

Auf diese Weise wurden insgesamt kommunikative Beziehungen geschaffen, die in prestigegeladener Art und Weise öffentlich Nähe demonstrierten, gleichzeitig aber den persönlichen Bereich von den unmittelbaren Verpflichtungen, auch Belastungen, die private Nähe unweigerlich mit sich ziehen würde, freihielten.

„Durch das hat man schon mehr Kontakt. Zum Beispiel mit der Schwiegermutter oder Verwandten, die man sonst weniger sieht, kann man einfach schnell ein Grüßchen durchgeben, und ich weiß genau, die haben wahnsinnig Freude. Auch wenn die Kinder wieder einmal ein Grüßchen durchgeben: Man denkt aneinander. Wo man sonst für einander weniger macht, das ist schön. Ich weiß genau, die Schwiegermutter hört auch erst seit September, aber wirklich jeden Morgen. Sie hat eine wahnsinnige Freude. Sie ist ziemlich allein. Wenn sie wieder ein Grüßchen bekommt, das stellt sie wieder auf (macht ihr Freude) für den ganzen Tag." (Hausfrau, 30 Jahre)

„Mit dem hat Frau M. dann angefangen. Als sie wußte, daß ich zuhörte, hat sie mich dann sehr viel gegrüßt. Und dann ist da allem Anschein nach noch eine Familie. Und sie hat dann auch diese gegrüßt. Und so begannen wir dann einfach einander und jetzt hat sie, haben wir viele, wenn mir jemand einen Gefallen tut, daß ich dann nachher schnell ein Grüßchen durchgebe." – BefragerIn: „Aber sie könnten ja zum Beispiel auch einfach zu ihr gehen?" – „Das könnte ich. Aber ich mache das einfach nicht. Ich gehe nie zu diesen Frauen, aber so durchs Radio ..." (Hausfrau, 40 Jahre)

Der Ton war bei dieser Äußerung in keiner Weise abschätzig, vielmehr feststellend. „Ich mach das einfach nicht" dürfte auch durch Frau, Mann „macht das einfach nicht" ersetzt werden. In bestimmter Weise öffentlich miteinander zu sprechen, war nicht zu verwechseln mit privatem und engem Umgang. Hörerinnen- und Hörerbeteiligungssendungen schafften so Kommunikationsmöglichkeiten auf der „richtigen" Ebene der Hierarchie sozialer Kommunikation.

Gemeinschaftlich um das Radio herum und mit dem Radio

Aus und um Hörerinnen- und Hörerbeteiligungssendungen entwickelten sich neue Formen menschlichen Miteinanders.

„Es ruft niemand an? Dann tun wir es ganz sicher. Die haben Arbeit und alles. Dann dünkt es mich schade." (Hausfrau, 30 Jahre)

Am Tag, an dem der Fan-Club eines Lokalradios eine Schiffahrt unternahm, hätte die Hörerinnen- und Hörerbeteiligungssendung mangels Anrufen auch eingestellt werden können: Die Aktivistinnen und Aktivisten waren auf dem Schiff unterwegs.

Frauen nutzten die Chance mittels der Hörerinnen- und Hörerbeteiligungssendungen der männlichen Kontrolle ihrer Außenbeziehungen zu entkommen.

„Also wenn ich allein da bin, höre ich Lokalradio. Hingegen bis mein Mann zur Arbeit geht, hören wir DRS." (Hausfrau, 30 Jahre)

„Wenn ich aufstehe, schalte ich das Lokalradio ein. Die Mittagsnachrichten höre ich mir nicht an, da schalte ich, weil mein Mann heimkommt, auf DRS um." (Hausfrau, 20 Jahre)

> „Ich bin sonst noch im Turnverein und sonst noch in Vereinen. Ich kann eben nicht immer davonspringen. Ich würde gerne gehen, aber mein Mann ist da eben etwas weniger ... einer der am liebsten zu Hause ist. Und er hat auch gerne, wenn ich zu Hause bin.“ (Hausfrau, 30 Jahre)

Gegen diese Art der männlichen Bevormundung, die zum Beispiel auch eigenes Politisieren nicht gerne sah, verschworen sich viele der befragten Frauen in geradezu spitzbübisch lustvoller Weise mittels der Hörerinnenbeteiligungssendungen. Am Schluß konnte der Mann höchstens über die höheren Telefonrechnungen Klage führen. Ansonsten war er ja nicht zu Hause.

Problematische Entwicklungen: Verwischen der Grenzen zwischen Privatsphäre und Öffentlichkeit

Hinzuweisen war allerdings auch auf neuere Entwicklungen, insbesondere in großstädtischen Kontexten und unter verschärften Wettbewerbsbedingungen zwischen privaten Programmanbietern. „Sex-talk“ in verschiedenen Graden der Explizitheit verwischte die Grenzen zwischen privater und öffentlicher Sphäre. Die „Verführung“ durch das Instant-Medium Telefon, mangelndes Bewußtsein davon, daß im Moment Privates und Intimes in einem öffentlichen Verteilmedium ausgebreitet wurden, das späte Erschrecken dann, wenn Anonymität nicht bewahrt werden konnte, all dies waren Aspekte von Hörerinnen- und Hörerbeteiligungssendungen, die in der medienpolitischen Diskussion wenig erörtert wurden. Im Gegensatz zu den privaten Veranstaltern zeichneten sich die öffentlich-rechtlichen Anstalten – in der Regel und noch – durch größeren therapeutischen Aufwand und durch mehr achtende Zurückhaltung aus. Gerade weil die privaten Veranstalter therapeutische und Guten-Rat-Argumente in den Vordergrund ihrer Argumentation schoben, hätten sie auch zu – aufwendigen – Programmleistungen verpflichtet werden sollen, die ihrer Verantwortung als Programm-Macher ebenbürtig gewesen wären.

Versicherung einer stabilen und freundlich vertrauten Umwelt

Hörerinnen- und Hörerbeteiligungssendungen in den Programmen der privaten schweizerischen Radioveranstaltungen regten die Hörerinnen und Hörer dazu an, mit „ihrem“ Radio zu telefonieren. Der Spannungsbogen zwischen öffentlich egalitären Kommunikationsansprüchen und den Imperativen privater Kapitalrechnungen, denen solche Sendungen in besonderer Weise unterliegen, wurde zugunsten einfachster Hörerinnen- und Hörerbindungsstrategien aufgelöst. Die Idee von Bertolt Brecht, aus dem „Radio eine demokratische Sache zu machen“, wurde in der Tat auf den „apokryphen Bereich der Amateure“, der von „oben“ organisiert wird, beschränkt: „Jede Spur von Spontaneität des Publikums im Rahmen des offiziellen Rundfunks aber wird von Talentjägern, Wettbewerben vorm Mikrophon, protegierten Veranstaltungen aller Art in fachmännischer Auswahl gesteuert und absorbiert.“[5] In der Sache der aktiven Mitwirkung der Hörerinnen und Hörer ist der Anspruch der „Verordnung über lokale Rundfunkversuche“ hinsichtlich „Offener Kanäle“ und „gemeindebezogener Medienprojekte“ nur bedingt eingelöst werden.

Die Hörerinnen- und Hörerbeteiligungssendungen in den Programmen der schweizerischen privaten Radioveranstaltungen eigneten sich allerdings dazu, halbdistanzierte, halbvertraute und halböffentliche Kommunikationsbeziehungen und Kommunikationsnetze zu (re-)etablieren. Solche Hörerinnen- und Hörerbeteiligungssendungen waren den Oft-Anruferinnen und -Anrufern insgesamt Versicherung einer stabilen und freundlichen, vertrauten Umwelt. Das à-tout-prix „positive" Grundmuster machte einen Großteil der Beliebtheit solcher Sendungen aus.

„Aber das Wunschkonzert dünkt mich (finde ich) schön, wie sie es bringen und die Kommentare dazu. Das ist etwas Spezielles, bei dem ich immer auch wieder denke, das ist eine positive Sendung. Die schönen Verhältnisse, die man hört, wenn sie für einander wünschen. Ich denke manchmal, solches dürften sie noch mehr bringen." (Hausfrau, 50 Jahre)

Anmerkungen

1. Brecht, Bertolt: Radiotheorie. Schriften zur Literatur und Kunst 1. Gesammelte Werke Band 18, Suhrkamp Werkausgabe. Frankfurt/Main 1967,1977, S. 129.
2. Bonfadelli, Heinz/Walter Hättenschwiler: Lokalradio – Nullstudie Teil 2: Soziale Strukturen. Arbeitsgruppe RVO-Begleitforschung am Seminar für Publizistikwissenschaft der Universität Zürich. Zürich 1985.
3. Casanova, Reto: Partnervermittlung durch elektronische Massenmedien. Eine sozialwissenschaftliche Auseinandersetzung mit einem neuen Medienangebot. Diss., Universität Zürich. Zürich 1986.
4. Horn, Wolfgang/Hans Paukens: Beteiligung als Programm. Beitrag zur Tagung „Beteiligung als Programm" des Gemeinschaftswerks der Evangelischen Publizistik und des Adolf-Grimme-Instituts Marl. Frankfurt/Main, 26./27. November 1987.
5. Horkheimer, Max/Theodor W. Adorno: Kulturindustrie. Aufklärung als Massenbetrug. In: Horkheimer, Max/Theodor W. Adorno: Dialektik der Aufklärung. Frankfurt/Main 1971, S. 109.

Der Hörfunk als parasozialer Partner

*Von Jörg-Oliver Ecke**

Hörfunknutzungsmotive

Die in der Tradition von Uses-and-Gratifications stehende Beschäftigung mit Mediennutzungsmotiven hat sich seit der Renaissance dieser Forschungsrichtung in den 60er Jahren fast ausschließlich mit dem Medium Fernsehen befaßt. Bei den in vielen Studien beschriebenen Media-Gratifications handelt es sich genaugenommen also um TV-Gratifications.[1] Die anderen tagesaktuellen Medien, also die Tageszeitung und der Hörfunk, wurden in der Regel nur im Rahmen von Untersuchungen berücksichtigt, die Medien*funktionen* analysieren: Als Ergebnis wurden – bezogen jeweils auf spezifische Funktionen und teilweise auch bezogen auf spezifische Situationen – Rangreihen präsentiert, an denen man ablesen kann, welchen Medien die Respondenten am ehesten bestimmte Funktionen zuweisen.[2]

Wenngleich sich die Pioniere der Mediengratifikationsforschung fast ausschließlich mit dem Hörfunk beschäftigten, mangelte es bis in jüngster Zeit an Studien, die analog zu TV-Gratifcations allgemeine Motivskalen und Motivdimensionen der Hörfunknutzung zum Gegenstand haben. Die klassischen Gratifikationsstudien von Herta Herzog[3] oder Helen Kaufmann[4] beschäftigten sich entweder mittels qualitativer Interviews mit den durch spezifische Inhalte (Soap Operas, Daytime Serials, Quizsendungen) vermittelten Gratifikationen oder versuchten, über den Umweg der Korrelation von sozialen Merkmalen mit der Zuwendung zu bestimmten Inhalten, Hörfunknutzungsmotive abzuleiten.

Jan-Uwe Rogge[5] hat die Tradition qualitativer Gratifikationsstudien im Hörfunkbereich wieder aufleben lassen. Im Gegensatz zu den klassischen Motivstudien verzichtet er jedoch auf die Vorgabe bestimmter Medieninhalte. Ohne näher auf andere Nutzungsmotive oder Motivdimensionen einzugehen, berichtet der Autor, daß subjektiv unter Einsamkeit leidende Menschen, insbesondere Hausfrauen aus Mehrpersonenhaushalten – und dies widerspricht einer rein soziodemographischen Definition von Einsamkeit – den Hörfunk gewissermaßen als parasozialen Partner instrumentalisieren. Diese Instrumentalisierung wiederum deutet auf einen bewußten oder im Freudschen Sinne vorbewußten Prozeß des Gefühls-Managements hin, mit dem durch Mediennutzung defizitäre psychologische Stimmungen vermieden oder vermindert werden. Dieses Hörfunknutzungsmotiv kann mit der Bezeichnung „parasozialer Kontakt“ treffend charakterisiert werden.

Erfreulicherweise läßt sich die Motivdimension „parasozialer Kontakt“ aber auch mit rein quantitativen Untersuchungsmethoden nachweisen: Gerhard Franz und Walter

* Jörg-Oliver Ecke ist Projektleiter bei Infratest Burke Kommunikationsforschung in München.

Klingler[6] kommen in einer Untersuchung auf der Basis des ARD-Media-Trends zum Beispiel zu einer Liste von drei Funktionen oder Motivdimensionen: „Information“, „Ablenkung“ und „Entspannung“, wobei die Entspannungsfunktion auf Grund der sie konstituierenden Motivitems (Beispiel: „weil ich mich dann nicht so allein fühle“) durchaus Ähnlichkeit zu dem hier als „parasozialer Kontakt“ beschriebenen Gesellschaftsmotiv aufweist. Ich berichtete in einem früheren Beitrag von vier Motivdimensionen, die der Hörfunknutzung zugrunde liegen: „Information“, „Unterhaltung“ beziehungsweise „Rekreation“ und „parasozialer Kontakt“.[7] Die Motivdimension Information wird noch in zwei nachweislich voneinander unabhängige Subdimensionen aufgelöst: das Bedürfnis einerseits nach allgemeinen, sowohl hard-news als auch soft-news umfassende Informationen und andererseits das Bedürfnis nach Informationen aus dem Musikbusiness, wozu durchaus auch das schlichte Wissen um aktuelle Hits zu zählen scheint.

Die Bedeutung der Motivdimensionen

Untersucht man die relative Wichtigkeit der einzelnen Motivdimensionen, erhält man auf der Basis der Häufigkeiten, mit der die Befragten angeben, ein bestimmtes Motiv führe „eher häufig“ bis „sehr häufig“ dazu, daß sie Radio hören, ein sehr eindeutiges Ergebnis (Graphik 1).[8]

Am bedeutendsten scheint für die Befragten demnach das Rekreations- oder Unterhaltungsmotiv, gefolgt vom allgemeinen Informationsmotiv (Umwelt I) zu sein. Sehr viel

Graphik 1 Relative Bedeutung von vier Hörfunknutzungsmotiven (das Motiv führt eher häufig bis sehr häufig dazu, daß Radio gehört wird; in Prozent)

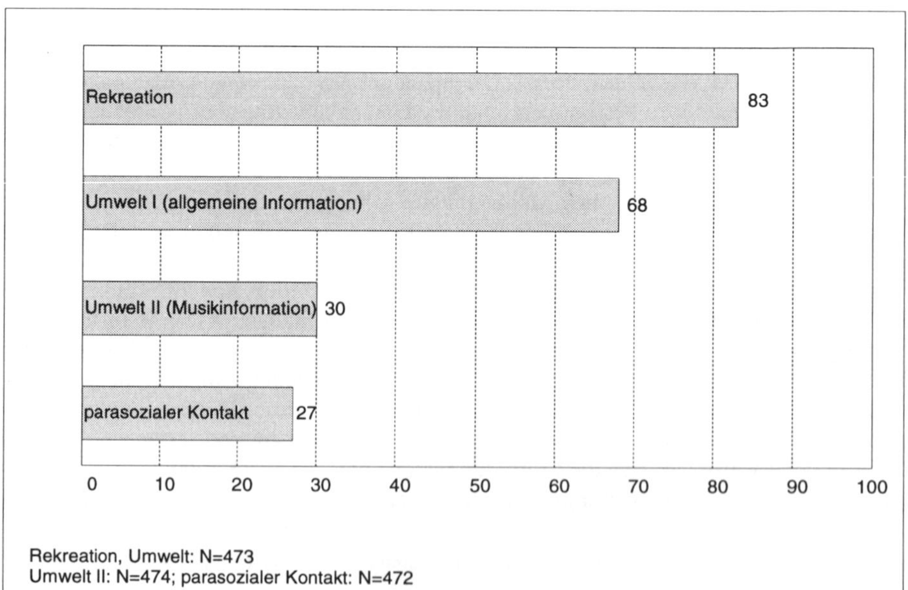

weniger weit verbreitet ist das Musikinformationsmotiv, das Nutzungsmotiv „parasozialer Kontakt“ bildet das Schlußlicht. Diese Ergebnisse erwecken zunächst den Eindruck, daß das Radio als parasozialer Partner nur eine eher untergeordnete Bedeutung hat.

Parasozialer Kontakt

Gibt man dem Sinn der Frage nach der Bedeutung des Hörfunknutzungsmotivs „parasozialer Kontakt“ eine etwas andere Richtung und untersucht, welche Rolle das Motiv für den Umgang mit dem Medium und für die Einstellung zum Medium spielt, ergibt sich allerdings ein völlig anderes Bild (Tabelle 1 auf S. 178). Im Vergleich zu den anderen Motivdimensionen zeigt „parasozialer Kontakt“ beispielsweise den ausgeprägtesten Zusammenhang mit der Bindung an den Hörfunk und der Dauer der täglichen Nutzung.[9] Für Menschen, die das Radio als parasozialen Partner betrachten, sind insbesondere Momente der Hörerbeteiligung und die Art und Weise der Moderation von übergeordneter Bedeutung, es gibt keinen Zusammenhang mit der Wichtigkeit von Musik, informative Beiträge sind ihnen eher unwichtig. Auffälligerweise gibt es unter diesen Hörern eine Tendenz, eher unaufmerksam und nebenbei zuzuhören, außerdem bleiben sie in ihrem Hörverhalten häufiger *einem* Programm treu: es wird eher wenig umgeschaltet.

Die Art der Zusammenhänge zwischen den erwähnten Einstellungen gegenüber dem Hörfunk, den Nutzungsmodalitäten und der parasozialen Kontaktsuche erlaubt die Feststellung, daß es sich bei den Hörern, die sich dem Medium mit diesem Motiv zuwenden wahrscheinlich um regelrechte Radiofreaks, um ausgesprochene Fans dieses Mediums handelt. Diese Feststellung leitet über zu der Frage nach den psychosozialen Eigenschaften von Hörern, die das Radio als parasozialen Partner instrumentalisieren.

Psychosoziale Merkmale von Hörern mit dem Nutzungsmotiv parasozialer Kontakt

Einige der schon von Rogge[10] auf der Basis einer qualitativen Untersuchung beschriebenen Zusammenhänge zwischen verschiedenen soziodemographischen Merkmalen und der Nutzung des Hörfunks als psychischer Stimulanz, eben als parasozialen Partner, werden durch die vorliegende quantitative Analyse weitgehend bestätigt (Graphik 2 auf S. 179). Wie auch Rogge feststellt, weisen insbesondere Hausfrauen[11], formal niedriger Gebildete, Angehörige der sogenannten Unter- und Mittelschicht, Frauen und die Arbeiterschaft dieses Nutzungsmotiv stärker auf als andere soziodemographische Gruppen.

Zudem zeigt sich, daß es für das Vorhandensein oder Nicht-Vorhandensein des Motivs *keinen* Unterschied macht, ob die Hörer alleinstehend sind oder mit einem Partner leben, ob sie in einem Single-Haushalt oder Mehrpersonenhaushalt leben. Auch das Vorhandensein oder Nicht-Vorhandensein von Kindern bewirkt kaum Variation und wenn, dann eher derart, daß in Haushalten *mit* Kindern das Nutzungsmotiv *eher* auftritt.

Die beschriebenen Ergebnisse sprechen – zusammen mit dem Befund, daß Menschen, die viel Zeit zu Hause verbringen, viel mit Hausarbeit beschäftigt sind und über wenig soziale Kontakte verfügen[12], ebenfalls eher zur Instrumentalisierung des Hörfunks als parasozialem Gesellschafter neigen – eine eindeutige Sprache: Für diese Art der Einstel-

Tabelle 1 Hörfunknutzungsmotive und Radiohören (Multiple Regressionen)

Motivdimension (β-Werte)	Medienbindung[1]	Nutzung[2]	Bedeutung Moderation[3]	Bedeutung von Hörerbeteiligung[3]	Bedeutung von Musik[3]	Bedeutung von Information[3]	meistens nebenbei hören[4]	häufig umschalten[4]
Umwelt I (allg. Information)	.19	.09	.11	.09	-.26	.59	-.23	-.01
Umwelt II (Musikinformation)	.07	.07	.25	.27	.22	-.17	-.21	.12
Rekreation	.19	.18	.06	.00	.28	-.02	.03	.14
parasozialer Kontakt	.22	.21	.17	.26	.07	-.15	.11	-.15
Multiples R	.43	.39	.40	.43	.51	.61	.23	.19
Erklärte Varianz	18 Prozent	15 Prozent	16 Prozent	18 Prozent	25 Prozent	36 Prozent	7 Prozent	3 Prozent

1. Frage, ob man das Radio vermissen würde, wenn man es aus irgendwelchen Gründen nicht mehr nutzen könnte
2. Tägliche Nutzung in Minuten (werk- und feiertags, gewichtet mit Anzahl Tage/Woche mit Hörfunknutzung)
3. Abfrage mittels 6-stufiger Skala, wie wichtig die jeweiligen Programmattribute sind
4. Abfrage, ob das jeweilige Nutzungsverhalten zutrifft oder nicht (6-stufige Skala)

Graphik 2 Der Einfluß sozialer Merkmale auf das Hörfunknutzungsmotiv „parasozialer Kontakt“ (Mittelwertabweichung)

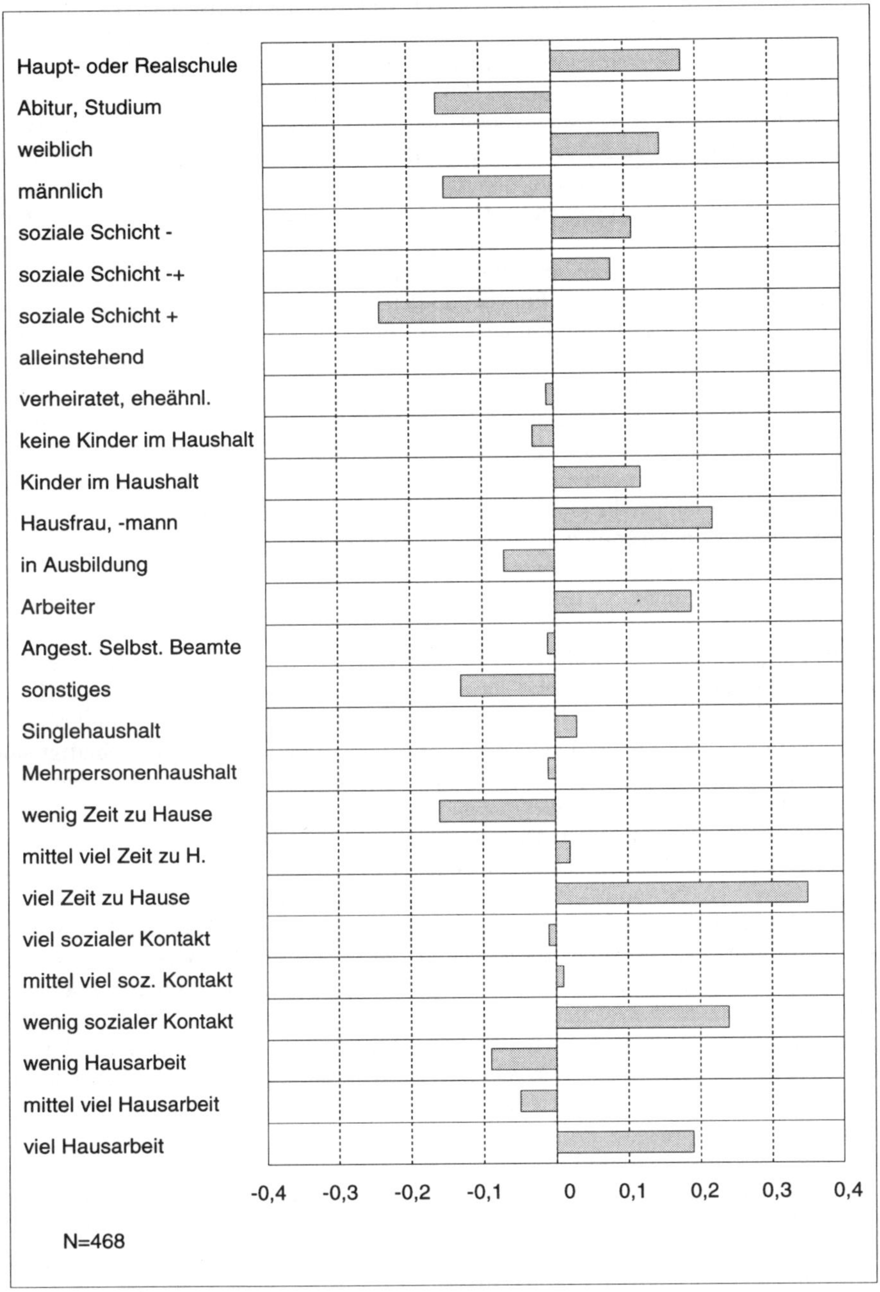

lung gegenüber dem Radio ist nicht die „objektive" Einsamkeit, etwa als Single verantwortlich, sondern ein subjektives Einsamkeitsgefühl.

Insoweit ist es dann auch kein Widerspruch, wenn eine Hausfrau, die mit Mann und Kindern zusammenlebt, unter *Einsamkeit* leidet: Wenn beispielsweise nach der allmorgenlichen Routinehektik Mann und Kinder die Wohnung in Richtung Arbeitsplatz, Schule oder Kindergarten verlassen haben, könnte die anschließend enstehende Ruhe nicht als wohltuendes, sondern als bedrückendes Alleinsein empfunden werden. Der starke Kontrast zwischen Hektik und Ruhe scheint hier ein Gefühl des *Alleingelassenseins* zu befördern, welches sich zu *Einsamkeit* verstärkt. In dieser Situation dient nun das Radio als psychische Stimulanz, dient zur Unterhaltung bei den anstrengenden, aber oft wenig anspruchsvollen Routinetätigkeiten im Haushalt, kurz: spielt seine Rolle als parasozialer Partner.[13]

Dieses modellhafte Szenario bezieht seine Berechtigung aus den Befunden, daß insbesondere Hausfrauen und -männer, Frauen und Personen, die viel Hausarbeit leisten, sowie eher Angehörige aus Haushalten mit als ohne Kinder zum Nutzungsmotiv „parasozialer Kontakt" neigen. Wie so oft in der Publikumsforschung ist dies aber nur die halbe Wahrheit, nur eine Seite der Medaille.[14]

Wenn nämlich einerseits Hausfrauen unter ihrer wenig lohnend erscheinenden Tätigkeit und der langen Zeit, die sie objektiv zu Hause verbringen, leiden und deshalb das Radio als parasozialen Partner instrumentalisieren, andererseits höherqualifizierte (besonders männliche) Erwerbstätige, die viel außer Haus sind, nicht in dieser Weise reagieren, müßte diese Beziehung wohl eigentlich auf die sozialen Lebensumstände der Befragten zurückzuführen sein, und *nicht* auf ihr Geschlecht.

Zur Überprüfung dieser Annahme dient eine varianzanalytische Gegenüberstellung zweier sozialer Typen mit zusätzlicher Kontrolle der potentiellen Effektvariablen „Geschlecht". Typ A besteht aus Befragten, die als Beruf Hausfrau oder -mann angeben, viel Zeit für Hausarbeit aufbringen und auch insgesamt relativ viel zu Hause sind. Die entsprechende Kontrastgruppe (Typ B) umfaßt besser ausgebildete Frauen und Männer, die sich nicht als Hausfrau beziehungsweise -mann bezeichnen, vollzeitbeschäftigt sind, allerdings in höher qualifizierter Tätigkeit (nicht als Arbeiter/-in)), viel Zeit außer Haus verbringen und wenig Zeit für hauswirtschaftliche Tätigkeiten aufwenden.

Die Ergebnisse sind eindeutig: Die eta-Werte indizieren sowohl einen beträchtlichen *bivariaten* Zusammenhang zwischen der Zugehörigkeit zu den sozialen Kontrastgruppen und dem Gesellschaftsmotiv (eta=.37) als auch eine relativ hohe *bivariate* Korrelation zwischen der Motivdimension und dem Geschlecht der Befragten (eta=.24). Die *multivariate* Überprüfung der Effekte ergibt jedoch ein anderes Bild: Die Wirkung des Faktors „sozialer Typ" bleibt nahezu unverändert erhalten (beta=.36), der Einfluß des Geschlechts wird aber auf ein faktisch irrelevantes Ausmaß (beta=.08) reduziert (Tabelle 2 auf S. 181). Die zweifaktoriellen Varianzanalysen haben im übrigen auch zum Ergebnis – und dies ist in diesem Zusammenhang natürlich relativ wichtig –, daß es keine statistisch relevante Interaktion zwischen der Zugehörigkeit zu einem der beiden sozialen Typen und dem Geschlecht gibt, beigetragen. Wäre dies nicht der Fall, könnte man nicht behaupten, daß das Geschlecht hier keinen Einfluß hat.

Der zwischen Frauen und Männern zu beobachtende Unterschied bei der Ausprägung dieses Nutzungsmotivs läßt sich also auf den Einfluß typischer sozialer Rollen zurückführen. Höherqualifizierte, vollzeiterwerbstätige Personen, die relativ wenig Zeit zu Hause verbringen, erkennen im Radio *keinen* Ersatz für echte Sozialkontakte. Wer viel Zeit zu

Tabelle 2 Soziale Kontrastgruppen, Geschlecht und das Hörfunknutzungsmotiv „parasozialer Kontakt“

	Bivariat		Multivariat	
	Abweichungen	eta	Abweichungen	eta
soziale Merkmale				
Typ A (N=51)*	+.40		+.36	
Typ B (N=56)**	-.36	.37	-.32	.36
Geschlecht				
weiblich (N=54)	+.25		+.08	
männlich (N=53)	-.25	.24	-.08	.08

* Hausfrau oder -mann, viel mit Hausarbeit beschäftigt, viel zu Hause (Abfrage in Stunden und Minuten)

** Nicht Hausfrau oder -mann, bessere formale Bildung, vollzeitbeschäftigt, nicht viel Zeitaufwand für Hausarbeit, nicht viel Zeit zu Hause (Abfrage in Stunden und Minuten)

Hause verbringt und überdurchschnittlich viel mit hauswirtschaftlichen Tätigkeiten befaßt ist, findet diese Funktion des Hörfunks hingegen wesentlich wichtiger. Ob die beschriebenen Rollen von Frauen oder Männern ausgefüllt werden, ist dabei nicht von entscheidender Bedeutung.

Daß die zwischen den Geschlechtern bestehende unterschiedliche Bedeutung des Nutzungsmotiv „parasozialer Kontakt“ eine eher frauentypische psychosoziale Instrumentalisierung des Hörfunks andeutet, bleibt als isolierte Aussage aber weiterhin richtig: Diese Instrumentalisierung ist aber nur deshalb „frauentypisch“, weil die sozialen Rollen, die den Effekt in Wirklichkeit verursachen, in unserer Gesellschaft nach wie vor geschlechtsspezifisch zu sein scheinen: Die durch den sozialen Typ A beschriebene Rolle wird überwiegend von Haus*frauen* ausgefüllt und „hochqualifizierte Erwerbstätige“ (Typ B) sind zumeist Männer.[15]

Schlußbemerkungen: Der Hörfunk als parasozialer Partner

Es gibt im wesentlichen drei bis vier Motivdimensionen, die der Nutzung des Hörfunks zugrundeliegen: das Bedürfnis nach allgemeiner Information, das Bedürfnis, über Musik informiert zu werden, ein schlichtes Rekreations- oder Unterhaltungsbedürfnis und die Suche nach einem parasozialen Gesellschafter, der hilft, Gefühle der Einsamkeit zu meistern oder zu verhindern (parasozialer Kontakt).

Die Instrumentalisierung des Mediums als parasozialer Partner ist zwar das am wenigsten verbreitete Motiv[16], zeigt aber im Vergleich mit den anderen Motivdimensionen beispielsweise den ausgeprägtesten Zusammenhang mit der *Bindung* an den Hörfunk und der zeitlichen *Intensität* der Nutzung. Je stärker das Motiv ausgeprägt ist, desto mehr Wert wird auf Sendungen mit Hörerbeteiligung gelegt und als desto wichtiger wird die Moderation bewertet. Im Gegensatz dazu gibt es keinen Zusammenhang zwischen dem Musikangebot des Mediums und diesem Nutzungsmotiv, das Informationsangebot wird sogar eher abgelehnt. Das Gesellschaftsmotiv führt tendenziell zur eher unaufmerksamer Nebenbeinutzung eines Programms und gleichzeitig dazu, daß eher wenig umgeschaltet wird (Programmtreue).

Auffälligerweise sind es *nicht* objektiv einsame Personen, etwa Singles oder Menschen ohne Kinder, die den Hörfunk als parasozialen Partner nutzen, sondern Menschen, die *subjektiv* unter Einsamkeit zu leiden scheinen: Dieser Personenkreis läßt sich anhand folgender sozialer Merkmale beschreiben: eher weniger gut gebildet, der unteren oder mittleren sozialen Schicht zugehörig, viel mit häuslichen Tätigkeiten befaßt, Hausfrau bzw. -mann, wenig Sozialkontakte und viel zu Hause verbrachte Zeit, weiblich.

Die Variable Geschlecht weist zwar einen relativ starken bivariaten korrelativen Zusammenhang mit dem Gesellschaftsmotiv auf, gleichwohl läßt sich mit multivariaten Analysemethoden nachweisen, daß dieser Zusammenhang nicht kausaler Natur ist: Die beobachtbaren Unterschiede lassen sich auf die Einflüsse typischer sozialer Rollen zurückführen, welches Geschlecht die Hörer haben, ist dagegen unerheblich. Zwar läßt sich behaupten, die psychosoziale Instrumentalisierung des Hörfunks als parasozialer Partner sei eine „frauentypische" Eigenschaft, doch dies ist nicht aufgrund geschlechtsspezifischer Unterschiede der Fall, sondern weil in unserer Gesellschaft die sozialen Rollen, die die Effekte in Wirklichkeit verursachen, unter Männern und Frauen nach wie vor unterschiedlich verteilt sind.

Daß das Nutzungsmotiv „parasozialer Kontakt" gerade von Menschen empfunden wird, denen unterstellt werden kann, daß sie subjektiv unter Einsamkeitsgefühlen leiden und daß dieses Motiv zu starker Medienbindung sowie extensiver Hörfunknutzung führt, verweist auf die nach wie vor wichtige soziale Funktion, die das Medium auch im audiovisuellen Zeitalter ausübt. Von Bedeutung für die *Zukunft* des Hörfunks scheint auch zu sein, daß die beschriebenen Zusammenhänge in einer Stichprobe mit relativ jungen Befragten festgestellt werden konnten, daß also „parasozialer Kontakt" keine typischerweise oder ausschließlich älteren Menschen zuzurechnende Motivdimension ist.

Anmerkungen

1. Ecke, Jörg-Oliver: Motive der Hörfunknutzung. Eine empirische Untersuchung in der Tradition des „Uses-and-Gratifications-Ansatzes". Nürnberg 1991, S. 38f.
2. Beispiele für letzteres sind u. a.: Bonfadelli, Heinz/Michael Darkow/Josef Eckhardt et al.: Jugend und Medien. Eine Studie der ARD/ZDF-Medienkommission und der Bertelsmann Stiftung. Frankfurt/Main 1986.
   Horn, Imme/Josef Eckhardt: Ältere Menschen und Medien in der Bundesrepublik Deutschland. In: Media Perspektiven 2/1986, S. 90–111.
   Peeled, Tsiyona/Elihu Katz: Media functions in wartime: The Israel home front in October 1973. In: Blumler, Jay G./Elihu Katz (Hg.): The uses of mass communications. Current perspektives on gratifications research. Beverly Hills 1974, S. 49–69.
3. Herzog, Herta: Professor Quiz: A gratification study. In: Lazarsfeld, Paul F. (Hg.): Radio and the printed page. New York 1971 (Reprint, erste Auflage 1940).
   Dies.: On borrowed experience: An analysis of listening to daytime sketches. In: Studies of Philosophy and Social Science 9, 1941, S. 65–95.
   Dies.: What do we really know about daytime serial listeners? In: Lazarsfeld, Paul F./Frank Stanton (Hg.): Radio research, 1942–1943. New York 1979 (Reprint, erste Auflage 1944), S. 3–33.
4. Kaufman, Helen J.: The appeal of specific daytime serials. In: Lazarsfeld, Paul F./Frank Stanton (Hg.): Radio research, 1942–1943. New York 1979 (Reprint, erste Auflage 1944), S. 86–107.

5. Rogge, Jan-Uwe: Radio-Geschichten. Beobachtungen zur emotionalen und sozialen Bedeutung des Hörfunks im Alltag von Vielhörern. In: Media Perspektiven 3/1988, S. 139–150.
6. Franz, Gerhard/Walter Klingler: Hörfunk zu Beginn der 90er Jahre. Trends und Analysen. In: Media Perspektiven 8/1991, S. 537–552.
7. Ecke, Jörg-Oliver: Motive der Hörfunknutzung. Eine empirische Untersuchung in der Tradition des „Uses-and-Gratifications-Ansatzes". Nürnberg 1991.
8. Die folgenden Ergebnisse stammen aus einer auf den Münchner Raum beschränkten Erhebung. Befragt wurden 475 Personen zwischen 18 und 40 Jahren, die Merkmale Alter, Geschlecht und Bildung wurden in der Quotierung bewußt gleichverteilt. Untersuchungszeitraum war von Februar bis Mai 1992. Genauer hierzu und zur Genese der Motivskala siehe: Ecke, Jörg-Oliver: Motive der Hörfunknutzung. Eine empirische Untersuchung in der Tradition des „Uses-and-Gratifications-Ansatzes". Nürnberg 1991.
9. Bindung: Frage danach, ob man das Medium vermissen würde, wenn man es aus irgendwelchen Gründen nicht mehr nutzen könnte (6-stufige Skale von sehr stark vermissen bis überhaupt nicht vermissen). Dauer der Nutzung: Tägliche Nutzung in Minuten, gewichtet mit Anzahl der Tage pro Woche mit Radionutzung. Das Ausmaß der Zusammenhänge wird in Tabelle 1 auf S. 178 durch die Größe der ß-Werte indiziert. Sie sind Ergebnis von multiplen Regressionen, bei denen der konkurrierende Einfluß aller vier Motivdimensionen auf die abhängigen Variablen (hier: Medienbindung, Nutzungsdauer usw.) ermittelt wird.
10. Rogge, Jan-Uwe: Radio-Geschichten. Beobachtungen zur emotionalen und sozialen Bedeutung des Hörfunks im Alltag von Vielhörern. In: Media Perspektiven 3/1988, S. 143ff.
11. In der vorliegenden Untersuchung wird zunächst nicht zwischen Hausfrauen und Hausmännern unterschieden, so daß im folgenden auch Hausmänner gemeint sind.
12. „Sozialer Kontakt" wurde mit der Frage operationalisiert, wie häufig man sich mit Freunden und/oder Bekannten trifft (im Original 6-stufige Skala, in Graphik 2 auf S. 179 auf drei Gruppen zusammengefaßt).
13. Ecke, Jörg-Oliver: Motive der Hörfunknutzung. Eine empirische Untersuchung in der Tradition des „Uses-and-Gratifications-Ansatzes". Nürnberg 1991, S. 15.
14. Vergleiche zum folgenden: Ecke, Jörg-Oliver: Motive der Hörfunknutzung. Eine empirische Untersuchung in der Tradition des „Uses-and-Gratifications-Ansatzes". Nürnberg 1991, S. 126ff.
15. In der Stichprobe, die den Analysen zugrundeliegt, besteht der soziale Typ A zu 76 Prozent aus Frauen, während Typ B nur einen Frauenanteil von 27 Prozent aufweist.
16. Dies gilt zumindest unter jüngeren Menschen (Basis der Untersuchung ist eine regionale Stichprobe mit 18- bis 40jährigen Befragten).

Literatur

Bonfadelli, Heinz/Michael Darkow/Josef Eckhardt et al.: Jugend und Medien. Eine Studie der ARD/ZDF-Medienkommission und der Bertelsmann Stiftung (= Schriftenreihe Media Perspektiven, Band 6). Frankfurt/Main 1986.

Ecke, Jörg-Oliver: Motive der Hörfunknutzung. Eine empirische Untersuchung in der Tradition des „Uses-and-Gratifications-Ansatzes". Nürnberg 1991.

Franz, Gerhard/Walter Klingler: Hörfunk zu Beginn der 90er Jahre. Trends und Analysen. In: Media Perspektiven 8/1991, S. 537–552.

Herzog, Herta: Professor Quiz: A gratification study. In: Lazarsfeld, Paul F. (Hg.): Radio and the printed page. New York 1971 (Reprint, erste Auflage 1940).

Herzog, Herta: On borrowed experience: An analysis of listening to daytime sketches. In: Studies of Philosophy and Social Science 9, 1941, S. 65–95.

Herzog, Herta: What do we really know about daytime serial listeners? In: Lazarsfeld, Paul F./Frank Stanton (Hg.): Radio research, 1942–1943. New York 1979 (Reprint, erste Auflage 1944), S. 3-33.

Horn, Imme/Josef Eckhardt: Ältere Menschen und Medien in der Bundesrepublik Deutschland. In: Media Perspektiven 2/1986, S. 90–111.

Kaufman, Helen J.: The appeal of specific daytime serials. In: Lazarsfeld, Paul F./Frank Stanton (Hg.): Radio research, 1942–1943. New York 1979 (Reprint, erste Auflage 1944), S. 86–107.

Peeled, Tsiyona/Elihu Katz: Media functions in wartime: The Israel home front in October 1973. In: Blumler, Jay G./Elihu Katz (Hg.): The uses of mass communications. Current perspectives on gratifications research. Beverly Hills 1974, S. 49–69.

Rogge, Jan-Uwe: Radio-Geschichten. Beobachtungen zur emotionalen und sozialen Bedeutung des Hörfunks im Alltag von Vielhörern. In: Media Perspektiven 3/1988, S. 139–150.

Radiohörer am Telefon

Über Teilnehmer der Call-in-Sendung „Wortgefecht“

*Von Dagmar Unz**

1. „Rufen Sie an“ – Einleitung

„Rufen Sie an! Diskutieren Sie mit!“ – Sprechzeit für Radiohörer, ein Programmelement, das sich wachsender Beliebtheit zu erfreuen scheint. In den sogenannten Call-in- bzw. Phone-in-Sendungen oder auch Talk-Radios sollen Hörer zu Wort kommen, ihre Meinung zu einem bestimmten Thema sagen. Wenn die Programm-Macher solche Sendungen einrichten, verfolgen sie damit bestimmte Ziele: Durch die Beteiligung der Hörer soll das Programm hörernäher werden, durch Hörerbeiträge im Programm wollen sie die Sender-Hörer-Bindung stärken. Denn das Radio soll – wie es Axel Buchholz[1] einmal ausdrückte – „nicht nur Einbahnstraße vom Sender zum Hörer sein“.

Wie sieht es jedoch mit denjenigen aus, die – um bei diesem Bild zu bleiben – sozusagen den Gegenverkehr darstellen? Warum beteiligen sich Hörer an Call-in-Sendungen?

Im folgenden wird über zwei Studien berichtet, die mit Hörern und Teilnehmern der Sendung „Wortgefecht“ des Saarländischen Rundfunks durchgeführt wurden. In dieser Sendung, die werktags von 8.45 bis 9.00 Uhr ausgestrahlt wurde, wurden politisch und/oder gesellschaftlich relevante und zugleich strittige Themen diskutiert. Kurz vor der Sendung gab der Moderator Thema und Telefonnummer bekannt. Interessierte Hörer konnten beim Saarländischen Rundfunk anrufen, und ihre Telefonnummer hinterlassen. Sie wurden dann während der Sendung zurückgerufen und konnten so über den Sender ihre Meinung zum Thema mitteilen. Eine Besonderheit dieser Sendung war, daß im Anschluß an die Hörerbeiträge ein Experte zum Thema befragt wurde.

2. Was macht der Hörer mit dem Radio? – Fragestellung und Hypothesen

Was machen die Menschen mit den Medien? So lautet einfach formuliert die Fragestellung der publikumszentrierten Perspektive der Medienforschung. Der Nutzenansatz als eine Forschungsstrategie dieser Perspektive möchte das Verhalten des Publikums zu einem großen Teil anhand von Absichten und Interessen des einzelnen Rezipienten erklären.[2]

* Dagmar Unz ist wissenschaftliche Angestellte am Deutschen Institut für Fernstudienforschung an der Universität Tübingen.

In einer ersten Studie wurden daher dreiunddreißig Anrufer des „Wortgefechts" danach befragt, aus welchen sendungs- und themenspezifischen Gründen sie sich an der Sendung beteiligt hatten.[3] An erster Stelle wurde dabei das Interesse am Thema genannt. Insgesamt zeigte sich, daß die Anrufer vor allem etwas zum Thema sagen wollen. Weniger bedeutend ist, in der Öffentlichkeit etwas zu sagen, noch weniger wichtig, „im Radio" zu sein. Außerdem zeigte sich, daß als Anlaß für einen Anruf das Thema ein wichtigerer Faktor ist als die Person des Moderators. Je häufiger jedoch ein Hörer bereits früher angerufen hatte, desto unbedeutender war das Thema für nachfolgende Anrufe. Ist für solche Teilnehmer das Anrufen schon zur Gewohnheit geworden? Oder ist das Thema von untergeordneter Bedeutung, weil ein anderes Interesse im Vordergrund steht – nämlich ein Kontaktbedürfnis?

Ein solches mehrdimensionales Bild – Call-in-Sendungen als Forum für Ideen- und Meinungsaustausch einerseits und als Kontaktmöglichkeit andererseits – zeigt sich auch in anderen Studien, vor allem aus dem amerikanischen Raum.[4] Eine Call-in-Sendung erlaubt dem Anrufer, seine Meinung zu sagen und mit anderen Menschen zu sprechen. Zugleich wirken die Moderatoren kameradschaftlich, indem sie zuhören. So nehmen einige Autoren an, daß die Suche nach Gesellschaft ein wichtiger Grund für einen Anruf beim Talk-Radio ist.

In einer Folgestudie sollte daher die Frage näher beleuchtet werden, ob die Teilnahme am „Wortgefecht" ein Ersatz für direkte soziale Kontakte ist.[5] Dazu wurden aus einem Modell von Palmgreen, Wenner und Rosengren[6], das die Ergebnisse mehrerer Studien zum Nutzenansatz integriert, einzelne Variablenbereiche herausgegriffen: soziale und individuelle Umstände, medienbezogene Attitüden, das Kommunikationsverhalten oder genauer gesagt die Mediennutzung sowie Nutzungsmotive (gesuchte Gratifikationen).

Soziale und individuelle Umstände

Kommunikation und Mediennutzung – so der Nutzenansatz – dienen dazu, bestimmte individuelle Motive zu befriedigen. Die Medien konkurrieren dabei mit anderen nicht-medialen Instanzen zur Bedürfnisbefriedigung (sogenannten funktionalen Alternativen). Dabei zeigt eine Studie von Katz, Gurevitch und Haas[7], daß nicht-mediale Quellen (wie Freunde und Familie) im Vergleich zu medialen die wichtigeren, zufriedenstellenderen Instanzen sind. Medien können aber, wenn andere nicht-mediale Quellen blockiert sind, eine kompensatorische Rolle spielen. Das konkrete Kommunikationsverhalten einer Person (Mediennutzung und nicht-mediale Aktivitäten) ergibt sich aus den spezifischen Motiven in Zusammenhang mit individuellen Dispositionen und Gegebenheiten der Umwelt.

Eine Typologie der Möglichkeiten zur Bedürfnisbefriedigung und der Bedeutung der Mediennutzung entwickelten Rosengren und Windahl.[8] Sie unterscheiden dabei individuelle und umweltgegebene Möglichkeiten. Aus diesen ergeben sich zufriedenstellende oder nicht-zufriedenstellende Lösungen, um ein bestimmtes Bedürfnis zu befriedigen. Somit ist der einzelne in unterschiedlichem Ausmaß von den Möglichkeiten abhängig, die ihm jeweils zur Verfügung stehen. Sind beispielsweise sowohl individuelle als auch milieubedingte Möglichkeiten in ausreichendem Maße vorhanden, um ein Bedürfnis zu befriedigen, ist das Medium – in der Terminologie von Rosengren und Windahl – eine zusätzliche Alternative, es kann zur Abwechslung eingesetzt werden. Hat jemand dagegen weder individuelle noch milieubedingte Möglichkeiten, dann ersetzt das Medium diese, es wird zur stellvertretenden Erfahrung genutzt.

Auf unsere Fragestellung angewendet heißt das: Teilnehmer von Call-in-Sendungen nutzen solche Sendungen, um Kommunikationsbedürfnisse zu befriedigen. Nicht-Teilnehmer hingegen sind nicht auf das Medium als Befriedigungsinstanz angewiesen, weil sie ihre Bedürfnisse zufriedenstellend auf andere Art – also in direkten sozialen Kontakten – erfüllen können. Die individuellen und/oder umweltbedingten Kommunikationsmöglichkeiten der Anrufer sind nicht ausreichend, Anrufer suchen bei der Mediennutzung eher Ersatz oder Ergänzung zur direkten Face-to-face-Kommunikation. Für Nur-Hörer (Nichtanrufer) mit ausreichenden Möglichkeiten ist die Mediennutzung eher Zusatz.

Die Möglichkeiten, sozial aktiv zu sein und die Kommunikationsmotive damit in direkten Face-to-face-Interaktionen zu befriedigen, werden durch eine Reihe von Faktoren beeinflußt. Bestimmte Lebensumstände, wie Krankheit, fehlende Mobilität, Arbeitslosigkeit oder das Leben als Single, können ein Grund dafür sein, daß funktionale Alternativen schwieriger verfügbar sind. Auch einige der weiter oben bereits erwähnten Studien zeigen, daß Anrufer von Call-in-Sendungen isolierter, weniger mobil, älter, eher krank sind und eher alleine leben, sowie seltener Vereinen oder ähnlichen Organisationen angehören. Wir vermuten daher, daß die Wortgefecht-Anrufer häufiger nicht berufstätig sind, eher alleine leben, weniger gesund und weniger mobil sind als Nichtanrufer.

Medienbezogene Attitüden

Wenn Anrufer weniger funktionale Alternativen zur Verfügung haben, dann müßte für sie auch das Radio wichtiger sein, ihre Bindung an das Radio müßte also stärker sein als die der Nur-Hörer. Da außerdem die Motivation, ein Medium zu nutzen, davon abhängt, wie gut das Medium ein vorhandenes individuelles Motiv erfüllt, müßten die Anrufer eher den Sender bevorzugen, der ihnen eine Möglichkeit zur Befriedigung ihrer Motive bietet – in diesem Fall den Saarländischen Rundfunk SR1 mit dem „Wortgefecht".

Mediennutzung

Aufgrund der ungünstigeren Umstände müßten die Anrufer im Vergleich zu den Nichtanrufern generell verstärkt auf das Medium zurückgreifen: sie müßten häufiger Radio hören oder sich häufiger auch an anderen Mitmach-Sendungen beteiligen.

Wenn außerdem parasoziale Interaktion – verstanden nach Horton und Wohl[9] als die Illusion einer Face-to-face-Interaktion, die der Rezipient gegenüber einem Medienakteur aufbaut – eine Alternative zu direkten zwischenmenschlichen Interaktionen sein kann[10], dann kann auch erwartet werden, daß bei Anrufern eher parasoziale Interaktion auftritt.

Nutzungsmotive

Doch nicht nur in der Mediennutzung müßten sich die unzureichenden Interaktionsmöglichkeiten der Anrufer niederschlagen, sie müßten das Radio auch aus anderen Motiven nutzen als die Nichtanrufer. Dabei wird angenommen, daß Anrufer Radio eher aus

Motiven heraus hören, die einem aktiven Nutzungsmuster zuzurechnen sind[11], wie Information und Hilfe bei sozialer Interaktion. Und Anrufer müßten eher Radio hören, weil sie Gesellschaft suchen.

Kontrollüberzeugungen

Der Berücksichtigung der Persönlichkeitsvariablen Kontrollüberzeugungen liegt folgende Überlegung zugrunde: Glaubt eine Person, daß sie die Ereignisse in ihrer Umwelt und ihr eigenes Leben selbst kontrollieren kann (internale Kontrollüberzeugung), dann wird sie die Initiative ergreifen und aktiv werden. Diese Beziehungen spiegeln sich nach den Ergebnissen von Krampen, Viebig und Walter[12] auch bei der Mediennutzung wider. So finden sie Zusammenhänge zwischen den Motiven der Selbststeuerung und Informationsaufnahme (also eher aktiven Motiven) einerseits und internalen Kontrollüberzeugungen andererseits sowie Zusammenhänge zwischen dem Motiv der Ablenkung (einem eher passiven Motiv) und externalen Kontrollüberzeugungen. Die Annahme lautet folglich: Anrufer wählen aufgrund bestimmter Persönlichkeitsmerkmale (nämlich internaler Kontrollüberzeugungen) einen aktiven, zielgerichteten Weg (also den Weg des Anrufens), um so mangelnde funktionale Alternativen zu kompensieren.

Zusammenfassend heißt das: Die Anrufer des „Wortgefechts“ nutzen auf eine aktive, zielgerichtete Weise das Medium. Sie greifen auf diese besondere Art der Mediennutzung zurück, weil sie auf diesem Wege einen Mangel an Möglichkeiten zu direkten sozialen Interaktionen kompensieren können. Anrufer und Nichtanrufer müßten sich also nicht nur darin unterscheiden, ob sie beim Wortgefecht aktiv mitmachen oder nur zuhören, sondern auch in verschiedenen anderen Aspekten der Mediennutzung (wie Hördauer und parasoziale Interaktion), in den Motiven der Radionutzung, in medienbezogenen Attitüden sowie in den sozialen und individuellen Umständen.

3. Unterschiede zwischen Anrufern und Nichtanrufern – Ergebnisse

Nun geht es darum, die Hypothesen bezüglich bestimmter Unterschiede zwischen Anrufern und Nichtanrufern des „Wortgefechts“ statistisch zu überprüfen. Befragt wurden dazu 76 Anrufer und 50 Nur-Hörer (Nichtanrufer) des „Wortgefechts“.[13]

Soziale und individuelle Umstände

Die Nichtanrufer weisen bei der Variablen „Möglichkeit zur direkten sozialen Interaktion“ auf dem Ein-Prozent-Niveau signifikant höhere Werte auf. Dagegen gibt es keine Unterschiede bei den Variablen Berufstätigkeit, Haushaltsgröße, Mobilität und Gesundheit. Hier konnte das erwartete Bild nicht bestätigt werden. Überraschenderweise unterscheiden sich die beiden Gruppen auch nicht im Ausmaß der internalen Kontrollüberzeugungen. Es zeigt sich aber ein signifikanter Unterschied bei durch Fatalismus bedingter Externalität: Anrufer nehmen eher als Nichtanrufer an, daß ihr Leben und die Ereignisse vom Schicksal, Glück oder Pech abhängen.

Medienbezogene Attitüden

Anrufer weisen im Schnitt eine mittelhohe Bindung an das Radio auf, dagegen zeigen Nichtanrufer eine geringe Bindung an das Medium. Außerdem bevorzugen 84 Prozent der Anrufer SR1, also den Sender, der das „Wortgefecht" ausstrahlt, im Vergleich zu 50 Prozent bei den Nichtanrufern.

Mediennutzung

Anrufer und Nichtanrufer haben ein unterschiedliches Radionutzungsverhalten. So hören Anrufer länger am Tag Radio (durchschnittlich 6,2 Stunden pro Tag im Vergleich zu 4,9 Stunden bei den Nichtanrufern). Anrufer hören häufiger das „Wortgefecht": es hören beispielsweise 31 Prozent der Anrufer, aber nur 2 Prozent der Nichtanrufer täglich diese Sendung. Und fast die Hälfte der Anrufer (49 Prozent), jedoch nur 11 Prozent der Nichtanrufer beteiligen sich auch an anderen Mitmach-Sendungen.

Mehr Anrufer (42 Prozent) als Nichtanrufer (27 Prozent) geben an, daß sie einen Lieblingsmoderator haben, zeigen also parasoziale Interaktion. Allerdings unterscheiden sich diejenigen Anrufer, die einen Lieblingsmoderator haben, und diejenigen Nichtanrufer, bei denen dies ebenfalls der Fall ist, nicht im Ausmaß der parasozialen Interaktion.

Motive

Anrufer und Nichtanrufer hören aus unterschiedlichen Motiven Radio. Auf dem Ein-Prozent-Niveau signifikante Unterschiede zeigen sich im Hinblick auf Information, Hilfe bei sozialer Interaktion und Gewohnheit – jedoch nicht beim Hörmotiv Gesellschaft.

4. Teilnahme am Wortgefecht: Ersatz zur direkten Face-to-face-Kommunikation?

Bei der statistischen Hypothesenprüfung ergeben sich also signifikante Unterschiede in allen betrachteten Variablenbereichen – soziale und individuelle Umstände, medienbezogene Attitüden, Mediennutzung, Motive. Man kann aufgrund dieser Ergebnisse annehmen, daß die Wortgefecht-Anrufer auf diese besondere Art der Mediennutzung zurückgreifen, weil sie so fehlende Möglichkeiten zu direkten sozialen Interaktionen kompensieren können. Offen bleibt jedoch die Frage nach den Ursachen für diesen Mangel. Kommen wir auf die bereits erwähnte Typologie von Rosengren und Windahl zurück, dann sind fehlende Möglichkeiten zu direkten sozialen Kontakten bei Anrufern nicht in erster Linie festzumachen an mangelnden umweltbedingten Möglichkeiten wie Nicht-Berufstätigkeit, Leben als Single, mangelnder Mobilität oder schlechter Gesundheit – hier unterscheiden sich die beiden Gruppen nicht. Es erscheint vielmehr sinnvoll, Unterschiede zwischen Anrufern und Nichtanrufern im Bereich der individuellen Möglichkeiten zu suchen. Auch das unerwartete Ergebnis bei der Variablen Kontrollüberzeugungen weist darauf hin, daß die individuellen Möglichkeiten, speziell die Persönlichkeitsvariablen, genauer unter die Lupe zu nehmen sind.

Wenn der Radiohörer zum Telefon greift, dann kann dies als Alternative, genauer gesagt Ersatz oder Ergänzung, zur direkten sozialen Interaktion dienen. Oder um zum Schluß noch eine Anruferin zu Wort kommen zu lassen: „Durch das Radiohören fühlt man sich tatsächlich nicht so alleine, überhaupt wenn man die Möglichkeit hat, etwas zu einem Thema zu sagen. Ich sehe zum Beispiel auch die Sendung ‚Der Nachtfalke' sehr gerne im Fernsehen. Da ist ein Moderator, der sich aktiv um die Leute kümmert." Und weiter, zu den Moderatoren gerichtet, schreibt sie: „Ich danke Ihnen allen, daß es Sie gibt. Und seien Sie gewiß, wir hören Ihnen zu und sagen auch zu Ihnen ‚Guten Tag', wenn Sie es sagen."

Anmerkungen

1. Buchholz, Axel: Hörer am Studiotelefon. In: Walther von LaRoche/Axel Buchholz (Hg.): Radio-Journalismus. München [4]1988, S. 247–250.
2. Vgl. hierzu die Sammelbände: Blumler, J. G./E. Katz (Hg.): The uses of mass communications: Current perspectives on gratifications research. Beverly Hills 1974
   Rosengren, K. E./L. A. Wenner/P. Palmgreen (Hg.): Media Gratifications Research. Current perspectives. Beverly Hills 1985.
3. Unz, Dagmar: Wenn der Radiohörer zum Telefon greift. Soziologische und psychologische Merkmale von Teilnehmern einer „Call-in"-Sendung. In: Medienpsychologie 4, 1/1992, S. 44–61.
4. Avery, R. K./D. G. Ellis: Talk radio as an interpersonal phenomenon. In: G. Gumpert/R. Cathcart (Hg.) Inter/Media. New York 1979, S. 108–115.
   Avery, R. K./D. G. Ellis/T. W. Glover: Patterns of communication on talk radio. In: Journal of Broadcasting 22, 1978, S. 5–17.
   Bierig, J./J. Dimmick: The Late Night Radio Talk Show as interpersonal communication. In: Journalism Quarterly 56, 1979, S. 92–96.
   Crittenden, J.: Democratic functions of the open mike radio forum. In: Public Opinion Quarterly 35, 1971, S. 200–210.
   Tramer, H./L. W. Jeffres: Talk radio – forum and companion. In: Journal of Broadcasting 27, 1983, S. 297–300.
   Turow, J.: Talk Show Radio as interpersonal communication. In: Journal of Broadcasting 18, 1974, S. 171–179.
5. Armstrong, C. B./A. M. Rubin: Talk radio as interpersonal communication. In: Journal of Communication 39, 2/1989, S. 84–94.
6. Palmgreen, P./L. A. Wenner/K. E. Rosengren: Uses and gratifications research: The past ten years. In: K. E. Rosengren/L. Wenner/P. Palmgreen (Hg.): Media gratifications research. Current perspectives. Beverly Hills 1985, S. 11–37.
7. Katz, E./M. Gurevitch/H. Haas: On the uses of mass media for important things. In: American Sociological Review 38, 1973, S. 164–181.
8. Rosengren, K. E./S. Windahl: Mass media consumption as a functional alternative. In: D. McQuail (Hg.): Sociology of Mass Communication. London 1972, S. 269–286.
9. Horton, D./R. R. Wohl: Mass communication and para-social interaction. In: Psychiatry 19, 1956, S. 215–229.
10. Rubin, A. M./E. M. Perse: Audience activity and soap opera involvement: A uses and effects investigation. In: Human Communication Research 14, 2/1987, S. 246–268.
    Rubin, A. M./E. M. Perse/R. A. Powell: Loneliness, Parasocial Interaction and Local Television News Viewing. In: Human Communication Research 12, 1985, S. 155–180.
11. Levy, M. R./S. Windahl: Audience activity and gratifications: A conceptual clarification and exploration. In: Communication Research 11, 1984, S. 51–78.
    Rubin, A. M.: Ritualized and instrumental television viewing. In: Journal of Communication 34, 3/1984,

S. 67–77.
Rubin, A. M.: Uses, gratifications and media effects research. In: J. Bryant/D. Zillmann (Hg.): Perspectives on media effects. Hillsdale 1986, S. 281–301.

12. Krampen, G./J. Viebig/W. Walter: Differentialpsychologische Korrelate des Fernsehverhaltens. In: Psychologische Beiträge 24, 1982, S. 199–223.
13. Eine detaillierte Beschreibung der Methode und einzelner Ergebnisse findet sich bei Unz (1992), wie Anm. 3.

Partizipationsfiktion „Hörergespräch“

Von Klaus Neumann-Braun[*]

1. Einleitung

Sendungsformate der sogenannten Service-Wellen setzen in tragender Weise auf das Element der musikalischen Unterhaltung. Wie aktuelle Untersuchungen der Programmprofile öffentlich-rechtlicher und privater Radios ergeben, werden die Wortbeiträge tendenziell zum Bei-Programm: Eine durchschnittliche Moderation dauert inzwischen gerade einmal eine knappe halbe Minute! Dennoch ist das Wort wohl beim Rundfunk noch nicht ganz abgemeldet: Beispielsweise wird in der Sendungsform „Wunschkonzert“ eine Hörerbindung durch die Inszenierung einer spezifischen „Publikumsnähe“ zu erreichen versucht. Ein zentraler Stellenwert in dem entsprechenden Konzept der direkten Begegnung mit dem Hörer kommt der telefonischen Hörerbeteiligung an den laufenden Sendungen zu. Dabei wird bekanntlich das Publikum zum Mitmachen aufgefordert, beispielsweise in Form des Wählens von Hits, des Grüßens von Nachbarn oder des Plauderns am Telefon. Wie sind die gegenwärtigen Formen der Hörerpartizipation beziehungsweise Hörerbeteiligung einzuschätzen? Gelangen die Hörer und Hörerinnen aus der Passivität in die Aktivität, aus der Hörigkeit in die Mündigkeit? Oder aber instrumentalisieren kluge Marktstrategen in den Sendern Kommunikationsbedürfnisse der Hörer für Marketingzwecke: der Hörer als kostengünstiger Programmlieferant mit wichtigem Werbewert?

Um diese Frage beantworten zu können, ist eine Differenzierung notwendig, ob und in welcher Art es legitim ist, von Hörerpartizipation zu sprechen. Welche Bedingungen müssen gegeben sein, damit nicht Partizipationsfiktion und Pseudokommunikation inszeniert, sondern reziproke Kommunikation initiiert wird? Insofern sich Hörergespräche als eine Schaltstelle zwischen massenmedialer und interpersonaler Kommunikation verstehen lassen, stellen sie einen prominenten Bezugspunkt für die Untersuchung dar, welche Kommunikationskultur sich in den direkten Begegnungen von Kommunikator und Rezipient herstellt.

In den weiteren Ausführungen[1] sollen entsprechend folgende vier Punkte diskutiert werden: Erstens das Konzept der thematischen und kommunikativen Publikumsnähe; zweitens das Sendungsformat der Kombination von musikalischer und narrativer Unterhaltung – exemplifiziert am Sendungstypus Wunschkonzert –; drittens empirische Befunde zur telefonischen Hörerpräsenz im Radio; und schließlich viertens: Partizipationsfikti-

* Klaus Neumann-Braun ist Professor für Soziologie an der J. W. Goethe-Universität in Frankfurt/Main.

on Hörergespräch, oder wem gehört eigentlich das Programm, das „*Ihr* Programm“ genannt wird?

2. Thematische und kommunikative Publikumsnähe

In dem Konzept einer thematischen und kommunikativen Publikumsnähe[2] spielt meist der telefonische Hörerkontakt eine wichtige Rolle. Mit dem Begriff der kommunikativen Publikumsnähe soll gemeint sein, daß die Kombination eines Distanzmediums, das Radio, mit einem innerhalb der Gruppe der technischen Kommunikationsmedien eher nähesprachlichen Medium, dem Telefon, eine direkte Begegnung von Kommunikator und Rezipient ermöglicht. Das Spezifikum der Multimedialität stellt die Situation eines tendenziell direkten, reziproken Dialogs zwischen Moderator und Hörer her. Mit dem Begriff der thematischen Publikumsnähe wird darauf abgehoben, daß beispielsweise in einer Programmform wie dem Wunschkonzert, neben Musikpräsentationen, vom Moderator selbst kurze Geschichten erzählt werden sowie Telefongespräche mit Hörern stattfinden, die sich inhaltlich an den Themen des sogenannten human interest orientieren. Es werden am Telefon im Prinzip keine komplizierten Themen besprochen, noch werden ernste Dinge verhandelt. Statt dessen wird auf die in der Alltagswelt der Hörer verankerten, aber dennoch zum sogenannten Small talk geeigneten und vielfach verwendeten Topoi wie Liebe, Geld, Kinder, Gesundheit, Tiere, Sport, Freizeit, Star-Klatsch und so weiter zurückgegriffen.

3. Narrative Unterhaltung – am Beispiel des Sendungstypus Wunschkonzert

Die gegenwärtigen sogenannten Servicewellen setzen in der Regel auf musikalische „Fließprogramme“, in denen dem Wort – zumindest quantitativ – nur eine untergeordnete Bedeutung beigemessen wird. Detlev Schröter und Hans Wagner haben jüngst in ihrer Münchener Privatradio-Studie[3] errechnet, daß die – noch – vorhandenen Moderationen durchschnittlich 28 Sekunden dauern, Live-Übertragungen von auswärts ins Studio 119 Sekunden. Führt allein schon die mangelnde Zeit dazu, daß kaum wirklich persönliche Publikumsbeziehungen aufgebaut und gepflegt werden können, trägt zudem der von Kommunikatorseite praktizierte abweisende, nicht ernstnehmende Stil der Gesprächsführung dazu bei, daß für die Hörer nur geringe, unzureichende Partizipationschancen bestehen: Kurz gegrüßt und gewünscht werden darf – mehr nicht?

Nicht anders sieht im übrigen das Bild aus, wenn die andere „große“ Form der Radio-Unterhaltung betrachtet wird: die Quiz- und Gewinnspieleinlagen in den Servicewellen. Auch hier darf nur im von Kommunikatorseite vorgegebenen Rahmen kurz und knapp mitgespielt werden – Versuche der Hörer, andere Themen anzuschneiden, werden vom Moderator abgeblockt.[4]

Was aber geschieht, wenn eine Sendung *explizit* auf das Element der *narrativen* Unterhaltung setzt und dann auch dem Gespräch zwischen Moderator und Hörer, das heißt dem jeweiligen Geschichtenerzählen, eine ungleich höhere Bedeutung zumißt, was sich zum Beispiel auch in einer längeren Dialogzeit von drei bis vier Minuten niederschlägt? Entsteht – so die Untersuchungsfrage – in einem solchen Rahmen ein entscheidendes Mehr an kommunikativer und thematischer Publikumsnähe?

4. Leben und Erzählen in Geschichten

Bevor empirische Ergebnisse der Untersuchung einer solchen auf narrative Elemente setzenden Sendungsform vorgestellt werden, soll noch die Frage geklärt werden, auf was sich Kommunikatoren überhaupt einlassen, wenn sie auf narrative Unterhaltung setzen, sprich: Hörer zu Gesprächen einladen. Dazu einige Kommentare unter dem Stichwort: Hörergespräche als „biographische" Programmkomponenten.

Die beiden Elemente der thematischen und kommunikativen Publikumsnähe legen es nahe, Programmformen mit direkter Hörerbeteiligung als biographische Sendeformen zu begreifen.[5] Mit dem Begriff Biographik ist in einem weiten Sinne gemeint, daß man sich um eine konkrete Annäherung an Personen bemüht. Im massenmedialen Rahmen von biographischen Präsentationsformen wie beispielsweise Interviews oder Talk-Shows mit Prominenten geht es in der Regel darum, der interviewten Person jenseits von Rollenklischees und Kommunikationsdistanzen authentisch zu begegnen. Der Mensch soll hinter der sozialen Fassade in seiner Alltäglichkeit sichtbar werden.

Ein solches personalisierendes Eingehen auf Personen[6] ist jedoch nicht allein an das Merkmal der Statusprominenz gebunden. Auch mit nicht-prominenten Gesprächspartnern werden solche biographischen Gespräche geführt.

In biographischen Unterhaltungen der angesprochenen Art geht es in der Regel um das explizite Thematisieren von zumindest Teilaspekten, wenn nicht gar der vollständigen Lebensgeschichte. Dieses Kriterium trifft nun sicher nicht auf die Sendungsform eines Radio-Wunschkonzertes mit darin integrierten Hörergesprächen zu, werden hier doch zumeist keine umfänglichen Lebensgeschichten vorgestellt und verhandelt. Die Spezifik der human-interest-Themen führt jedoch dazu, daß entsprechend angeschnittene Themen einer dynamischen Gratwanderung zwischen Kurzweil und Tiefe unterliegen.

Wie sich am Beispiel des Themas Haustier(-haltung) leicht zeigen läßt, oszillieren entsprechende Gespräche zwischen Witz und Ernst. Haustiere werden von ihren Haltern in der Regel als anthropomorphisierte Mitglieder der Familie angesehen, mit denen spaßhafte Ereignisse, aber auch leidvolle Erfahrungen gleichermaßen verknüpft sind. Ein Gespräch über Tiere und die Erfahrungen mit diesen kann zunächst in spaßhafter Art beginnen, um dann aber doch recht schnell bei einem leidvollen Thema zu enden. Entsprechend operieren Moderatoren in den Telefonaten auf – in ihrer Sprache – „vermintem Gelände": Vom Wellensittich ist das Gespräch schneller als manchmal gewünscht beim Krankenhausaufenthalt des Halters.[7]

Hierbei wirken sich nun spezifische Zugzwänge des Erzählens im Rahmen der Dialogform der sogenannten Beispielkommunikation[8] aus: Themen werden im Rahmen von Alltagsgesprächen gerne anhand von Beispielschilderungen verhandelt, deren Ausführung den Prozessen dynamischer Detaillierungen und biographischer Vertiefungen unterliegen.

Und schließlich ist zu berücksichtigen, daß auch die Spezifität der Mediensorte Telefon[9] zur Intimisierung und Biographisierung der Unterhaltungsgespräche beiträgt. Als ein spezifischer psychologischer Aspekt des Telefonierens läßt sich festhalten, daß der Umstand, daß sich die Sprechenden nicht sehen können, also einen „blinden Dialog" führen, zur Folge hat, daß eine Tendenz entweder zu einer affektiven Hemmungslosigkeit oder aber – gegenläufig – zu einer gesteigerten Sachlichkeit entsteht.[10] Der Sprecher, der den Hörer nicht vor Augen hat und sich im übrigen – zur Vermeidung von Rückkoppelungen – auch selbst nicht auf Sendung hören kann, unterliegt im ersten Fall tendenzieller affektiver Hemmungslosigkeit leicht der Fiktion, daß jemand *wirklich* sein Ohr hinhält und ihm zuhört. Gewisse Hemmschwellen im Face-to-face-Kontakt entfallen beim Telefonieren, so daß sich der Sprecher im Zugehört-Bekommen angenommen wähnt und bereitwillig Privates und Intimes in die Öffentlichkeit trägt.

5. Empirische Befunde: telefonische Hörerpräsenz im Radio – eine Inszenierung fingierter Publikumsnähe

Zur Klärung der Frage nach der Kommunikationskultur und den Partizipationschancen in Hörergesprächen wurde eine sequenzanalytische Untersuchung von Hörer-Telefonaten im Rahmen eines Radio-Wunschkonzertes durchgeführt.[11] Bei den analysierten Wunschkonzertprogrammen handelt es sich um halbstündige Sendungen aus dem Vorabendprogramm des Südwestfunks, die im Juli 1990 auf Tonband mitgeschnitten wurden.

Ziel der Studie war die Rekonstruktion notwendiger Struktur- und Prozeßelemente des Formats Hörergespräch. Die Gespräche wurden unter der (sprach-)soziologischen Perspektive analysiert, wie und in welchen Regelvarianten Prozesse von Macht und Kontrolle beziehungsweise Imagearbeit[12] im Dialoggeschehen zwischen Kommunikator und anrufendem Hörer virulent werden.

In handlungstheoretischer Untersuchungsstrategie wurde mikroanalytisch die Frage verfolgt, wie Sprecherrollen, Themensetzungen und -behandlungen sowie spezifische Sprechhandlungen wie beispielsweise Selbstdarstellungen in Unterhaltungsgesprächen von den Dialogpartnern geregelt werden, um schließlich entscheiden zu können, ob sich im Verlauf der Sendungen *tatsächlich* eine kommunikative Publikumsnähe, eine thematische Alltagsnähe sowie eine symmetrische Publikumsbeteiligung herstellt.

Die Ergebnisse dieser sequenzanalytischen Untersuchungen von Hörergesprächen in Radio-Wunschkonzerten können hier nicht ausführlich im Rahmen detaillierter Fallinterpretationen dargestellt werden. Resümierend zeigen die Befunde jedoch, daß Moderator und Hörer im Rahmen des Formats Hörergespräch agieren. Obwohl vom Sendungskonzept her länger geredet werden konnte und auch sollte (!), dauerten die Telefonate in der Regel nicht länger als drei Minuten. Sie fanden in einem festen Zeitrahmen – prinzipiell unter Zeitdruck – statt. Sie standen in der Spannbreite von einerseits oberflächlicher Konventionalität und andererseits vorführender Vernutzung.

Im ersten Fall wird ein meist kürzeres höflich-distanziert gehaltenes Gespräch zwischen Moderator und Hörer geführt, in dem allein die Nennung von Name und Wohnort sowie Liedwunsch und Grußbotschaft des Hörers Inhalt der Unterhaltung ist. Tendenziell mögliche Elaborationen unterbleiben. Im Rahmen einer solchen Harmonisierungsmoderation kann keine vertiefende Begegnung von Hörer und Kommunikator stattfinden, ebenso wenig wie im zweiten Fall, in dem der Moderator eine kürzere oder längere Ausführung des Anrufers allein als Stichwort dafür nimmt, zur allgemeinen Belustigung des Rundfunkpublikums seine Späße mit dem Hörer zu treiben. Die „Jagd nach der Pointe“ findet hier auf dem Rücken des Hörers statt.

Ein Moderator am Hörertelefon: ein Fallbeispiel für die Ausbeutung eines Hörers

Zur Illustration einer solchen Vernutzungsmoderation sei an dieser Stelle ein solcher Gesprächsverlauf skizziert:

Das Telefonat findet im Rahmen eines spezifischen Wunschkonzerts, einem *Tier-Wunschkonzert*, statt. Das Thema Haustier wird in der Sendung durch zwei spezifische Inszenierungselemente unterhaltsam aufbereitet: Zum einen ergibt sich eine Situationskomik aus der besonderen Kommunikationsbeziehung, die durch das Element Seinem-Tierliebling-ein-Lied-Wünschen strukturiert wird. Die Triade Mensch-Mensch-Mensch, das heißt ein Mensch in der Rolle des Hörers, der widmet, und ein Mensch als Hörer, dem ein Lied gewidmet wird, und ein Mensch in der Rolle des Moderators, der den Liedwunsch vermittelt, wird ersetzt durch die Triade Mensch-Tier-Mensch, das heißt hier wird nun einem Tier ein Lied gewidmet, einem animalischen Wesen, das sich ja – so die Sendungsintention – wie ein Mensch über die Aufmerksamkeit seines Herrchens bzw. Frauchens freuen soll. In der Wiederholung der Inszenierung einer anthropomorphisierten (Lied-) Wunsch-Gemeinschaft liegt ein witziges Kuriosum mit Unterhaltungswert, das aus dem Alltag der Hörer bestens bekannt ist, wird hier doch mit der Animalität eines Familienmitglieds „gespielt".

Als traue man dem Ganzen nun aber doch nicht so recht, wird dieses Lied-Widmen in der Sendung einer Art von Test unterzogen: ein „Tierlaut-Hervorlock-Spiel" wird inszeniert. Wie lauten die Spielregeln? Die Unterstellung, daß ein Hörer, dem ein Lied gewidmet wird, einerseits diese Widmung versteht und sich andererseits auch darüber freut, kann bei einem menschlichen Hörer prinzipiell jederzeit überprüft werden, indem man ihn ganz einfach um eine Stellungnahme dazu bittet. Auch beim tierischen Hörer werden nun Fähigkeit zum Verstehen der Medienbotschaft, das heißt die Liedwidmung, sowie Vergnügen am Hören des Liedes unterstellt. Aber da man im Kern doch nicht ganz sicher sein kann, ob die „unzivilisierten" Lebensgefährten tatsächlich ihre Freude an der Rezeption von Liedern haben, wird nun ein Testspiel eingeführt. Durch Vermittlung des Hörers am Telefon wird live versucht, eine lautliche Reaktion des Tieres auf die gewünschte Melodie zu erhalten. Wird eine solche Reaktion erreicht, kann als bestätigt gelten, daß das Tier den ihm zugedachten Platz in der Lied-Wunsch-Gemeinschaft zu Recht einnimmt.

Man kann sich leicht vorstellen, daß die Idee dieser Tierlaut-Hervorlock-Routine durch die Spiel- und Gesprächsdynamik nicht selten eine konzeptionelle Veränderung erfährt: Dann löst sich die Aufgabe, eine lautliche Reaktion des Tieres auszulösen, von der spezifischen Situation, auf ein Lied zu reagieren, und verselbständigt sich. Oft geht es dann nur noch darum, ob man in der Lage ist, auf Kommando (s)einem Tier *überhaupt* einen Laut hervorlocken zu können.

Dies geschieht nun auch in der analysierten – acht-phasigen – Sequenz: Nach der Abmoderation des zuvor gespielten Titels erfolgt eine Kontaktherstellung am Telefon mit dem Hörer. In der Begrüßungs- und Kontaktaufnahmephase wird der Hörer als Person nicht weiter identifizierbar, der Moderator stellt keine Fragen zur Persönlichkeit des Anrufenden. Man kommt gleich zur Sache: Der Moderator fragt, ob der Hund des Hörers auf Kommando bellen könne, was dieser bejaht. Es folgt die erste hörerseitige Spielrunde: Dieser schickt seine Mutter vor die Haustür, die dort die Klingel betätigt, worauf der Hund in der Wohnung anschlägt und bellt. Der Hörer scheint zufrieden, der Moderator jedoch nicht, denn diese Spielrunde entspricht *nicht* den gesetzten Spielregeln, da nicht der Zuruf des Hörers, sondern das Klingeln an der Tür das Bellen des Hundes hervorlockte.

Es folgt eine Orientierungsrunde, in der der Moderator einen Akteur- und Themenwechsel vornimmt: Er stellt Fragen zum Hund, über den man schließlich mehr weiß, als über den Hörer. Die zweite Spielrunde wird nun vom Moderator (!) aktiv bestritten. In dessen Auftrag muß der Hörer dem Hund den Telefonhörer ans Ohr halten, durch den der

Moderator dem Hund etwas „vorbellt“. Schließlich bellt der Hund auch kurz – wobei jedoch unklar bleibt, ob nicht erneut Eingriffs*handlungen* des Hörers (!) – sprich: das Heranziehen des Hundes zum Telefonhörer – dessen Bellen hervorgerufen hat. Wie dem auch sei: Der Moderator feiert seinen Erfolg in einer Art von narzißtischer Grandiositätsinszenierung. Er schreibt seinem Tun „Wunder-Qualitäten“ zu: „... aha, ja, ich kann mit Hunden reden, (lacht) ein Wunder (räuspert sich), Jochen bist du wieder da, Jochen, (...) also ich ... ein Wunder ist passiert ...“

In der nächsten Phase des Telefonats führt der Moderator den Liedwunsch des Hörers bzw. des Tieres ein: Er ironisiert jedoch dabei den Hörer und läßt diesen anschließend in einer Frage-Anwort-Situation „hängen“. Es kommt zu einseitigen Abwertungen auf Kosten des Hörers. Schließlich wählt der Moderator eine kurze Variante der Verabschiedung, gefolgt vom Spielen des Liedtitels.

Der Umstand, daß Moderatoren (abstrakte) Hörer rufen, sich jedoch (konkrete) Menschen mit spezifischen Kommunikationsbedürfnissen melden, führt zu einer strukturellen Ambivalenz von Gesprächseinladung und Gesprächsausladung, der die Kommunikatorseite mit abwehrenden Kommunikationsstrategien zu begegnen sucht. Die Kommunikationskultur läßt sich einerseits als prekäres Prozessieren von Intimität kennzeichnen: Hörerwünsche nach unmittelbarer, aber auch mehr Kommunikation werden in Disziplinierungsspielen kanalisiert und kontrolliert; andererseits wird – wie im obigen Fall zu sehen ist – auf dem Rücken der Hörer eine ritualisiert - „krampfhafte“ Inszenierung von Witz und Unterhaltung bewerkstelligt. Der Moderator stellt sich nicht dem *Gespräch*[13] mit dem Hörer, sondern inszeniert gleichsam in einer dem Gespräch ausweichenden Strategie ein verkapptes Wettbewerbsspiel.[14] Dabei werden Hörer jedoch als Programmzuarbeiter für die Selbstinszenierung von Moderator und Radio instrumentalisiert. Mit diesem Handlungsmuster wird erreicht, daß das Medium Rundfunk sich selbst – selbstreferentiell – zelebriert.

6. Die Ent-Personalisierung des Hörers im Radiogespräch

Zur direkten Gesprächskontrolle durch den Moderator kommt ein weiteres Element hinzu, nämlich die spezifische Dialektik von Besonderung und Verallgemeinerung im Rahmen öffentlicher Kommunikation.

Anknüpfend an die vorgetragene Überlegung, daß narrative Unterhaltung im Themenkreis des human interest als Teil der biographischen Kommunikation verstanden werden muß, entsteht die Frage der Legitimation der Veröffentlichung von Privatem im Radio. Biographische Kommunikation ist im massenmedialen Rahmen an die Rechtfertigung gebunden, daß sie in irgendeiner Weise auf etwas Allgemeines bezogen ist. Im Rahmen der Sprach- und Literaturwissenschaft wird die Begründung für die Veröffentlichung persönlicher Lebenserfahrung „autobiographischer Pakt“[15] genannt im Sinne einer Vereinbarung zwischen Autor und Leser über die Möglichkeit von Veröffentlichung und Rezeption individuellen Lebens. Im Rahmen beispielsweise der Prominentenbiographik bedeutet dies, daß eine bestimmte Politikerbiographie Auskunft über eine Epoche geben soll (Stichwort: der Politiker als Zeitzeuge).

Im Rahmen von Hörergesprächen in Unterhaltungsprogrammen stellt sich die Situation anders dar: Hier sind es die Elemente von Witz und Unterhaltung, die den individuellen Redebeitrag des in der Sendung anrufenden Hörers verallgemeinern und damit für jedermann interessant machen. Was auf den ersten Blick paradox klingen mag, offenbart die Dialektik von Besonderung und Verallgemeinerung der Medienkommunikation: Die Personalisierung der Programme durch das Zu-Wort-Kommen-Lassen von tendenziell identifizierbaren Hörern und Hörerinnen führt unter dem Diktat des sozialen Mediums Unterhaltung dazu, daß die betroffenen Gesprächspartner am Telefon gerade an Identität und Eigenwert *verlieren*. Die Geschichte, die sie erzählen möchten beziehungsweise die sie zum Besten geben sollen, interessiert nur unter der *dekontextualisierenden* Perspektive, daß – öffentliche(r) – Witz und Unterhaltung entsteht. Damit rückt jedoch die besondere Leistung, die der Hörer mit *seiner* Geschichte selbst verbindet, in den Hintergrund. Der Hörer am Telefon wird im Namen des öffentlichen (Unterhaltung der Allgemeinheit der Hörer) beziehungsweise privaten Nutzens (Selbstinszenierung des Moderators) darauf reduziert, nur in der Hinsicht interessant zu sein, was er funktional an Witzigkeit anzubieten hat. Als dysfunktional erweist sich hingegen seine Subjektivität.

7. Partizipationsfiktion „Hörergespräch"

Mit Blick auf die Sozialgeschichte des Rundfunks[16] ist die Inszenierung des telefonischen Live-Hörergesprächs nur sinnvoll zu verstehen unter Inrechnungstellung des strukturellen (Miß-)Verhältnisses von vorenthaltener *struktureller* Hörermitbestimmung und gewährtem *ephemerem* Hörerkontakt in den einzelnen Sendungen. Geschichtlich läßt sich die Herausbildung dieses Vorenthaltens von Hörermitbestimmung bekanntlich treffsicher an dem Werdegang und Scheitern der Arbeiter-Radio-Bewegung zur Gründungszeit des Rundfunks aufzeigen.[17] Begrifflich sind also Phänomene struktureller Mitbestimmung und Partizipation zu unterscheiden von ephemeren Hörer-Reaktionsformen, die unter den Begriffen von Feedback oder Hörerbeteiligung zu fassen sind[18].

Mit Blick auf die Legitimationsideologie des Rundfunks[19] sind die Zeiten einer Unterhaltungsontologie in der Periode der Konsolidierungsphase des Rundfunks nach dem Krieg ebenso überwunden wie die Phase der funktionalistischen Unterhaltungskritik der Reformzeit zum Ende der sechziger, Anfang der siebziger Jahre, in der pointiert eine Hörerpartizipation im emphatischen Sinne angemahnt wurde.

Heute dominiert ein demonstrativer Verzicht auf das zentrale legitimationsideologische Gerüst eines sozialpolitischen und kulturistischen Selbstverständnisses. An dessen Stelle ist ein scheinbar versachlichtes, „entideologisiertes" Selbstverständnis getreten, demzufolge das Medium in erster Linie als industrieller (Groß-)Betrieb begriffen wird, dessen Produkte sich vor allem an den Unterhaltungsbedürfnissen seiner Abnehmer zu orientieren haben: Unterhaltung als Dienstleistung – neudeutsch: Service – für den mündigen Zuschauer ist das Stichwort.

Der sogenannte mündige Zuschauer wird hier jedoch *nicht* in Analogie zum „autonomen Staatsbürger" in Beziehung auf die Idee der bürgerlichen Öffentlichkeit gedacht, sondern im Sinne der Ideologie des Äquivalententauschs. Nur in einer Gleichgewichtsfiktion zwischen Produzenten und Konsumenten kann die Legitimität der kommunikativen „Dienstleistungsbeziehung" gedacht werden.

Mit Blick auf die Inszenierung des telefonischen Hörerkontakts bedeutet dies, daß im Hit-Wählen oder in der Quiz-Teilnahme Einschaltquoten gegen symbolische Bezahlung, sprich: gespielter Liedwunsch, beziehungsweise materielle Bezahlung, sprich: ein CD-Gewinn, getauscht werden. Im Live-Telefonat findet kein kommunikatives Gespräch im emphatischen Sinn statt, sondern eine Art von *Verkaufsgespräch*: Wünsche und Gefühle werden gegen ein geringes symbolisches beziehungsweise materielles Endgeld instrumentalisiert für die Marktbehauptung des – jeweiligen – Kommunikationsbetriebs Rundfunk.

Die Form der narrativen Unterhaltung stellt hier – wie aufgezeigt – keine Ausnahme dar. Stellt man einerseits – kommunikationstheoretisch – die Diskrepanz zwischen den gattungsspezifischen Maximen der Dialogform Alltagsgespräch und den Maximen der faktischen Hörergespräche in den Rundfunkunterhaltungsprogrammen in Rechnung sowie andererseits – identitätstheoretisch – ein zentrales Strukturelement biographischer Kommunikation, immer identitätsrelevant im Sinn von Selbst- und Fremdthematisierung beziehungsweise -reflexion[20], könnte mit einiger Berechtigung angenommen werden, daß anrufende Hörer am Telefon in eine prekäre Kommunikationsparadoxie geraten. Zu einem (symmetrischen) Unterhaltungs*gespräch* eingeladen und aufgefordert, finden sie *real* einen (asymmetrischen) *Interview*-Rahmen[21] vor, in dem Zeitnot, Unterhaltungsdiktat und Definitionsmacht des Moderators den Gang der telefonischen Begegnung bestimmen. Der Hörer wird zur fungiblen Staffage in einer Inszenierung fingierter Publikumsnähe, die den Namen Hörergespräch trägt.

Das Beispiel der narrativen Unterhaltung in einem Programm wie dem analysierten Wunschkonzert kann als ein schlagendes Beispiel dafür angesehen werden, wie von Hörern angetragene Kommunikationsbedürfnisse (Stichwort: biographische Kommunikation) im Sendealltag diszipliniert und auf das selbstreferentielle System Rundfunk zugerichtet werden. „Ihr Programm“ muß – strukturell argumentiert – also in der Regel mit einem kleinen „i“ geschrieben werden. Der Rundfunk gehört den Kommunikatoren, nicht den Rezipienten – daran ändert auch die Partizipationsfiktion „Hörergespräch“ nichts.[22]

Anmerkungen

1. Diese Arbeit wurde von der Deutschen Forschungsgemeinschaft (DFG), Bonn, finanziell gefördert im Rahmen des SFB 321 „Mündlichkeit – Schriftlichkeit“, Tp. B7.
2. Zum sprachwissenschaftlichen Konzept „Mündlichkeit – Schriftlichkeit“ siehe: Koch, Peter/Wulf Oesterreicher: Sprache der Nähe – Sprache der Distanz. Mündlichkeit und Schriftlichkeit im Spannungsfeld von Sprachtheorie und Sprachgeschichte. In: Romanistisches Jahrbuch (1985), Bd. 36, S. 15–43.
3. Schröter, Detlev/Hans Wagner: Hörfunkmoderation: Muster und Stile. In: Rundfunk und Fernsehen 40, 1/1992, S. 107–131.
4. Zum Thema Quiz- und Wettbewerbsspiel im weiteren Sinne siehe: Soeffner, Hans-Georg: Die Inszenierung von Gesellschaft – Wählen als Freizeitveranstaltung. In: ders.: Die Ordnung der Rituale. Die Auslegung des Alltags, Bd.2. Frankfurt 1992, S. 157–176; Friedrich, Peter: Der Ernst des Spiels. Zur Semantik des Negativen in Quiz- und Gameshows. In: Tietze, Wolfgang/Manfred Schneider (Hg.): Fernsehshows. Theorie einer neuen Spielwut. München 1991, S. 50–79.
5. Scheuer, Helmut: Personen und Personalisierung. Zu „biographischen“ Sendeformen. In: Kreuzer, Helmut/Karl Prümm (Hg.): Fernsehsendungen und ihre Formen. Stuttgart 1979, S. 391–405.
6. Die Tendenzen der Personalisierung von öffentlicher Kommunikation thematisieren: Habermas, Jürgen: Strukturwandel der Öffentlichkeit. Frankfurt 1991 (Neuausgabe); Sennett, Richard: Verfall und Ende des öffentlichen Lebens. Frankfurt 1990 (Orig. 1974).
7. Einen Zugang zum Bereich der soziologischen und sozialpsychologischen Diskussion der Haustierhaltung bieten aus teilweise unterschiedlicher Perspektive: Bergmann, Jörg: Haustiere als kommunikative Ressourcen. In: Soeffner, Hans-Georg (Hg.): Kultur und Alltag. (Reihe Soziale Welt, Sonderband Nr. 6). Göttingen 1988, S. 299–312; Geertz, Clifford: „Deep play“: Bemerkungen zum balinesischen Hahnen-

kampf. In: ders.: Dichte Beschreibungen. Frankfurt 1983, S. 202–260; Soeffner, Hans-Georg: Der fliegende Maulwurf (Der taubenzüchtende Bergmann im Ruhrgebiet) – Totemistische Verzauberung der Realität und technologische Entzauberung der Sehnsucht. In: ders.: Die Ordnung der Rituale. Die Auslegung des Alltags, Bd. 2. Frankfurt 1992, S. 131–156.

8. Keppler, Angela: Beispiele in Gesprächen. Zu Form und Funktion exemplarischer Geschichten. In: Zeitschrift für Volkskunde 84, 1/1988, S. 39–57.
9. Genth, Renate/Joseph Hoppe: Telephon! Der Draht, an dem wir hängen. Berlin 1986.
10. Baumgarten, Franziska: Psychologie des Telefonierens. In: Forschungsgruppe Telefonkommunikation (Hg.): Telefon und Gesellschaft. Berlin 1989, S. 187–196 (Orig. 1931).
11. Die Untersuchungen sind Teil der folgenden vom Autor verfaßten größeren Abhandlung zur Produktions-, Produkt- und Rezeptionsanalyse der Hörfunkkommunikation: Neumann-Braun, Klaus: Rundfunkunterhaltung – Zur Inszenierung publikumsnaher Kommunikationsereignisse. Tübingen 1993.
12. Holly, Werner: Imagearbeit in Gesprächen. Tübingen 1979.
13. Zur Definition des Begriffs „Alltagsgespräch" siehe: Henne, Helmut/Helmut Rehbock: Einführung in die Gesprächsanalyse. Berlin 1982, insb. Kap. 1.3.1.
14. Siehe Anmerkung 3.
15. Zum Begriff des sog. biographischen Pakts siehe: Fuchs, Werner: Biographische Forschung. Opladen 1984, S. 35f.; Sloterdijk, Peter: Literatur und Organisation von Lebenserfahrung. München 1978, S. 249ff.
16. Dahl, Peter: Radio. Sozialgeschichte des Rundfunks für Sender und Empfänger. Reinbek 1983.
17. Dahl, Peter: Arbeitersender und Volksempfänger. Proletarische Radio-Bewegung und bürgerlicher Rundfunk bis 1945. Frankfurt 1978.
18. Orians, Wolfgang: Hörerbeteiligung im Radio. München 1991, insb. Teil 2/3; Troesser, Michael: Moderieren im Hörfunk. Tübingen 1986, insb. Teil I.
19. Vgl. Müller-Sachse, Karl H.: Unterhaltungssyndrom. Frankfurt 1981.
20. Zur identitätsrelevanten Funktion der biographischen Kommunikation siehe: Fuchs, Werner: a.a.O.; Brose, Hanns-Georg/Bruno Hildenbrand: Biographisierung von Erleben und Handeln. In: dies. (Hg.): Vom Ende des Individuums zur Individualität ohne Ende. Opladen 1988, S. 11–30.
21. Vgl. zur gattungstypologischen Bestimmung der Gesprächsform „Interview": Berens, Franz-Josef: Analyse des Sprachverhaltens im Redekonstellationstyp „Interview". (= Reihe Heutiges Deutsch, Reihe I, Bd. 6). München 1975; Schwitalla, Johannes: Dialogsteuerung in Interviews. Ansätze zu einer Theorie der Dialogsteuerung mit empirischen Untersuchungen von Politiker-, Experten-und Starinterviews in Rundfunk und Fernsehen. (= Reihe Heutiges Deutsch, Reihe I, Bd. 15). München 1979.
22. Auch in quantitativer Hinsicht fällt die Beteiligung der Hörer an Sendungen überraschend gering aus: „Lediglich 2 Prozent aller Hörer wenden sich nach einer MAPLAN-Studie einmal in ihrem Leben telefonisch oder schriftlich an eine Sendeanstalt. Eine SWF-Studie stellt fest, daß 3,9 Prozent der Befragten schriftlich und 2,9 Prozent telefonisch innerhalb der letzten 12 Monate einmal an einer Radiosendung im weitesten Sinne beteiligt waren, ohne daß aufgeschlüsselt wird, inwieweit es sich dabei um dieselben oder verschiedene Hörer handelt und womit sich die Briefe und Anrufe beschäftigen.", Münch, Thomas: POP-FIT. Musikdramaturgie in Servicewellen. Pfaffenweiler 1991, S. 75.

Teil III

Informationsleistungen der Medien

Informationsleistung des Hörfunks

*Von Peter Frei**

Hörfunk: immer „auf Empfang“

Das Spezifische des Mediums Hörfunk ist, daß Radioinformationen nebenbei, neben anderen Tätigkeiten oder Untätigkeiten, aufgenommen werden können. Man kann also bei der Aufnahme von Radioinformation anderen Dingen nachgehen: Man kann Auto fahren, man kann im Haushalt etwas anrichten oder im Garten arbeiten. Man kann Radioinformation auch beim Jogging über den Kopfhörer erhalten und sogar nachts in der Dunkelheit seines Schlafzimmers. Diese spezifische, fast universelle Empfangsbereitschaft für Radio ist eine wichtige Voraussetzung für die Informationsangebote von Radiomachern. Gleichzeitig ist diese fast ständige Empfangsmöglichkeit für sie eine Herausforderung.

Es gibt keine Entschuldigung mehr für Radiomacher, Informationen – wichtige Informationen – für bestimmte Sendezeiten zu reservieren. Im Zeitalter der formatierten Programme werden sich auch bei den öffentlich-rechtlichen Rundfunkanstalten immer ein oder zwei oder sogar mehr Programme pro Anstalt finden lassen, die so offen sind, daß jederzeit, auch außerhalb von Nachrichtenzeiten und Zeitfunkprogrammen, Informationen bei Bedarf sofort vermittelt werden können. Radio kann also sehr schnell informieren. Neben Nachrichtenagenturen und Live-Schaltungen im Fernsehen ist Radio das schnellste Informationsmedium.

Wenn es die Redaktionen wollen, kann Radioinformation auch umfassend, beinahe erschöpfend dargeboten werden. Die Grundfrage, die sich für Redaktionen stellt, die im Radio für den Informationsbereich verantwortlich sind, ist nicht viel anders als die Frage, auf die auch zum Beispiel Zeitungsmacher oder die Redakteure der „Tagesschau“ und anderer vergleichbarer Sendungen im Fernsehen eine Antwort finden müssen: Was ist so wichtig, daß es die Menschen so schnell wie möglich wissen sollten, um Neugierde zu befriedigen oder auch Neugierde zu wecken? Oder auch um Leute zu warnen – man denke etwa an die Verkehrsmeldungen über Geisterfahrer oder Hochwasserwarnungen. Informationsredaktionen im Radio – also Nachrichten und Zeitfunk hier stellvertretend auch für Wirtschaft, Sport, Kultur und weitere stehen dabei, ebenso wie andere Medien, vor dem Problem der großen Informationsmenge. Hinzu kommt etwas, was Nachrichtenagenturen und Radio und (zumindest bis zu einem gewissen Grad) das Fernsehen sowie (allerdings nur zu bestimmten Zeiten des Produktionsprozesses) auch die Zeitungen gemein haben, nämlich die Umsetzgeschwindigkeit. Radio muß, wenn es aktuell sein will, die Informationsmenge in sehr kurzen Zeitspannen bewältigen. Daher zunächst einiges zur Informa-

* Peter Frei ist Hörfunkdirektor des Südwestfunks in Baden-Baden.

tionsmenge, bevor die spezifischen Probleme des Umsetzens dieser Menge im Radio thematisiert werden.

Informationsflut im Hörfunk

Vorgestern, am 1. Juli 1993, erreichten die Nachrichten- bzw. Zeitfunkredaktionen des Südwestfunk-Hörfunks über das Nachrichtenverteilsystem „Venus“ 2.114 Agenturmeldungen. Am Tag davor, am 30. Juni, waren es 2.192 Meldungen. Man muß als Nachrichtenredakteur mit einer Größenordnung von über 2.000 Meldungen pro Tag rechnen und arbeiten. Wie sich dieser Nachrichtenstrom verändert hat, wird bei einem Vergleich des Angebotes der Deutschen Presseagentur (dpa) aus dem Jahre 1963 mit der Gegenwart deutlich. Ich habe 1963 ausgewählt, weil ich seinerzeit in das Geschäft mehr oder weniger eingestiegen bin. Das ist mein persönlicher Erfahrungsbereich. Damals – 1963 – lieferte der dpa-Basisdienst im Durchschnitt 35.000 Wörter pro Tag; das waren ca. 150 Meldungen. Heutzutage ist die Wörtermenge beim dpa-Basisdienst pro Tag etwa dreimal so hoch, rund 100.000 Wörter oder 400 Meldungen. Diese Relationen lassen sich auch auf andere Nachrichtenagenturen übertragen. Dabei ist nicht zu übersehen, daß die Deutsche Presseagentur inzwischen zwölf regionale Dienste unterhält. Für den Südwestfunk bedeutet dies für die Region Baden-Württemberg und Rheinland-Pfalz noch einmal täglich zwischen 100 und 150 zusätzliche Meldungen. Erinnert sei hier nur als Beispiel auch noch an Spezialagenturen wie den Evangelischen Pressedienst (epd) oder die Katholische Nachrichten-Agentur (kna). Sie wissen und Sie leiden wahrscheinlich selbst darunter, in welchem Maße auch noch Presseabteilungen und PR-Agenturen beim Ausstoß von echten und sogenannten Meldungen fruchtbar sein können.

Zur Informationsmenge des Hörfunks gehört auch etwas, auf das wir ganz besonders stolz sind: das Informationsangebot unserer eigenen Korrespondenten. Für den ARD-Hörfunk – also auch für den Südwestfunk – arbeiten 24 ARD- und 38 Einzel- und Gruppenkorrespondenten; zahlreiche „Stringer“ sind hier nicht mitgezählt. Der Arbeitsanfall bei diesen Korrespondenten und respektive die Informationsmenge, die unsere Redaktionen von ihnen erreicht, ist selbstverständlich abhängig von der Ereignisträchtigkeit der Plätze, an denen diese Korrespondenten arbeiten. Vor etwa 30 Jahren war es unter Korrespondenten Usus, daß sich unser Mann aus Washington zweimal pro Woche – es war, wenn ich mich recht erinnere, dienstags und donnerstags – über fest gebuchte Leitungen zu festen Zeiten meldete, um seine Manuskripte zu verlesen. Washington war auch damals schon ein arbeitsintensiver Platz. Nur hat sich die Einschätzung dessen, was arbeitsintensiv und was weniger arbeitsintensiv ist, im Laufe der Jahre erheblich gewandelt.

Heute wird ein Korrespondent an ereignisreichen Plätzen im Durchschnitt viermal pro Tag und Nacht, Samstage und Sonntage eingeschlossen, Beiträge absetzen. Etwa die Hälfte dieser Korrespondentenleistung wird live im Radio erbracht. Die unterschiedlichen Formate von Radioprogrammen erfordern auch vom Korrespondenten ein diversifiziertes Angebot – dasselbe Thema zum Beispiel in vier Minuten, in drei Minuten, in 1’30” oder gar in 40 Sekunden. Live-Gespräche können auch von Programm zu Programm andere Formen annehmen, zum Beispiel, weil Sender unterschiedliche stilistische Ansprüche stellen, oder unterschiedliche regionale Temperamente entwickeln.

Aktualität und Präsentation von Nachrichten

Es leuchtet ein, daß ein so erweitertes Informationsangebot eine große Herausforderung sein muß, wenn das Radio auf seine hohe Umsetzgeschwindigkeit, also seine Aktualität, Wert legt. Die Informationsauswahl war immer ein Problem, heute ist dieser Auswahlprozeß noch viel schwieriger. Außerdem wird er nicht nur von Inhalten bestimmt: Heute muß der Radiomacher viel mehr als früher über die adäquate Form entscheiden. Gab es früher Nachrichten, Zeitfunk und Kommentare – und selbstverständlich damals wie heute Analysen und Hintergrundsendungen –, so gibt es heute klassische Nachrichten, Nachrichten mit O-Ton, News-Shows, Korrespondentenberichte mit und ohne O-Ton, O-Töne pur und selbstverständlich Kommentare in den verschiedensten Längen.

Das Ganze muß zum Beispiel für eine News-Show nicht nur nach Aktualität, sondern auch nach dramaturgischen Gesichtspunkten zusammengebaut, geordnet werden, wie dem Wechsel von Sprecher, O-Ton, Korrespondentenbericht usw. Und Radio verzichtet heute nicht auf jenes modische Dekor, das alle kennen: Jingles, Trenntöne, mit Fernschreibergeräusch unterlegte Schlagzeilen zum Beispiel.

Im Laufe der Jahre hat sich der Katalog von Information ganz allgemein durch die Ansprüche und Möglichkeiten der Servicewellen erstaunlich vergrößert. Wetterberichte gibt es schon lange, auch Börsennachrichten mit Aktienkursen, aber heute muß in diesen Katalog auch der Verkehrsfunk mit aufgenommen werden, Wasserstandsmeldungen für die Schiffahrt, Segelflugwetter in den Voralpen, Segelwetterberichte für den Bodensee mit Angaben in Hektopascal. Es gibt das Wochenendwetter, das Biowetter, das Urlaubswetter und – nicht zu vergessen – die Pollenflugvorhersage. Überschreitet der Ozongehalt der Luft einen bestimmten Grenzwert, dann wird auch das eine Radioinformation. Selbstverständlich gibt es auch spezifische Informationssendungen für Nachrichten der Kirchen oder des Sports. Auch das Zeitzeichen, gesteuert von einer Atomuhr, ist ein Stück Information.

Zu den Formen, in denen Radioinformation heutzutage weitergegeben wird, ist das eine oder andere schon gesagt worden. Selbstverständlich gibt es auch Nachrichten im weitesten Sinne. Es gibt den Zeitfunk in moderneren und konventionellen Formen, es gibt nach wie vor die Magazinsendungen, und es gibt mehr und mehr das Abfragen von Informationen sowohl im kulturellen wie auch im klassischen politischen Bereich in Diskussionsrunden – möglichst unter Beteiligung der Hörer, mit möglichst offenen Sendezeiten. Diese sind also nicht begrenzt auf eine halbe oder eine Stunde, sondern offen, bis die Spannung nachläßt oder bis der verantwortliche Redakteur meint, jetzt ist alles gesagt.

Die Wortmenge in einzelnen Informationssendungen – auch in Nachrichtensendungen – ist in letzter Zeit, auch unter dem Einfluß der Medienforschung, zeitlich begrenzt worden. Dennoch verbreiten wir heute mehr Information als früher. Dies fordert Kritiker zu der Feststellung heraus, das Überangebot an Information werde zur Desinformation, so erst kürzlich der Intendant des Zweiten Deutschen Fernsehens. Ich sehe hier gelegentlich Probleme, aber nicht in dem Sinne, wie sie eine so pauschale Kritik nahelegt.

Das *Wie* der Informationsdarbietung ist Gegenstand ständiger Diskussion. So gibt es zum Beispiel in der ARD zwei Parteien oder Denkschulen. Die eine propagiert die Nachricht im konventionellen Stil, also dafür, Meldung für Meldung von einem professionellen Nachrichtensprecher verlesen zu lassen. Die andere Partei setzt sich nachdrücklich für die Nachrichtengebung in Form der News-Show ein. Ich selbst bin der Auffassung, daß die gut gemachte News-Show – und hier liegt die Betonung auf gut gemacht: mit exakt dokumentierenden O-Tönen, mit speziell abgegebenen Korrespondentenberichten und pointierenden Kommentaren, also nicht herausgeschnitten aus einem großen Stück –, daß diese News-Show eine positive Weiterentwicklung ist, die auf hohe Akzeptanz stößt. Allerdings ist diese Form der News-Show arbeitsaufwendig und teuer. Der hohe Preis war wohl mit ein wesentlicher Grund, warum zum Beispiel Radio Bremen sich nach erfolgreicher Einführung von News-Shows von dieser Form der Nachrichtendarbietung wieder getrennt hat.

Schnellere Information durch neue Technik

Die neuen Informationsformen werden selbstverständlich durch den Fortschritt der Technik begünstigt. Die Telefonqualität – vor allem dort, wo digitale Systeme zur Anwendung kommen – ist erheblich besser als in früheren Jahren. Der Tokioter ARD-Korrespondent erreicht uns heute über ISDN-Leitung und Satellit annähernd in Studioqualität – und das schnell und unkompliziert, durch einfaches Anwählen.

Der ARD-Korrespondent mit Sitz in Ankara wird ebenfalls über Satellit und ISDN-Verbindung seine Beiträge abgeben bzw. über diese technische Verbindung am Programm live teilnehmen. Die Übermittlungskosten verringern sich dank dieser Technik – bei dennoch guter Qualität – um mehr als 200.000 Mark pro Jahr gegenüber 400.000 Mark bei konventioneller Übermittlung. Die ARD aktiviert ihren „Sternpunkt“ in Frankfurt für dieses moderne, effiziente Übermittlungssystem. Die private Konkurrenz, wie etwa die RUFA, arbeitet mit solchen Systemen schon seit einiger Zeit.

Diese Beispiele sollen zeigen, daß auch die Technik heute erheblich dazu beiträgt, Radio als Informationsmedium bei hoher Übermittlungsqualität wirklich schnell zu machen. Die Beweglichkeit solcher Übertragungsmöglichkeiten per Satellit am Ort des Geschehens sind bekannt, denken Sie an die Berichterstattung über die Kurdenprobleme, oder denken Sie an die Erfahrungen im Golfkrieg und in Sarajevo. Das Tempo ist also auch durch diese Technik entscheidend gesteigert worden. Die Nachricht vom Tod Napoleons brauchte noch zwei Monate, bis sie London erreichte. Das Attentat auf Mahatma Gandhi war in sieben Minuten rund um die Welt getickert. Heute sind die Hörfunkleitungen oft live geschaltet, bei offenem Mikrophon, um ein Ereignis im Stadium des Entstehens ins Programm zu bringen.

Mit dieser Aktualität trägt Radio dem Bedürfnis nach schneller Information seiner Zuhörerinnen und Zuhörer Rechnung. Es versucht aber noch mehr. In seinem Jahrbuch 1967/68 feierte sich der Deutschlandfunk, in dessen Nachrichtenredaktion ich als Redakteur angefangen habe, als der Informationssender mit 27 Nachrichtensendungen in 24 Stunden. Heute bringt es ein Informationsprogramm wie Bayern 5 aktuell in der gleichen Zeit auf knapp 100 Nachrichtensendungen der verschiedensten Formen. Das ist eine enorme Steigerung, die Hörerinnen und Hörer in die Lage versetzt, alle 15 Minuten die aktuellste Information abzurufen. An bestimmten Zeitschwellen wird zusätzlich Hintergrundinformation gegeben.

Probleme der Informationsleistung

Im folgenden möchte ich die Schwachstellen des Radioinformationssystems unter seinen erhöhten Anforderungen wie Informationsmenge und Übermittlungstempo thematisieren, die in sechs Thesen zusammenzufassen sind:

1. Die Auswahl der Information aus der Fülle des Angebots bedarf erfahrener, kenntnisreicher Mitarbeiter in den Redaktionen. Sparmaßnahmen im Planstellenbereich haben hier gelegentlich nicht so gründlich ausgebildeten freien Mitarbeitern und vor allem Newcomern im Nachrichtengeschäft den Weg in die Redaktionen geöffnet, und die Ergebnisse waren nicht immer zufriedenstellend.
2. Rivalitäten zwischen klassischen Zeitfunkredaktionen und klassischen Nachrichtenredaktionen behindern gelegentlich die Arbeit, wenn die einen für sich die Federführung bei News-Shows in Anspruch nehmen und die anderen bei den klassischen Nachrichtensendungen. Die Zusammenfassung in einer Art „Newsroom" – nach amerikanischem oder BBC-Vorbild – ist hier eine zukunftsweisende Antwort. Der Südwestfunk hat entsprechende Konsequenzen gezogen. Nachrichtenredaktion und Zeitfunk sind fusioniert. Der neue Newsroom produziert Nachrichten und News-Shows zugeschnitten auf die jeweilige Welle.
3. Das bereits beschriebene Tempo bei der Übermittlung von Informationen führt gelegentlich dazu, die zweite Recherche zu vernachlässigen. Agenturen werden auch heute noch oft kritiklos abgeschrieben.
4. Korrespondenten werden oft überfordert, weil sie einfach nicht mehr zur Ruhe kommen, kaum noch zum Nachdenken. Korrespondenten müssen heute praktisch rund um die Uhr parat sein. Und der Telefonanrufbeantworter ist hier höchstens ein Verzögerungsmoment, aber nichts weiter.
5. Die notwendige Regionalisierung und Sub-Regionalisierung von Radioprogrammen bedingt, daß der Informationspegel manchmal leicht ins Provinzielle und Langweilige absinkt. Subregionen sind oft zu groß geschnitten, so daß lokale Nachrichten vom Ort A, die dort hochinteressant sein mögen, am Ort B nur ein Gähnen hervorrufen.
6. Elektronische Nachrichtenverteilsysteme mit Rückgriff auf das zurückliegende Agenturangebot der letzten Monate erleichtern zwar die Arbeit erheblich, sind aber auch geeignet, Fehleinschätzungen und Fehler zu konservieren und zu multiplizieren.

Man braucht sich nur mal mit Politikern zu unterhalten, wie etwa Rudolf Scharping, der in der letzten Zeit sehr viel biographische Beschreibungen über sich ergehen lassen mußte. Er weiß ganz genau, wo die Fehler schon im Ursprung stecken, und auch, wo die Fehler bereits im Nachrichtenverteilsystem festzumachen sind. Meistens nimmt man so etwas amüsiert zur Kenntnis, oft aber auch nicht.

Unter all diesen Problemen leiden auch unsere kommerziellen Konkurrenten, sobald sie Information im Radio ernst nehmen. Meistens werden die großen Musikkontingente dieser Sender allerdings durch nur wenige Nachrichten unterbrochen. Die teure subregionale Information beschränkt sich allzu häufig auf Veranstaltungskalender, zumindest in den Programmen, die in unserer Gegend zu empfangen sind. Die Berichterstattung der privaten Programmanbieter, die sich der RUFA angeschlossen haben, nehme ich hier aus.

Perspektiven der Information im Hörfunk

Abschließend einige Anmerkungen zur Zukunft von Information im Radio. Folgt man konsequent dem Anspruch, daß unsere Zuhörer so schnell wie möglich korrekt informiert werden sollen, dann ist das Informationsangebot im 15-Minuten-Takt von Bayern 5 aktuell zwar ein Schritt in die richtige Richtung, aber noch nicht das Beste, was zu leisten wäre. Und auch Info-Radio 101 Berlin (Senderslogan: „Nachrichten – wann immer Sie wollen") mit dem Zehn-Minuten-Takt war ein Schritt in eine noch bessere Richtung oder in dieselbe Richtung, nur noch etwas schneller. Aber inzwischen wissen wir, was mit dem Sender passiert ist. Die Chefredakteurin, Susanne Matthiessen, klagt: „Anspruch läßt sich wohl privat nicht finanzieren."

Aus der Sicht des Informationskonsumenten muß jedes Informationssystem besser sein, das auf Knopfdruck – bei noch kürzeren Nachrichtenintervallen als 15 oder zehn Minuten – die Information über das Wichtigste ermöglicht. Das Fernsehen versucht ja seit Jahren, solchen Informationsbedürfnissen mit Videotext entgegenzukommen. Aber Fernsehen braucht eben die Augen und nicht nur die Ohren. Außerdem erscheint mir die Umsetzgeschwindigkeit im Videotext relativ langsam. Ähnliches gilt für Nachrichten, die per Telefon abgerufen werden können, das man ja heute zunehmend bei sich hat – als Handy.

Ein noch schnelleres Radioinformationssystem könnte bei Nutzung des konventionellen Stereoangebots so aussehen: Kanal 1 informiert im Drei- oder Fünf-Minuten-Takt über das Wichtigste. Diese Nachrichtenschleifen werden ständig aktualisiert. Bei Weiterentwicklung von Zwischenspeichertechniken könnten Hörer auf Knopfdruck stets die erste – lies: die wichtigste – Meldung eines Schleifentaktes zu jeder Zeit abrufen. Mit einem vercodeten elektronischen Signal – à la Hinz-Triller – ließen sich auch Blitzmeldungen sofort hörbar machen.

Neben diesem Kanal 1 existiert ja ein Kanal 2. Er würde parallel und ebenfalls ständig aktualisiert Begleitinformation zu Kanal 1 liefern, zum Beispiel Korrespondentenberichte zur Aufhellung des Hintergrundes, Nachrufe bei Todesnachrichten, Interviews usw.

Wiederum unter Ausnutzung von möglichen Zwischenspeichertechniken ist eine Zukunft vorstellbar, in der durch eine codierte Querverbindung Kanal 1 mit der schnellen Information und Kanal 2 mit den aktuellen Hintergrundmeldungen und Zusatzinformation gekoppelt werden können.

Die neue Technik des Digital Audio Broadcasting (DAB) kann uns entscheidend weiterhelfen. Voraussetzung allerdings ist, daß DAB eines Tages landesweit aus der Phase der Pilotprojekte in die Phase des Regelbetriebs eintritt. DAB ist heute schon in der Lage, ähnlich wie beim Videotext im Fernsehen, sozusagen auf Knopfdruck zu jeder Zeit die aktuellste Information zu liefern. Ein Klick an der vorgesehenen Stelle des Menüs für die Blitzinformation, ein weiterer Klick für erhellendes und ergänzendes Hintergrundmaterial. Bei entsprechender technischer Ausstattung mit einem Display kann sogar graphische Unterstützung gesucht werden, eine Landkarte oder eine statistische Kurve mit dem Auf und Ab des Bruttoinlandproduktes. Zuhause oder im Büro läßt sich diese schnelle Information gewissermaßen aus der Luft per Spezialkarte auf den PC runterladen. Dann wäre aus der Radioinformation eine Art Videotext entstanden – freilich auf dem Umweg einer raffinierten Technologie.

Informationsleistungen von Medien in Krisenzeiten

Anomalien des Zuschauerverhaltens während des Golfkriegs

*Von Jürgen Grimm**

1. Verkehrte Welt

Als in der Nacht vom 16. auf den 17. Januar 1991 die heiße Phase des Golfkriegs mit Luftangriffen auf Bagdad eingeleitet wurde, verzichtete die diensthabende Tagesthemen-Moderatorin Sabine Christiansen auf den verdienten Schlaf, um die aktuelle Entwicklung verzögerungsfrei – sozusagen in Echtzeit – dem gespannten Publikum zu übermitteln: „Hallo Bagdad, können Sie mich hören?“ Im Jargon von Saddam Hussein begann die *Mutter aller Schlachten*, die von alliierter Seite mit einem nie dagewesenen Aufwand an High-Tech-Kriegsgerät geführt wurde. Mindestens ebenso gigantisch war der Einsatz von Nachrichtentechnologie im Kampf um die schnellste Information. Wer ist schneller, der Stealth-Bomber oder der Bericht über die erfolgreiche Aktion? Der Golfkrieg veränderte über Nacht die Kommunikationslandschaft insofern, als journalistische Gepflogenheiten, wie zum Beispiel Ereignisse abzuwarten und nachträglich zu berichten, ebenso ins Wanken gerieten wie die vertrauten Tendenzen des Zuschauerverhaltens, die jährlich in der Zeitschrift „Media Perspektiven“ nachzulesen sind.

Hatten nicht noch unlängst kulturpessimistische Geister davor gewarnt, daß wir uns „zu Tode amüsieren“?[1] War nicht die Rede vom „Unterhaltungsslalom“ der Fernsehzuschauer, die angeblich jeder schwierigen Fernsehinformation aus dem Weg gehen?[2] Aus dieser Sicht hätte das Publikum das Informationsbombardement während des Golfkriegs mit Boykott – oder schlimmer: mit Blockade der Elektrizitätswerke – beantworten müssen. Verkehrte Welt, viel interessanter als „Wetten, daß...“, „Tatort“ und „Tutti Frutti“ waren während des Golfkriegs „heute“, „Brennpunkt“ und die „Tagesthemen“.

2. Das schnellste Medium

Die Nacht zum Fernsehtag zu machen hatte zuletzt Muhammed Ali vermocht – vor mehr als fünfundzwanzig Jahren. Ich erinnere mich sehr genau, der Wecker wurde gestellt und

* Jürgen Grimm ist Medienwissenschaftler an der Universität Mannheim.

mein Vater – ansonsten keineswegs ein medienpädagogischer Libertinär – erteilte im Hinblick auf die zu erwartende große sportliche Auseinandersetzung die Sondererlaubnis zur frühmorgendlichen Fernsehsitzung um halb vier.

Der genaue Beginn des Kriegsdramas am Golf stand freilich nicht fest, so blieben viele vorsichtshalber länger auf, um den historischen Augenblick nicht zu verpassen. Wer nicht mit Frau Christiansen die ersten Stunden des Luftkriegs live am Bildschirm erleben konnte, wurde spätestens am frühen Morgen durch das Radio informiert. Man konnte es kaum glauben, aber die Aktualität realer Ereignisse hatte gegenüber der vorauseilenden Potentialität der Berichterstattung aufgeholt. Die öffentliche Meinung war im Vorfeld des Golfkriegs durch einen enormen Erwartungsdruck gekennzeichnet. Es herrschte eine spannungsgeladene Atmosphäre, in der – ähnlich der Hitchcockschen *Suspense* – das Schreckliche längst antizipiert worden war, bevor es dann wirklich passierte. Während des Golfkriegs blieb die Spekulationsquote hoch: Die öffentlich-rechtlichen Sender boten in allen von uns erfaßten Fünfminuten-Einheiten der Golfkriegs-Fernsehberichterstattung zu 68,7 Prozent Zukunftsüberlegungen feil; bei den Privaten waren es sogar 73,5 Prozent.[3]

Wenn das Ereignis selbst schon so lange auf sich warten ließ, mußte die Zeit zwischen Ereignis und Information möglichst kurz gehalten werden. Von den tagesaktuellen Medien schien zunächst das Fernsehen am besten geeignet, mit Hilfe realitätsverbürgender Bilder die Kluft zwischen Erwartung und Ereignis glaubhaft zu überbrücken. Im Wettbewerb um das schnellste Medium allerdings hatte das Radio die Nase vorn.

Im Rahmen einer Befragung, die wir zum Medienverhalten während des Golfkriegs in den alten und neuen Bundesländern durchführten, gaben 58 Prozent der Personen an, *zuerst durch das Radio vom Beginn des Luftkriegs erfahren* zu haben. Etwa ein Drittel nannte das Fernsehen als erste Informationsquelle. Vom Hörensagen erfuhren es knapp fünf Prozent; die Tageszeitung rangierte abgeschlagen bei 1,5 Prozent (siehe Tabelle 1).

3. Nutzungsintensitäten der Medien im Vergleich

Das Medienverhalten des Publikums wies während des Golfkriegs gegenüber „Normalzeiten" charakteristische Veränderungen auf, die vor dem Hintergrund sonstiger Mediengewohnheiten als zeitweise Anomalien interpretiert werden können. Was sagen Anomalien über den „normalen" Rezipienten aus? Zunächst, daß er sich schneller ändern kann als

Tabelle 1 Luftkriegsbeginn: Erstes Medium

Value Label	Code	Häufigkeit	Prozent	gewertete Prozent	kumulierte Prozent
Fernsehen	1	262	34,3	36,2	36,2
Radio	2	417	54,7	57,7	93,9
Zeitung	3	11	1,4	1,5	95,4
Gespräch	5	33	4,3	4,6	100,0
Nicht kodierbar	0	40	5,2	Missing	
Gesamt		763	100,0	100,0	

manche festgezurrte Vorstellung über ihn. Meine Hoffnung ist, daß durch die Analyse des Abweichenden auch ein neues Licht auf das Gewöhnliche fällt.

Während des Golfkriegs ist zunächst eine deutliche *Intensivierung der Nutzung* aller tagesaktuellen Medien und Wochenperiodika zu verzeichnen. Die Steigerungsrate beträgt nach der retrospektiven Selbsteinschätzung unserer Befragungspersonen für die Medien Fernsehen, Radio, Tageszeitung, Zeitschrift/Illustrierte und Buch *insgesamt 24 Prozent.* Das heißt, der Umfang des Medienkonsums, ausgedrückt in geschätzten Wochenminuten, wurde in der Rückerinnerung um knapp ein Viertel höher veranschlagt, als dies im allgemeinen der Fall ist, wenn gerade keine krisenhaften Weltereignisse die Aufmerksamkeit des Publikums absorbieren. Bei der Interpretation der genannten Zahl sowie der nachfolgenden Angaben ist zu berücksichtigen, daß die retrospektive Selbsteinschätzung *subjektive Nutzungsintensitäten* erfaßt, die mit der von der GfK elektronisch gemessenen Einschalt- bzw. Sehdauer beim Fernsehen nicht direkt vergleichbar sind. Die Schätzmethode verringert sicherlich die Zuverlässigkeit der Antworten im Hinblick auf objektive Zeitmaße. Allerdings wird dadurch die Erhebungsreliabilität im Hinblick auf die Zielvariable nicht beeinträchtigt. Nutzungsintensität läßt sich in bloßen Stunden und Minuten ohnehin nicht angemessen ausdrücken. Neben der Dauer ist der Grad der Aufmerksamkeit von entscheidender Bedeutung. Eine überschätzte Steigerung des objektiven Zeitmaßes kann also durchaus zutreffend auf eine entsprechende Intensivierung der Mediennutzung während des Golfkriegs hinweisen, wenn diese mit hohen Aufmerksamkeitswerten verbunden ist.[4]

Tabelle 2 enthält die prozentualen Steigerungsraten der Nutzungsintensität nach Medien im Zeitraum zwischen dem Beginn des Luftkriegs am 17.1. und dem Waffenstillstand am 28.2.1991. Vergleichsmaßstab ist das Nutzungsniveau in „Normalzeiten" (= 100 Prozent). Der Prozentwert in der zweiten Spalte gibt an, welchen Anteil das Thema Golfkrieg an der zeitgleichen Mediennutzung nach der Erinnerung der Befragungspersonen einnahm.

Tabelle 2 Nutzungsintensität der Medien während des Golfkriegs (17.1. bis 28.2.1991) im Vergleich zu „Normalzeiten" und relativer Anteil der Kriegsberichterstattung am Medienkonsum (Gesamtsample)

N = 763	Golfkriegszeit Niveau der Nutzungsintensität Prozent	Golfkriegszeit Anteil der Kriegsberichte am Medienkonsum Prozent
TV	137,1	54,1
Radio	109,0	40,6
Tageszeitung	137,1	51,3
Zeitschrift/Illustrierte	145,8	57,0
Buch	109,9	–
Gesamt	123,8	42,1

Die Golfkriegs-Informationen machen 42 Prozent des gesamten Medienkonsums aus. Damit zeigt sich eindrucksvoll, welche große subjektive Bedeutung dem Golfkrieg zugemessen wurde. Die Konsequenz waren massive Veränderungen des Medienverhaltens in quantitativer und qualitativer Hinsicht.

3.1 Renaissance des gedruckten Wortes

Der höchste Anstieg der Nutzungsintensität ist bei den *Zeitschriften* und *Illustrierten* zu verzeichnen. Den zweiten Platz belegt das Fernsehen, dicht gefolgt von der Tageszeitung. Die Steigerungsraten der Printmedien überraschen deshalb, weil Metaphern zum Golfkrieg immer wieder die visuelle Komponente der Berichterstattung betonten, sei es zur Kennzeichnung visueller Exzesse (Stichwort: „Videokrieg"), sei es als Lamento des Bildermangels aufgrund militärischer Zensur. Der Bildfixierung der Medienkritik entspricht keine analoge Bildfixierung des Publikums. Größere Teile der Fernsehzuschauer nahmen während des Golfkriegs Zuflucht zum gedruckten Wort. Dies zeigt sich zum Beispiel daran, daß die Auflagen der überregionalen Zeitungen im Einzelverkauf von Januar bis März im Vergleich zum ersten Quartal 1990 in fast allen Fällen anstiegen – am stärksten bei „Bild" und „Frankfurter Rundschau", etwas weniger bei der „Frankfurter Allgemeinen Zeitung" und der „Süddeutschen Zeitung". Die Ausnahme ist die „Welt", die während des Golfkriegs trendwidrig Auflagenverluste hinnehmen mußte (Tabelle 3).

Tabelle 3 Auflagenveränderungen von Tageszeitungen (in Prozent)

Frankfurter Allgemeine Zeitung	+ 0,54
Die Welt	– 06,4
Süddeutsche Zeitung	+ 02,0
Frankfurter Rundschau	+ 15,3
Bild	+ 13,3

Quelle: IVW-Auflagenstatistik, zit. nach Imhof 1993.

Woher kam die plötzliche Lesewut? Bot das Fernsehen nicht die umfassendere und authentischere Information? Es gibt Hinweise darauf, daß das traditionell glaubwürdigste Medium während des Golfkriegs zeitweise einem audiovisuellen Overkill zum Opfer fiel. Denn die Flut der „cleaned movies" beeinträchtigte die Glaubwürdigkeit, die Fernsehbilder gewöhnlich beanspruchen können. Dadurch wurde die Suche nach „wahren" Fernsehbildern immer aufs neue angetrieben und immer aufs neue enttäuscht. So erklären sich die hohen Zuwachsraten der TV-Nutzungsintensität, die vor allem den Nachrichtensendungen und Kriegssondersendungen zugute kamen. Gegenüber dem 1. Quartal 1990 schnellten die Zuschauerzahlen der Hauptnachrichtensendungen zwischen dem 17.1. und dem 28.2.1991 in die Höhe (Tabelle 4):

Tabelle 4 Reichweitenänderungen von Nachrichtensendungen im Fernsehen (in Prozent)

heute	+ 22
Tagesschau	+ 17
heute-journal	+ 18
Tagesthemen	+ 32
RTL Aktuell	+ 37
SAT.1 Nachrichten	+ 20

Quelle: GfK-Fernsehforschung, zit. nach Imhof 1993, S. 69.

Ausgehend von einem geringen Grundniveau verzeichnete „RTL aktuell" den größten Zuwachs. Dies spricht dafür, daß die Golfkriegsberichterstattung auch Zuschauer ansprach, die ansonsten nicht zum klassischen Nachrichtenpublikum gehören. Mit dem Informationsaufgebot der öffentlich-rechtlichen Sender konnten die privaten Programmveranstalter allerdings kaum mithalten. ARD und ZDF starteten eine Informationsoffensive von bis dahin unbekannter Dimension durch:
- die Einrichtung eines Frühstücksfernsehens,
- ein Nachtfilm-Programm zum Wachbleiben bis zur nächsten Informationsrunde und
- insgesamt 34 Programmstunden Sondersendungen zum Golfkriegsgeschehen.

Die Reichweite von „ARD-Brennpunkt" lag während des Golfkriegs bei 7,71 Millionen Zuschauern, die „ZDF-Spezial"-Sendungen hatten ein Zuschaueraufkommen von 6,84 Millionen. Zieht man die Vergleichszahlen von 1990 heran (für „ARD-Brennpunkt" im Durchschnitt 3,92 Millionen), so betrug die Steigerung fast 100 Prozent.[5]

Mit der Ausdehnung der TV-Programmstunden zu einer voluminösen Kriegsberichterstattung rund um die Uhr und der noch größeren Ausweitung der informationsorientierten TV-Sehdauer vergrößerte sich zugleich die *Kluft zwischen visueller Quantität und mangelnder Aussagekraft*. In einer Situation der inflationären Entwertung von Bildern, die statt zu beglaubigen sich noch selbst denunzierten, rückten Wort und Wahrheit einander näher. Normalerweise bedürfen Worte im Zeitalter der elektronischen Massenkommunikation der vermittelnden Stützung durch mediatisierte sinnliche Eindrücke. Wenn man den eigenen Augen jedoch nicht mehr glauben darf, wird die unmittelbare Sinnstiftung durch die 26 Buchstaben des Alphabets wieder attraktiv.[6] Die nach Klaus Schönbach ohnehin unterschätzten Medien der „Gutenberg-Galaxis" waren die eigentlichen Gewinner des als solchen apostrophierten „Medienkriegs".

Warum das gedruckte Wort in weit stärkerem Maße als das gesprochene Wort von der Bilderkrise profitierte, ist auf den ersten Blick nicht einsichtig. In der Tat, die Intensivierung der *Radionutzung* blieb während des Golfkriegs vergleichsweise gering. Dieses Ergebnis deckt sich mit den von Renate Ehlers referierten Befunden[7], wonach golfkriegsbedingt die Hördauer und Hörhäufigkeit regional unterschiedlich, aber insgesamt nur leicht angestiegen sind. In Hessen lag die subjektiv eingeschätzte Hördauer im Februar 1991 laut Telefonumfrage um 15 Minuten über den Werten des Vergleichsmonats 1990. Der hessische Befund ließ sich allerdings nicht für Baden-Württemberg und Rheinland-Pfalz verifizieren. Die Ehlerschen 15 Minuten pro Tag entsprechen ziemlich genau der von uns retrospektiv festgestellten Intensivierungsrate der Hörfunknutzung.

Über die Gründe für den eher moderaten Anstieg läßt sich vorläufig nur spekulieren:

1. Die Reichweiten des Hörfunks und die Hördauer haben schon in „Normalzeiten“ ein so großes Ausmaß erreicht, daß in „Krisenzeiten“ keine weitere quantitative Steigerung erfolgen kann. Die verstärkte Informationsorientierung des Publikums während des Golfkriegs hat sich deshalb in einer qualitativen Verschiebung der Nutzungsinhalte ausgedrückt, die den informationsbetonten Kanälen zugute gekommen sein dürfte.
2. Der Hörfunk wurde wie das Fernsehen vom Virus eines Live-Fetischismus befallen, der den Mangel an informativem Gehalt nur noch stärker empfinden ließ.
3. Radio ist in erster Linie Nebenbeimedium, das einem impulsiven stimmungsgeleiteten Rezeptionsstil entgegenkommt. Eine gezielte Informationssuche im Hinblick auf eine längerfristige Ereigniskette wird vor allem in musikdominierten Mischprogrammen erschwert.
4. Gedruckte Informationen erwecken schon aufgrund ihrer Materialität den Eindruck von Beständigkeit, die zur wiederholten Rezeption verführt und daher eine zum Fernsehen alternative Glaubwürdigkeit induziert. Radioworte sind hingegen flüchtig und für ungeübte Ohren schwer verständlich. Das Radio konnte von den Glaubwürdigkeitsverlusten des Fernsehens schon deshalb weniger als die Printmedien profitieren, weil es im Vergleich zum Fernsehen keine zusätzlichen Glaubwürdigkeitsmerkmale besitzt. Radio ist Fernsehen ohne Bilder.

Die angeführten Beschränkungen sind keine ein für allemal feststehenden Grenzen der Informationsvermittlung durch Radio, aber doch im Medium angelegte Verwendungstendenzen, die es zu berücksichtigen gilt, wenn die kommunikative Leistungsfähigkeit voll ausgeschöpft werden soll.

Tabelle 5 Nutzungsintensität der Medien während des Golfkriegs (17.1. bis 28.2.1991) im Vergleich zu „Normalzeiten“ und relativer Anteil der Kriegsberichterstattung am Medienkonsum: Vergleich alte und neue Bundesländer (in Prozent)

N_{ABU} = 550 N_{NBU} = 197	Golfkriegszeit Niveau der Nutzungsintensität		Golfkriegszeit Anteil der Kriegsberichte am Medienkonsum	
	ABU	NBU	ABU	NBU
Fernsehen	147,5	115,4	56,4	47,0
Radio	115,6	95,6	43,2	34,2
Tageszeitung	143,1	125,2	53,3	44,7
Zeitschrift/Illustrierte	142,4	155,9	60,0	47,6
Buch	109,6	108,9	–	–
Gesamt	129,4	110,5	44,0	36,6

ABU: alte Bundesländer; NBU: neue Bundesländer; „Normalzeiten“ = 100 Prozent; Medienkonsum, Golfkrieg = 100 Prozent.

Graphik 1 Prozentualer Anstieg der Nutzung während des Golfkriegs und relativer Anteil der Kriegsberichterstattung an der Nutzung nach Medien: Alte Bundesländer

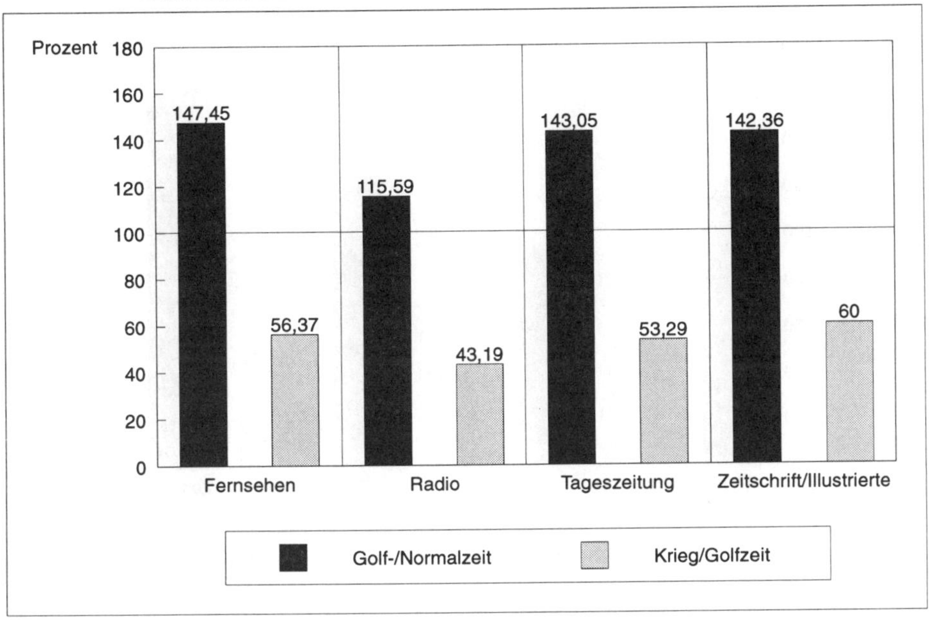

3.2 Unterschiede zwischen Ost und West

Tabelle 5 bzw. Graphik 1 und 2 zeigen, daß der Golfkrieg in den alten und neuen Bundesländern einen unterschiedlichen Stellenwert einnahm. In Abwandlung einer Formulierung von Baudrillard könnte man sagen: Der Golfkrieg hat im Osten Deutschlands weniger stattgefunden, dafür im Westbewußtsein umso mehr.

Die Nutzungsintensität über alle Medien hinweg wurde in den alten Bundesländern um fast 30 Prozent gesteigert, die Steigerungsrate in den neuen Bundesländern betrug zehn Prozent. Während der relative Anteil der Golfkriegsberichterstattung am Medienkonsum im Westen erstaunliche 44 Prozent erreicht, sind es im Osten 37 Prozent. Die Grundlinien des gewandelten Mediennutzungsverhaltens sind also *der Richtung nach gleich, das Ausmaß der Veränderungen ist jedoch verschieden*. Dies kann angesichts der wirtschaftlichen Lage und der Schwierigkeiten des deutschen Vereinigungsprozesses nicht verwundern. Die neuen Bundesbürger waren und sind in größerem Maße als Westbürger gezwungen, sich um die Belange des täglichen Lebens zu kümmern. Weltpolitische Tragödien erscheinen in Zeiten privater Not – nach einer Art ausgleichender Katastrophenökonomie – weniger gewaltig, weniger bedeutsam zu sein.

Interessant sind einige graduelle Unterschiede zwischen Ost und West im Hinblick auf einzelne Medien. Während die TV-Mehrnutzung bei den Altbundesbürgern im Vordergrund steht, rangiert das Fernsehen in den neuen Bundesländern auf dem dritten Platz. Der Hörfunk wurde in den alten Bundesländern um 15 Prozent intensiver genutzt, in den neuen Bundesländern mußte er leichte Verluste hinnehmen. Die Dominanz der Printmedien

Graphik 2 Prozentualer Anstieg in der Nutzung während des Golfkriegs und relativer Anteil der Kriegsberichterstattung in der Nutzung nach Medien: Neue Bundesländer

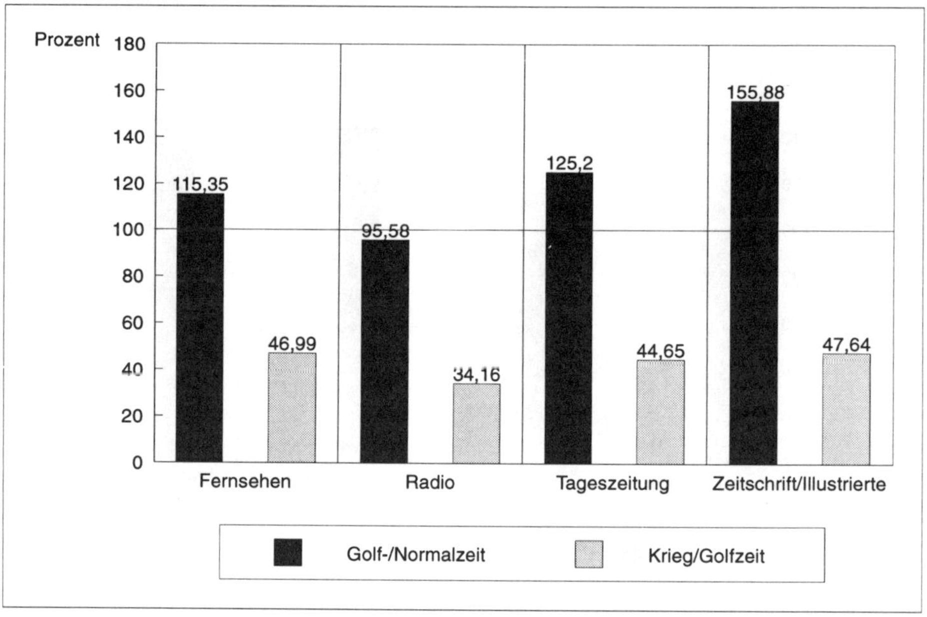

während des Golfkriegs war im östlichen Landesteil besonders ausgeprägt. Hieraus folgt, daß die gestiegene Informationsorientierung des Publikums im Westen den tagesaktuellen Medien relativ gleichmäßige Zugewinne verschaffte; eine Ausnahme bildete lediglich das Radio. Im östlichen Teil kam es demgegenüber zu einer *stärker selektiven Mediennutzung*: Eindeutiger Favorit waren die Printmedien, und das Radio stand hier als Verlierer da.

4. Stimulierung der Primärkommunikation

Während das gesprochene Wort im Radio hinter seinen Möglichkeiten zurückblieb, haben die Rezipienten untereinander ausgiebig gesprochen, zugehört und diskutiert. Die Golfkriegsberichterstattung der Medien hat die Gesprächszeiten drastisch verlängert und die Gesprächsinhalte im Sinne von „agenda setting" beeinflußt, das heißt, die Medien bestimmten, worüber geredet wurde. Die Gesprächsintensität in bezug auf Themen von allgemeiner Bedeutung liegt für das Gesamtsample *105 Prozent über dem Normalniveau.* Dem steht eine Abnahme der Gesprächsintensität für persönliche Themen um circa 15 Prozent gegenüber. Die Menschen haben insgesamt während des Golfkriegs wesentlich längere Gespräche geführt als üblich (plus 46 Prozent). Das Thema Golfkrieg machte 43 Prozent der Gesprächszeit aus; etwa ebenso groß ist der Anteil der Golfkriegsberichterstattung am Medienkonsum (42 Prozent). Die intensivierte Mediennutzung ging also nicht zu

Graphik 3 Primärkommunikation während des Golfkriegs und zu „Normalzeiten“: Alte Bundesländer

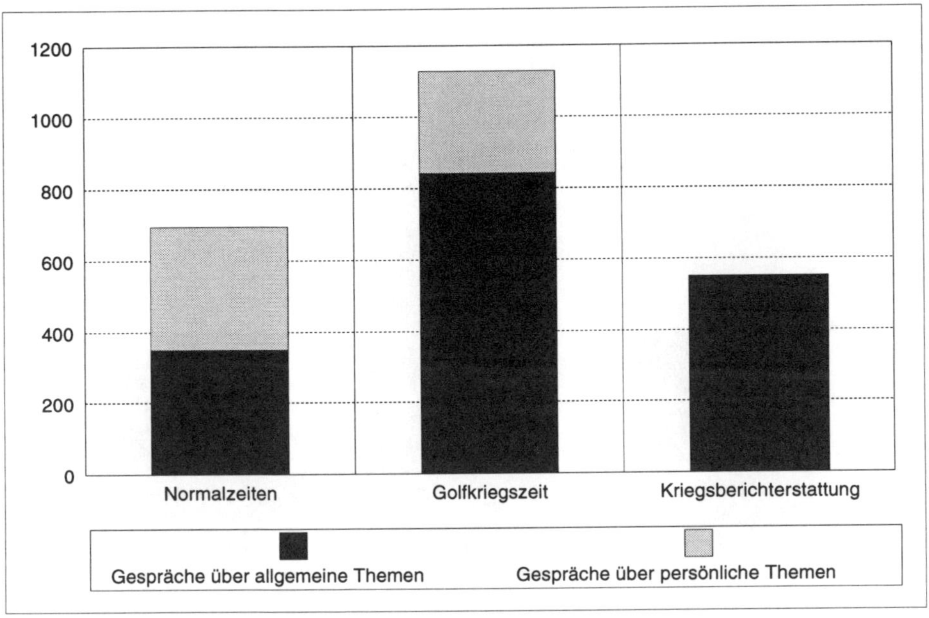

Lasten der Primärkommunikation. Im Gegenteil: Die Medieninformationen waren ein wirksames Stimulans für Gesprächsaktivitäten.

Graphiken 3 und 4 enthalten Angaben zur Primärkommunikation getrennt nach alten und neuen Bundesländern. Die Unterschiede der Primärkommunikation zwischen Ost und West bewegen sich auf derselben Linie wie die oben angeführten Befunde zur Mediennutzung. Die *Zuwachsrate für Gesprächsthemen von allgemeiner Bedeutung* beträgt im Westen 113 Prozent, im Osten 81 Prozent. Die *Gesprächszeit für persönliche Themen* nahm ab: im Westen um 17 Prozent, im Osten um 6 Prozent.

Während im Westen das Thema Golfkrieg 46 Prozent der Geprächsaktivitäten einnimmt, sind es im Osten 33 Prozent. Die Werte entsprechen den jeweiligen Anteilen der Golfkriegsberichterstattung am Medienkonsum (siehe oben). Wiederum zeigen sich graduelle Unterschiede in bezug auf die Relevanz des Themas Golfkrieg im westlichen und östlichen Landesteil. Die generellen Tendenzen des Kommunikationsverhaltens werden davon nicht berührt.

Im folgenden möchte ich versuchen, die deskriptiven Befunde zu erklären. Welche soziodemographischen und psychosozialen Eigenschaften sind dafür verantwortlich, daß sich das mediale und personale Kommunikationsverhalten verändert hat? Welche Funktionserwartungen wurden durch die Golfkriegsberichterstattung für einzelne Rezipientengruppen erfüllt?

Graphik 4 Primärkommunikation während des Golfkriegs und zu „Normalzeiten": Neue Bundesländer

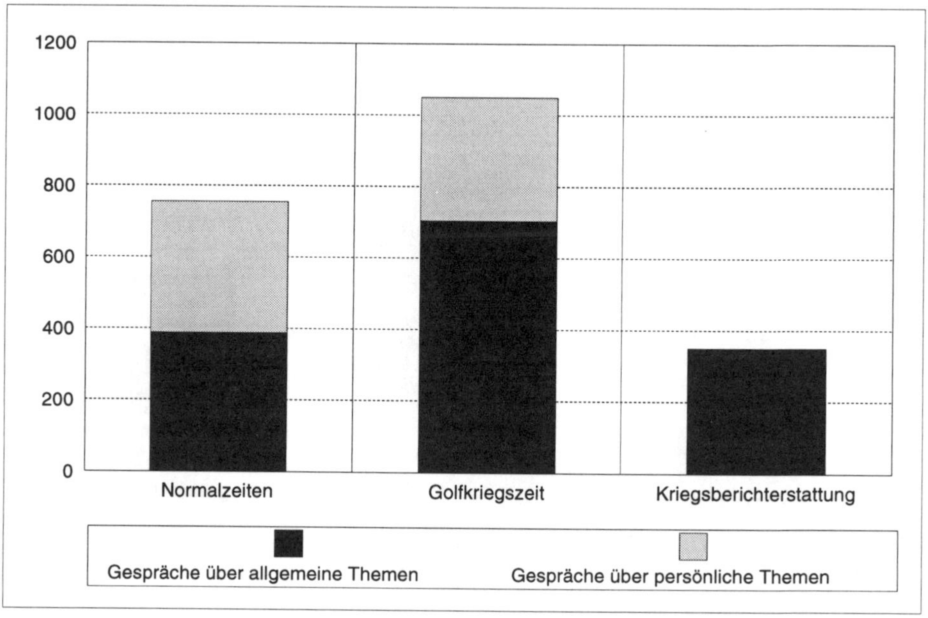

5. Erklärende Faktoren der Mediennutzung in bezug auf die Golfkriegsberichterstattung

In einer Serie von multiplen Regressionen mit einem gleichbleibenden Set von 18 unabhängigen Variablen wollten wir Faktoren identifizieren, die die Umbrüche des Kommunikationsverhaltens während des Golfkriegs erklären können. Getestet wurden die klassischen soziodemographischen Variablen Geschlecht, Alter, Bildung, regionale Herkunft (alte/neue Bundesländer). Außerdem war aufgrund eigener früherer Untersuchungen zu vermuten, daß bestimmte psychosoziale Korrelate des Medienkonsums auf die Veränderungen des Kommunikationsverhaltens Einfluß nehmen. In die Untersuchung einbezogen waren die Konstrukte:

- Internale vs. externale Kontrollerwartung („Locus of Control" nach Rotter bzw. Rost-Schaude et al., ZUMA-Handbuch Sozialwissenschaftlicher Skalen),
- Erlebnissuche („Sensation Seeking" nach Zuckerman, eigene deutsche Adaption),
- Mediennegativismus (Grimm),
- Zeiterleben (Demoskopisches Institut Allensbach).

Unsere Untersuchungen zur Zuwendungsattraktivität von Horrorfilmen und Reality TV hatten ergeben, daß vor allem externale Kontrollüberzeugungen die Wahrscheinlichkeit einer Person erhöhen, zum Horrorfilm-Seher oder auch zum Reality-TV-Seher zu werden.[8] Eine externale Kontrollerwartung im lebensweltlichen (IEKZ) bzw. im politischen Bereich (IEKP) beinhaltet die Auffassung, von äußeren Mächten wie Schicksal, Natur, System, Gesellschaft bestimmt zu sein – von Mächten also, die man selbst kaum oder gar nicht beeinflussen kann. Bestimmte Aspekte von Erlebnissuche sind zumindest für Horrorfans ebenfalls obligatorisch, die auf diesem Weg emotionale Befindlichkeiten im Sinne eines Gefühlsmanagements steuern. Ihre vergleichsweise hohe Ausgangsängstlichkeit wird durch den Horrorfilmkonsum längerfristig gedämpft. Reality-TV-Seher sind demgegenüber stärker an den kognitiven Aspekten von Katastrophenszenarien interessiert. Hier geht es um die Moderation eines prekären Weltbildes, in dem die Gegenwärtigkeit realer und möglicher Katastrophen keine aktive Reizsuche zuläßt. Reality-TV-Seher legen besonders starken Wert auf den glücklichen Ausgang, der die kognitive Bestätigung von Sicherheitsstandards gewährt. Meine Untersuchung zu Videoclips hat überdies gezeigt, daß ein Zusammenhang zwischen der Präferierung von Mediengeschwindigkeit und Zeiterleben besteht.[9]

Es stellt sich die Frage, inwieweit der Golfkrieg als beschleunigtes Großereignis mit Horror, Katastrophe und Happy End ganz ähnliche Funktionserwartungen angesprochen hat wie die genannten Programmsegmente des Normalfernsehens.

Meine erste These lautet: Die Golfkriegsberichterstattung der Medien hat deshalb revolutionierend auf das Kommunikationsverhalten gewirkt, weil sie neben der Informations- und Orientierungsleistung zugleich Funktionserwartungen der Rezipienten im Hinblick auf Gefühls- und Weltbildmanagement erfüllte, die normalerweise von Unterhaltungsprogrammen bedient werden.

Zunächst können wir feststellen, daß während des Golfkriegs das *Interesse an TV-Unterhaltungssendungen signifikant gesunken* ist. Die Befragungspersonen gaben für „Normalzeiten“ auf einer 7er-Skala (1 = nicht interessiert, 7 = sehr interessiert) ein mittleres TV-Unterhaltungsinteresse von 3,6 an. Im Golfkrieg fiel dieser Wert in den alten Bundesländern auf 3,1, in den neuen auf 3,3. Zugleich stieg, wie wir wissen, die Nutzung von Informationsangeboten massiv an.

Die Ergebnisse zweier multipler Regressionen mit den abhängigen Variablen *Medienkonsum während des Golfkriegs* (MEDKRIEZ) bzw. *Nutzung der Kriegsberichte* (KRIEKRIEZ) sind in Tabelle 6 auf S. 222 zusammengefaßt. Der *Mediengesamtkonsum in Normalzeiten* (MEDNORMZ)[10] fungiert als Kontrollvariable; alle weiteren Variablen, die nach der Backward-Methode in der Regressionsgleichung das Signifikanzkriterium von $p = .10$ erfüllen, können die zusätzliche Steigerung des Medienkonsums im Golfkrieg bzw. die Nutzung der spezialisierten Golfkriegsberichterstattung erklären.[11]

5.1 Kriegsberichte zum Zeitvertreib

Es überrascht wenig, daß neben dem Ausgangsniveau der Mediennutzung in „Normalzeiten“ das Interesse an der Golfkriegsberichterstattung den gestiegenen Medienkonsum am besten erklärt. Golfkriegsinteresse und politisches Interesse sind hoch korreliert. Auch der Einfluß der regionalen Herkunft steht im Einklang mit unseren bisherigen Befunden. Wer in den alten Bundesländern wohnte, wurde von den Medienberichten besonders stark vereinnahmt. Das gilt für die allgemeinen Nutzungsparameter ebenso wie für die Rezeption der spezialisierten Kriegsberichterstattung.

Nicht ohne weiteres vorauszusehen war die vierte Erklärungsvariable: Ein ausgeprägtes *Desinteresse an Katastrophenmeldungen* förderte die Ausdehnung des Medienkonsums während der Kriegshandlungen. Dieses Ergebnis legt den Schluß nahe, daß die Intensivierung der Mediennutzung nicht etwa einen selbstzweckhaften Katastrophenvoyeurismus

Tabelle 6 Erklärende Faktoren der Mediennutzung insgesamt während des Golfkriegs und in bezug auf die Kriegsberichterstattung (Multiple Regression nach Normalisierung der Mediennutzungsvariablen)

N = 763, Backward	AV: MEDKRIEZ Nutzung von Medien insgesamt zur Zeit des Golfkriegs		
Sign. Erklärungsvariablen		Beta	Sign.
MEDNORMZ	Nutzung von Medien insgesamt in „Normalzeiten"	+ .70	.000
INTGOLF	Interesse an der Golfkriegsberichterstattung	+ .14	.000
MNKAT	Interesse an Katastrophenmeldungen	–.09	.011
SSB	Neigung zur Langeweile	+ 0.6	.081
18 UVs; MR = .74, MR^2 = .54		MR = .73, MR^2 = .53	
N = 763, Backward	AV: KRIKRIEZ Nutzung der Kriegsberichte insgesamt		
Sign. Erklärungsvariablen		Beta	Sign.
MEDNORMZ	Nutzung von Medien insgesamt in „Normalzeiten"	+ .43	.000
INTGOLF	Interesse an der Golfkriegsberichterstattung	– .13	.000
NEUBUW	Bundesland-Wohnort: *Ost*/West	+ .13	.011
SEX	Geschlecht: Männlich	+ .12	.026
SSB	Neigung zur Langeweile	+ .11	.031
ZEITDIFF	Zeiterleben: Wunsch-Realität	– .11	.032
18 UVs; MR = .57, MR^2 = .32		MR = .55, MR^2 = .30	

bediente, sondern primär der Hoffnung auf ein gutes Ende zu verdanken war. Interessant an der vorliegenden Regressionsgleichung ist überdies die Erklärungsvariable *„Neigung zur Langeweile"*, die ebenfalls zur Erhöhung des Medienkonsums zur Golfkriegszeit beitrug. Darin sehe ich einen Hinweis darauf, daß Kriegsberichte unter Umständen als Funktionsäquivalent der Unterhaltung dienen.

Die Erklärungskraft der *Langeweile* wird noch größer, wenn wir ausschließlich die Kriegsberichte betrachten (vgl. den höheren Beta-Wert in Tabelle 6). Mit diesem Befund wird die Unterhaltungskomponente bei der Medienrezeption zum Thema Golfkrieg bestätigt. Die Kriegsberichte informierten nicht nur über ein äußeres Geschehen, sondern sie spielten zugleich eine Rolle im Gefühlshaushalt der Rezipienten.

5.2 Vom Gefühls- zum Weltbildmanagement

Ein „wahrer" Geschwindigkeitsrausch war nicht gerade das Ziel eines Menschen, der sich den Kriegsberichten besonders intensiv widmete (vgl. das negative Vorzeichen von Beta bei der Variable ZEITDIFF in Tabelle 6). Ähnliches haben wir bei jugendlichen Videoclip-Sehern festgestellt, die ebenfalls häufig unter einer zu hohen Veränderungsgeschwindigkeit des Alltagslebens leiden; gerade deshalb setzen sie sich unter „ungefährlichen" Medienbedingungen extremer Mediengeschwindigkeit aus. Offensichtlich wurde die Attraktivität der Kriegsberichte nicht nur durch vordergründige Gefühlsmotive bestimmt, sondern auch – in einer tieferen Schicht – durch problematische Aspekte des Alltagslebens

Tabelle 7 Erklärende Faktoren der Zuwendung zu Fernsehkriegsberichten (Multiple Regression nach Normalisierung der Mediennutzungsvariablen)

N = 763, Backward AV: TVKRIEZ Nutzung der Fernsehkriegsberichte

Sign. Erklärungsvariablen		Beta	Sign.
INTGOLF	Interesse an der Golfkriegsberichterstattung	+ .30	.000
TVZZ	Fernsehnutzung in „Normalzeiten“	+ .26	.000
NEUBUW	Bundesland-Wohnort: *Ost*/West	– .13	.004
INTPOL	Politisches Interesse	+ .09	.018
IEK	Internale Kontrollerwartung	+ .07	.070

18 UVs; MR = .49, MR^2 = .24 MR = .48, MR^2 = .23

und des Weltbildapparats. Dies scheint auf männliche Rezipienten stärker zuzutreffen als auf weibliche. Entsprechend der größeren Affinität zum Kriegshandwerk entwickelten Männer eine größere Neigung zum ausgiebigen Gebrauch der TV-Kriegsberichte. Die Vermutung liegt nahe, daß gerade das männliche Weltbild, von Entstrukturierung bedroht, die Flucht nach vorne angetreten hat. Die Golfkriegsberichterstattung bot eine gute Möglichkeit, via Konfrontation mit symbolischem Material die Bedingungen einer destabilisierten Weltordnung einzuüben. Wer die Veränderungsdrift besonders stark fürchtet, konnte via Medienberichterstattung vorsorglich seine Widerstandskräfte erproben.

Hieraus folgt meine zweite These: Die Medien haben während des Golfkriegs kognitive Inhalte transportiert, die die Rezipienten zum Weltbildmanagement benutzen konnten. Neben den äußerlichen Informationen zu einem politischen Krisenereignis gab es als kognitives Surplus Informationen zweiter Ordnung, die dem lebensweltlichen Wissenshorizont zugeordnet sind.

Diese These wird erhärtet, wenn wir, statt der gesamten Mediennutzung, die Zuwendung zu Fernsehkriegsberichten betrachten. In erster Linie fungierten die Fernsehkriegsberichte als Instrument des politischen Interesses, das die spezialisierte Ausrichtung auf ein internationales Großereignis sinnlich faßbar machte. Darüber hinaus wurden Aspekte berührt, die dem Bereich der alltäglichen Lebenswelt angehören.

Eine *internale Kontrollüberzeugung*, also die Meinung, sein Leben selbst gestalten zu können, erhöhte die Wahrscheinlichkeit zur Golfkriegsrezeption. In allen früheren Untersuchungen, sei es zu Horrorfilmen, Reality TV oder zum Katastrophenfernsehen, war immer der umgekehrte Befund signifikant. Schicksalsgläubigkeit im Sinne einer externalen Kontrollerwartung erklärte den abweichenden Medienkonsum. Vorläufig können wir das Ergebnis dahingehend interpretieren, daß sich Selbstbestimmungsansichten und die Vorliebe für aktionsbetonte Kriegsberichte nicht wechselseitig ausschließen.

Internalität und Krieg scheinen besonders dann zu harmonieren, wenn in der Berichterstattung, ähnlich wie in Actionfilmen, auf intensive Opferdarstellungen verzichtet wird. Umgekehrt formuliert bedeutet das, daß die Betonung der aktiven Kriegsführung und das zensurbedingte Ausblenden der kriegserleidenden Bevölkerung der Funktionserwartung im Hinblick auf Weltbildbestätigung entsprach: *Man kann etwas erreichen, wenn man entschlossen handelt!* Gewissensbisse wegen unerwünschter Handlungsfolgen hätten da nur gestört. Oder?

6. Verdrängte Opfer

Die Ausführung der aggressiven Akte in den Mittelpunkt der ästhetischen Darstellung zu rücken, wird von Adi Grewenig zu Recht kritisiert, da die Behandlung der Opfer fehle.[12] Als Kehrseite der Verdrängung florierten die Gerüchte: Waren es 100 000 irakische Opfer oder „nur" 20 000? Wieviele Scud-Raketen wurden wirklich zerstört? Ist die Gefahr einer irakischen Atombombe gebannt oder nur aufgeschoben? Und in Überspitzung von alledem fragt ein Philosoph aus Paris: Hat der Golfkrieg wirklich stattgefunden oder nur als Simulation?[13]

Die Mehrzahl unserer Befragungspersonen war der Meinung, daß die Behandlung der Opfer im Golfkrieg zu wünschen übrig ließ. Eine Antwort auf die Frage nach erinnerbaren Fernsehbildern lautete kurz und bündig: *Videoshow.* Als Kriegsberichterstatter würde ein 35jähriger Akademiker folgendes tun: *Grausame Szenen zeigen, um deutlich zu machen, daß Krieg unmenschlich ist.* Stellvertretend für viele andere äußerte sich ein 27jähriger Proband: *Ich würde mich bemühen, vor allem die Opfer zu zeigen, zum Beispiel die halbverbrannten Kinder mit verstümmelten Extremitäten oder auch die toten „Helden" inklusive der Armseligkeit ihres Ablebens, und dabei durch zynische Kommentare versuchen, bei dem einen oder anderen das Nachdenken zu fördern.* Eine nicht berufstätige Mutter von zwei Kindern erinnert sich nach sieben Monaten vor allem an Opfer, und zwar an: *leidende Kinder, das schreiende Mädchen am Zaun, das seine Eltern verloren hat. Saddam Hussein geschützt in seinem Bunker. Israelis, die mit ihren Kindern in Häuserkellern sitzen und Gasmasken tragen – kleiner, blonder Junge mit großen ängstlichen Augen. Babybettchen mit Gasfolie drumherum. Saddam Hussein inmitten seiner Soldaten, stolz lachend. Zerstörter Bunker in Bagdad.*

Als Kriegsberichterstatterin würde diese Frau darauf achten, *die richtige Mischung zwischen sachlichen und rein emotionalen Berichten zu finden. Einerseits vermitteln rein sachliche Berichte die meisten Informationen, werden aber andererseits schnell langweilig und verlieren an Publikum. Die Sensationslust steckt nun einmal in fast jedem Menschen, und darum würde ich versuchen, von allem etwas in meinem Bericht zu bringen, gleichzeitig dem Wahrheitsgehalt die meiste Bedeutung beimessen.*

Sicherlich ist es vernünftig, mit emotionalen Abläufen bei der Informationsvermittlung zu rechnen und diese zum integralen Bestandteil des journalistischen Konzepts zu machen. Die Vereinbarkeit von emotionalen und kognitiven Qualitäten ist der *crucial point* erfolgreicher Medienkommunikation. Inwieweit durch extensive Opferbilder diesem Anspruch besser entsprochen werden kann, als dies in der Golfkriegsberichterstattung der Fall gewesen ist, wurde seinerzeit in Vietnam und wird derzeit in Bosnien geprüft. Die mediengerechte Darstellung menschlichen Leids ist in der Tat die ungelöste Frage der aktuellen Mediengewalt- und Medienethikdebatte. Dient es dem Anspruch auf ungeschminkte Information, Opferbilder zu zeigen, oder wird dadurch nur ein fragwürdiges emotionales Bedürfnis befriedigt? Ist es der Unterhaltung zuträglicher, Gewaltopfer detailgenau zu präsentieren, oder ist es umgekehrt unterhaltungsfreundlich, auf eine potentiell beunruhigende Präsentation negativer Wirklichkeit zu verzichten? Ungeachtet des hohen Stellenwertes, den die Opferfrage in der Rückerinnerung an den Golfkrieg einnimmt, dürfte ein Teil des gestiegenen Medienkonsums während des Krisenereignisses auf die Minimierung der Leiddarstellungen zurückzuführen sein.

Zu alledem ist es unter Wirkungsgesichtspunkten völlig unklar, ob die Ansteckungsgefahr von Gewaltdarstellungen durch Opferbilder erhöht wird oder ob diese gerade als empathetische Aggressionsblocker fungieren. Aufgrund noch fehlender empirischer Befunde kann ich mir zum Abschluß eine spekulative These leisten: Wenn die Ästhetik der Gewalt die Jäger und Sammler fasziniert, so geht es nicht allein um die Einforderung der verdrängten Opfer, sondern um die allfällige Domestizierung der Gewalt selbst. Der Veitstanz ums Opfer, der die gegenwärtige Mediendiskussion prägt, ist selbst Ausdruck einer kulturellen Krise, die auf einen Mangel an Vergemeinschaftung und die Gefahr gewalttätiger Kettenreaktionen verweist.

Im Sinne von René Girard könnte man buchstäblich von einer „Opferkultkrise" sprechen, in der bekanntlich die Mythenbildung besonders üppig sprießt. Auf der Suche nach dem verlorengegangenen Sündenbock bieten sich die audiovisuellen Medien als Ersatzobjekte an. Girard schreibt in *Das Heilige und die Gewalt*: „Wenn die Gewalt sichtbar wird, dann gibt es Menschen, die sich ihr freiwillig hingeben; es gibt andere, die sich ihrem Fortschreiten entgegenstellen; aber oft sind es letztere, die es ihr ermöglichen zu triumphieren".[14]

6. Schlußfolgerungen

Im folgenden möchte ich die dargestellten Befunde thesenartig resümieren. Wenn es mir dabei gelingt, Diskussionen anzuregen, hätte ich eines meiner Ziele erreicht.

1. Im Vergleich zu „Normalzeiten" nutzten die Rezipienten während des Golfkriegs in weit größerem Umfang Medieninformationen und in geringerem Maße Medienunterhaltung. Dies kann nicht nur als Reflex auf eine veränderte Angebotssituation gewertet werden, da zum Beispiel Fernsehnachrichten, Journale und Sondersendungen über das Maß ihres Gewichts im TV-Gesamtangebot hinaus auch relative Zuschauerzuwächse verzeichneten. Das heißt, klassische Informationsprogramme wurden ungeachtet des vergrößerten Angebots durchschnittlich intensiver genutzt, als dies normalerweise der Fall zu sein pflegt. Diese Veränderungen des Publikumsverhaltens waren Ausdruck einer gesteigerten Informationsorientierung. Statt „Unterhaltungsslalom" praktizierten viele Rezipienten während des Golfkriegs einen „Informationsslalom", um die jeweils aktuellste und interessanteste Nachricht zu ergattern. Unterhaltungsprogramme dienten dabei primär als Warteschleife, die die Zeit bis zur nächsten Informationsrunde überbrückte.

2. Die meisten Mediennutzer erfuhren zuerst über das Radio vom Beginn des Golfkriegs. Das Radio wurde damit seinem Ruf als schnellstes Medium gerecht. Auch wenn es im weiteren Verlauf der Kriegsereignisse nicht in gleichem Maße intensiver genutzt wurde wie das Fernsehen und die Printmedien, sind doch auch beim Radio qualitative Verschiebungen zwischen Information und Unterhaltung eingetreten. Das unterhaltende Medium, das auch informiert, wurde zu einem Medium, das in den Lücken zwischen den Informationen auch unterhält.

3. Die Informationssuche der Mediennutzer schließt nicht aus, daß der Golfkrieg latent auch Unterhaltung transferierte. Der Golfkrieg war gerade deshalb so erfolgreich beim Publikum, weil er Funktionserwartungen der Information und der Unterhaltung bündelte. Zugespitzt formuliert: *Der Golfkrieg war Infotainment par excellence*. Insofern entpuppen sich die Triebkräfte, die hinter dem „Informationsslalom" in Krisenzeiten stehen, als Ausdruck gemischter Funktionserwartungen.

4. Der Golfkrieg wirkte zunächst wie ein *Sputnik-Schock* der Information. Die vormals informationsarmen und magazinfreien Kanäle rüsteten in der Folgezeit nach: mit „Explo-

siv", „Einspruch", „stern-tv" und „Akut". Reine Unterhaltungsprogramme waren offensichtlich keine sichere Erfolgsformel mehr. Auf die Entertainisierung folgte die *(Re-)Informatisierung des deutschen Fernsehens*, die unlängst in der Zulassung der beiden Informationskanäle n-tv und Vox gipfelte. Andererseits machen gerade die zuletzt genannten Beispiele die Grenzen von reinen Informationskanälen deutlich, da eine ausreichende Zuschauerakzeptanz gegenwärtig fehlt. Vox ist bereits zu einem Mischprogramm der Information und Unterhaltung übergegangen. Die Quintessenz dieser Erfahrungen besteht darin, Kommunikationskonzepte zu entwickeln, in denen sich Information und Unterhaltung nicht wechselseitig behindern, sondern stattdessen eine synergetische Einheit bilden. Allerdings sind überzeugende Beispiele einer direkten Verbindung von Information und Unterhaltung in „Normalzeiten" rar. Das Kommunikationskonzept Infotainment wurde bislang nur ungenügend ausgeschöpft.

5. Ein Problem bei der Beurteilung von Infotainment ist die Unklarheit des Unterhaltungs- und des Informationsbegriffs. Was ist Unterhaltung? Zunächst ist zu konstatieren, daß eine Unterhaltungsdefinition ohne Informationen schon deshalb nicht auskommt, weil zur Herstellung emotionaler Qualitäten immer auch kognitiv informative Komponenten gehören. Ein Unterhaltungsbegriff, der auf strikter Abgrenzung zur Information besteht, ist unhaltbar. Umgekehrt sind bei der Informationsvermittlung Dimensionen des Unterhaltenseins im Spiel.[15] So tragen Informationen mehr oder weniger zur *emotionalen Aktivierung* bei, die eine leichte Zuwendung erlaubt; des weiteren können Informationen ebenso wie Unterhaltungsangebote eine Funktion im *Gefühls- und Weltbildmanagement* der Rezipienten übernehmen. Ein enger, werthafter Informationsbegriff, der nur gelten läßt, was als Gut gehobener Kultur und Bildung erscheint (von wem auch immer bestimmt), wird diesen Sachverhalten nicht gerecht. Analytisch leistungsfähiger ist ein weiter Informationsbegriff, der von der *Orientierungsfunktion* der Informationen ausgeht und mehrere Informationsebenen je nach Verwendungszusammenhang unterscheidet. In dieser Betrachtungsperspektive hat die Golfkriegsberichterstattung doppelt, in direkter und symbolischer Hinsicht, informiert: *Informationsebene 1* betraf die äußeren Abläufe des politischen Ereignisses; auf der *Informationsebene 2* wurde darüber berichtet, daß in einer Welt der globalen Destabilisierung und radikalen Entstrukturierung mit entschlossenem Handeln noch Aussicht auf ein Happy End besteht – zumindest für zupackende Helden wie Norman Schwarzkopf und George Bush.

6. Der amerikanische Sozialpsychologe und Medienwissenschaftler Dolf Zillmann hat zusammen mit seinen Mitarbeitern unmittelbar vor dem Beginn des Golfkriegs die Auswirkungen untersucht, die der Ausgang eines Football-Matches auf die Einschätzung der Erfolgsaussichten im Golfkrieg hatte. Zillmann et al. fanden einen deutlich pessimistischen Grundzug bei denjenigen heraus, die als Fan der Verlierermannschaft den vermutlichen Schaden bei amerikanischen Soldaten beurteilen sollten.[16] Erfahrungen im Unterhaltungsbereich beeinflussen demnach den Erwartungshorizont politischer Ereignisse – und umgekehrt. Untersuchungsergebnisse belegen eine Tendenz zur Diskursmischung, die durch den Golfkrieg zwar nicht initiiert, aber doch katalytisch verstärkt wurde. Man kann die Entgrenzung von Information und Unterhaltung bedauern, rückgängig zu machen ist sie nicht.

Fazit

Beispiele der Krisenkommunikation zeigen, daß Abgesänge auf die Medieninformation zumindest verfrüht erscheinen; Grund zum Kulturpessimismus Postmanscher Prägung besteht derzeit nicht. Statt uns zu Tode zu amüsieren ist die Gefahr viel realistischer, daß wir uns bei vielen Angeboten der Medieninformation zu Tode langweilen. Während des Golfkriegs wurde die prinzipielle Vereinbarkeit von Information und Unterhaltung im großen Maßstab demonstriert. Diskursmischung geht also nicht zwangsläufig zu Lasten der Information. Einen sicherheitsverbürgenden Automatismus für gelungenes Infotainment in „Normalzeiten" besitzen wir freilich nicht. Die Golfkriegserfahrungen stellen eine provozierende Hinterlassenschaft dar, die man verspielen, deren kommunikationspolitische Herausforderungen man jedoch auch annehmen kann.

Anmerkungen

1. Postman 1985.
2. Frank/Klingler 1987, Faul 1988, Büchner 1989 und Darkow 1989.
3. Zwischen dem 17.1.1991 und dem 28.2.1991 wurden zum Zwecke einer inhaltsanalytischen Bearbeitung insgesamt 160 Fünfminuteneinheiten (Analyseeinheiten) verteilt auf drei Zeiträume (Auftakt – Mittelphase – Finale) erfaßt. Jede Analyseeinheit wurde von geschulten Codierern mit Hilfe eines komplexen Kategoriensystems auf das Vorkommen bzw. Nichtvorkommen bestimmter Merkmale geprüft. Der ausgewiesene Prozentwert gibt an, wie hoch der Anteil von Fünfminuteneinheiten war, in dem spekulative Zukunftsüberlegungen angestellt wurden.
4. Ein weiteres methodisches Problem resultiert aus der Tatsache, daß die korrespondierenden Nutzungsvariablen („Normalzeit" versus „Kriegszeit") aus forschungsökonomischen Gründen zum gleichen Zeitpunkt erhoben werden mußten. Die Antwort auf die Frage nach der Mediennutzung in der „Kriegszeit" dürfte daher nicht vollständig unabhängig von der Antwort auf die Frage nach der Mediennutzung in „Normalzeiten" sein. Aufgrund des Konsonanzstrebens der Befragungspersonen ist davon auszugehen, daß Nutzungsunterschiede eher unterschätzt als überschätzt werden. Dies stellt im vorliegenden Untersuchungsdesign eine tolerierbare Komplikation dar, weil es intentionsgemäß gerade um die Erklärung der Unterschiede geht, die durch die Schätzfehlerdrift nicht erleichtert, sondern erschwert wird. Die Störvarianz geht also primär zu Lasten der Prüfhypothese und zugunsten der Nullhypothese.
5. Darschin/Frank 1991.
6. Hörisch 1992.
7. Ehlers 1991.
8. Grimm 1992a, 1992b, 1993b, 1993c.
9. Grimm 1989, 1992.
10. Die Variablen MEDNORMZ bzw. MEDKRIEGZ wurden über Summenindizes aus den Variablen der Nutzungsintensität in bezug auf Fernsehen, Radio, Tageszeitung und Zeitschriften/Illustrierten gebildet. Der Buchkonsum blieb hier unberücksichtigt. Nach der erfolgten Addition wurden die resultierenden Variablen MEDNORM und MEDKRIEG auf Individuumsbasis z-transfomiert, das heißt einer Normalisierung unterworfen, um Verzerrungen aufgrund systematischer Erinnerungsfehler zu kompensieren.
11. Bei diesem Regressionsmodell ist zu berücksichtigen, daß die Kontrollvariable MEDNORM die Regressionsgleichungen so sehr dominiert, daß die Beta-Werte der anderen Variablen quantitativ nicht sehr hoch ausfallen können, gleichwohl sie einen signifikanten Erklärungszuwachs bedeuten. Für die Hypothesenprüfung ist ausschließlich der Erklärungszuwachs relevant, da nur er sich auf die Veränderungen des Medienverhaltens im Golfkrieg bezieht. Parallelrechnungen mit einer abhängigen Differenzvariable (MEDKRIEG minus MEDNORM) lassen die Beta-Werte der erklärenden Variablen ansteigen.

Da bei diesem Verfahren aufgrund von Varianzkonfundierung das Ausgangsniveau des Mediennutzungsverhaltens in „Normalzeiten“ nicht einbezogen werden kann, haben wir uns für das oben dargestellte Regressionsmodell entschieden, das im Sinne der Hypothesenprüfung eine höhere Testhürde darstellt, mithin die gebotene konservative Interpretation der Daten besser als das Differenzverfahren realisiert.

12. Grewenig 1993.
13. Baudrillard 1991.
14. Girard 1987, S. 50.
15. Vgl. Huth/Sielker 1988.
16. Zillmann et al. 1993.

Literatur

Baudrillard, J.: Der Feind ist verschwunden. Spiegel-Interview. In: Der Spiegel, 6/1991, 4.2.1991, S. 220f.

Büchner, B.: Der Kampf um die Zuschauer. Neue Modelle zur Fernsehprogrammwahl. München 1989.

Darkow, M.: Zur Entwicklung der Fernsehnutzung. In: W. A. Mahle (Hg.): Medienangebote und Mediennutzung. Entwicklungstendenzen im entstehenden dualen Rundfunksystem. Berlin 1989, S. 69–88.

Faul, E.: Die Fernsehprogramme im dualen Rundfunksystem. Berlin 1988.

Frank, B./W. Klingler: Die veränderte Fernsehlandschaft. Zwei Jahre ARD/ZDF–Begleitforschung zu den Kabelpilotprojekten (= Schriftenreihe Media Perspektiven, Band 7). Frankfurt/Main 1987.

Girard, R.: Das Heilige und die Gewalt. Frankfurt am Main 1992 (frz. 1972).

Grewenig, A.: Geschichte als Medienrealität. Der Jahrestag des Golfkriegs zwischen Infotainment und Erinnerungsarbeit. In: A. Grewenig (Hrsg.): Inszenierte Information. Politik und strategische Kommunikation in den Medien. Opladen 1993, S. 231–268.

Grimm, J.(Hg.): Das attraktive Chaos und die Chance zur Reflexivität. Ein Gespräch über Videoclips zwischen Bazon Brock, Jürgen Grimm und Roland Schmitt (= MuK-Heft Nr. 53). Siegen 1989.

Grimm, J.: Fraktale Ästhetik für eine sinnorientierte Generation? Ergebnisse des Forschungsprojekts „Videoclips und Lebenswelt“ (Vortrag auf dem Symposium „Videoclips und Populärkultur“ an der FU Berlin, 8.1.1991). Erweiterte Fassung in: Working Papers der „Forschungsstelle für gesellschaftliche Entwicklung“ der Universität Mannheim. Mannheim 1991.

Grimm, J.: Die Faszination des Schreckens. Warum Horrorfilme so attraktiv sind (Vortrag auf den Münchner Medientagen, Oktober 1991). In: Film & Fakten 18/1992a, S. 2–5.

Grimm, J.: Die Lust an der Angst – Grenzerfahrungen der Unterhaltung. In: Bertelsmann Briefe 128/1992b, S. 58–62.

Grimm, J.: Vom wahren Schrecken. Schockerlebnisse in der Mediengesellschaft. In: Medien praktisch 17, 65/1993a, S. 22–27.

Grimm, J.: Der kultivierte Schrecken. Erlebnisweisen von Horrorfilmen im Rahmen eines Zuschauerexperiments (Vortrag auf der internationalen Konferenz der deutschen und niederländischen Filmprüfstelle am 29.–30. Oktober 1992 in Den Haag). In: Publizistik 38, 2/1993b, S. 206–217.

Grimm, J.: Reality TV zwischen Sensation und Information. Zuschauerreaktionen auf Notruf im Rahmen eines Rezeptionsexperiments. Vorläufiger Auswertungsbericht. Universität Mannheim, 16.3.1993c.

Hörisch, J.: Das Abendmahl, das Geld und die neuen Medien. In: ders.: Brot und Wein. Die Poesie des Abendmahls. Frankfurt/Main 1992, S. 7–28.

Huth, L., K. Sielker: TV-Nachrichten im Wettbewerb. Der kontrollierte Einsatz von Unterhaltung als Marketing-Strategie. In: Rundfunk und Fernsehen 36, 4/1988, S. 445–464.

Imhof, C.: Fernseh- und Radionutzung in politischen Krisenzeiten. In diesem Band, S. 231–238.

Postman, N.: Wir amüsieren uns zu Tode. Urteilsbildung im Zeitalter der Unterhaltungsindustrie. Frankfurt/Main 1985.

Rost-Schaude, E./M. Kumpf/D. Frey: Untersuchungen zu einer deutschen Fassung der „Internal-External-Control"-Skala von Rotter. In: Bericht über den 29. Kongreß der Deutschen Gesellschaft für Psychologie. Göttingen 1978, S. 327–329.

Rotter, J. B.: Generalized expectancies for internal versus external control of reinforcement. In: Psychological Monographs 1/1966.

Schweitzer, K./D. Zillmann/J. B. Weaver/E. S. Luttrell: Perception of threatening events in the emotional aftermath of a televised college football game. In: Journal of Broadcasting & Electronic Media 1992, S. 75–82.

Schönbach, K.: Das unterschätzte Medium. Politische Wirkungen von Presse und Fernsehen im Vergleich. München 1983.

Zuckerman, M. (1979): Sensation seeking. Beyond the optimal level of arousal. Hillsdale 1979.

ZUMA (Zentrum für Umfragen, Methoden und Analysen, Mannheim) (Hg.): ZUMA-Handbuch Sozialwissenschaftlicher Skalen, Teil 1 bis 3. 1983ff.

Fernseh- und Radionutzung in politischen Krisenzeiten

*Von Christiane Imhof**

„Die Revolution im Osten, die Vereinigung Deutschlands, der Krieg am Golf, der Zerfall der Sowjetunion, der Bürgerkrieg in Jugoslawien – all dies waren in schneller Folge historische Ereignisse, die Menschen bewegten und sie in Wechselbäder von Überschwang und Sorge stürzten".[1] Nachrichten- und Informationsangebote im Fernsehen, im Radio und auch in der Tagespresse wurden parallel zu diesen weltpolitisch bedeutsamen Ereignissen verstärkt genutzt. Das zeigten zum Beispiel die Einschaltquoten des Fernsehens und die Auflagenentwicklung der Tagespresse.

Anhand von drei Beispielen für politische Krisen aus der jüngsten Zeitgeschichte – die DDR-Revolution im Herbst 1989, der Krieg am Golf im Januar/Februar 1991 und der Putschversuch in Moskau im August 1991 – wird in diesem Beitrag exemplarisch die Mehrnutzung des Nachrichten- und Informationsangebots der beiden tagesaktuellen Medien Fernsehen und Hörfunk vorgestellt.

Die Ergebnisse zur Radionutzung in politischen Krisenzeiten im ersten Teil der Ausführungen beschränken sich auf den Golfkrieg als die einzige politische Krise, zu der ausgewählte Hörfunknutzungsdaten vorliegen. Im zweiten Teil werden ergänzend dazu ausgewählte Ergebnisse zur Fernsehnutzung der Bundesbürger (West) während des Golfkriegs, der DDR-Maueröffnung und des Putschversuchs in Moskau vorgestellt. Hierzu liegen erheblich mehr Daten vor.

1. Radionutzung in politischen Krisenzeiten

Davon ausgehend, daß die Menschen in politischen Krisenzeiten vermehrt und intensiver Medien nutzen, also auch mehr Radio hören, ist es naheliegend, in Krisenzeiten beim Radio einen Reichweitenanstieg der gesamten täglichen Hörerschaft bei einem gleichzeitigen Rückgang der Nichthörer zu vermuten.

Die vorliegenden Umfragedaten zur Radionutzung während des Golfkriegs bestätigten diese erste Hypothese des generellen Reichweitenanstiegs jedoch nicht. Die Umfrageergebnisse verschiedener Trend-Studien der ARD-Anstalten („SDR-Demometer", „SDR-Demometer/SWF-Trend", „hr-Trend"), die zur Radionutzung der Hörer im jeweiligen ARD-Sendegebiet vorlagen, zeigten vielmehr, daß zur Zeit des Golfkriegs im Januar/Fe-

* Christiane Imhof ist wissenschaftliche Mitarbeiterin an der Johannes Gutenberg-Universität Mainz.

bruar 1991 nicht mehr Bundesbürger als sonst Radio hörten. Diesen Umfrageergebnissen zufolge gab es keinen, beziehungsweise kaum einen nennenswerten Reichweitenanstieg des Radios durch die Kriegsereignisse am Golf, wie es beim Fernsehen der Fall gewesen war.

Nach Befunden von Renate Ehlers[2] hörten während des Golfkriegs im Januar/Februar 1991 nicht mehr Menschen als sonst Radio. Dafür nutzten aber diejenigen, die im Januar/Februar 1991 angaben, ohnehin täglich Radio zu hören, verstärkt die Informationsprogramme des ARD-Hörfunks. Diese Hörer zogen vor allem die informierenden Programme des ARD-Hörfunks den gewohnheitsmäßig gehörten Radioprogrammen vor, wenn sich die Ereignisse am Golf zuspitzten. Zu ähnlichen Ergebnissen wie Ehlers kamen auch die Elektronische Medienanalyse „E.M.A. Winter 1990/91" und die „Optima 1991 und 1992" des ORF.

Die „E.M.A.", eine repräsentative Umfrage zur Hörfunknutzung in Nordrhein-Westfalen, die in zwei Befragungswellen 1990/91 durchgeführt wurde, zeigt, daß sich die Zahl der täglichen Radiohörer in Nordrhein-Westfalen durch die Kriegsereignisse am Golf insgesamt nicht erhöhte. Die Radioreichweiten lagen in der ersten Befragungswelle – von Oktober bis Dezember 1990 – und in der zweiten Befragungswelle – von Januar bis März 1991 – gleich hoch: bei jeweils 76,5 Prozent der erwachsenen Bevölkerung in Nordrhein-Westfalen.

Bei nach Befragungswellen getrennter Betrachtung der Reichweiten einzelner Hörfunkprogramme des WDR zeigte sich allerdings deutlich, daß das Informations- und Nachrichtenprogramm WDR 2 in der zweiten Befragungswelle der „E.M.A. Winter 1990/91" zur Zeit des Golfkriegs (Januar bis März 1991) leicht höhere Reichweiten als in der ersten Befragungswelle (Oktober bis Dezember 1990) erzielen konnte. Im Durchschnitt der ersten Welle hörten nur 20,2 Prozent der Befragten in Nordrhein-Westfalen das Informationsprogramm WDR 2, während es im Durchschnitt der zweiten Welle zur Zeit des Golfkriegs bereits 23,4 Prozent waren, also rund drei Prozentpunkte mehr.

Als Fazit läßt sich festhalten, daß bei insgesamt gleichbleibenden Hörerreichweiten in den beiden Befragungswellen der „E.M.A. Winter 1990/91" lediglich eine Verlagerung der Hörerschaft auf das Informationsprogramm WDR 2 stattgefunden hat.

Eine weitere Studie, die bei gleichbleibenden Hörerreichweiten ebenfalls eine verstärkte Nutzung der Informationsprogramme herausstellte, ist die „Optima"-Umfrage des ORF. Im Rahmen dieser Umfrage konnte man im Januar/Februar 1991 zur Zeit des Golfkriegs gegenüber den gleichen Monaten des folgenden Jahres 1992 erhöhte Hörerreichweiten für das Informationsprogramm Ö 1 feststellen. Im Januar/Februar 1991 hörten demnach doppelt so viele Österreicher Radio zu den Sendezeiten der aktuellen Journale in Ö 1 – „Morgenjournal" (7.00 bis 8.00 Uhr) und „Mittagsjournal" (12.00 bis 13.00 Uhr) – als im Januar/Februar 1992.

Offenbar hörten zur Zeit des Golfkriegs nicht mehr Hörer als in den entsprechenden Vorjahres- oder Folgejahresmonaten Radio. Diejenigen aber, die das Radio im Januar/Februar 1991 einschalteten, zogen speziell bei der Zuspitzung des Golfkriegs die Informationsprogramme des Hörfunks vor.

Eine weitere Hypothese zur Radionutzung in politischen Krisen unterstellt eine zeitlich extensivere Nutzung des Radios in politischen Krisenzeiten im Vergleich zu politischen Normalzeiten, daß heißt, es wird eine längere tägliche Hördauer angenommen.

Auch diese Annahme konnten die vorliegenden Daten zur Radionutzung während des Golfkriegs nicht voll bestätigen. Durch die Ereignisse am Persischen Golf hat offensichtlich keine nennenswerte Ausdehnung der täglichen Hördauer stattgefunden. Jedenfalls fielen die Ergebnisse der Hörerumfragen dazu sehr unterschiedlich aus. Einige Studien stellten gar keine Steigerung in der täglichen Radionutzung fest („SDR-Demometer", „SDR-Demometer/SWF-Trend"), während sich aus anderen Studien („hr-Trend", „Optima 1991/92") eine Steigerung der Hördauer im Januar/Februar 1991 von 10 bis 15 Minuten im Vergleich zu den entsprechenden Monaten des Vor- beziehungsweise des Folgejahres ergab.

So kam es nach den Ergebnissen des „SDR-Demometers" bei der erfragten Radionutzungsdauer im Vergleich zum Vorjahr weder vor Ablauf des an Irak gestellten Ultimatums noch während der heißen Phase der Kriegsberichterstattung zu signifikanten Zunahmen der Radionutzung. In Baden-Württemberg hörten die Befragten im Januar 1991 im Tagesdurchschnitt 155 Minuten Radio. Im gleichen Monat des Vorjahres lag die Hördauer nur eine Minute darunter, bei 154 Minuten. Im Februar 1991 hörten die Befragten in Baden-Württemberg ebenfalls im Tagesdurchschnitt 154 Minuten Radio – und damit sogar zehn Minuten weniger als im gleichen Monat des Vorjahres (164 Minuten).

Die im Rahmen des „SDR-Demometer/SWF-Trends" in Baden-Württemberg und Rheinland-Pfalz abgefragte Hördauer unterschied sich im Februar 1991 ebenfalls nicht signifikant von der Normalsituation im Februar des Vorjahres.[3] Lediglich die Umfrageergebnisse des „hr-Trends" und der „Optima"-Trendstudie des ORF konnten einen signifikanten Anstieg der Hördauer während der Golfkriegsmonate im Vergleich zu den entsprechenden Vorjahres- beziehungsweise Folgejahresmonaten nachweisen. Die Hördauer hat sich demnach mit maximal 10 bis 15 Minuten Steigerung nicht in dem hohen Ausmaß wie beim Fernsehen (plus eine Stunde) ausgedehnt. Dies hängt wohl damit zusammen, daß die täglichen Hörfunkreichweiten ohnehin so hoch ausfallen, daß bei einer politischen Krise keine effektiven Reichweitenzunahmen mehr möglich sind. Während des Golfkriegs war aber durchaus eine Mehrnutzung des Radios und vor allem eine Verlagerung zu den Informationskanälen erkennbar.

Festzuhalten ist hier, daß die vorliegenden Umfragedaten zur Radionutzung während des Golfkriegs weder den erwarteten Anstieg der Hörerreichweiten noch den erwarteten durchgängigen Anstieg der täglichen Radionutzung bestätigen konnten.

2. Fernsehnutzung in politischen Krisenzeiten

Analog zur Radionutzung wird hier die Hypothese aufgestellt, nach der in politischen Krisenzeiten mehr Menschen täglich in einem größeren zeitlichen Umfang fernsehen als im Vergleich zu politisch normalen Zeiten. Danach müßten in Krisenzeiten höhere Personen-Nettoreichweiten und eine erhöhte Sehdauer im Vergleich zu Normalzeiten erreicht werden. Die vorliegenden GfK-Daten zeigten, daß die Bundesbürger (West) während des Golfkriegs und auch in den Tagen der Berliner Maueröffnung vermehrt und länger fernsahen. Allein die Fernsehnutzung während der Moskauer Putschtage im Sommer 1991 lag saisonal bedingt nur schwach über dem jahreszeitlichen Durchschnitt.

Eine vermehrte und zeitlich ausgedehntere Fernsehnutzung veranschaulichen die folgenden Daten: Zu Beginn des Golfkriegs, am 17. Januar 1991, erreichte das Fernsehen 79 Prozent der erwachsenen Bundesbürger (West)[4]. Im ersten Quartal 1990 waren es durchschnittlich 73 Prozent, also 6 Prozentpunkte weniger. Auch in den folgenden drei Tagen nach Kriegsbeginn am Persischen Golf, bis zum 20. Januar 1991, hielt sich das hohe Reichweiten-Niveau stabil bei 79 Prozent.

Die Bundesbürger sahen in diesen vier Tagen zum Kriegsbeginn am Golf gleichzeitig auch länger fern. Mit bis zu vier Stunden lag ihr Fernsehkonsum täglich um ungefähr ein bis eineinhalb Stunden höher als im Durchschnitt des ersten Quartals 1990 mit 160 Minuten. Die außergewöhnlich hohe Fernsehnutzung zu Beginn und während der sechs Wochen anhaltenden Golfkriegsberichterstattung überstieg sogar die gemessenen Fernsehnutzungswerte in den Tagen nach der Maueröffnung im November 1989. Es kann demnach als bestätigt gelten, daß die Menschen in den hier betrachteten politischen Krisenzeiten vermehrt und länger fernsahen als in Zeiten mit normaler Nachrichtenlage.

Damit ist aber noch nicht geklärt, welche Sendungen in politisch angespannten Zeiten verstärkt eingeschaltet werden. Aus diesem Grund soll im folgenden speziell auf die Nutzung der Fernsehnachrichten in politischen Krisenzeiten näher eingegangen werden.

Die Daten der GfK-Fernsehforschung weisen hohe Einschaltquoten für Nachrichtensendungen in allen drei Krisenbeispielen aus. Das Publikumsaufkommen der Abendnachrichten von ARD, ZDF, SAT.1 und RTL plus[5] während der drei unterschiedlichen Krisen zeigt eindeutige Kurvenverläufe.

Graphik 1 stellt die durchschnittlichen Zuschauerzahlen dieser Nachrichtensendungen in Wochendurchschnitten von Mitte Dezember 1990 bis Ende März 1991, also zur Zeit des Golfkriegs dar. Besonders auffällig ist der steile Anstieg des Nachrichtenpublikums zur dritten Kalenderwoche 1991 (14.1.–20.1.1991)[6], der Woche des Kriegsbeginns. In den folgenden sechs Kriegswochen stabilisiert sich das Publikumsinteresse an Fernsehnachrichten mehr oder weniger auf diesem hohen Einschaltniveau. In der Woche zu Beginn des

Graphik 1 Entwicklung der Zuschauerzahlen von Nachrichtensendungen während des Golfkriegs

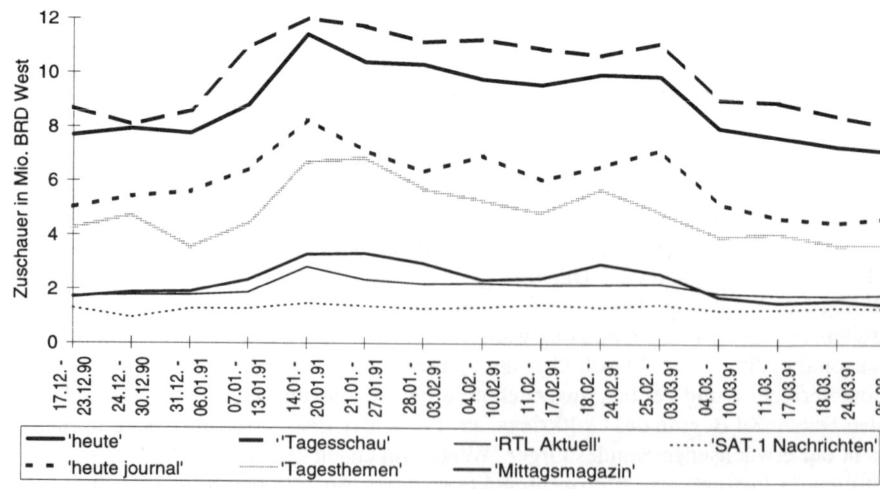

Quelle: AGF/GfK-Fernsehforschung.

Bodenkriegs am Golf, vom 25.2.–3.3.1991, erhöht sich das Publikumsaufkommen nochmals leicht bei „heute", „Tagesschau" und „heute-journal". Deutlich erkennbar ist dann nach Beendigung der Kampfhandlungen am Golf Anfang März 1991 ein abrupter Rückgang des Zuschauerinteresses an Fernsehnachrichten.[7]

Betrachtet man die Entwicklung des Nachrichtenpublikums im Zeitverlauf, so läßt sich ein exakt im Takt der Ereignisse mitschwingendes Zuschauerinteresse feststellen. Dies trifft vor allem auf die Nachrichtensendungen der öffentlich-rechtlichen Sender ARD und ZDF zu, wohingegen die untersuchten Abendnachrichten von RTL plus und SAT.1 kaum vergleichbare Zuschauerschwankungen im Gesamtverlauf der sechs Kriegswochen aufweisen.

Die Entwicklung des Nachrichtenpublikums während der DDR-Revolution (Graphik 2) zeigt einen weit weniger deutlichen Anstieg der Zuschauerzahlen in der Woche der Maueröffnung (45. Kalenderwoche: 6.11.–12.11.1989)[8]. Eine mögliche Erklärung dafür ist die hohe Nachrichtenlage in den vorangegangenen Wochen, die bereits im Vorfeld der unerwarteten Maueröffnung zu einem hohen Publikumsinteresse an Fernsehnachrichten führte. Erinnert sei hier zum Beispiel an die Massendemonstrationen der DDR-Bürger im Oktober 1989 zum 40. DDR-Staatsjubliäum mit den anschließenden Massenverhaftungen.

In den Wochen nach der Maueröffnung erfuhren zumindest die Abendnachrichten von ARD und ZDF nochmals eine Steigerung der Zuschauerbeteiligung.[9]

Ganz anders sah die Entwicklung bei den hier untersuchten Abendnachrichten der privaten Fernsehanbieter aus. Beide Nachrichtensendungen – „RTL aktuell" und „SAT.1 Blick", jeweils um 18.45 Uhr – zeigten, wie schon beim Golfkrieg, in den Wochen vor und

Graphik 2 Entwicklung der Zuschauerzahlen von Nachrichtensendungen während der DDR-Revolution

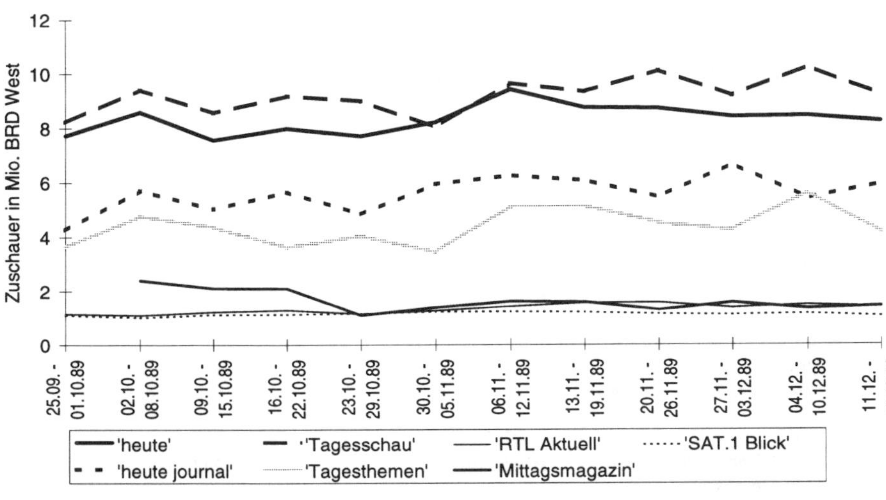

Quelle: AGF/GfK-Fernsehforschung.

nach der Maueröffnung keine Schwankungen in den Zuschauerzahlen.[10]

Im letzten Beispiel für politische Krisen, während des Putschversuchs in Moskau Mitte August 1991, entwickelten sich die Zuschauerzahlen der Fernsehnachrichten gänzlich anders.

Die relativ niedrigen Zuschauerzahlen der Fernsehnachrichten im Sommer 1991 stiegen in der Woche des Putschversuchs, der 34. Kalenderwoche (19.8.–25.8.1991), abrupt an[11] und sanken bereits in der folgenden Woche ebenso schnell wieder ab (Graphik 3).

Diese Entwicklung sticht wiederum nur bei den untersuchten Nachrichtensendungen von ARD und ZDF deutlich hervor, während die Abendnachrichten der privaten Fernsehsender RTL plus und SAT.1 keine vergleichbaren Schwankungen aufweisen.

Eine letzte Hypothese zur Fernsehnutzung in Krisenzeiten vermutet, daß speziell die Nachrichtensendungen im Vergleich zu politischen Normalzeiten intensiver genutzt werden.

In diesem Zusammenhang wurde der „weiteste Seherkreis" von Nachrichtensendungen, daß heißt, die Größe des Publikums, das innerhalb von 14 Tagen von Fernsehnachrichten erreicht wird, analysiert. Die Ergebnisse der GfK-Sonderauswertungen zeigten, daß innerhalb von 14 Tagen zu Beginn der Golfkriegsberichterstattung und innerhalb von zehn Tagen nach der DDR-Maueröffnung mehr Menschen die Nachrichten am Bildschirm verfolgten als in einem Vergleichszeitraum mit normaler Nachrichtenlage.[12] Somit kann auch die Hypothese einer intensiveren Nutzung von Fernsehnachrichten in politischen Krisen als bestätigt gelten.

Graphik 3 Entwicklung der Zuschauerzahlen von Nachrichtensendungen während des Putschversuchs in Moskau

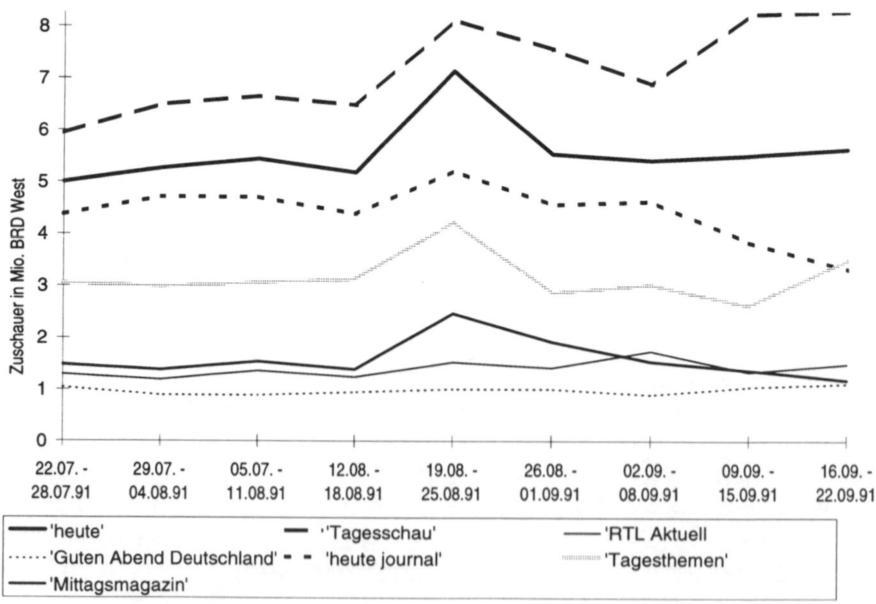

Quelle: AGF/GfK-Fernsehforschung.

3. Zusammenfassung und Ausblick

Hörfunk und Fernsehen stellen aufgrund ihrer Nutzung durch die Bundesbürger bedeutsame Informationsmedien in politischen Krisen dar. Dies trifft insbesondere auf die öffentlich-rechtlichen Informationsprogramme von Hörfunk und Fernsehen zu, die in den untersuchten politischen Krisen eine überdurchschnittlich hohe Resonanz beim Publikum erfuhren. Den Informationsangeboten und Nachrichtensendungen der privaten Fernseh- und Hörfunkveranstalter fiel unter Nutzungsaspekten betrachtet nur eine marginale Bedeutung zu.

Nach der hohen Nutzung der Fernsehnachrichten im Herbst 1989 und in den beiden folgenden ereignisreichen Jahren 1990 und 1991 stellten Wolfgang Darschin und Bernward Frank für das Jahr 1992 nunmehr einen Rückgang an Nachrichtenzuschauern fest.[13] Sie führten diese Entwicklung auf die zunehmende Verfügbarkeit von Fernsehprogrammen zurück und folgerten daraus, daß mehr Menschen dazu verleitet werden, den abendlichen Fernsehnachrichten auszuweichen.

Aber trotz dieses Rückgangs an Nachrichtenzuschauern im Jahr 1992 steht außer Zweifel, daß der Informationsbedarf des Publikums auch in zukünftigen Krisen sehr schnell wieder ein hohes Niveau erreichen und es in der Folge zu einer verstärkten Nutzung der Informationsprogramme in Hörfunk und Fernsehen kommen wird.

Anmerkungen

1. Bresser, Klaus: Was nun? Über Fernsehen, Moral und Journalisten. Hamburg 1992, S. 145.
2. Ehlers, Renate: Fernseh- und Radionutzung während des Golfkriegs. In: Media Perspektiven 5/1991, S. 333–337.
3. Vgl. ebd.
4. Erwachsene ab 14 Jahren.
5. „heute" (ZDF) um 19.00 Uhr, „Tagesschau" (ARD) um 20.00 Uhr, „heute-journal" (ZDF) um 21.45 Uhr, „Tagesthemen" (ARD) um 22.30 Uhr, die SAT.1-Nachrichten („SAT.1 Blick" / „Guten Abend Deutschland") gegen 18.45 Uhr und die Nachrichtensendungen von RTL plus („RTL aktuell"), ebenfalls um 18.45 Uhr.
6. Durchschnittliche Zuschauerzahlen der Fernsehnachrichten in der 3. Kalenderwoche (14.1.–20.1.1991): „heute": 11,40 Millionen Zuschauer (ab 6 Jahren in BRD West); „Tagesschau": 12,00 Millionen Zuschauer; „heute-journal": 8,26 Millionen Zuschauer; „Tagesthemen": 6,67 Millionen Zuschauer; „RTL aktuell": 2,82 Millionen Zuschauer; „SAT.1 Blick": 1,47 Millionen Zuschauer.
7. Durchschnittliche Zuschauerzahlen der Fernsehnachrichten in der 10. Kalenderwoche (04.03.–10.03.1991): „heute": 7,97 Millionen Zuschauer; „Tagesschau": 9,01 Millionen Zuschauer; „heute-journal": 4,65 Millionen Zuschauer; „Tagesthemen": 4,08 Millionen Zuschauer; „RTL aktuell": 1,86 Millionen Zuschauer; „Guten Abend Deutschland": 1,26 Millionen Zuschauer.
8. Durchschnittliche Zuschauerzahlen der Fernsehnachrichten in der 45. Kalenderwoche (06.11.–12.11.1989): „heute": 9,42 Millionen Zuschauer; „Tagesschau": 9,64 Millionen Zuschauer; „heute-journal": 6,26 Millionen Zuschauer; „Tagesthemen": 5,13 Millionen Zuschauer; „RTL aktuell": 1,43 Millionen Zuschauer; „SAT.1 Blick": 1,23 Millionen Zuschauer.
9. Zum Beispiel: „Tagesschau" in der 47. Kalenderwoche (20.11.–26.11.1989) mit 10,10 Millionen Zuschauern oder „heute-journal" in der 48. Kalenderwoche (27.11.–03.12.1989) mit 6,68 Millionen Zuschauern.

10. Die Zuschauerbeteiligung von „RTL aktuell" pendelte zwischen ein bis eineinhalb Millionen Zuschauern. Bei „SAT.1 Blick" lag die Zuschauerzahl um eine Million.
11. Durchschnittliche Zuschauerzahlen der Fernsehnachrichten in der 34. Kalenderwoche (19.08.–25.08.1991): „heute": 7,14 Millionen Zuschauer; „Tagesschau": 8,12 Millionen Zuschauer; „heute-journal": 5,21 Millionen Zuschauer; „Tagesthemen": 4,24 Millionen Zuschauer; „RTL aktuell": 1,53 Millionen Zuschauer; „Guten Abend Deutschland": 1,01 Millionen Zuschauer.
12. Vgl. Darschin, Wolfgang/Bernward Frank: Tendenzen im Zuschauerverhalten. Fernsehgewohnheiten und Fernsehreichweiten im Jahr 1989. In: Media Perspektiven 4/1990, S. 261. – Für den nur vier Tage dauernden Putsch lagen keine GfK-Sonderanalysen vor.
13. Vgl. Darschin, Wolfgang/Bernward Frank: Tendenzen im Zuschauerverhalten. Fernsehgewohnheiten und Fernsehreichweiten im Jahr 1992. In: Media Perspektiven 3/1993, S. 114–126.

Das Lokale im Lokalradio

Entwicklung der Berichterstattung von 1989 bis 1992 am Beispiel Nürnberg

*Von Helmut Scherer und Martin Rieß**

Der 3. Dezember 1986 markierte in Nürnberg den Beginn eines neuen Medienzeitalters.[1] Seit diesem Tag waren in Nürnberg zunächst vier lokale Hörfunksender terrestrisch über die Hausantenne empfangbar. Nach einer kurzen Vorlaufzeit im Kabel war damit lokaler Hörfunk für die Bürger der nordbayerischen Metropole Wirklichkeit geworden. Nürnberg war aber kein Einzelfall: In dieser Zeit wurden auf der Basis des bayerischen Medienerprobungs- und -entwicklungsgesetzes (MEG) an verschiedenen Standorten in Bayern Lokalstationen eingerichtet. Mit dieser Entwicklung konnte man die Hoffnung verbinden, daß es in der Lokalberichterstattung zu einem größeren Maß an Pluralität kommen würde. Dies schien um so wichtiger, als durch die Pressekonzentration die Vielfalt der lokalen Berichterstattung doch in vielen Regionen empfindlich eingeschränkt war. Genau diese Defizite boten eine Chance für den lokalen Hörfunk; er konnte in die Bresche springen und das lokale publizistische Angebot ergänzen.

Diese Hoffnungen schienen auch einigermaßen begründet. So wurde in den gesetzlichen Grundlagen betont, daß der lokale Hörfunk zur Vielfalt beitragen müsse.[2] In der von der Bayerischen Landeszentrale für neue Medien (BLM) verabschiedeten „Satzung über die Nutzung von drahtlosen Hörfunkfrequenzen in Bayern nach dem MEG“ vom 23. Juli 1986 stand zu lesen: „Die Information muß in angemessener Weise auf das Verbreitungsgebiet (lokal) bezogen sein. Das Gesamtprogramm soll kulturelle und unterhaltende Elemente mit lokalem Charakter enthalten“ (§ 5, Abs. 2).

Auch die Aussagen von Verantwortungsträgern wiesen in diese Richtung. So meinte Rudolf Mühlfenzl, der damalige Präsident der BLM, in seiner Ansprache anläßlich der Eröffnung der terrestrischen Frequenzen in Nürnberg, daß die neuen Anbieter das Bedürfnis der Bürger nach mehr Informationen aus ihrer nächsten Umgebung befriedigen und deshalb „ein Stück mehr Demokratie“ bedeuteten.[3] Der Nürnberger CSU-Landtagsabgeordnete und Oberbürgermeisterkandidat Günter Beckstein schrieb an die Redaktionen der Lokalsender: „Ich habe mich immer massiv für die neuen Medien eingesetzt, da ich eine Chance sah, auch die regionale Berichterstattung aus Nürnberg und über Nürnberg zu verstärken (...).“[4]

* Helmut Scherer ist Professor für Kommunikationswissenschaft an der Universität Augsburg, Martin Rieß ist wissenschaftlicher Mitarbeiter am Lehrstuhl für Kommunikations- und Politikwissenschaft der Universität Erlangen-Nürnberg.

Auch auf seiten der Macher schien die Bereitschaft vorhanden, einen Beitrag zur publizistischen Vielfalt im Lokalen zu leisten und sich über die Lokalberichterstattung zu profilieren. So schrieben die Nürnberger Nachrichten anläßlich der technischen Inbetriebnahme des mit dieser Zeitung wirtschaftlich verbundenen Lokalsenders Radio F: „Gesellschafter, journalistische und technische Mitarbeiter sehen ihren Programmauftrag darin, der Region eine Stimme zu geben."[5]

Wie sieht aber nun die Wirklichkeit aus? Welche Erfahrungen hat man inzwischen mit dem lokalen Hörfunk gemacht? In welcher Weise und in welchem Umfang bietet dieser lokale Informationen an? Sicherlich mußte man dem lokalen Hörfunk Zeit geben, sich zu etablieren und seine Programmformate zu entwickeln. Nun aber ist die Zeit reif, diese Fragen zu stellen. Mit dem 1.12.1992 ist das bayerische Medienerprobungs- und -entwicklungsgesetz (MEG) ausgelaufen. Seit diesem Zeitpunkt gilt in Bayern das Bayerische Mediengesetz (BayMG). Der bayerische Landtag geht also davon aus, daß zu diesem Zeitpunkt die Erprobungs- und Entwicklungsphase abgeschlossen ist.

Innerhalb dieses Erprobungszeitraums wurden die Programme mehrfach inhaltsanalytisch untersucht, zum Teil im Auftrag der BLM.[6] Im Frühjahr 1992 wurde am Lehrstuhl für Kommunikations- und Politikwissenschaft der Universität Erlangen-Nürnberg im Auftrag der Bayerischen Landeszentrale für neue Medien eine Inhaltsanalyse der in Nürnberg empfangbaren privaten Lokalradio-Anbieter durchgeführt. Diese Studie war die Wiederholung einer Untersuchung aus dem Jahr 1989. Es wurden die Programme aller Nürnberger Lokalradios auf fünf Frequenzen von 05.00 bis 22.00 Uhr im Erhebungszeitraum einer „künstlichen Woche" aufgezeichnet und die 595 Stunden Programm mit der Methode der Inhaltsanalyse in einem zweistufigen Verfahren analysiert. Auf der ersten Stufe wurden während der Aufzeichnung auf Tonkassetten die Musikstücke analysiert und die Wortbeiträge grob unterteilt in Nachrichtenblöcke, Werbeblöcke und sonstige Wortbeiträge. Auf der zweiten Stufe wurden alle Wortbeiträge und die Werbung mittels eines differenzierten Kategoriensystems analysiert.[7]

Zwischen den genannten Untersuchungszeiträumen liegen drei Jahre. In diesem Zeitraum gab es große Veränderungen in der Nürnberger Radiolandschaft. Einige Anbieter, die 1989 untersucht wurden, haben inzwischen ihren Sendebetrieb eingestellt. Bei anderen Anbietern gab es radikale Neuorientierungen im Programmkonzept, teilweise bedingt durch Eigentümerwechsel, zum Teil auch verursacht durch Neuaufteilung von Frequenzen und Verschiebung von Sendeplätzen vom Morgen/Vormittag auf den Nachmittag/Abend. Neue Anbieter sind auf Splittingfrequenzen dazugekommen. Es gibt jedoch drei Sender, die sowohl 1989 als auch 1992 als Hauptanbieter auf der gleichen Frequenz senden und das Programm auf dieser Frequenz (nahezu) vollständig gestalten. Diese drei Anbieter, Radio Charivari, Radio F und Radio Gong, sind 1992 wie 1989 die reichweitenstarken Sender im Raum Nürnberg mit Tagesreichweiten von 13 Prozent (Radio Charivari), 12 Prozent (Radio F) und 10 Prozent (Radio Gong) im Frühjahr 1992.[8]

Die Auswahl der Untersuchungszeiträume hat sich im nachhinein als sehr günstig erwiesen. Im Frühjahr 1989 waren seit dem Beginn der Ausstrahlung privaten lokalen Hörfunks in Nürnberg drei Jahre vergangen. Zu diesem Zeitpunkt waren bei den Anbietern die ersten „Kinderkrankheiten" überwunden, und es hatte sich nach den Startschwierigkeiten ein professioneller Standard etabliert. Weitere drei Jahre später, 1992, liegt unser Untersuchungszeitraum kurz vor dem Auslaufen des befristeten bayerischen Medienerprobungs- und -entwicklungsgesetzes. Mit Inkrafttreten des (unbefristeten) Bayerischen Mediengesetzes im Dezember kann die Etablierung des Instituts privater lokaler Rundfunk in Bayern und somit die Versuchsphase als abgeschlossen gelten.

Aufgrund der Tatsache, daß die Radio-Inhaltsanalyse 1992 mit dem nahezu unveränderten Instrument aus dem Jahre 1989 durchgeführt wurde, sind wir nun in der Lage, anhand vergleichbarer Daten die Entwicklung der lokalen Berichterstattung dieser drei großen Anbieter nachzuzeichnen. Der Lokalbezug kann hierbei über den Ereignisort (Nürnberg beziehungsweise der lokale Einzugsbereich bis circa 50 Kilometer um Nürnberg) gegeben sein oder über die Beteiligung von Akteuren aus diesem Einzugsbereich.[9]

Graphik 1 zeigt, daß der Anteil der lokalen Berichterstattung am *Gesamt*programm bei allen drei Anbietern stark gesunken ist. Lag er im Jahr 1989 bei allen drei Anbietern deutlich über vier Prozent, so erreicht 1993 nur noch Radio F einen Wert von vier Prozent, gefolgt von Radio Charivari (etwas über drei Prozent) und Radio Gong (knapp drei Prozent).

Ein Rückgang um ein oder zwei Prozentpunkte erscheint nicht dramatisch. Betrachten wir aber die Sendedauer in Minuten, dann wird deutlich, daß wir es hier doch mit einschneidenden Veränderungen zu tun haben. Die geringsten Unterschiede gab es bei Radio F, das im Untersuchungszeitraum 1992 mit 311 Minuten schon eine Stunde weniger Wortbeiträge mit spezifischem Lokalbezug sendete als 1989 (371 Minuten). Bei Radio Charivari beträgt die Differenz immerhin schon eineinhalb Stunden: während im Jahr 1989 327 Minuten Sendezeit der lokalen Berichterstattung vorbehalten blieb, waren es 1992 nur noch 238 Minuten. Radio Gong, das 1989 mit 302 Minuten lokaler Berichter-

Graphik 1 Anteil lokaler Berichterstattung am Gesamtprogramm (in Prozent)

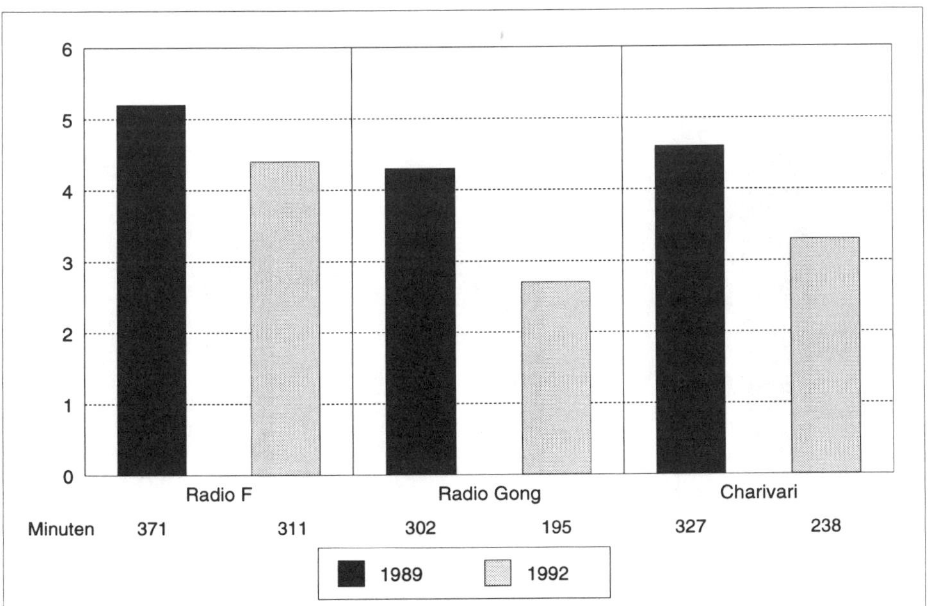

stattung schon den geringsten Wert unter allen drei Anbietern aufwies, reduzierte seine Wortbeiträge mit Lokalbezug am radikalsten: Mit 195 Minuten lokalem Wort wurde bei Radio Gong im Jahr 1992 eindreiviertel Stunden weniger Lokalinformation pro Woche geboten als 1989.

Wie kann man diese Veränderungen erklären? Man könnte vermuten, daß die Nürnberger Anbieter 1992 innerhalb ihrer Wortbeiträge dem lokalen Wort einen geringeren Stellenwert einräumten als noch im Jahr 1989.

In Graphik 2 sehen wir aber, daß der Anteil der lokalen Berichterstattung am *Wort*programm bei zwei der drei untersuchten Anbieter im Verlauf der Jahre nur wenig zurückgegangen ist, so bei Radio F von 30 Prozent (1989) auf 29 Prozent (1992) und bei Radio Gong von 21 Prozent auf 19 Prozent. Die Veränderungen zu 1989 fallen jedoch so gering aus, daß sie den beschriebenen Rückgang des Anteils lokaler Berichterstattung am Gesamtprogramm nicht erklären können. Im Falle von Radio Charivari finden wir sogar eine Zunahme des Anteils lokaler Berichterstattung am Wortprogramm von 23 Prozent im Jahr 1989 auf 29 Prozent 1992.

Eine Erklärung für den schwindenden Anteil der lokalen Berichterstattung am Gesamtprogramm finden wir, wenn wir die Entwicklung des Wortanteils am Gesamtprogramm der drei untersuchten Anbieter betrachten. Hierunter verstehen wir Wortbeiträge innerhalb und außerhalb von Nachrichten sowie Moderationen, nicht aber Werbung. Der Wortanteil am Gesamtprogramm ist bei allen drei Anbietern sehr stark zurückgegangen (Graphik 3). Während der Anteil der Wortbeiträge im Jahr 1989 bei allen drei Anbietern um 20 Prozent der Sendezeit lag, betrug er 1992 noch maximal 15 Prozent (Radio F). Noch dramatischer sind die Veränderungen bei Radio Gong, hier ist der Wortanteil von 21

Graphik 2 Anteil lokaler Berichterstattung am Wortprogramm (in Prozent)

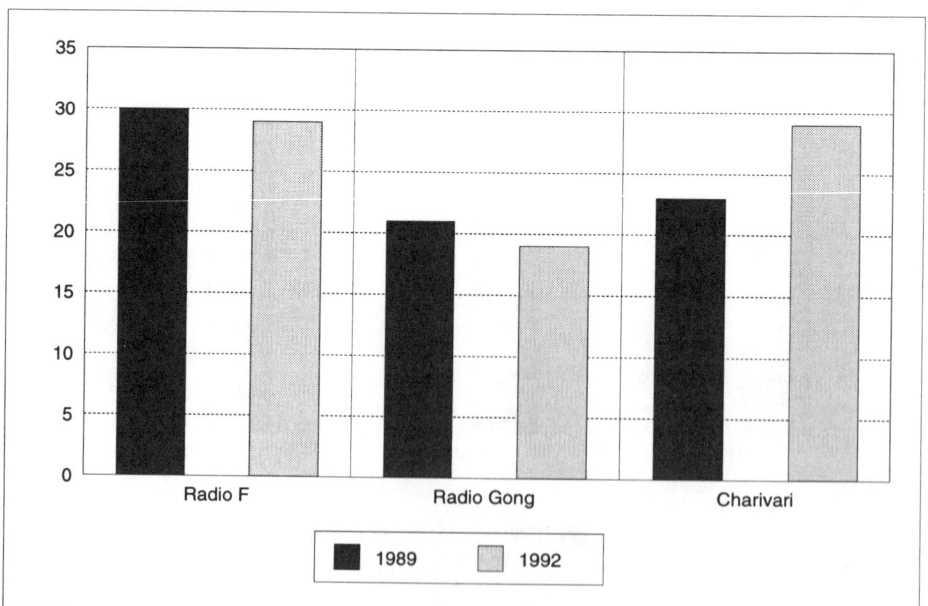

Graphik 3 Wortanteil am Gesamtprogramm (in Prozent)

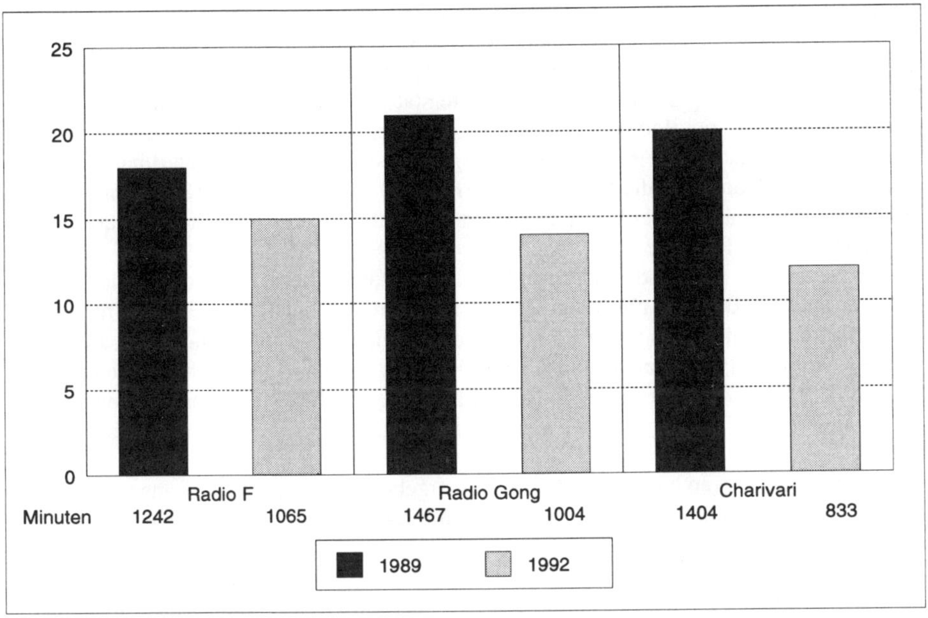

Prozent auf 14 Prozent gesunken. Radio Charivari ist derjenige Anbieter, der den Wortanteil am stärksten reduziert hat, von 20 Prozent (1989) auf 12 Prozent 1993.

Bei Radio F, demjenigen Anbieter, der seinen Wortanteil am wenigsten reduziert hat, ist bereits ein Rückgang der Wortbeiträge von 1242 Minuten im Untersuchungszeitraum 1989 auf 1065 Minuten im Untersuchungszeitraum 1992, mithin eine Reduzierung des Worts um drei Stunden festzustellen (siehe Graphik 3). Deutlich stärker hat Radio Gong im selben Zeitraum das gesprochene Wort reduziert: Während 1989 noch 1467 Minuten Wortbeiträge gesendet wurden, waren es 1992 nurmehr 1004 Minuten, also fast acht Stunden weniger Wort in der untersuchten Woche. Am stärksten jedoch fallen die Veränderungen bei Radio Charivari aus. Von 1404 Minuten Wort im Jahre 1989 blieben 1992 nur noch 833 Minuten übrig. Dies entspricht einem Rückgang des gesprochenen Wortes um fast zehn Stunden im Vergleich der Untersuchungszeiträume 1989 mit 1992.

Der Rückgang der Lokalberichterstattung läßt sich also erklären aus dem Rückgang der Wortberichterstattung allgemein. Der Stellenwert des Lokalen im Wortprogramm ist mehr oder weniger stabil geblieben. Durch die deutlichen Einsparungen beim Wortprogramm ist es aber zu einem Rückgang der Lokalberichterstattung gekommen.

Das Verbreitungsgebiet der drei untersuchten Sender umfaßt neben der Großstadt Nürnberg noch die Städte Erlangen, Fürth und Schwabach sowie ein überwiegend ländliches Gebiet im Umkreis von etwa 50 Kilometern. Die lokalen Programmangebote verteilen sich sehr ungleich auf dieses Gebiet (vgl. Graphik 4 auf S. 244). Im Zentrum der lokalen Berichterstattung steht ganz eindeutig die Stadt Nürnberg. 1989 bezogen sich 81 Prozent der Sendedauer der lokalen Beiträge von Radio Gong auf die Stadt Nürnberg, bei Radio F waren es 64 Prozent und bei Radio Charivari 56 Prozent. Dies deckt sich mit

Erfahrungen aus der Begleitforschung zur Einführung der schweizer Lokalradios. Schanne et al. resümieren: „Tatsächlich konzentrieren die Redaktionen ihre Aufmerksamkeit auf Vorgänge, die sich unmittelbar vor der Haustüre des Studios (...) abspielen".[10] Auch 1992 hat sich an diesem Befund für Nürnberg nur wenig geändert. Vordergründig scheint es, als würde das Verbreitungsgebiet außerhalb Nürnbergs nun stärker berücksichtigt. Die Anteile für die Stadt Nürnberg an der lokalen Berichterstattung sind zum Teil deutlich zurückgegangen. So ist etwa bei Radio Gong ein Rückgang von fast 10 Prozent zu verzeichnen. Im Gegensatz dazu hat das weitere Verbreitungsgebiet bei allen Sendern anteilmäßig gewonnen. Bei Radio Gong sind die Werte von 10 Prozent im Jahre 1989 auf 18 Prozent im Jahre 1992 angestiegen, bei Radio F von 27 Prozent auf 32 Prozent und bei Radio Charivari von 27 Prozent auf 35 Prozent.

Betrachten wir aber statt der Prozentanteile die tatsächliche Sendedauer, dann ergibt sich ein anderes Bild. In absoluten Zahlen ausgedrückt, hat Radio F den Umfang der Berichterstattung über das weitere Einzugsgebiet beibehalten (98 Minuten im Jahr 1989 und 99 Minuten 1992) und Radio Charivari leicht reduziert (von 88 Minuten auf 83 Minuten). Radio Gong hat seine ohnehin sehr geringe Berichterstattung über das Sendegebiet außerhalb Nürnbergs mit 31 Minuten (1989) auf 35 Minuten (1992) leicht ausgebaut.

Die Verschiebungen bei den Prozentzahlen ergeben sich also nur, weil insgesamt – wie oben schon dargestellt – die lokale Berichterstattung reduziert wurde. Diese Reduzierung betrifft vor allem Beiträge mit dem Ereignisort Nürnberg.

Veränderungen gab es aber nicht nur hinsichtlich der Menge und der räumlichen Bezüge der lokalen Berichterstattung, sondern auch hinsichtlich der Inhalte. Dies macht

Graphik 4 Lokalisierung der lokalen Berichterstattung

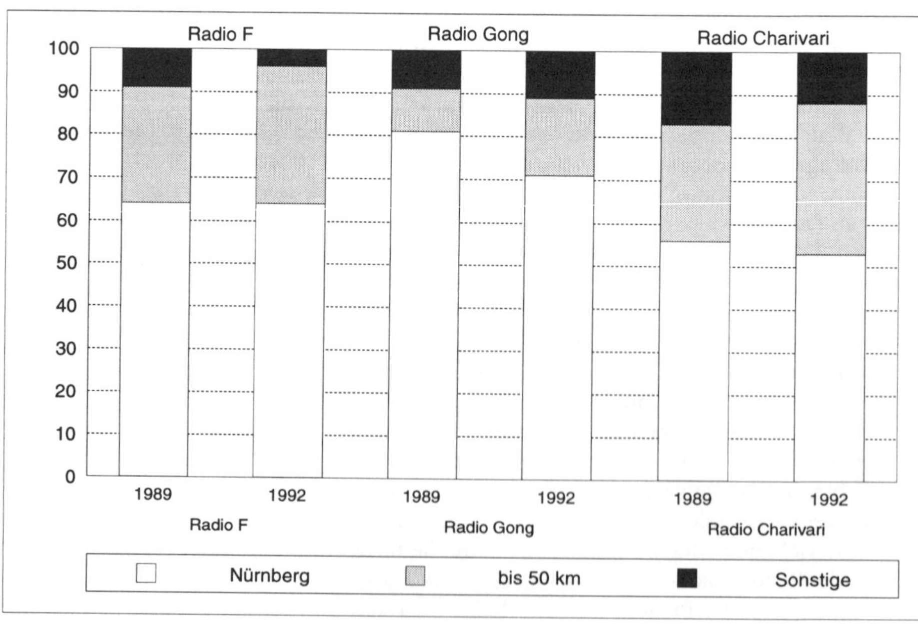

schon eine einfache Untersuchung der publizistischen Funktionen der Lokalbeiträge deutlich. Es lassen sich in dieser Hinsicht die Funktionen Information, Service und Unterhaltung unterscheiden. Der Vergleich der beiden Untersuchungszeiträume belegt bei allen drei untersuchten Sendern einen Rückgang des Anteils der Informationsbeiträge an der lokalen Berichterstattung (vgl. Graphik 5). Besonders deutlich ist dieser Rückgang bei Radio Charivari. Da die lokale Berichterstattung insgesamt weniger geworden ist, kann man, bezogen auf die absoluten Zahlen, von einem dramatischen Rückgang an lokalen Informationsbeiträgen sprechen. Bei Radio F waren es im Jahre 1989 282 Minuten lokale Informationsbeiträge, 1992 sind es nur noch 201. Bei Radio Gong haben wir einen Rückgang von 219 Minuten auf 124 Minuten. Besonders auffällig ist die Entwicklung bei Radio Charivari. 1989 gab es auf diesem Sender noch 253 Minuten lokale Informationsbeiträge, 1992 sind es nur noch 107. Damit gab es 1992 weniger als halb soviel Sendezeit für lokale Information wie 1989. Zugewinne gibt es fast überall in den Funktionen Unterhaltung und Service.

Graphik 5 Funktionen der lokalen Berichterstattung
Anteile „Information", „Unterhaltung" und „Service"

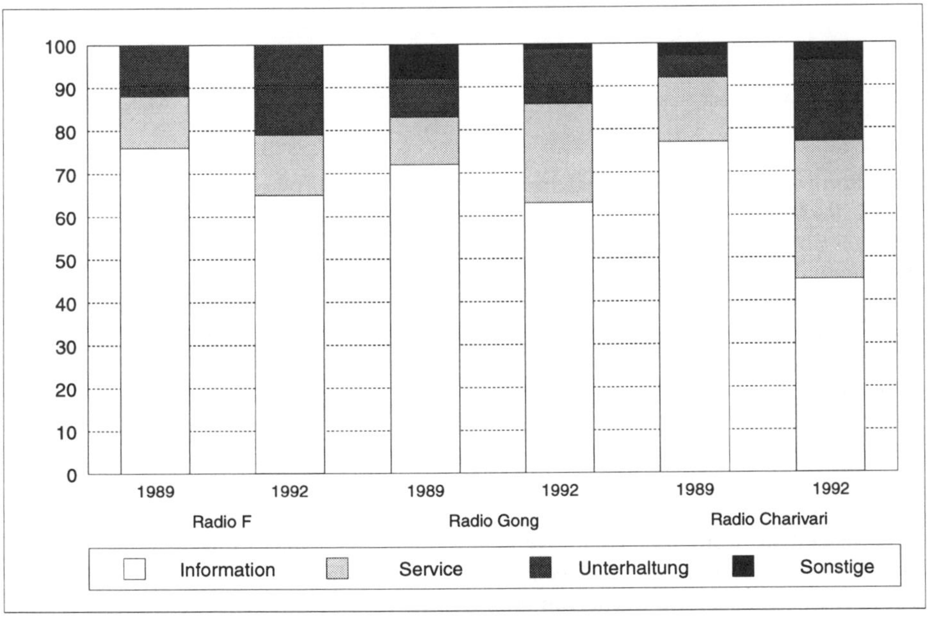

Auch in bezug auf die Themensetzung finden wir in der lokalen Berichterstattung deutliche Verschiebungen. Man kann dies gut an drei ausgewählten lokalen Themenbereichen zeigen: Politik, Buntes und Wetter/Verkehr. Bei allen drei Sendern ist das Angebot an Lokalpolitik deutlich geringer geworden. Insbesondere bei Radio Gong ist der Rückgang stark ausgeprägt. Dort gab es im Jahr 1989 90 Minuten Berichte über lokale Politik. 1992 sind es nur noch 30 Minuten. Zugewinne gibt es in den Kategorien Wetter und Verkehr und, mit Ausnahme von Radio Gong, bei den bunten Themen. Besonders ausgeprägt ist

Graphik 6 Themen der lokalen Berichterstattung

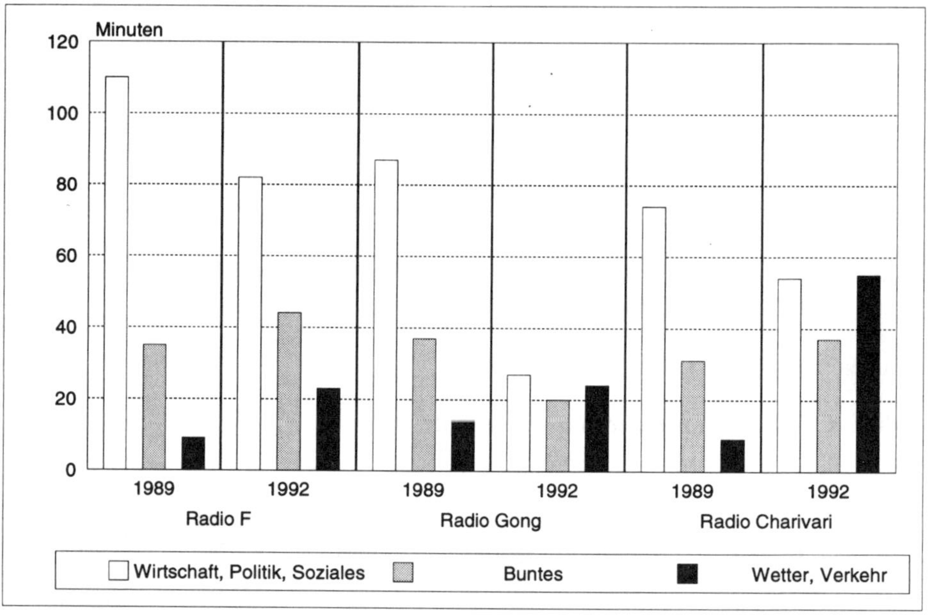

diese Form der lokalen Berichterstattung bei Radio Charivari. Dort gibt es mehr Sendezeit für lokales Wetter und lokalen Verkehr als für Lokalpolitik.

Noch ein weiterer Indikator belegt die gesunkene Bedeutung der Lokalpolitik im Programm der drei größten Nürnberger Lokalsender. Wir haben untersucht, über welche Akteure im Wortprogramm berichtet wird. Dabei zeigt sich auf allen drei Frequenzen, daß der Umfang, mit dem über Akteure aus dem Bereich Kommunalpolitik berichtet wurde, deutlich zurückgegangen ist (vgl. Graphik 7). Waren es im Jahr 1989 auf jedem Sender noch mehr als 50 Minuten pro Woche, in denen Kommunalpolitiker Gegenstand der Berichterstattung waren, so sind es im Untersuchungszeitraum bei Radio F nur noch 30 Minuten, bei Radio Charivari nur noch 36 Minuten. Geradezu dramatisch ist die Entwicklung bei Radio Gong. Dort sind es im Jahr 1992 nur noch 7 Minuten pro Woche, in denen lokalpolitische Akteure vorkommen: also pro Tag gerade mal 1 Minute.

Es scheint, als würden sich die Lokalradios vermehrt auf solche Informationen konzentrieren, die ohne großen Aufwand recherchierbar und einfach aufzubereiten sind. Beiträge, die eigene journalistische Recherche erfordern und die 1989 mit nennenswerten Sendezeitanteilen vertreten waren, sind dem Blick aus dem Fenster (‚Am Lorenzer Wetterhäusle messen wir X Grad') gewichen.

Diese Vermutung läßt sich durch eine Analyse der Themen erhärten, die in der Berichterstattung über das weitere Sendegebiet außerhalb Nürnbergs berücksichtigt werden. Die Themen Wetter, Verkehr, Verbrechen und Buntes, die 1989 mit zusammen zwei bis drei Prozent Sendezeit einen verschwindend geringen Anteil an der Berichterstattung aus dem weiteren Sendegebiet hatten, erreichen 1992 Werte von 34 Prozent (Radio F), 42 Prozent (Radio Gong) und 46 Prozent (Radio Charivari). Die Geschehnisse in der Umgebung von Nürnberg werden nur selten journalistisch aufbereitet und dargestellt. Dieser Raum kommt

Graphik 7 Lokale Berichterstattung. Politische Akteure auf kommunaler Ebene

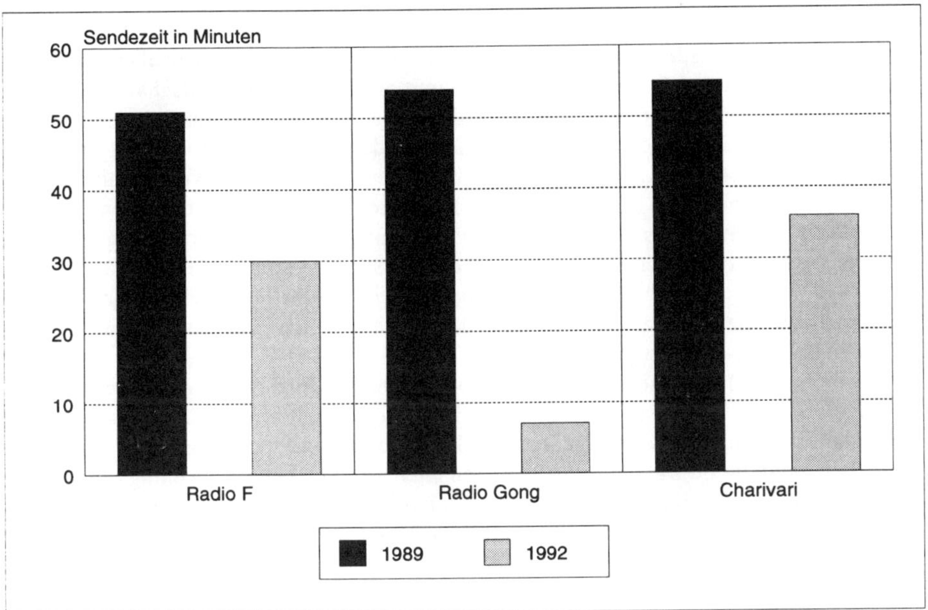

im Programm der Lokalsender vielfach nur in Form von Standardinformationen wie Wetter und Verkehr vor. Dies gilt vor allem für Radio Gong und Radio Charivari.

Zusammenfassung

Zusammenfassend lassen sich zwei Entwicklungen belegen. Zum einen wird insgesamt weniger über lokale Themen und Ereignisse berichtet. Dieser Rückgang erklärt sich vor allem aus einem allgemeinen Rückgang des Wortanteils. Zum anderen kommt es innerhalb der Lokalberichterstattung zu deutlichen Umgewichtungen. Die Bedeutung der Informationsbeiträge nimmt ab, dafür treten Service und Unterhaltung stärker in den Vordergrund. Diese beiden Tendenzen überlagern sich und führen zusammengenommen zu einer Entpolitisierung der Lokalberichterstattung. Der Anteil, den der lokale Hörfunk am öffentlichen Gespräch über Lokalpolitik hat, ist deutlich geringer geworden.

Wie ist es zu dieser Entwicklung gekommen? Der Rückgang des Wortprogramms läßt sich sicherlich aus den wirtschaftlichen Interessen der Anbieter erklären. Zum einen ist die Produktion von Wortprogrammen teurer als die Produktion des Musikprogramms. Für lokale Wortbeiträge gilt das Kostenargument in besonderem Maße. Lokale Beiträge können nicht günstig und sendefertig zugekauft werden. Im Gegenteil, sie müssen selbst recherchiert und gestaltet werden. Dazu bedarf es eines eigenen, gut ausgebildeten Personalstamms, der natürlich sehr kostenintensiv ist. Die Konzentration auf ritualisierte und einfach zu beschaffende Informationselemente wie Wetter und Verkehr stellt eine Möglichkeit dar, Lokalität relativ kostengünstig zu inszenieren. Andererseits sind diese Beiträge auch von Nutzen für die Hörer.

Das Musikprogramm ist für den Hörer das wichtigste Programmangebot des Radios.[11] Er hört vor allem Radio, um Musik zu hören, und er entscheidet vor allem nach der Musikfarbe, welchen Sender er bevorzugt. Somit erscheint es aus wirtschaftlicher Sicht doppelt sinnvoll, das Wortprogramm zu reduzieren. Auf der anderen Seite scheint ein Rückgang der lokalen Information in Hinblick auf den Publikumserfolg nicht unproblematisch, da die Hörer der Lokalradioprogramme einen großen Wert auf die lokale Berichterstattung legen.[12] Für die „Exklusivhörer lokaler Programme" sind die lokalen Informationen nach der Musik das zweitwichtigste Programmangebot des Hörfunks, gemeinsam mit dem Wetter. Lokale Servicebeiträge, auf die die Sender vermehrt setzen, folgen in der Rangfolge weiter hinten.[13] Im Wettbewerb um die Einschaltquoten muß den lokalen Sendern daran gelegen sein, sich gegenüber den regionalen Sendern zu profilieren und sich deutlich als Lokalsender zu positionieren.

Es gibt bereits Hinweise darauf, daß ein weitgehender Verzicht auf eigenrecherchierte Beiträge von den Hörern negativ bewertet wird. So kommt eine im Auftrag der BLM durchgeführte Studie zu dem Ergebnis, „daß der Hörer von Lokalprogrammen in vielen Bereichen nicht die Information erhält, die ihn interessiert (...) Die Notwendigkeit, daß die Anbieter von Lokalprogrammen durch eigene Recherche einen zielgenauen Lokalbezug mit der entsprechenden Aktualität herstellen, wird anhand dieser Ergebnisse unübersehbar."[14]

Bisher scheint das lokale Engagement noch ausreichend zu sein, und die neugefundene Mischung aus Wort und Musik zahlt sich beim Publikum aus. Es gab praktisch keine negativen Entwicklungen bei der Tagesreichweite. Radio Charivari hat von 1989 auf 1992 sogar kräftig zugelegt.[15]

Die Hoffnungen, die sich mit der Einführung des lokalen Hörfunks verbanden, sind somit einer gewissen Ernüchterung und Skepsis gewichen. Auch wenn der Publikumserfolg dieser Anbieter durchaus gegeben ist, so ist die Entwicklung doch problematisch. Der publizistischen Aufgabe, ein größeres Moment an Vielfalt in die lokale Berichterstattung einzubringen und die lokale Politik kommentierend und dem Bürger vermittelnd zu begleiten, kommt der lokale Hörfunk nur noch in sinkendem Umfang nach.

Anmerkungen

1. Die Taufe der Privatsender. In: Nürnberger Nachrichten vom 4. Dezember 1986, S. 13.
2. Vgl. Gesetz über die Erprobung und Entwicklung neuer Rundfunkangebote und anderer Mediendienste in Bayern (Medienerprobungs- und -entwicklungsgesetz – MEG) in der Fassung der Bekanntmachung vom 8. Dezember 1987. Artikel 3.
3. Die Taufe der Privatsender. In: Nürnberger Nachrichten vom 4. Dezember 1986, S. 13.
4. zitiert nach: Die Taufe der Privatsender. Ebd.
5. Die aktuelle Pressewelle. In: Nürnberger Nachrichten vom 31. Juli 1985, S. 11f.
6. – Enrico Demurray: Lokaler Hörfunk in Nürnberg. Programmanalyse der Morgen- und Nachmittagsmagazine von Bayern 3, Radio Franken, Neue Welle Franken. Nürnberg 1986 (Schriftenreihe des Kreisjugendrings Nürnberg-Stadt, Band 10).
   – ders.: Lokaler, terrestrischer Hörfunk in Nürnberg. Inhaltsanalyse der Hörfunkprogramme von Bayern 3, Radio Charivari, Radio Gong, Radio Franken, Radio N1, Radio Downtown, Radio Starlet, CMS

Radio, Radio Z. Nürnberg 1988 (Schriftenreihe des Kreisjugendringes Nürnberg-Stadt, Band 11).
– Schulz, Winfried, Helmut Scherer: Die Programme der Lokalradios im Raum Nürnberg. Inhaltsanalyse erstellt im Auftrag der Bayerischen Landeszentrale für neue Medien. München 1989. (BLM-Schriftenreihe, Band 5).
– Institut für Kommunikationswissenschaft (Zeitungswissenschaft) der Universität München, Forschungsgruppe VIA: Die Programme der Lokalradios in München. Inhaltsanalyse erstellt im Auftrag der Bayerischen Landeszentrale für neue Medien. München 1989 (Schriftenreihe der BLM, Band 6).
– Bayerische Landeszentrale für neue Medien: Die Programme der Lokalradios in Bayern. München 1990. Einfrequenzstandorte (BLM-Schriftenreihe, Band 12a) und Mehrfrequenzstandorte (BLM-Schriftenreihe, Band 12b).

7. Zur Methode siehe: Schulz/Scherer, wie Anm. 6, S. 131–176.
8. Tagesreichweiten Montag bis Sonntag. Vgl. Infratest Kommunikationsforschung: Funkanalyse Bayern 1989. Zusammenfassung der wichtigsten Ergebnisse erstellt im Auftrag der Bayerischen Landeszentrale für neue Medien. München 1989 (Schriftenreihe der BLM, Band 3), S. 57 und Infratest Kommunikationsforschung: Hörfunk- und Fernsehnutzung in Bayern 1992. Ergebnisse der Funkanalyse Bayern 1992 erstellt im Auftrag der Bayerischen Landeszentrale für neue Medien. München 1992 (BLM-Schriftenreihe, Band 21), S. 114.
9. Der Akteur ist dadurch definiert, daß er am Geschehen/Thema zentral beteiligt ist. Ihm wird in der Berichterstattung am meisten Platz bzw. Bedeutung eingeräumt. Bei Gleichrangigkeit wird der zuerst auftretende Akteur codiert. Akteur kann auch eine Institution/Organisation oder ein Repräsentant derselben sein. Im Falle eines Interviews ist der Interviewte Akteur. Bei O-Ton ist der eingespielte Sprecher dann Akteur, wenn er nicht zugleich Berichterstatter ist.
10. Schanne, Michael, Andreas Diggelmann, Kaspar Luchsinger: Die Lokalradio-Programme. Befunde aus den Programm- und Sendungsanalysen zu den lokalen Rundfunkversuchen in der Schweiz 1983 – 1988. Teilstudie 2 zum Schlußbericht der Arbeitsgruppe RVO-Begleitforschung am Seminar für Publizistikwissenschaft der Universität Zürich. Zürich 1989, S. 54.
11. Vgl. Weiß, Hans-Jürgen et al.: Programmbindung und Radionutzung. Eine Studie zur Ermittlung von Hörertypologien an sechs Standorten lokaler Radios in Bayern. Erstellt im Auftrag der Bayerischen Landeszentrale für neue Medien. München 1991. (BLM-Schriftenreihe, Band 13), S. 170f.
12. vgl. Roland-Berger-Forschungsinstitut für Markt- und Systemforschung GmbH: Image und Akzeptanz des Hörfunks in Bayern 1989. Fortführungsstudie. Erstellt im Auftrag der Bayerischen Landeszentrale für neue Medien. München 1989. (BLM-Schriftenreihe, Band 7a), S. 38.
13. Vgl. Weiß, Hans-Jürgen et al., wie Anm. 11, S.170f.
14. Roland-Berger-Forschungsinstitut: Lokalfunk und Lokalität. Analyse der Umfeld- und Einflußkriterien. Zusammenfassung der wichtigsten Ergebnisse. Erstellt im Auftrag der Bayerischen Landeszentrale für neue Medien. München 1990. (BLM-Schriftenreihe, Band 11), S. 29.
15. Infratest Kommunikationsforschung 1989, wie Anm. 7, S. 57 und Infratest Kommunikationsforschung 1992, wie Anm. 7, S. 114.

Die Nachrichten bei Radio PSR

Zur Regionalberichterstattung in einem sächsischen Privatradio

*Von Tilo Prase**

Das Informationsangebot privater Hörfunkanbieter wurde seit Anbeginn nicht nur mit einem gerüttelt Maß an Erwartung und mit analytischer Kritik, sondern auch mit Schelte und Mißachtung begleitet. Ernsthaft problematisiert wurde neben vielem anderem ein eingeschränktes Spektrum von regionalen und lokalen Themen oder die mehr oder weniger verpaßte Gelegenheit, dem Publikum soziale Zugangschancen zu eröffnen und Partizipation zu fördern.

Angesichts der Tendenzen zur medialen Internationalisierung wurde und wird natürlich ausdrücklich nach den publizistischen Leistungen für den „Nahraum" gefragt. Mit einiger Berechtigung, denn Untersuchungen zeigten, daß bei privaten Anbietern neben Musik und Moderationsstil vor allem die regionale bzw. lokale Berichterstattung für die Senderwahl ausschlaggebend ist.[1] Mit dem Etablieren von neuen Hörfunkanbietern in den jungen Bundesländern steht natürlich die Frage, ob sich im Osten lediglich im Zeitraffer das nachvollzieht, was in sich in Westdeutschland in rund zwei Jahrzehnten entwickelte. Treffen bislang monierte Präferenzen für „allgemein Menschliches" oder „Human-interest-Themen" zu? Werden in der Berichterstattung Kontroversen nivelliert? Und vor allem: Bestätigen sich Analyseergebnisse hinsichtlich spärlicher Regional- und Lokalbezüge? Beispielsweise wurde für private Regional- und Lokalprogramme in Bayern und Baden-Württemberg von Mathes/Scherer ermittelt: „Themen und Ereignisse aus der Region bzw. aus dem Sendegebiet werden innerhalb der Nachrichtensendungen relativ selten (...) aufgegriffen."[2] Die publizistische Leistung für die Region wird also erneut zu hinterfragen sein, hier an einem der ersten ostdeutschen und in Sachsen mit einigem Abstand führenden Privatsender.[3]

Radio PSR – das erste Privatradio im Freistaat Sachsen

Seit dem 1. Juli 1992, 12 Uhr mittags, ist Radio PSR auf Sendung. Radio PSR war der erste Privatsender in Sachsen. Mit seinen fünf Frequenzen (Sender Leipzig, Dresden und Chemnitz sowie zwei Füllsendern in Löbau und Plauen) erreicht er über Sachsen hinaus auch Teile der angrenzenden Länder Thüringen, Sachsen-Anhalt und Brandenburg.

* Tilo Prase ist Privatdozent an der Universität Leipzig.

Radio PSR visiert nach eigenen Angaben eine Kernzielgruppe von 14 bis 45 Jahren an, wobei der Sender nach den bisherigen Media-Analysen schwerpunktmäßig bei den Hörern zwischen 20 und 39 Jahren Zuspruch findet.

Neben Radio PSR wurden bis zum Untersuchungszeitraum von der Sächsischen Landesanstalt für privaten Rundfunk und neue Medien drei weitere Privatanbieter lizenziert: Antenne Sachsen, Energy Sachsen und die Radio Gruppe (Radio Leipzig, Chemnitz, Dresden und Lausitz). Als direkte Konkurrenten von Radio PSR gelten derzeit weniger die anderen sächsischen Privatradios, sondern eher die beiden MDR-Programme MDR life und MDR 1 Radio Sachsen.

Im Stylebook von Radio PSR ist das Selbstverständnis des Senders als Massenwelle, als privates Serviceprogramm, als durchhörbares 24-Stunden-Programm ohne spürbare Zäsuren fixiert. Die Musikfarbe wird mit AC (Adult Contemporary) Current Based angegeben.[4] Profilbestimmende journalistische Sendungen von Radio PSR sind die Nachrichten des „Weltreports“ und des „Sachsenreports“ sowie das Mittagsmagazin. Zu den hier nicht untersuchten journalistischen Programmbausteinen gehören unter anderem die Sendung „Das Thema“ wie auch ein gelegentlicher Morgenkommentar „Der Sachse“.

Die Erhebung galt dem journalistischen Leistungsangebot von Radio PSR. Die essentiellen journalistischen Sendungen wie die Nachrichtenkette und das Mittagsmagazin wurden inhaltsanalytisch untersucht. Die wichtigsten Fragestellungen betrafen die Themenstruktur, den Gebrauch der Nachrichtenformen und der anderen Genres, den Aktualitätsgrad, die Quellenangaben, die Regionalisierung und den Regionalbezug, den Politisierungsgrad der Nachrichten sowie wichtige Aspekte journalistischer Verarbeitungsqualität wie die Arbeit mit Originaltönen, Hintergrundinformationen zur Vor- und Nachgeschichte oder eingebrachten Servicehinweisen.

Den Kern der Untersuchung bildete die Art und Weise der Regionalisierung journalistischer Information. Unter diesem Blickwinkel wurden die Lokalisierung der Ereignisse, ihre territoriale Dimensionierung und die journalistische Bezugnahme auf das Verbreitungsgebiet Sachsen analysiert. Im folgenden sollen auch nur diese Daten zur Programmleistung für die Region dargestellt werden.

In einer Volluntersuchung wurden an den zehn Werktagen zwischen dem 22. Juni und dem 5. Juli 1994 zwischen 5.00 und 20.00 Uhr analysiert:
- die Regionalnachrichten „Sachsenreport“
- die überregionalen Nachrichten „Weltreport“
- die Subregional- und Lokalnachrichten „Regionalreport“ in den drei Varianten Leipzig, Dresden und Chemnitz.

Die Untersuchung basiert insgesamt auf 1634 Beiträgen; die hier dargelegten Daten beziehen sich (unter Ausklammerung des Mittagsmagazins) auf 1592 Beiträge.[5]

Im Zentrum der PSR-Analyse stand das Themenspektrum der journalistischen Beiträge. Pro Beitrag wurde stets nur ein Thema codiert, im Zweifelsfalle jenes, das bei Nachrichten im Leadsatz benannt ist und den Neuwert ausmacht bzw. das in anderen Beiträgen durch die Was-Frage abgedeckt wird. Die vorliegende Untersuchung umfaßte 21 Themenfelder. Die Kategorien wurden in Anlehnung an Schulz/Scherer (1989) gebildet.[6]

Nationale Nachrichten mit Human-touch – Soziales, Bildung und Umwelt kaum vertreten

Das Selbstverständnis des „Weltreports" – hier wird Radio PSR von einer aus Inforadio Berlin hervorgegangenen Redaktion beliefert – geht eindeutig in Richtung nationaler und internationaler Nachrichten. Das am stärksten thematisierte Feld ist Krieg und Frieden, fast gleichauf die Berichterstattung über das politisch-parlamentarische System. Jede fünfte Nachricht betrifft also internationale Konflikte und Kriege, Rüstung und Rüstungskontrolle, Waffenexport, Bürgerkriege, Geheimdienste usw.

Über 70 Prozent aller Nachrichten entstammen ausgesprochen „harten" Themenbereichen wie Krieg und Frieden, internationale Beziehungen und Organisationen, Wirtschaft sowie Innenpolitik (Parlament/Apparat und Innen/Recht). In den eher „harten" Themenfeldern sind Soziales und Umwelt unterrepräsentiert. Ebenso finden auf der Deutschland- oder Weltebene Kultur/Kunst und Bildung/Wissenschaft so gut wie nicht statt.

Themenfelder mit Human-touch-Aspekten (Unglücke, Kriminalität, Vermischtes) kommen mit über 14 Prozent relativ häufig vor. Naturgemäß negativ akzentuierte Themen (Unglücke, Kriminalität und Krieg/Frieden) machen ein Drittel aller Nachrichten aus. Die Themenprofile aller drei Nachrichtensendungen (Regionalreport, Sachsenreport, Weltreport) sind im Anhang tabellarisch dargestellt.[7]

Landesnachrichten mit breitem Themenspektrum

Das Themenspektrum der Landesnachrichten „Sachsenreport", produziert im eigenen Haus in Leipzig, ist erheblich breiter als das des „Weltreports"; auch die Themenfelder Umwelt, Soziales und Bildung/Wissenschaft sind spürbar vertreten. Abgesehen von den regional nur bedingt wichtigen Themenfeldern Krieg/Frieden und Internationales sind die typischen Hard-news-Felder (Innenpolitik, Wirtschaft, Soziales, Umwelt) mit 56 Prozent ähnlich stark vertreten wie in den Weltnachrichten. Von den Wetterinformationen abgesehen, ist Wirtschaft/Landwirtschaft mit 22 Prozent das erstrangige Themenfeld. Human-touch-Themen haben in den Landesnachrichten mit 12 Prozent einen geringeren Anteil als in den überregionalen Nachrichten, wobei Vermischtes (mit Kuriosa, Prominenz privat usw.) mit einem Prozent kaum vorkommt. Dagegen bilden Themenbereiche mit wahrscheinlicher Alltagsnähe (Sport, Freizeit, Haus und Familie, Kultur und Verkehr) einen Anteil von 19 Prozent, wobei der Verkehrsservice in die Erhebung nicht einbezogen wurde. Das bei anderen Privatradios kritisierte eher spärliche Themenspektrum im Regionalen oder Lokalen hat bei Radio PSR eine beachtliche Breite.

Ein ungewöhnlich hoher Themenanteil von Freizeit beziehungsweise Kultur und Kunst (zusammen 35 Prozent) in den Nachrichten aus den Subregionen (sog. „Regionalreports") ergibt sich schlicht aus der Sendepraxis, von den vier täglichen Ausgaben zwei zur ausschließlichen Verbreitung von Veranstaltungshinweisen zu nutzen. Hinsichtlich der publizistischen Leistung dürfte dies ein diskussionswürdiges Problem darstellen, gerade weil diese „Regionalreports" im Gewand von Nachrichtensendungen daherkommen.

Sendegebiet Sachsen auf nationaler/internationaler Ebene ausgeblendet

So wie die Themenspektren der drei Nachrichtensendungen auseinanderdriften, könnte dies aus Sicht der Radiomacher als konzeptionell wohlbegründet interpretiert werden. Das tatsächliche Selbstverständnis kann jedoch hinterfragt werden, wenn alle drei Nachrichtenausgaben (Welt-, Sachsen-und Regionalreport) zusammenschauend betrachtet werden und ausschließlich danach differenziert wird, was an Themen auf der Ebene Sachsens und seiner Subregionen bzw. auf der Ebene Deutschlands und der Welt behandelt wird – unabhängig von der konkreten Nachrichtensendung. Dies ist die Frage nach dem vom Sender vermittelten Sachsenbild bzw. dem Deutschland-/Weltbild. (Vgl. Tabelle 1).

Hier zeigen sich ähnliche Disproportionen wie bei den thematischen Profilen der einzelnen Nachrichtensendungen. Wenn Ereignisse aus Bereichen wie Umwelt, Soziales, Bildung, Kultur und Kunst nur innerhalb von Sachsen als relevant gelten, dann zeugt dies zwar von einem vielgestaltigen Sachsenbild, läßt aber das publizistische Selbstverständnis des Senders als Ganzes fraglich erscheinen.

Tabelle 1 Territorialbezug der Themenfelder aller Nachrichtenausgaben (in Prozent)

Themenfeld	Dimension Sachsen und Subregionen	Dimension Deutschland/Welt
Verkehr	6,9	1,5
Unglücke	3,8	5,6
Kriminalität	7,4	5,8
Freizeit	5,9	0,0
Haus und Familie	0,8	0,1
Vermischtes	1,8	3,0
Sport	5,2	8,9
Medien	1,6	0,3
Kultur und Kunst	4,6	0,3
Popmusik	0,2	0,1
Wirtschaft/Landwirtschaft	19,9	13,4
Soziales	4,1	0,9
Bildung/Wissenschaft	2,3	0,3
Umwelt	4,7	0,7
Krieg und Frieden	0,3	19,7
Internationales	0,7	16,8
Parlament/Apparat	17,5	18,8
Innen und Recht	7,2	3,7
Kirche	4,6	0,0
Sonstiges	0,7	0,3

Die Politikhaltigkeit der Nachrichten weist von der Weltebene bis zur Ebene der Subregionen ein spürbares Gefälle auf. Während sich im „Weltreport" noch ein Übergewicht (54 Prozent) von Nachrichten zeigt, die Politik als Schwerpunkt haben, ist der Politisierungsgrad der Landesnachrichten weit geringer. Es dominieren politikfreie oder -ferne Themen, nur 16 Prozent der Nachrichten betreffen hier ausdrücklich Politik, im subregionalen Nachrichtensplittung überdies nur elf Prozent. Daß mit wachsender Nähe zur Subregion oder zum Lokalen der Politikgehalt schwindet, ist nicht neu. Dies wurde auch nicht nur bei Privatradios, sondern gleichfalls bei Tageszeitungen festgestellt.[8]

Auffällig ist auch der unterschiedliche Personalisierungsgrad politischer Berichterstattung. Politiker sind im „Weltreport" dreimal so häufig zentrale Akteure wie im „Sachsenreport". Der geringere Politikanteil in den Landesnachrichten deutet jedoch nicht zwangsläufig auf ein unterschiedliches Verständnis von politischer Berichterstattung hin:

1. Zwar kommen im „Weltreport" mehr Akteure in O-Tönen zu Wort als in den Landesnachrichten. Trotzdem ist es bei beiden Nachrichtensendungen gleichermaßen ein Viertel aller O-Ton-Sequenzen, die pluralistisch voneinander abweichende Meinungen darstellen.

2. Wenn man als Kern der Politikberichterstattung das Agieren von Politikern oder des politisch-parlamentarischen Apparats definiert und dabei jene Ereignisse als besonders relevant wertet, bei denen es zudem noch um politische Streitfragen geht, dann unterscheiden sich beide Nachrichtensendungen kaum. Nominell ist jenes Quantum an hochpolitisierten Meldungen in den Deutschland- und Weltnachrichten vom Umfang her doppelt so groß wie in den Landesnachrichten. Dafür ist jedoch allein der höhere Personalisierungsgrad der politischen Berichterstattung im „Weltreport" verantwortlich. Fragt man nach den Proportionen, schwindet der scheinbare Vorsprung des „Weltreports". Wenn über das Handeln politischer Akteur informiert wird, geht es im „Weltreport" nur in 27 Prozent dieser Fälle auch um politische Streitfragen unserer Zeit, im „Sachsenreport" jedoch schon in jedem zweiten Fall (46 Prozent). Interpretiert man diese mehrseitige Darstellung von politischer Auseinandersetzung und gesellschaftlich umstrittenen Sachverhalten als einen Beitrag zur Teilhabe der Hörer am politischen Prozeß, dann stehen trotz der umfangsärmeren Politikberichterstattung die Landesnachrichten „Sachsenreport" dem überregionalen „Weltreport" qualitativ zumindest nicht nach. Die Politik in Sachsen wird sogar vielschichtiger dargestellt. Dies ist schon bei den Themenfeldern ersichtlich: Eine Tendenz zur Darstellung einer „heilen Welt des Regionalen" ließ sich bei Radio PSR nicht ausmachen.[9]

Tabelle 2 Politisierungsgrad der Nachrichten (in Prozent)

Politisierungsgrad	Regionalreports	Sachsenreport	Weltreport
politikfrei	78,0	69,1	34,8
politikfern	11,4	14,4	10,8
Politik ohne zentralen Akteur	5,3	7,0	24,2
Politiker als Akteur/keine Streitfrage	3,8	5,1	22,0
Politiker als Akteur/Streitfrage	1,5	4,3	8,2

Ob und wie auf die Region Sachsen Bezug genommen wird...

Mit Blick auf die regionale bzw. lokale Kommunikation bildet der „‚Regionalbezug‘ der Beiträge die entsprechende Filtervariable“[10]. Solche Regionalbezüge wurden bislang inhaltsanalytisch
- über den Ereignisort bzw. den Akteur,
- über die regionale Relevanz/den Geltungsbereich des Themas
- sowie als Kombination beider Kriterien erfaßt.[11]

Um die Qualität der Regionalisierung genauer zu bestimmen, wurde eine Differenzierung zwischen dem benannten Ort und der territorialen Dimension des Geschehens eingeführt. Unter Ortsangabe wurde hier der benannte Ort der Beitragsquelle, also bei Nachrichten die Beantwortung der Wo-Frage im Leadsatz, verstanden. Als territoriale Dimension wurde dagegen die geographische Ausdehnung des Geschehens erfaßt, das heißt die des aktuellsten, im Leadsatz genannten Handelns. Hintergrundinformationen (wie Auswirkungen für Sachsen) und sonstige Regionalbezüge zählen nicht dazu. Die Einführung der Kategorie „territoriale Dimension“ soll also auch bekannte Codierschwierigkeiten einer „regionalen Bedeutung“ des Themes mindern.

Beim Erfassen der territorialen Dimension des Geschehens wurden die sächsischen Subregionen nicht nur als administrative Strukturen (Regierungsbezirke), sondern als Lebensräume interpretiert, so daß drei sächsische Subregionen als Kategorien zur Verfügung standen:
- Leipzig/Westsachsen
- Dresden/Lausitz/Niederschlesien
- Chemnitz/Vogtland/Westerzgebirge.

Wie schon beim Themenspektrum zeigt sich in den stündlichen Nachrichten „Weltreport“ auch bei den Ereignisorten die Orientierung auf Deutschland und die Welt. Durch Ortsangaben sind die Ereignisse zu einem Drittel in Deutschland und zu zwei Dritteln außerhalb Deutschlands lokalisiert. Sachsen findet in der wahrscheinlich wichtigsten Nachrichtensendung des Anbieters kaum statt. Sächsische Ereignisorte kommen mit insgesamt 2 bis 3 Prozent ausgesprochen selten vor. Bei jeder fünften Nachricht fehlte überdies die Ortsangabe.

Hinsichtlich der territorialen Dimension zeigen sich geringfügige Verschiebungen gegenüber der Ortsnennung zugunsten Sachsens. So betreffen jetzt fünf Prozent der Ereignisse Sachsen. 40 Prozent haben eine deutschlandweite Dimension und 55 Prozent berühren Europa und die Welt.

Anders als der „Weltreport“ ist der „Sachsenreport“ von PSR dessen typische Landesnachrichtensendung. 78 Prozent aller Nachrichten sind in Sachsen lokalisiert, unter Abzug des einen Fünftels ortloser Nachrichten sind dies fast alle Meldungen (97 Prozent). Von der territorialen Dimensionierung her widmet sich der Sachsenreport weitestgehend der Region: 93 Prozent der Nachrichten beziehen sich auf Sachsen oder einen Teil davon, darunter sind 52 Prozent, die Sachsen als Ganzes betreffen.

Ähnlich anderen Untersuchungen zu Regional- und Lokalradios zeigen sich auch bei PSR Hauptstadtzentrismus und ungleichgewichtigte Behandlung der Subregionen. Die Landeshauptstadt Dresden dominiert eindeutig als Quellenort (21 Prozent); alle Ortsangaben im Regierungsbezirk Dresden zusammen bestimmen das Nachrichtenaufkommen sogar zu 32 Prozent. Während sich das Übergewicht von Dresden als Nachrichtenquelle noch mit der Ereignisdichte einer Landeshauptstadt begründen ließe, sind die Disproportionen in der Bedeutung der sächsischen Subregionen weniger einleuchtend. Mit 21 Prozent wird der Raum Dresden/Lausitz/Niederschlesien vorrangig bedacht. Leipzig/Westsachsen und Chemnitz/Vogtland/Westerzgebirge sind mit jeweils zehn Prozent nur halb so häufig präsent.

Tabelle 3 Territoriale Dimension der Nachrichten (in Prozent)

Territoriale Dimension	Sachsenreport	Weltreport
Stadt Leipzig	5,0	0,3
Stadt Dresden	10,7	0,3
Stadt Chemnitz	4,2	0,4
Stadt Zwickau	0,5	0,0
Stadt Plauen	0,5	0,0
Subregion Leipzig Westsachsen	4,8	0,0
Subregion Dresden/Lausitz/Niederschlesien	10,5	0,0
Subregion Chemnitz/Vogtland/Westerzgebirge	5,0	0,3
Sachsen	52,1	3,4
Deutschland	4,3	40,4
Europa	2,5	20,9
Welt	0,3	34,0
Nicht erkennbar	0,2	0,1

Da sich die Themenspektren der sächsischen und der nationalen/internationalen Bezugsebene – vgl. Tabelle 1 auf S. 254 – so gravierend unterscheiden, liegt eine Frage auf der Hand: Gibt es Anstrengungen, Ereignisse von außerhalb des Sendegebietes journalistisch für den Rezipientenkreis in Sachsen aufzubereiten? Werden also bei all den Ereignissen, wo die Verbindung zur Region nicht dank des sächsischen Ereignisortes ohnehin gegeben ist, Bezüge zur Region Sachsen hergestellt? Möglich wäre dies unter anderem durch Verweise auf am Geschehen beteiligte sächsische Bürger, im günstigsten Fall, indem diese im O-Ton zu Wort kommen. Möglich wäre es natürlich auch, in Hintergrundinformationen Konsequenzen, Auswirkungen oder Reaktionen für bzw. aus dem Freistaat aufzuzeigen.

Das Analyseergebnis ist eindeutig: Wenn der Bezug zur Region Sachsen, mithin zum Sendegebiet, nicht automatisch gegeben ist, dann wird kaum versucht, ihn journalistisch herzustellen. Die seltenen Versuche der Stoffbearbeitung für Sachsen (zwei Prozent) betreffen ein eng begrenztes Themenfeld: Auswärtige Auftritte von Landespolitikern, Sportereignisse mit sächsischer Beteiligung, Auswirkungen wirtschaftlicher Maßnahmen und Verkehrprobleme mit Rückwirkungen auf Sachsen.

Fazit

Eine ganze Senderkette mit Landesnachrichten bei Radio PSR – Hard-news-orientiert, thematisch breit gefächert und mit konsequentem Bezug zum Sendegebiet – ist eine Programmleistung für die Region. Dem gesamten Nachrichtenangebot von Radio PSR kommt dieses Charakteristikum nicht zu.[12]

Tabelle 4 Bezug zur Region Sachsen (in Prozent)

Regionalbezüge	Regionalreport	Sachsenreport	Weltreport
kein Regionalbezug	0,0	1,6	93,0
Regionalbezug definiert durch sächsischen Ereignisort	99,2	94,7	4,9
Regionalbezug über sächsische Akteure indirekt	0,8	1,9	0,3
Regionalbezug über sächsische Akteure im O-Ton direkt	0,0	0,0	0,0
Regionalbezug über Bezüge zu Sachsen	0,0	1,9	1,9

Anmerkungen

1. Vgl. Kutteroff, Albrecht/Rainer Mathes: Charakteristika und Unterschiede privater Hörfunkprogramme in Baden-Württemberg. In: Media Perspektiven 9/1991, S. 590–603; Mathes, Rainer/Helmut Scherer: Private Hörfunkprogramme in Bayern und Baden-Württemberg im Vergleich. In: Rundfunk und Fernsehen 40, 1/1992, S. 85–106.
2. Mathes/Scherer, a.a.O., S. 105. Wie relevant diese Regional- und Lokalberichterstattung ist, zeigten Klingler/Schröter in ihrer Zusammenschau von Untersuchungen zum dualen Hörfunk (1985–1990), wobei sie eine oft nur partielle Erfüllung normativer Ziele resümierten, so auch einen Rückgang der Lokalberichterstattung. Vgl. Klingler, Walter/Christian Schröter: Strukturanalysen von Radioprogrammen 1985–1990. In: Media Perspektiven 10/1993, S. 479–490.
3. Laut EMA Ost 1994 erreichte Radio PSR eine durchschnittliche Stundenreichweite von 248 000 Hörern (Montag bis Samstag, 6–18 Uhr). Das landesweit ausgestrahlte Programm hat damit rund 100 000 Hörer mehr als die anderen drei sächsischen privaten Konkurrenzsender zusammen.
4. Vgl. Fuchs, Torsten: Programmentwicklung bei Radio PSR. Diplomarbeit, Universität Leipzig, Fachbereich Kommunikations- und Medienwissenschaft, 1993.
5. Nach der von der Analyse gesetzten zeitlichen Zäsur von 20.00 Uhr werden zwar weiter Weltnachrichten gesendet, der „Regionalreport" jedoch pausiert bis zum nächsten Morgen, so daß durch den gewählten Aufzeichnungsrahmen die Regionalleistung repräsentativ erfaßt wird. Die besonders interessierenden Sachsen- und Regionalreports werden somit als Volluntersuchung analysiert, denn samstags wie sonntags wird keine dieser Regionalsendungen ausgestrahlt.
6. Schulz, Winfried/Helmut Scherer: Die Programme der Lokalradios im Raum Nürnberg. München 1989.
7. Vgl. Tabelle 5 gegenüber.
8. Vgl. Jonscher, Norbert: Einführung in die lokale Publizistik. Opladen 1991.
9. Vgl. Kutteroff/Mathes a.a.O.
10. Weiß, Ralph: Zur publizistischen Leistung des Lokalradios. In: Rundfunk und Fernsehen, 40, 1992, S. 44f.
11. Vgl. Weiß 1992.
12. Vgl. Prase, Tilo: Nachrichten und regionale Berichterstattung bei Radio PSR. Forschungsbericht. Universität Leipzig. Institut für Kommunikations- und Medienwissenschaft. Leipzig 1995.

Tabelle 5 Themenstrukturen der PSR-Nachrichtensendungen

Themenfeld	Regionalreport	Sachsenreport mit Wetter*	Sachsenreport ohne Wetter*	Weltreport
Wetter	1,5	20,6	1,3	2,0
Verkehr	6,1	7,0	8,7	0,0
Unglücke	4,5	2,9	3,7	5,4
Kriminalität	8,3	5,4	6,7	5,8
Freizeit	16,7	2,2	2,7	0,0
Haus und Familie	0,0	0,9	1,2	0,0
Vermischtes	2,3	1,1	1,3	3,2
Sport	4,5	5,3	6,6	8,0
Medien	0,0	1,2	1,5	0,5
Kultur und Kunst	18,2	0,2	1,0	0,1
Popmusik	0,8	0,0	0,0	0,1
Wirtschaft/Landwirtschaft	8,3	17,4	21,6	13,5
Soziales	3,8	3,4	4,2	0,7
Bildung/Wissenschaft	0,8	2,2	2,7	0,1
Umwelt	4,5	3,7	4,6	0,5
Krieg und Frieden	0,0	0,8	1,0	19,3
Internationales	0,0	0,6	0,8	17,1
Parlament/Apparat	15,2	13,3	16,6	19,3
Innen und Recht	3,0	7,0	8,7	3,1
Kirche	0,8	4,0	5,0	0,1
Sonstiges	0,8	0,2	0,2	0,5

* In der Häufigkeitsauswertung ist beim „Sachsenreport" zuerst die reale Frequenz einschließlich des Wetterberichts als Auftaktnachricht und an zweiter Stelle die Frequenz unter Ausklammerung des Wetterberichts aus dem Themenfeld Wetter angegeben. Dies erst ermöglicht einen sachgerechten Vergleich der Nachrichtensendungen untereinander. Der „Weltreport" verzichtet auf einen Wetterservice, dieser folgt als eigenständiger Programmbaustein. In den „Sachsenreport" dagegen ist er integriert, der Wetterservice bildet hier die erste Nachricht. Die zu fixen Zeiten dem „Sachsenreport" folgenden „Regionalreports" bringen dann verständlicherweise keinen eigenen lokalen oder subregionalen Wetterbericht mehr.

Teil IV

Kultur und Radio

Mehr Wort denn je

Das Kulturelle Wort und sein Platz im Programm

*Von Gert Haedecke**

„Das Kulturelle Wort darbt nur noch geduldet in Äther-Reservaten wie Bremen 2, NDR 4 oder Hessen 2." Schreibt der Spiegel in Heft 27/1995. Und im gleichen Heft geht Jurek Becker sogar noch weiter. Er spricht vom „Rausschmiß der Wörter aus den Rundfunkprogrammen". Gemeint sind damit ausdrücklich auch die Öffentlich-rechtlichen. Kulturabbau – ein modischer Vorwurf.

Aber was ist das eigentlich: Kultur? Definitionen bieten sich an. Eine philosophische: „Kultur ist ein umfassendes Teilsystem der Sinnproduktion, deren Ergebnis bereits im Prozeß liegt." Sagt der Berliner Philosoph Eduard Spranger. Eine soziologische: „Kultur ist die Gesamtheit der typischen Lebensformen einer Bevölkerung, einschließlich der sie tragenden Geistesverfassung, bezogen auf einen Lebensraum." Sagt der Heidelberger Sozialwissenschaftler Wilhelm Emil Mühlmann. Eine literarische: „Kultur ist, zu wissen, was mich angeht und zu wissen, was zu wissen mich angeht." Sagt der Wiener Schriftsteller Hugo von Hofmannsthal. Eine ironische: „Kultur ist die Verwandlung einer rohen Knollenfrucht in Bratkartoffeln." Sagt der Generalintendant der Münchener Staatstheater, August Everding. Eine polemische: „Kultur ist, was private Radioprogramme den öffentlich-rechtlichen überlassen." Sagt die allgemeine Erfahrung in der Bundesrepublik Deutschland.

Denn natürlich gibt es sie noch in den Programmen der ARD, die Autorenlesungen, Diskussionsreihen und Radio-Essays, auch wenn der smarte Zeitgeist sie nicht zur Kenntnis nimmt. Natürlich werden Kulturmagazine, wissenschaftliche Vorträge und literarische Debatten nicht nur geduldet, sondern gepflegt, nicht nur in Bremen, Hamburg und Frankfurt, sondern auch in München, Köln, Berlin, Leipzig, Potsdam, Stuttgart, Baden-Baden, kurz überall, wo ARD-Funkhäuser stehen. Und natürlich gibt es dort einen Schulfunk, einen Kirchenfunk, Hörspielabteilungen und Feature-Redaktionen.

Hier geht es vor allem um das klassische Kulturelle Wort und seinen Platz im Programm, sein Programmumfeld. Die Veränderungen in diesem Umfeld haben, so steht zu vermuten, viel mit seiner veränderten Einschätzung, mit dem Gerücht vom allgemeinen Kulturabbau im öffentlich-rechtlichen Rundfunk zu tun.

* Gert Haedecke ist Chefredakteur Kultur und Unterhaltung und stellvertretender Hörfunkdirektor des Südwestfunks in Baden-Baden. Dieser Beitrag erschien in geringfügig anderer Form zuerst in: ARD-Jahrbuch 95. Hamburg 1995, S. 24–30.

Anfänge: Kultursendungen seit 70 Jahren

In den Anfängen der Rundfunkgeschichte, zur Zeit der Weimarer Republik, galt das Radio vielen, die sich mit den Entwicklungschancen dieses neuen Mediums befaßten, als Kulturinstrument par excellence: „Als besonders wichtig wird es für die Volksbildung betrachtet. Allen denjenigen, die bisher aus sozialen Gründen, oder weil sie weitab von Kulturstätten lebten, den geistigen Dingen des Lebens ferner standen, wird durch Vorträge auf allen Gebieten von Kunst, Technik und Wissenschaft vorwärts geholfen." So zum Beispiel der erste Reichsrundfunkkommissar, Hans Bredow, in einer Weihnachtsansprache 1924.

Aber die gesellschaftspolitische Utopie rieb sich an der Programmwirklichkeit. Und diese Programmwirklichkeit bot ein Mischprogramm, in dem Unterschiedlichstes aufeinander folgte: Tanzmusik, Nachrichten, Unterhaltung, Wirtschaftsfunk, Kinderstunde, klassische Musik, Hausfrauensendungen, Städtebilder, volkstümlicher Chorgesang, Wissenschaftliches, Dichterporträts, Operettenmelodien, Hörspiel, Sport, Opernquerschnitte, Reportagen aus dem Alltag. Kurzum: es ging – im Sinne Mühlmanns – um die „Gesamtheit der typischen Lebensformen einer Bevölkerung...". Das kulturelle Wort, Sprangers „Teilsystem der Sinnproduktion", war nie mehr als ein Teilsystem des Rundfunks, bestimmte ihn nie in dem Maße, wie das rückwärtsgewandte Nostalgie wahrhaben möchte.

Verklärte Erinnerung: Jahre des Wiederaufbaus

Das gilt auch für die Zeit nach dem Zweiten Weltkrieg. Die Nationalsozialisten hatten aus dem Kulturinstrument eine Propagandamaschine gemacht. Jetzt begannen die westlichen Besatzungsmächte, den Rundfunk staatsfrei zu reorganisieren; und als die Sendeeinrichtungen an die neugegründeten Bundesländer übergingen, entstanden Rundfunkanstalten des öffentlichen Rechts – mit der staatsvertraglich festgelegten Verpflichtung, ihr Publikum zu informieren, zu bilden und zu unterhalten. Die Kulturvermittlung stand also auch diesmal keineswegs im Vordergrund, sie war eine von drei Aufgaben; und die Sendezeit wurde nicht etwa paritätisch gedrittelt. Im SDR zum Beispiel war sie 1950 zwar zu 32,3 Prozent der Tanz- und Unterhaltungsmusik gewidmet, aber nur zu 5,7 Prozent Hörfolgen, Vorträgen, Diskussionen und anderen literarischen oder wissenschaftlichen Sendungen.

Noch immer gab es pro Sender nur ein Programm, das, wie in der Weimarer Zeit, als Mischprogramm angelegt war. Nicht aus volkspädagogischem Ehrgeiz, im Bestreben, kulturell weniger Interessierte über Nachrichten, Sport oder bunte Abende auch an Hörspiele, Vorträge und Lesungen heranzuführen. Sondern schlichtweg aus Frequenzmangel. Es ging nicht anders. Und wer meint, die Menschen seien damals, mit ihrem einen Programm, zufriedener gewesen als heute mit der Vielfalt des gleichzeitigen Angebots, der irrt sich. Das zeigen die Hörerbriefecken in den frühesten Jahrgängen der Senderzeitschriften. Da klagen E-Musik-Liebhaber über zuviel Schlagergedudel und Fußballfans über die Bevorzugung der Literaturfreunde.

Also Kultur gegen Massengeschmack? So einfach lagen die Dinge nicht. Schon seinerzeit war das Muster der Frontlinien komplizierter. Denn da protestierten auch die Verehrer von Mozart und Beethoven gegen Hindemith und Strawinsky, die Anhänger Goethes und Eichendorffs gegen Hemingway und Sartre oder, ganz global, jene, die nur Musik mochten, gegen die anderen, die Wortsendungen bevorzugten.

Wie kommt es, daß heute dennoch viele Ohrenzeugen – auch Jurek Becker – einhellig den Rundfunk des ersten Nachkriegsjahrzehnts loben? Das ist nicht nur die verklärende Macht der Erinnerung. Drei Gründe spielen dabei vor allem eine Rolle: Zum einen herrschte in der Trümmerlandschaft jener Umbruchzeit ein kaum mehr vorstellbares Orientierungsbedürfnis; man war auch dankbar für jede Form praktischer Lebenshilfe, vom Familiensuchdienst bis zum Küchentip – wie mache ich aus Brennesseln Spinat. Zum anderen suchte man nach Ablenkung von den Sorgen des Alltags; und im kulturellen Bereich kam dazu schließlich – nach den Jahren der Abschottung gegen alles, was den Nationalsozialisten nicht in ihre Kulturpolitik gepaßt hatte – ein ausgeprägter Nachholbedarf, Neugier auf das, was in der Welt geschehen war und geschah.

Das Radio aber war das Medium, das all diesen Bedürfnissen und Wünschen am ehesten gerecht werden konnte. Viele Universitäten, Theater, Konzertsäle und Kinos waren zerstört oder beschlagnahmt. Papier für Bücher und Zeitschriften war knapp. Schallplatten gab es höchstens auf dem schwarzen Markt. Nur der Rundfunk funktionierte, und er war mit seinem einen Mischprogramm pro Sender zunächst nahezu konkurrenzlos.

Zunächst. In den fünfziger Jahren änderte sich dann alles sehr rasch. Der Wiederaufbau ging voran. Verlagswesen, Film- und Phonoindustrie blühten auf, der Theater- und Konzertbetrieb ebenfalls. Und im Bereich des Rundfunks machte sich der technische Fortschritt bemerkbar. Da gab es jetzt etwas Neues – das Fernsehen, von vielen Radiomachern als Konkurrenz anfangs nicht sehr ernst genommen. Wichtiger schien ihnen, den Radiomachern, die Einführung der UKW-Technik, die nicht nur eine Verbesserung der Empfangsqualität ermöglichte, sondern vor allem die Erschließung neuer Frequenzbereiche und damit die Einrichtung neuer Programmketten, zusätzlich zum Mittelwellenbetrieb.

Veränderungen: Diversifizierung auf UKW

Ende der fünfziger Jahre verfügten alle ARD-Anstalten mindestens über zwei, manche schon über drei Programme, und der Prozeß einer Diversifikation nach Programminhalten hatte begonnen. Das war zwar zunächst noch keine totale Trennung – hier nur Information, Unterhaltung und U-Musik, dort nur Kultur und E-Musik. Aber immerhin, der Anfang war gemacht, die ersten Akzente wurden gesetzt. Und allmählich zeichnete sich ab, daß im Süden, bei BR, SDR, SWF, HR und SR eher die zweiten, im Norden, bei WDR, NDR und SFB eher die dritten Programme zur Heimstatt für wechselnde Minderheiten wurden, während die anderen, die ersten Programme, im Norden auch die zweiten, sich größeren Hörerschaften anboten.

Größeren Hörerschaften? In den frühen sechziger Jahren begann für Radiomacher ein böses Erwachen. Da zeigte sich nämlich immer deutlicher, daß das Fernsehen als Konkurrenz durchaus ernst zu nehmen war, selbst wenn es vorerst nur abends sendete. Die Einschaltzahlen für Radioprogramme gingen drastisch zurück, auch tagsüber, gegen den neuen Reiz der Bilder verlor das Gewohnte aus dem Lautsprecher an Attraktivität.

Hörfunk, wollte er sich behaupten, mußte anders werden, selbst Neues bieten; möglichst etwas, was das Fernsehen nicht – damals noch nicht – bieten konnte: fortwährend aktualisierte Information in zugkräftiger Aufmachung. So entstanden in den Programmen für größere Hörerschaften die ersten Magazinflächen. Und um für sie Platz zu schaffen, wurden Programmelemente, die sich nicht in die Magazine integrieren ließen, Einzelsendungen für spezielle Zielgruppen, in die Programme für wechselnde Minderheiten verlagert. Die Diversifikation ging weiter. Für die ersten Programme kam der Begriff „Durchhörbarkeit“ auf.

Mitbedingt und mitbegünstigt wurde dieser Prozeß abermals durch Entwicklungen im Bereich der Technik. Vorbei die Zeit der gewichtigen Röhrenempfänger. Transistorgeräte waren nicht nur billiger und fehlten bald in keinem Auto mehr. Sie waren auch leichter, bequem tragbar. Man konnte sie überall hin mitnehmen. Radiohören nebenbei, Hörfunk als Begleitmedium, bei der Arbeit, im Schwimmbad, auf dem Sportplatz. Die ersten Programme richteten sich darauf ein.

Was bedeutete das für die Kulturprogramme? Unmerklich fast hatten sich im Verlauf der fortschreitenden Diversifikation zwei Programm-Gangarten herausgebildet: Die raschere, diktiert vom Rhythmus der Aktualität, von den Kurzformen informierender Beiträge, vom schnellen Wechsel von Schlagermusik und Moderation. Die bedächtigere, bedingt durch die Musik mit dem längeren Atem und durch die größeren Formen, auf die vertiefende Gedanken nun einmal angewiesen sind. Die Kulturprogramme begriffen sich bewußt als Kontrast zum abendlichen Fernsehangebot, das vor allem auf Unterhaltung ausgerichtet war. Und dieses Selbstverständnis barg Gefahren. Der Anspruch der Themen griff über auf die Präsentation, die auch immer anspruchsvoller wurde. Man war ja unter sich.

Fragmentierung: neue Werte und Wellen

Verstärkt wurde dieser Trend durch die 68er-Bewegung, ihre radikale Begrifflichkeit und begriffliche Radikalität, die eigentlich auf das Gegenteil zielte: Heraus aus dem Elfenbeinturm, hieß die Devise. L'imagination au pouvoir. Aber leider waren die wenigsten Formulierungen so griffig, zumindest in Deutschland. Die Aufrufe, Schluß zu machen mit der Kultur der Herrschenden, dem Code für Eingeweihte, waren in einer Sprache formuliert, die selbst nur Eingeweihten verständlich war. Und auch der Tod der Literatur wurde in einer Diktion formuliert, die an hohen literarischen Vorbildern geschult war. Was sich vollzog, war, im Stil von damals gesagt, lediglich ein Paradigmenwechsel unter inkongruenten Eliten.

Kurz – der Ausbruchsversuch aus dem Elfenbeinturm war ein Versuch mit untauglichen Mitteln. Und er spaltete die Hörerschaft der Kulturprogramme. Zur Erinnerung: Die meisten dieser Programme bestanden zu zwei Dritteln aus E-Musik, zu einem Drittel aus Wortsendungen. Zwar gab es im Bereich der E-Musik durchaus Sendungen mit schwerer zugänglichen zeitgenössisch-experimentellen Produktionen. Aber insgesamt überwog der Anteil herkömmlicher klassischer Musik, der von einem älteren, eher geschmackskonservativen Publikum gerne gehört wurde. Im Bereich der Wortsendungen jedoch, der bislang auch eher dem traditionellen Wertekanon zugeneigt war, machten sich neuere Formen und Inhalte jetzt deutlicher bemerkbar, hörte man häufiger Ungewohntes. Und in gemischten Wort-Musik-Sendungen ertönten im Umfeld moderner Texte jüngerer Autoren ganz neuartige Rhythmen: Rock- und Popmusik. Symptomatisch für diesen Trend war 1969 der Titelwechsel einer Samstagabendsendung in SWF 2: Aus „Neue Bücher – alte Musik“ wurde „Neue Bücher – neue Platten“. Zu Ernst Jandl, Rolf Dieter Brinkmann und Peter O. Chotjewitz paßten die Beatles und die Stones einfach besser als Brahms und Mahler. Aber Chotjewitz und die Stones waren nicht mehr jedermanns Sache, auch nicht in der schwindenden Hörerschaft der Kulturprogramme.

Nach der Diversifikation in Informations- und Unterhaltungsprogramme einerseits und Kulturprogramme andererseits nun also eine Fragmentierung innerhalb der Kulturprogramme. Beide Entwicklungen setzten sich in den siebziger Jahren fort. Und gleichzeitig begann etwas Neues – die Erfolgsstory der jungen Wellen. Bayern 3 machte 1971 den Anfang, 1972 folgte HR 3, 1975 SWF 3, 1979 SDR 3. Damit war der dritte jener Grundtypen von öffentlich rechtlichen Radioprogrammen entstanden, die im Grunde bis heute, in unterschiedlichen Formatierungen, den Markt prägen. Und damit war noch einmal eine große Hörer-Umschichtung in Gang gesetzt worden.

Jetzt gab es – zunächst nur im Süden der Bundesrepublik – für jüngere Hörer zum erstenmal in der Radiogeschichte nicht nur einzelne Sendungen, sondern ein ganzes Programm, das ihre Sprache sprach und ihre Musik bot: Rock und Pop. Ein konsequent durchgestaltetes Programm mit markantem Profil, in dem sich alles einer Idee, der channel identity, unterzuordnen hatte – auch die Wortbeiträge, die sich zwar mit den verschiedensten Themen aus sämtlichen Lebensbereichen befassen konnten, aber allesamt kurz und klar sein mußten, eben programmtypisch.

Folgen: Jüngere hören anders

Was die Existenz solcher Programme für die Radiosozialisation der nachrückenden Hörer-Generationen bedeutet, läßt sich noch nicht im einzelnen belegen, ist aber abzusehen: Selbst wenn sich Musikgeschmack und allgemeine Interessen beim Älterwerden in Maßen ändern, erweitern – die Hörgewohnheiten sind geprägt, ein Gefühl für Rhythmus und Dauer der einzelnen aufeinanderfolgenden Programmelemente hat sich entwickelt. Und damit ist der spätere Transfer zu anderen Programmen mit einer anderen Rhythmik schwieriger geworden. Das gereicht natürlich auch den Kulturprogrammen zum Nachteil, für die es allmählich an Hörernachwuchs fehlt. Nicht, weil die heute Jüngeren dümmer sind, sondern weil sie anders hören gelernt haben.

Also doch Anlaß zu Pessimismus? Hat Jurek Becker am Ende recht? Bleibt uns, wenn wir die Hörer behalten wollen, vielleicht gar nichts anderes übrig, als die Wörter hinauszuschmeißen? Rettet uns die Konvergenz, die Annäherung an die Programme der Privaten, die seit Mitte der achtziger Jahre auf ihrem Niveau erfolgreich am Markt operieren? Aber Konvergenz bedeutet wechselseitige Annäherung. Und davon ist bei den Privaten zumindest im Kulturbereich nichts zu spüren. Die Kultur überlassen sie gerne den Öffentlich-rechtlichen. Ausnahmen wie Klassik Radio, wenn dies denn eine Ausnahme ist, bestätigen eher die Regel. Wir sollten dafür dankbar sein, nicht nur wegen der Legitimation unseres Gebührenanspruchs.

Noch einmal: Wo stehen wir heute? Am Anfang war das Wort. Ist das Wort am Ende? Keineswegs. Noch nie gab es im öffentlich-rechtlichen Hörfunk in der Bundesrepublik Deutschland so viel Kultur wie heute. Elf Länderanstalten und das bundesweite DeutschlandRadio strahlen zusammen vierzehn Kulturprogramme aus, die im Durchschnitt bis zu einem Drittel aus Wortsendungen bestehen. Bei einigen, beispielsweise Bayern 2, WDR Radio 5 und Deutschlandfunk, liegt der Anteil sogar weit höher. Und im übrigen ist Kultur auch in den Programmen für größere Hörerschaften vertreten. Es gibt Buchbesprechungen in SDR 1, regionale Kultur in S 4 Baden-Württemberg, SWF 4 Rheinland-Pfalz und MDR 1, Beiträge aus der Wissenschaft in SR 1, Gespräche mit Filmemachern in Fritz, dem gemeinsamen Jugendprogramm von ORB und SFB, und so weiter.

Aber zurück zu den Kulturprogrammen im engeren Sinne, vierzehn an der Zahl, mit den klassischen Großformen – Lesungen, Diskussionen, Radio-Essay, Vorträgen, Schulfunk, Kirchenfunk, Hörspiel und Feature. Durchschnittlich erreichen sie in der härtesten Währung, die es bei Umfragen gibt, „Hörer gestern", in ihrem jeweiligen Sendegebiet zur Zeit zwei bis vier Prozent. Das ist, verglichen mit Theatern, Büchern und Zeitschriften zwar nicht gerade wenig. Aber es ist auch nicht viel, gemessen daran, daß die Studie „Kultur und Medien" von B. Frank, G. Maletzke und K. H. Müller-Sachse 1991 immerhin zwölf Prozent als „Kernpublikum des Kulturbetriebs" ausgemacht hat.

Gegenwart: zwischen Troja und Sarajewo

Was also ist zu tun? Wie lassen sich mehr – und vor allem jüngere – Hörerinnen und Hörer für Kulturprogramme aktivieren? Die Frage drängt sich auf, nicht aus Quoten-Fetischismus; und auch nicht nur wegen der hohen Minutenkosten dieser Programme. Sondern um der Sache selbst willen. Denn in den Sendungen kommen Dinge zur Sprache, die es wert sind, von einer größeren Zahl von Menschen wahrgenommen zu werden. Man muß nur den richtigen Weg finden, sie ihnen nahezubringen.

Viele, die heute Kultur sagen, beeilen sich, hinzuzufügen: natürlich im weitesten Sinne. Die Rede ist von Wohnkultur, Schlafkultur, Unternehmenskultur, Spielkultur, Streitkultur, Trinkkultur, Eßkultur. Da haben wir sie wieder, die Verwandlung einer Knollenfrucht in Bratkartoffeln, auf die Everding ironisch anspielte. Kultur im weitesten Sinne, das ist Zeitgeist-Blabla. Worauf es vielmehr ankommt, ist eine behutsame Öffnung des Kulturbegriffs, eine sorgfältige Überprüfung unseres Wertekanons, die übrigens – nach der eher konservativen Orientierung in den fünfziger Jahren und der dogmatischen Progressivität der 68er – längst in Gang gekommen ist. Zur Erinnerung: „Kultur ist, zu wissen, was mich angeht, und zu wissen, was zu wissen mich angeht." Alles über die Kritische Theorie von Horkheimer/Adorno, aber nichts über Gentechnologie im Kopf zu haben, genügt das? So löblich es sein mag, Hintergründe und Helden des Trojanischen Krieges zu kennen – man sollte sich auch über die kriegführenden Parteien im ehemaligen Jugoslawien und ihre Motive ein Bild machen können.

Die Kulturprogramme haben sich inzwischen darauf eingestellt, sie sind thematisch vielseitiger geworden. Aber auch Strukturen und Präsentationsformen werden mit dem Ziel einer Öffnung für neue, jüngere Zielgruppen überdacht. Folgende Tendenzen zeichnen sich ab: die Zusammenfassung von Einzelsendungen zu größeren Programmflächen (MDR Kultur, Radio Brandenburg, NDR 4, Bremen 2); die Einführung von mehr Gesprächselementen (BR 2, WDR Radio 5, Deutschlandfunk, DeutschlandRadio Berlin und NDR 4); die Entwicklung von Themenabenden und Programmschwerpunkten, die Aufmerksamkeit auf sich ziehen (S 2 Kultur, HR 2, SR 2 und DeutschlandRadio Berlin); die Verdeutlichung des Profils durch Layout und Eigenwerbung im Programm (BR 2, S 2 Kultur, SR 2). Schließlich sind bei nahezu allen Rundfunkanstalten Bemühungen im Gange, auch das musikalische Umfeld der Wortsendungen aufzulockern, mehr Farbe ins Spiel zu bringen.

Noch einmal: Es geht nicht um Quoten-Fetischismus. Und daß vom „Rauschmiß der Wörter" keine Rede sein kann, hat sich hier inzwischen wohl auch gezeigt – allerdings nur skizzenhaft und mit vielen Vereinfachungen. Es geht vielmehr um das, was die privaten

Programmanbieter in der Bundesrepublik gerne den Öffentlich-rechtlichen überlassen, und was uns lieb, wenngleich teuer sein sollte: Kultur.

Kultur und Radio in der Bundesrepublik Deutschland

*Von Josef Eckhardt**

Die Hörfunk-Kulturprogramme der ARD (einschließlich des Deutschlandfunk und des Deutschlandradio Berlin) erreichen an einem durchschnittlichen Wochentag 3,3, in einem Zeitraum von 14 Tagen 12,4 Millionen Personen über 14 Jahre in der Bundesrepublik Deutschland. Das sind 5,2 bzw. 19,6 Prozent der erwachsenen Bevölkerung der vereinigten Nation. Die tägliche Radionutzung liegt dagegen bei 79,8 Prozent und der weiteste Nutzerkreis des Radios erstreckt sich sogar auf 93,4 Prozent der erwachsenen Bevölkerung. Aus den Zahlen der MA 96 läßt sich der Minderheitsstatus der ARD-Kulturprogramme leicht nachvollziehen und quantifizieren. Die langfristige Nutzungstendenz der Hörfunk-Kulturprogramme ist dabei rückläufig.

Obwohl die Kulturprogramme der ARD keineswegs allein die Kultur in den Radioprogrammen der Landesrundfunkanstalten oder gar in der gesamten deutschen Radiolandschaft vertreten, ist ihre gegenwärtige Lage besonders geeignet für die Beschreibung des Verhältnisses von Kultur und Radio in der Bundesrepublik Deutschland. Die ARD-Medienforschung hat sich deshalb mit diesem Gegenstand nicht nur in programmpraktischen, sondern auch in gesellschafts- und kulturpolitischen Perspektiven befaßt.

Eines der vielleicht auffälligsten Ergebnisse dieser Bemühungen ist die 1991 abgeschlossene Studie „Kultur und Medien“, die im Auftrag der ARD/ZDF – Medienkommission durchgeführt wurde. Im folgenden werde ich über dieses Projekt, an dem ich selber auch mitgewirkt habe, berichten – insbesondere darüber, welche Erkenntnisse zu Kulturinteressen und Radionutzung aus der Studie gewonnen werden konnten.

Nun möchte ich nicht verschweigen, daß die Studie „Kultur und Medien“ von mehreren Seiten gerade deshalb kritisiert wurde, weil sie zum Thema Radio verhältnismäßig wenig Aussagen macht. Dies hatte zunächst einen ganz praktischen Grund: Die ungeheure Angebotsvielfalt des regional organisierten Radios in Deutschland machte aus finanziellen Gründen eine auf Einzelangebote ausgerichtete Untersuchung unmöglich. (Ganz im Gegensatz zum Fernsehen, wo die Analyse von vier bis sechs Programmen fast das gesamte Marktgeschehen abdeckt.)

Es gibt auch einen anderen Grund, auf den ich später noch zurückkommen möchte. Der hat unmittelbar mit den Ergebnissen der Studie „Kultur und Medien“ zu tun, die in bezug auf das Radio eine funktionale Sonderstellung zu zeigen scheinen.

* Josef Eckhardt ist Leiter der WDR-Medienforschung in Köln.

Zuerst aber zur Studie und zu ihren wichtigsten Ergebnissen. Die erste Frage, die die ARD/ZDF-Projektgruppe zu beantworten hatte, bezog sich auf den Forschungsgegenstand. Angesichts der vielfältigen Interpretationspraxis des Begriffs „Kultur" mußte dafür eine Definition gefunden werden, die für die empirische Forschung operationabel ist. Hierbei mußte auf einen anthropologischen Ansatz, der Kultur als Gesamtheit der schöpferischen Leistungen des Menschen versteht, aus forschungsökonomischen Gründen von vornherein verzichtet werden. Auch der naheliegende Gedanke, die Leistungen des Rundfunks insgesamt als kulturelles Phänomen zu betrachten, erwies sich in einer empirischen Untersuchung als nicht handhabbar. Die Arbeitsgruppe verständigte sich bei der Festlegung des Forschungsgegenstandes darauf, Kultur als autonomes Feld gesellschaftlicher Praktiken von anderen gesellschaftlichen Handlungsfeldern wie Politik, Wissenschaft, Religion etc. aber auch von Feldern der Alltagskultur abzugrenzen. Wobei als besonderes Merkmal für Kultur das Fehlen unmittelbarer Zwecksetzungen festgelegt wurde.

Die Studie konzentrierte sich auf die fünf Kulturbereiche Theater, belletristische Literatur, Malerei beziehungsweise bildenden Kunst, Musik und Spielfilm. Dabei wurden nach Möglichkeit alle Erscheinungsformen kultureller Manifestationen und Handlungen innerhalb dieser fünf Bereiche berücksichtigt, ob sie nun der sogenannten Populärkultur oder der Hochkultur zugerechnet werden. Als zentrale Aufgabe der Studie wurde festgelegt, einerseits die Publika dieser fünf Kulturbereiche einzeln und in ihren Interdependenzen zu erfassen, andererseits die Beziehungen zwischen den Vermittlungsebenen vor Ort und in den Medien zu beleuchten:

Wie weit überschneiden sich die Publika verschiedener Kulturbereiche? Wieweit sind zum Beispiel die Leser belletristischer Literatur identisch mit den Besuchern von Kunstausstellungen und diese mit Kinobesuchern oder Musikliebhabern? Gibt es ein allgemeines, die verschiedenen Kulturbereiche übergreifendes Kulturpublikum? – In welchem Verhältnis steht die Nutzung der Kultur „vor Ort", also von Theater, Konzert oder Kunstausstellung, zur Nutzung von Kultur im Rundfunk? Sind zum Beispiel die Rezipienten einer Konzertübertragung im Fernsehen oder im Hörfunk weitgehend identisch mit den Besuchern von Konzerten? Ergänzt der Rundfunk die öffentlichen Angebote, insofern er dasselbe Bevölkerungspotential erreicht, oder erweitert er dieses Publikum um jene, die von der vor Ort angebotenen Kultur nicht erreicht werden bzw. denen ein Angebot nicht oder nicht zureichend zur Verfügung steht?

Nach zahlreichen Vorstudien wurde das Kernstück der Studie, eine repräsentative Bevölkerungsumfrage, im Frühjahr 1989 durchgeführt. Befragt wurden aufgrund einer systematischen Zufallsauswahl über 3.000 Personen ab 14 Jahren in der Bundesrepublik Deutschland und Berlin (West). Die Erhebung bestand aus einem mündlichen Interview und einer schriftlichen Anhangsbefragung (Selbstausfüller). Im mündlichen Interview wurden folgende Themen angesprochen:

- Wohnort: Situation, Zufriedenheit;
- Freizeit außer und im Haus: Tätigkeiten, Meinungen, Informationsverhalten;
- Nutzung, Einstellungen, Informationsverhalten gegenüber Büchern, Fernsehen und Radio, Theater, Malerei, Musik und Spielfilm bzw. Kino.

Im Selbstausfüller wurden mittels konkreter Vorgaben von Werken bzw. Autoren Kenntnis und Interesse erfragt für Schauspiel, Belletristik, Malerei, klassische Musik und Musiktheater, Rock- und Popmusik sowie Spielfilme.

Läßt man die Freizeitbereiche außer acht, so hatte die Erhebung der kulturellen Einzelbereiche vier Schwerpunkte:

- die Ermittlung des jeweiligen kulturellen Interesses;
- die Nutzung kultureller Angebote vor Ort und in den Medien;
- die Zugangsbedingungen und -voraussetzungen des Kulturkontaktes;
- Fragen zum Verständnis von Kunst und Kultur.

Eine Besonderheit der ARD/ZDF-Kulturstudie ist der dritte Teil der Repräsentativerhebung, die schriftliche Erhebung von Kultureinrichtungen und -angeboten in den 126 Orten, in denen die Befragung stattfand. Hierbei wurden Angaben zu Bibliotheken, zur Erwachsenenbildung, zu Museen, Schauspiel, Musiktheater, zu musikalischen Angeboten von Kirchenmusik bis Jazz, zu Filmtheatern und Kulturvereinen eingeholt. Das in der Studie ermittelte und aufbereitete Datenmaterial ist zu vielfältig, als daß es hier umfassend in einigen wenigen Punkten festgehalten werden könnte. Wenn hier trotzdem der Versuch gemacht wird, herausragende Befunde zu verdeutlichen, dann kann dies nur eine Auswahl aus Wichtigem und Interessantem sein:

- Die Ermittlung konkreter Interessentypologien von Kulturpublika und die Analyse ihrer Überschneidungen haben gezeigt, daß eine Spezialisierung kulturellen Interesses eine rare Ausnahmeerscheinung ist. Die entscheidende Dimension der Struktur kulturellen Interesses ist nicht der Objektbezug, sondern die *Intensität* dieses Interesses. Wer zum Beispiel ein ausgeprägtes Interesse am Theater bekundet, hat mit hoher Wahrscheinlichkeit ein ähnlich intensives Interesse auch an Malerei oder bildender Kunst, Literatur, klassischer Musik, wer in einem Bereich geringeres Interesse zeigt, interessiert sich mit hoher Wahrscheinlichkeit auch für die anderen Bereiche kaum. Die Systemhaftigkeit kulturellen Interesses ist ein erster Befund dieser Studie.
- Die Ausbildung eines intensiven kulturellen Interesses ist an bestimmte Faktoren gekoppelt, deren wichtigste die formale Bildung und die kulturelle Sozialisation im Elternhaus sind. Es entscheidet sich in erheblichem Maße also bereits in der Kindheit und Jugendphase, ob und welcher Zugang zu kulturellen Praktiken gewonnen wird, ob die Nutzung kultureller Angebote, der Besuch kultureller Institutionen zum selbstverständlichen Bestandteil des Alltagslebens wird. Sozialisationsbedingte Hindernisse bei der Entwicklung dieses Habitus sind offenbar nur durch den Faktor Bildung zu überwinden. Zwischen hochkulturellem und populärkulturellem Interesse bestehen im Hinblick auf diese Einflußfaktoren nur graduelle Unterschiede.

  Die Intensität des kulturellen Interesses ist der entscheidende Faktor für die Intensität der Nutzung kultureller Angebote. „Kenner“ in den einzelnen Kulturbereichen mit den höchsten Interessen sind auch die intensivsten Nutzer. Das gilt eindeutig für die Nutzung der institutionellen Kulturangebote, die teilweise ja mit einem bestimmten Aufwand verbunden ist, es gilt nicht minder für die kulturellen Offerten im Fernsehen, obwohl hier allgemeine Nutzungsgewohnheiten den Befund zunächst etwas überlagern. So sind Personen mit keinem oder geringem kulturellem Interesse besonders extensive Fernsehkonsumenten – und rezipieren dabei auch kulturelle Angebote –, während kulturell besonders Interessierte eher unterdurchschnittlich viel Zeit mit Fernsehen zubringen, dabei aber überproportional explizite Kulturangebote auswählen. Der Zusammenhang zwischen Interesse und Nutzung ist daher beispielsweise bei Kulturmagazinen offenkundig, bei – anspruchsvollen – Spielfilmen weniger deutlich. Eine Ausnahme scheint hier allerdings das Radio zu bilden, worauf ich bald zurückkommen möchte.
- Objektive Faktoren wie die kulturelle Infrastruktur eines Ortes, die Zugangsmöglichkeiten zu institutionellen Kulturangeboten stehen mit kulturellem Interesse und kulturellem Nutzungsverhalten in Zusammenhang. So sind Kenner und Liebhaber des

Theaters, der E-Musik, der bildenden Kunst und Literatur ebenso wie die Cineasten vor allem in Großstädten zu finden, also an Orten mit einem sehr dichten, umfangreichen Kulturangebot. Dieser Zusammenhang konnte in der Studie jedoch lediglich als Faktum festgehalten werden, die Richtung dieses Einflusses blieb dagegen weitgehend ungeklärt. Hörfunk und Fernsehen mit ihrem überall verfügbaren Kulturangebot können diesen Zusammenhang nicht spürbar aufbrechen. Sie stellen für die in der Regel gut versorgten, kulturell Interessierten ein komplementäres, ergänzendes Angebot dar, übernehmen aber weniger die Funktion, daß sie objektive Versorgungsdefizite ausgleichen.

Dennoch können Fernsehen und Hörfunk die subjektiven und objektiven Zugangsbarrieren großer Teile ihres Publikums zu kulturellen Angeboten überwinden und kulturelle Teilhabechancen eröffnen, auch wenn diese zunächst weniger interessen- als mediengesteuert sein mögen. Die Frage ist, wie groß das erreichbare Publikumspotential ist? Wie setzt sich das Publikum anspruchsvoller Programme zusammen? Sind kulturell wenig interessierte Personen im Publikum kultureller Sendungen in nennenswertem Umfang nachweisbar?

Während die Studie „Kultur und Medien" diese Fragen für das Fernsehen eindeutig beantwortet und für dieses Medium die kulturvermittelnde Funktion bestätigt, bleibt sie in bezug auf den Hörfunk einige Antworten schuldig. Aus diesem Grund hat der Westdeutsche Rundfunk in einer Sekundäranalyse publikumsbezogene Strukturdaten mit Radionutzungsdaten in Nordrhein-Westfalen zusammengeführt, um auf einer breiteren Datenbasis im regionalen Bezug – stellvertretend für ganz Deutschland oder zumindest für die alten Bundesländer diese Fragen doch noch zu beantworten. Konkret ging es um die Zusammenhänge zwischen der Nutzung der Hörfunkprogramme im Tagesablauf und den Publikumstypen, die in der Kulturstudie nach kulturellen Interessen ausgewiesen wurden. Im zweiten Teil meiner Ausführungen folgen nun einige Befunde, die die Ergebnisse der Studie „Kultur und Medien" zum Hörfunk ergänzen bzw. ins rechte Licht rücken können.

Zum besseren Verständnis dieser Befunde möchte ich Ihnen allerdings zuvor die bereichsübergreifende Publikumstypologie der Studie „Kultur und Medien" erläutern. Eine zentrale Zielsetzung der ARD/ZDF-Kulturstudie bestand darin, die verschiedenen Kulturpublika möglichst präzise zu beschreiben. Dabei ist bewußt nicht die Nutzung kultureller Angebote, sondern das kulturelle Interesse in den Mittelpunkt gestellt worden. Von diesem Ansatz aus konnten für die einzelnen Kulturbereiche über die Konstellationen unterschiedlicher Interessen verschiedene Typen von Kulturpublika empirisch rekonstruiert werden.

Die Bestimmung eines bereichsübergreifenden Kulturpublikums konnte natürlich nicht durch eine Addition der verschiedenen Interessen bzw. Nutzungsgruppen in den einzelnen kulturellen Angebotsbereichen erreicht werden, denn es rekrutiert sich aus Personen, die in der Regel abwechselnd in verschiedenen Kulturbereichen gleichsam „interdisziplinär" umgehen. Um in diesem Sinne kulturübergreifend verschiedene Typen des Publikums zu ermitteln, wurden die Daten von mehreren Variablen (kulturelles Interesse, Schulbildung, kulturelle Sozialisation und Teilnahme an kulturellen Veranstaltungen vor Ort) zusammengeführt und mit einer Clusteranalyse ausgewertet, die die Befragten in vier Gruppen aufgliedert:

- das Kernpublikum des Kulturbetriebs (12,7 Prozent);
- die Gelegenheitsnutzer (31,2 Prozent);
- die Unterhaltungsorientierten (45,1 Prozent);
- das kulturferne Publikumssegment (11,1 Prozent).

Beim Kernpublikum verbindet sich eine überdurchschnittliche Nutzung der institutionellen Kulturangebote vor Ort und besonders intensives kulturelles Interesse in den fünf Bereichen mit überdurchschnittlich günstigen subjektiven Zugangsbedingungen. Von der soziodemographischen Struktur her dominieren mittlere und höhere Einkommensgruppen. Die Ausbildung vielfältiger kultureller Interessen wurde bereits durch das Elternhaus stark gefördert.

Das Freizeitverhalten des Kernpublikums ist durch vielfältige Aktivitäten und hohe gesellschaftliche Integration geprägt. Eine zentrale Bedeutung kommt den kulturellen Aktivitäten zu. Außer Haus nutzt diese Gruppe besonders intensiv die Angebote der Hochkulturinstitutionen (Museen, Ausstellung, Theater, Oper, Konzerte), macht aber zugleich auch regen Gebrauch von den populären Angebotsformen. Im Rahmen der häuslichen Mediennutzung werden ebenfalls alle kulturellen Angebote in überdurchschnittlichem Maße wahrgenommen.

Das soziodemographische Profil der Gelegenheitsnutzer weist ebenfalls Überrepräsentanzen bei den mittleren und abgeschwächt bei den höheren Schulbildungsabschlüssen aus, entspricht darüber hinaus aber weitgehend der durchschnittlichen Merkmalsverteilung. Dies betrifft ebenfalls den Aspekt der kulturellen Sozialisation. Im allgemeinen Freizeitverhalten ist dieser Publikumstyp eher unterdurchschnittlich aktiv. Im Unterschied zum Kernpublikum, das starke Präferenzen gegenüber allen traditionellen Künsten zeigt, sind die Gelegenheitsnutzer eher auf das Kino und andere Formen von nicht „klassischer" Kunst orientiert. Beim Publikum des Typs „Unterhaltungsorientierte" sind Jugendliche und junge Erwachsene überproportional vertreten, gleichzeitig sind Personen mit höherer Schulbildung eher unterdurchschnittlich repräsentiert. Alle sonstigen soziodemographischen Merkmale sind weitgehend durchschnittlich verteilt. Kulturell haben die Befragten dieses Typs in ihrer Kindheit weniger Förderung erfahren als die beiden zuvor genannten Gruppen. In ihrer Freizeit verhalten sich die Unterhaltungsorientierten überdurchschnittlich aktiv, wobei sich, altersbedingt, die Aktivitäten auf Sport und informelle Geselligkeit im sozialen Nahraum konzentrieren. Die traditionellen Hochkulturangebote werden von dieser Gruppe seltener und eher zufällig wahrgenommen.

Beim Typus „Kulturferne" verbindet sich ein verbreitetes kulturelles Desinteresse mit besonders ungünstigen subjektiven Zugangsvoraussetzungen. Es handelt sich hier um eine in mehrfacher Hinsicht sozial benachteiligte Bevölkerungsgruppe. Überrepräsentiert sind Personen über 50 Jahre, insbesondere über 65 Jahre. Ungefähr 87 Prozent von ihnen haben die Volks- oder Hauptschule besucht. Sie leben überproportional häufig in ländlichen Gebieten. Ihr Freizeitverhalten läßt sich als eher passiv beschreiben. Mit dem Kulturbetrieb außer Haus kommen die Kulturfernen so gut wie überhaupt nicht in Berührung.

Und nun zu den angekündigten Befunden der Sekundäranalyse. Wie bei anderen Medien zeigt sich zunächst auch beim Hörfunk, daß Kultursendungen bei Personen mit hohem kulturellem Interesse signifikant höhere Reichweiten erzielen als in anderen Publikumsgruppen. So wird zum Beispiel vom Kernpublikum WDR 3 um circa 40 Prozent häufiger gehört als vom Bevölkerungsdurchschnitt. Bei bestimmten Angebotskategorien (Hörspiel, Klassische Musik) oder einzelnen Kultur-Sendereihen („Mosaik", „Kritisches Tagebuch") liegen Reichweiten des Kernpublikums teilweise um bis zu 100 Prozent über den Durchschnittswerten.

Die individuell bessere Erreichbarkeit des kulturell hochmotivierten Kernpublikums mit Kulturprogrammen des Hörfunks ist aber nur teilweise auf spezielles Interesse zurückzuführen. Sie ist überwiegend eine Folge von anderen Einflüssen, die mit kulturellem

Interesse sehr hoch korrelieren. Neben der überdurchschnittlichen Bildungsstruktur sind hier vor allem Merkmale des allgemeinen Mediennutzungsstils und der kommunikativen Grundorientierung zu nennen. Personen die dem Kernpublikum zuzurechnen sind, erweisen sich als überdurchschnittlich intensive Radionutzer, die den Hörfunk im Rahmen einer zum Teil informationsorientierten Grundposition als tagesbegleitendes Universalmedium nutzen. Charakteristisch für das Programmverhalten dieses Publikumtyps ist daher weniger die häufigere Nutzung von Kultursendungen, als vielmehr die gezielte, multifunktionale Nutzung der gesamten Angebotspalette des Hörfunks. Angehörige des Kernpublikums des Kulturbetriebs bilden eine Minderheit in der Hörerschaft der Kulturprogramme. Wenn man von der Zusammensetzung der Kulturprogrammhörer unter dem Aspekt ihrer Zugehörigkeit zu den kulturbezogenen Publikumstypen ausgeht, rekrutiert sich die Mehrheit der Hörer immer aus Publikumsgruppen, die dem Kulturbetrieb ansonsten eher fernstehen und insbesondere die Angebote des institutionellen Kultursektors nur unterdurchschnittlich häufig oder fast überhaupt nicht wahrnehmen.

Die individuell bessere Erreichbarkeit des kulturell interessierten Kernpublikums bewirkt in der Zusammensetzung der Hörerschaft von qualifizierten Minderheitenprogrammen nur eine geringfügige Gewichtsverschiebung im Vergleich zur Verteilung der Publikumstypen in der Bevölkerung. Wenn etwa Sendungen wie das „Kritische Tagebuch" und „Meinung über Bücher" beim Kernpublikum doppelt so hohe Reichweiten erzielen wie im Durchschnitt, ergibt sich daraus in der Zusammensetzung der Hörerschaft dieser Sendungen ein Anteil des Kernpublikums von 25 Prozent. Dies ist bereits ein Maximalwert: in den meisten Fällen kommt das interessierte Kernpublikum bei den bevorzugten Sendereihen auf etwa ein Fünftel der jeweiligen Hörerschaft.

Dabei gilt als Regel: Je größer die Gesamtreichweite einer Sendung, desto geringer der prozentuale Anteil des Kernpublikums und umgekehrt. Würde man das kulturelle Interesse als Rezeptionsvoraussetzung für die Nutzung von Kulturangeboten des Hörfunks unterstellen, so wäre eine in diesem Sinne homogene Hörerschaft nur auf der Basis extrem niedriger Gesamtreichweiten überhaupt denkbar.

Für die Frage nach der Zielgruppe der Kulturangebote des Hörfunks folgt daraus:

1. Die naheliegende Vorstellung, daß hochmotivierte Kenner – das sogenannte „Kernpublikum" des Kulturbetriebs – in eins auch die gleichsam „natürliche" Zielgruppe der Kulturangebote im Hörfunk sein müßten, ist nicht aufrechtzuerhalten. Personen dieses Publikumtyps sind zwar individuell betrachtet in der Tat leichter zu erreichen, als Gruppe werden sie jedoch unabdingbar immer nur eine Minderheit in der Hörerschaft der Kulturprogramme bleiben.
2. Da das kulturelle Interesse Hörfunknutzungsverhalten nur mit der Wirkung einer nachgeordneten, intervenierenden Variablen beeinflußt, kann die Art und Intensität des kulturellen Interesses auch nicht als grundsätzliches, konstitutives Unterscheidungsmerkmal für Zielgruppenkonzepte herangezogen werden. Das bedeutet mit anderen Worten: Die Publikumstypologie der Kulturstudie, die ja wesentlich über kulturelles Interesse und Nutzungsverhalten definiert ist, erweist sich als überfordert, wenn sie als zentrales Orientierungsmodell für Zielgruppenkonzepte des Hörfunks herangezogen wird.

Schließlich noch einige Schlußfolgerungen aus der Sekundäranalyse zur Programmwahl. Warum dieses oder jenes Programm gewählt wird, ist von einem komplexen Bündel unterschiedlicher Faktoren abhängig, die im Rahmen der vorliegenden Untersuchungen nicht umfassend aufgeklärt werden konnten. Aus der Analyse der soziodemographischen

Zusammensetzung geht jedoch hervor, daß es sich hierbei vor allem um Faktoren handelt, die sehr hoch mit dem Alter korrelieren, wobei die Altersgruppen offensichtlich als Generationen zu interpretieren sind. Demgegenüber haben die Faktoren, die sich in den kulturbezogenen Publikumsgruppen bündeln, nur einen untergeordneten Einfluß.

Unterschiede in der Konstellation der gewählten Programme sind in erster Linie Unterschiede zwischen verschiedenen Altersgruppen. So weist zum Beispiel das Programmnutzungsprofil des Kernpublikums in der Altersgruppe von 14 bis 29 Jahren wesentlich mehr Übereinstimmungen mit den Nutzungsprofilen von unterhaltungsorientierten Kulturtypen dieses Alters auf als mit denen von älteren Personen im Kernpublikum.

Zusammenfassend läßt sich sagen: Die öffentlich-rechtlichen Hörfunkanstalten insgesamt leisten in Deutschland aufgrund dieser Befunde einen wichtigen Beitrag bei der Vermittlung von Kultur an breitere Bevölkerungsschichten. Da aber das kulturelle Interesse im Kontext der Hörfunknutzung nicht als primäres Kriterium des Programmverhaltens wirksam wird, ist es als selbständiger Bezugspunkt für Zielgruppendefinitionen wohl kaum geeignet. Unter Planungsgesichtpunkten kann das kulturelle Interesse nur als Differenzierungsfaktor kalkuliert werden, die durch sonstige, vor allem generationsspezifisch ausgeprägte Faktoren definiert sind. Die klassischen Kulturprogramme des Hörfunks laufen allerdings aufgrund der strukturellen Überalterung ihrer Hörerschaft Gefahr, in Fortsetzung der bisherigen Entwicklung auch in Zukunft weiter an Reichweiten zu verlieren. Denn der positive Einfluß auf die Nutzung dieser Programme hängt von einer traditionalistischen Disposition ab, die vom kulturinteressierten Kernpublikum jüngerer Generationen nicht mehr geteilt wird. Deshalb kann nicht davon ausgegangen werden, daß Jüngere nach und nach in die Hörerschaft dieser Programme hineinwachsen. Die Erhaltung oder gar Verbesserung der derzeitigen Reichweitendimensionen erscheint realistisch nur unter der Voraussetzung einer umfassenden „Verjüngung“ der in den Kulturprogrammen vertretenen Auffassungen, der berücksichtigten Kultursektoren und der Vermittlungsformen.

Kultur und Radio in Österreich

*Von Sigrid Svitek und Kurt Reissnegger**

1. Kultur im Leben der Österreicher

1.1. Empirischer Befund

Die österreichische Bevölkerung umfaßt knapp acht Millionen Menschen, davon sind sechseinhalb Millionen älter als 14 Jahre. Ein Fünftel der österreichischen Bevölkerung lebt in der Bundeshauptstadt Wien, der einzigen Millionenstadt des Landes. 38 Prozent der Österreicher sind älter als 50 Jahre. Rund die Hälfte der Österreicher hat eine abgeschlossene Lehre oder Fachschulbildung; weitere 12 Prozent haben Matura, rund 3 Prozent einen Universitätsabschluß.

Die uns vorliegenden Studien (Life-Style 1990, n=4000; Kulturstudie ORF 1991, n=70) zeigen, daß auch in Österreich nur wenige Menschen (8 Prozent, das sind rund 500 000 Personen) der Kunst und Kultur „für das eigene Leben einen hohen Stellenwert" zuweisen. Nur für Personen mit höherer Bildung hat dieser Bereich des öfteren „seelische Zentralität" (vgl. Graphik 1 auf S. 286).

Die nachfolgenden Ergebnisse basieren im wesentlichen auf den Ausführungen von Rudolf Brettschneider, dem Geschäftsführer des Fessel & GfK Meinungsforschungsinstituts, der sie für die „Linzer Mediengespräche" im Herbst 1991, die unter dem Titel „Kunst und Kultur im öffentlich-rechtlichen Rundfunk" standen, aufbereitet hat (vgl. Graphik 2 auf S. 286).

Ähnlich wie die Befunde der ARD/ZDF-Studie zeigen auch unsere Untersuchungen deutlich, daß das Verständnis für Kunst und Kultur meist durch das familiäre Milieu, seltener durch Schule und Freundeskreis, geprägt wird. Diese Vorkenntnisse aus einer langen Lerngeschichte machen den Zutritt zu Werken der Kunst möglich. Ihr völliges Fehlen stellt ein schwer wettzumachendes Handicap für die Rezeption künstlerischer Inhalte dar.

Man muß zur Kenntnis nehmen, daß es nicht nur die vielzitierten Hemmschwellen der Kulturtempel sind, die manchen Menschen den Zutritt erschweren, sondern daß die Welt der Kunst und Kultur schwierig ist und nicht voraussetzungslos konsumiert werden kann. Auch Interesse will erlernt und erarbeitet sein. Die Künste stellen ein oft „unabhängiges

* Sigrid Svitek ist Leiterin der Radioforschung in der Hörfunkintendanz des ORF. Kurt Reissnegger ist Producer der Radioreihe „Trost & Rat" sowie Redakteur beim ORF und Lektor an der Universität Wien.

Diskurs-Universum“ dar, zu dem man sich nur durch mehr oder weniger zeitintensive Beschäftigung Zutritt verschaffen kann.

Das Kernpublikum des Kulturbetriebs, die „sehr Kunstinteressierten“, beträgt sowohl in der ARD/ZDF-Studie als auch in unseren Untersuchungen 13 Prozent (vgl. Graphik 3 auf S. 287). Ein Viertel bezeichnet sich als „eher interessiert“, das ist der weitere Interessentenkreis für Kulturangebote, der „Kulturkonsument“. Dem steht ein Viertel dezidiert „Uninteressierter“ und ein starkes Drittel „wenig Interessierter“ gegenüber, die vom Kulturangebot nur schwer berührt werden, so es nicht in einfacher Aufarbeitung oder in der Verkleidung der „Unterhaltung“ nahe gebracht wird (vgl. Graphik 4 auf S. 287). Der Prozentsatz der „sehr Kulturinteressierten“ (13 Prozent) entspricht ziemlich genau der Größe des Bevölkerungssegments, das zumindest einmal monatlich eine Theater- oder Opernaufführung, ein Konzert, eine Ausstellung, ein Museum oder ein Kino besucht.

Von großer Bedeutung für die Nutzung kultureller Angebote ist – die ARD/ZDF-Studie zeigt es auch für Deutschland – die kulturelle Infrastruktur eines Ortes. Werden nun durch die Medien Menschen „kulturell versorgt“, die ansonsten nie Kontakt mit dem einschlägigen Kulturangebot haben? Auch wir müssen vor Versorgungsoptimismus warnen: Wer nie ein Konzert mit klassischer Musik besucht hat (und das sind wiederum sehr viele, rund 70 Prozent), verweigert zu 70 Prozent auch den einschlägigen Radiokontakt.

Gleichzeitig, angesichts dieses Befundes in Pessimismus zu verfallen, wäre ebenfalls inadäquat. Die medialen Angebote erreichen zwar nicht jene, die eine „große Distanz“ zu den gesamten Kulturangeboten haben, aber sie verdichten die Kontakte von Bevölkerungsgruppen, die Interesse genug besitzen, um sporadisch Kontakt mit Opern, Konzert und Theater zu pflegen (vgl. Graphik 5 auf S. 288).

Die Kerngruppe der passionierten Opern-, Konzert- oder Theaterbesucher steht dem medialen Angebot aus einem Grund oft skeptischer gegenüber als die eben beschriebene Gruppe: Verschiebt man ein Ereignis 1:1 in ein Medium, verliert es an Aura. Das bedeutet, vor allem für das Fernsehen, daß mediengerechte Formen der Vermittlung gefunden werden müssen. Aber die Transformationsproblematik stellt sich auch im Radio, beispielsweise im Bereich der Literatur und des Theaters.

1.2 Kulturtypologien

Nach Grundmustern kulturbezogenen Verhaltens geclustert, lassen sich fünf unterschiedliche Gruppen erkennen (vgl. Graphik 6 auf S. 288). Ein Fünftel der Bevölkerung ist den „Juvenil-Kulturorientierten“ zuzuordnen. Diese Gruppe ist gekennzeichnet durch ein überdurchschnittliches Interesse an allen Formen der Jugendkultur (Pop-/Rockmusik, Kinobesuche, Discothekenbesuche, Lokale mit Live-Musik usw.). An Kunst und Kultur im „klassischen Sinn“ ist diese Gruppe unterdurchschnittlich interessiert. Zumeist handelt es sich um jüngere Personen (überwiegend Männer) der höheren sozialen Mittelschicht, vorwiegend im ländlichen Raum. Diese Gruppe ist aufgrund ihrer starken „outdoor-Orientierung“ mit Medienangeboten schwer zu erreichen.

Die größte der unterschiedlichen Teilgruppen ist die Gruppe der „Kulturdistanten“. Ihre Distanz zeigt sich bei praktisch allen erhobenen Kulturaktivitäten. Besonders ausgeprägt ist ihre „Ferne“ zum Buch, zu jeder Art von „medialer Hochkultur“, aber auch zu Rock- und Popmusik. Bei diesem Typus dominieren ältere Menschen beiderlei Geschlechts mit niedriger formaler Schulbildung im ländlichen Raum. Dem Kulturangebot des ORF stehen sie mangels Betroffenheit indifferent gegenüber. Am ehesten ist diese Gruppe durch volkskulturelle Angebote und volkstümliche Musik zu interessieren.

Ein weiteres Fünftel ist der Gruppe der „Indifferenten" zuzurechnen. Diese Gruppe ist mehrheitlich weiblich, mit einer Überrepräsentanz der mittleren und höheren Altersschichten, durchschnittlicher Schulbildung, aber ohne ländlich/städtische Ausprägung. In dieser Gruppe sind Menschen vertreten, die durchaus eine gewisse Affinität zu manchen Kulturangeboten haben. Allerdings braucht es Hilfen und Anregungen von außen, um das Manko des mangelnden Vorwissens über Kunst und Kultur zu reduzieren.

Diese Gruppe hat von Haus aus Distanz zur Jugendkultur, eine relativ stark ausgeprägte Distanz zur Hochkultur sowie eine Distanz zur Buchkultur. Eingeschränkt besteht aber ein Interesse für das Radiohörspiel, für Theaterübertragungen im Fernsehen, für populärwissenschaftliche Sendungen sowie für im weitesten Sinn kulturelle Musikformen (Operetten). Aufgrund dieser Befunde ist bei dieser Gruppe eine „Verführbarkeit" zur Kultur via Medien gegeben.

Die Gruppe der „Hochkulturinteressierten" (12 Prozent) ist relativ einfach zu beschreiben: Sie bevorzugen überdurchschnittlich oft den Besuch von Oper, Theater, Konzert und Ballett, den künstlerischen Spielfilm und Theater im Fernsehen, klassische Musik auf Tonträger und im Radio, den Besuch von Museen, sie lesen viel und sind sehr an den zugehörigen Berichten in Zeitungen, Zeitschriften und den elektronischen Medien interessiert. Ihr Fernsehverhalten ist durchschnittlich.

Besonders häufig vertreten sind Repräsentanten dieser Gruppe in den Altersstufen zwischen 40 und 70 Jahren, in den Angestelltenschichten, im höchsten (Schul-)Bildungsbereich, im städtischen Milieu und hier besonders in Wien. Ihr deklariertes Kunstinteresse ist sehr hoch. Mehr als 50 Prozent zeigen sich an Kunst und Kultur „sehr interessiert" (zur Erinnerung: in der Gesamtbevölkerung 13 Prozent). Nicht die Mitglieder dieser Gruppe medial zu erreichen ist schwierig – sie sind eher in-home-orientiert –, sondern ihren Ansprüchen gerecht zu werden. Sie können kritisch vergleichen und fühlen sich vielfach als Kenner. Ihr Urteil über das Kulturangebot des ORF ist polarisiert in „zufrieden" und „unzufrieden", „Meinungslose", denen Quantität und Qualität des Angebots egal sind, findet man kaum.

Auf den wichtigen Einfluß der Elternhäuser auf das kulturelle Verhalten von Individuen haben wir bereits hingewiesen, aber die Elternhäuser wandeln sich und somit auch das vermittelte kulturelle Interesse. Dies wird an Hand des letzten Typus sichtbar, des „Universalistisch-Kulturinteressierten" (17 Prozent). Diese Personengruppe zeigt weitgefächerte und überdurchschnittlich intensive kulturelle Interessen und Aktivitäten. Mit Kultur wird zwangloser und weniger ehrfurchtsvoll umgegangen, ausgesprochene „Hochkultur" wie Oper, Theater und Museen bleiben sogar oft auf der Strecke. Dagegen interessiert alles andere, wie Bücher, eigene künstlerische Aktivitäten, aber auch der weite Bereich der „Jugendkultur" überdurchschnittlich. Bei diesem Typus überwiegen jüngere, höher gebildete Personen, es sind die Angehörigen der oberen Mittelschicht und sozialen Oberschichten, die zu einem Drittel in der Bundeshauptstadt beheimatet sind. Von den elektronischen Medien ist diese Gruppe aufgrund ihrer stärkeren outdoor-Orientierung weniger leicht zu erreichen; ein Umstand, der erklären kann, warum gewisse Kultursendungen und Angebote des ORF sich mit der Erzielung hoher Durchschnittsreichweiten schwer tun.

1.3 Fazit

Der Kreis wirklicher Interessenten ist sehr begrenzt. Die Größe der weiter erfaßten Zielgruppe setzt Brettschneider mit rund 20 bis maximal 30 Prozent an. Das Interesse an Sendungen über Kultur setzt Interesse an und Verständnis für Kulturinhalte voraus und dies ist an viel Vorerfahrung gebunden. Dazu kommt, daß man Bereitschaft zur Konzentration braucht, die sich aber nicht auf Knopfdruck herstellen läßt. Man braucht Vorbereitung und auch eine entsprechende Gestimmtheit. Man braucht auch Zeit, die der Eigenzeit eines Werkes der Kultur entspricht.

2. Die Radioprogramme im ORF

2.1 Überblick

Der ORF produziert drei bundesweite Radioprogramme und regionale Programme, hinzu kommt – im Auftrag der Bundesregierung – die Produktion des Auslandsdienstes Radio Österreich International, der über Kurzwelle ausgestrahlt wird. In allen Programmen des ORF werden „kulturelle Sendungen" geboten. Dies ist auch Resultat unserer Überzeugung, daß „die Unentbehrlichkeit des öffentlichen Rundfunks für die Gesellschaft und das zahlende Publikum auf den Gebieten Information, Kunst und Kultur zu beweisen ist" (Generalintendant Gerd Bacher).

Unser kulturelles „Flaggschiff" ist das Programm Österreich 1 (Ö1), es ist *das* Kultur- und Informationsprogramm des Österreichischen Rundfunks und – von seiner Bedeutung her – auch Österreichs. Mit einer Tagesreichweite von rund 6 Prozent ist Österreich 1 im europäischen Spitzenfeld.[1]

Das mit 41 Prozent Tagesreichweite reichweitenstärkste Programm des ORF (49 Prozent Marktanteil) ist das Programm Österreich 2, ein Wort- und Musikprogramm für die Regionen Österreichs, das „Heimatradio" des ORF. Österreich 2 ist ein Programmnetwork mit neun Lokalprogrammen. Im Rahmen der 24-stündigen Sendezeit gestaltet jedes Landesstudio bis zu 20 Stunden Lokalprogramm (vorwiegend in der prime-time) mit lokaler und nationaler Information, (Landes-)Kulturberichten und einem Musikformat, das sich auf (deutsche) Schlager, volkstümliche Musik und Volksmusik konzentriert.

Wie stark dieses Programm regionalisiert ist, wird deutlich, wenn man sich die Einwohnerzahl der jeweiligen Bundesländer vor Augen hält: das Bundesland Burgenland hat 270 000 Einwohner, Vorarlberg 320 000, Salzburg 470 000, Kärnten 540 000, Tirol 632 000, Steiermark 1 190 000, Oberösterreich 1 380 000, Niederösterreich 1 450 000, Wien 1 500 000 Einwohner.

Im Osten Österreichs können rund 1,7 Millionen Menschen sowohl das Programm von Radio Niederösterreich als auch von Radio Burgenland und Radio Wien empfangen, deshalb wurden hier die Programme klarer, einander ergänzend, abgestimmt. Jedes Landesstudio produziert zudem auch eine tägliche halbstündige Regionalfernsehsendung und regelmäßig Sendungen für das national ausgestrahlte TV-Programm. Im Bereich Radio liefern die Landesstudios im Sinn der arbeitsteiligen Gesellschaft Beiträge für die nationalen Programme, wie zum Beispiel für das Programm Ö1 und Ö3.

Ö3 ist das nationale Pop-, Informations- und Serviceprogramm des ORF und erreicht eine Tagesreichweite von 36 Prozent und einen Marktanteil von 38 Prozent. Auch in diesem Programm gibt es „kulturelle Themen", zum Beispiel in den regelmäßigen Informationssendungen.

Kultur als Programmelement kommt in bestimmten Sendeleisten auch in Blue Danube Radio vor, dem englischsprachigen Europaradio des ORF. Musikalisch ist der Sender eine „good-music-station" mit Musik von der Barockzeit bis zu aktueller Popmusik und Jazz, inhaltlich soll das Programm „ein akustisches Fenster nach Europa" sein.

Das anspruchsvolle Kulturprogramm des ORF ist Österreich 1, ein werbefreies Programm, das rund um die Uhr klassische Musik, kulturelles Wort und Information ausstrahlt. Durch diese Mischung erreicht Österreich 1 eine Tagesreichweite von rund 6 Prozent, ein Wert, der mit geringfügigen Schwankungen seit Jahren stabil bleibt. Der Marktanteil von Österreich 1 beträgt 4 Prozent.

2.2. *Programm, Publikum und Akzeptanz von Österreich 1*[2]

Das wichtigste Segment Information nimmt bei Österreich 1 13 Prozent der Sendezeit ein (das sind 957 Stunden pro Jahr), auf „Literatur und Hörspiel" entfallen 9,9 Prozent, auf „Wissenschaft und Kultur" 9,5 Prozent, auf „Religion" 2,6 Prozent, auf „Schulfunk und Studienprogramme" 3,1 Prozent und auf E-Musik 52,7 Prozent, ein Anteil, der sich durch die Einführung eines „Klassik-Nachtprogramms" seit 1992 noch erhöht hat.

Fast zwei Drittel der Hörer von Österreich 1 sind älter als 50 Jahre, fast jeder zweite Hörer lebt in Wien, der Bundeshauptstadt. Rund 40 Prozent der Ö1 Hörer haben Matura oder ein abgeschlossenes Universitätsstudium.

Zur Verdeutlichung ein Beispiel: Zeitgenössische E-Musik steht bei der Präferenz der Musikgenres von Ö1-Hörern mit einem Programminteresse von 2 Prozent praktisch an letzter Stelle. Dieses, auf den ersten Blick für die Programmgestalter zeitgenössischer E-Musik unter Umständen entmutigende Ergebnis relativiert sich bei Analyse der Nutzungsdaten. Eine ausschließlich bei Ö1-Hörern durchgeführte, qualitative Erhebung („Tagebuch-Untersuchung") zeigt, daß die Sendung „Studio neuer Musik" von einem Prozent der Ö1-Hörer, also von der Hälfte der überhaupt an diesem Genre Interessierten, gehört wird. Und das trotz der späten Sendezeit, von 23.00 Uhr bis 24.00 Uhr. Von diesem Beispiel abgesehen zeigt sich auch bei den meisten anderen und weniger sperrigen Kulturangeboten, daß zwischen Interesse und Nutzung ein überdurchschnittlich hoher Ausschöpfungsgrad festgestellt werden kann.

Im übrigen zeigen auch quantitative Erhebungen, wie die auf jährlich 18.000 Interviews basierende OPTIMA[3], ein ähnliches Ergebnis. Die Hörer von Österreich 1 bringen dem Sendungsangebot auch einen überdurchschnittlichen Aufmerksamkeitsgrad entgegen. So gibt zwischen der Hälfte und drei Viertel der Hörer jeder Sendung an, diese „voll konzentriert" zu hören (und das, obwohl Radio zumeist als Nebenbei-Medium definiert wird).

Auch die Bewertung der Sendungen des Kultur- und Klassikprogramms des ORF durch seine Hörer ist für die Idee des anspruchsvollen Radios außerordentlich erfreulich. Anhand der Benotung auf einer fünfstufigen Notenskala (0 = sehr schlecht bis 5 = sehr gut) erzielten mehr als 80 Prozent aller in Österreich 1 angebotenen Sendungen eine Durchschnittsbewertung von 4,0 und darüber.

Dem Programm gelingt es, ein Viertel bis ein Fünftel der im weitesten Sinn Kulturinteressierten pro Tag zu erreichen. Einer der Gründe dafür ist, daß Österreich 1 kein Formatprogramm, sondern ein Programm mit Format ist; durch geschickte Programmierung und Abwechslung der Elemente Information, Musik und Kultur/Bildung werden immer wieder Höranreize gesetzt. Zwar gibt es eindeutige Nutzungsspitzen bei den Informationssendungen am Morgen und zu Mittag, im übrigen Tagesverlauf ist ein kontinuierlicher Reichweitenverlauf – trotz abwechselnder Wort- und Musiksendungen – feststellbar. So wird auch im Kulturprogramm kulturelles Wort „meuchlings" vermittelt (das gilt sinngemäß auch für das kulturelle Wort in den anderen Programmen des ORF).

3. Schlußfolgerungen und Perspektiven

Ist Radio nur eine Nützlichkeit und keine Notwendigkeit, dann ist es leicht ersetzbar. Will ein Radioprogramm auf Dauer erfolgreich sein, muß es *unverwechselbar* bleiben. Unverwechselbar bleibt der ORF nur dann, wenn seine Programme von den Säulen Information, Kunst und Kultur, Bildung, Service und qualitätsvolle Unterhaltung getragen werden.

„Öffentlicher Rundfunk hat sich als Kulturgut zu verstehen, sonst ist er ein Mißverständnis der Macher" (Generalintendant Gerd Bacher). Was bedeutet das für Österreich 1? Ziel ist es, das Programm Österreich 1 behutsam zu modernisieren. Gearbeitet wird an der Verbesserung des Gesamteindrucks des Senders (Layout), an der Verbesserung der Präsentation und an der Verbesserung einzelner Sendungen. Der Musikanteil, der bei Österreich 1 über 50 Prozent liegt, soll erhöht werden; bei Wortsendungen geht es vor allem darum, das intellektuelle Profil des Programms weiter zu verbessern. Österreich 1 ist das Programm der Eliten, zu denen wir uns bekennen.

Die Crux bei der Zukunftsplanung für Österreich 1, beim Bestreben aus dem Aktivsegment (die Gebildeten, Interessierten, Mobilen, Flexiblen, besser Verdienenden usw.) neue Hörer zu gewinnen, liegt darin, daß diese Gruppe schwer erreichbar ist.

Eine der Möglichkeiten, dieser Gruppe ein Angebot nutzbar nach ihrem Belieben zu erstellen, liegt in der tagesablaufspezifischen Programmierung. Hier liegt vor allem eine Herausforderung für die Medienforschung: Durch qualitative und quantitative Untersuchung die Programmacher bei Planung und Entwicklung neuer Sendungen beziehungsweise der Programmierung des Angebots zu unterstützen.

Eine andere Möglichkeit, die schwer erreichbare Gruppe doch zu erreichen, liegt in der Idee des „Programms abseits des Programms". So hat die Literatur- und Feature-Abteilung begonnen, ihre besten Sendungen auf Kassette oder CD zu veröffentlichen. So wurden vier Feature- und Literatureditionen herausgegeben. Eine 10-teilige Reihe der Sendung „Im Gespräch", weitere werden folgen, und 4 x 4 preisgekrönte Sendungen auf CD. In den letzten vier Jahren wurden über 50 000 Kassetten verkauft. Auch dies ist eine Form, den Hörerkreis zu vergrößern und Öffentlichkeit für das vielfältige Programmangebot zu schaffen. (Ähnliches gilt für den 1996 gegründeten Ö1-Club, der innerhalb eines Jahres 16 000 Mitglieder gewinnen konnte).

Im Sinne des „Network-Gedankens" wird in den anderen Programmen des ORF-Radios auf das Programmangebot von Österreich 1 verwiesen, um so einerseits die Produktpalette unter Beweis zu stellen und andererseits potentielle Hörer zum Umschalten zu animieren. Werbespots und Informationen über das Ö1-Angebot werden auch regelmäßig in den beiden Fernsehkanälen des Österreichischen Rundfunks gebracht.

Der ORF versteht sich als kulturelles Netzwerk von zwölf Radioprogrammen, zwei nationalen Fernsehprogrammen (mit neun lokalen Fenstern) und dem europäischen Kulturkanal 3sat. Dieses kulturelle Netzwerk ermöglicht es dem ORF, Ereignissen, Kulturangeboten und den Erfordernissen des Publikums je nach Priorität zu entsprechen. Das Spektrum reicht von Kulturinformation im regionalen Bereich über nationale Information in der „Zeit im Bild“ bis hin zu kreativen und eigenkreativen Kulturschöpfungen („Kunst-Stücke“ im Fernsehen, „Kunstradio-Radiokunst“ im Hörfunk).

„In einem kleinen Land, dessen wichtigste Ressourcen die kulturelle Tradition und das zeitgenössische künstlerische Schaffen sind, haben Radio und Fernsehen nicht nur die Pflicht der umfassenden Berichterstattung, sie haben vielmehr die Aufgabe, Beweger und Ermöglicher zu sein“ (Generalintendant Gerd Bacher, 1992).

Der ORF versteht sich deshalb nicht nur als „Kultur-Sender“ und Vermittler, sondern ist auch einer der größten Kulturproduzenten des Landes. Er ist zudem Veranstalter und Mäzen, er ist der größte elektronische Kulturspeicher und dadurch mit Bewahrer der nationalen Identität.

Nach wie vor gilt das Diktum Arnold Schönbergs, der 1931 zur Tendenz des Rundfunks, gefällig zu sein – das ist ja Selbstkommerzialisierung – gemeint hat: „Ich mache diesem Unterhaltungsdelirium gegenüber das Recht einer Minderheit geltend: Man muß auch die notwendigen Dinge verbreiten können, nicht bloß die überflüssigen.“

Anmerkungen

1. Stand 1995.
2. Stand 1992.
3. Seit 1993 wird die Radionutzung in Österreich im Rahmen des Radiotests (24 000 jährliche Interviews) erhoben.

Graphik 1 Hierarchie von Lebenswelten: „sehr wichtig"

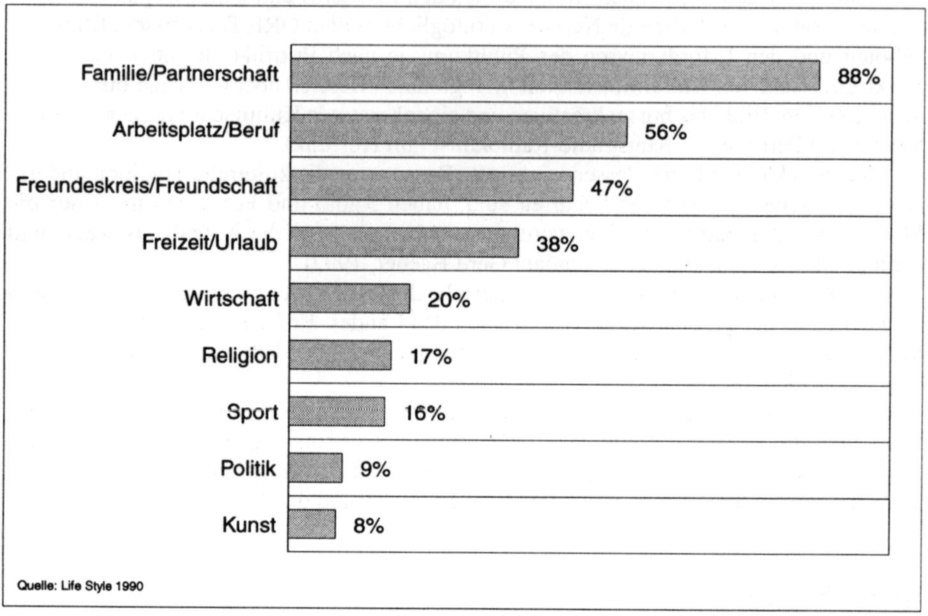

Graphik 2 Hierarchie von Lebenswelten: Kunst

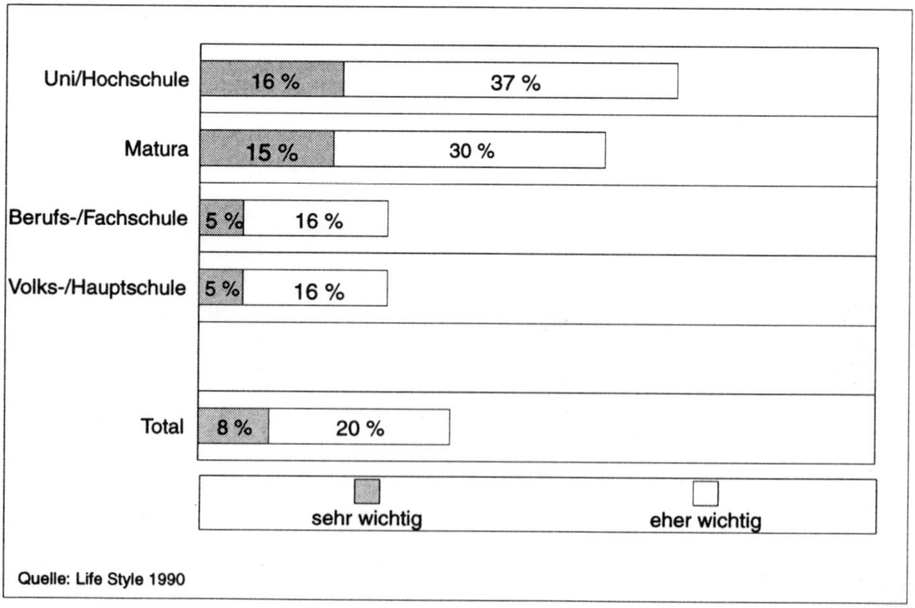

Graphik 3 Kulturelles Interesse

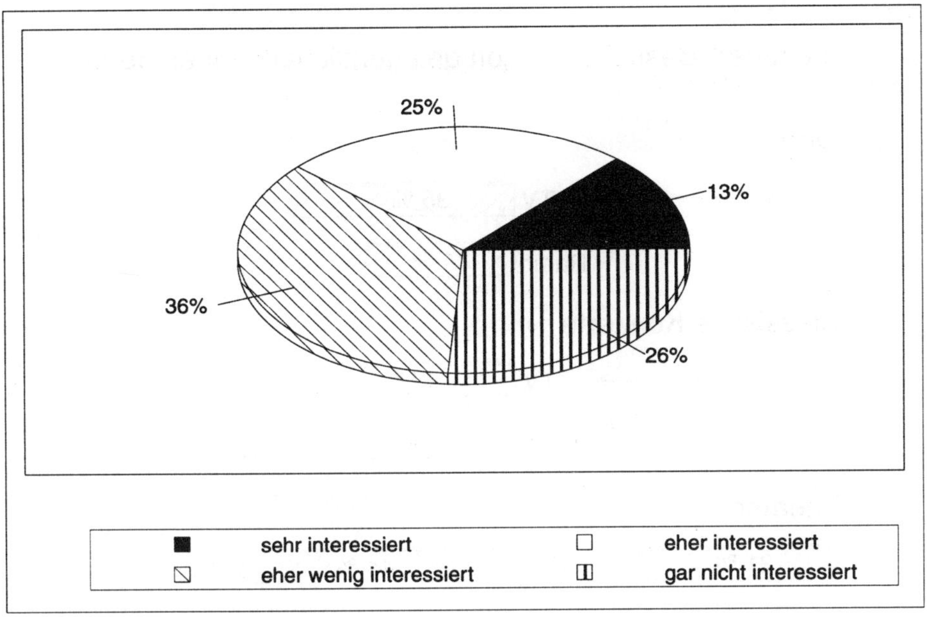

Graphik 4 Kulturelle Aktivitäten, „zumindest einmal monatlich"

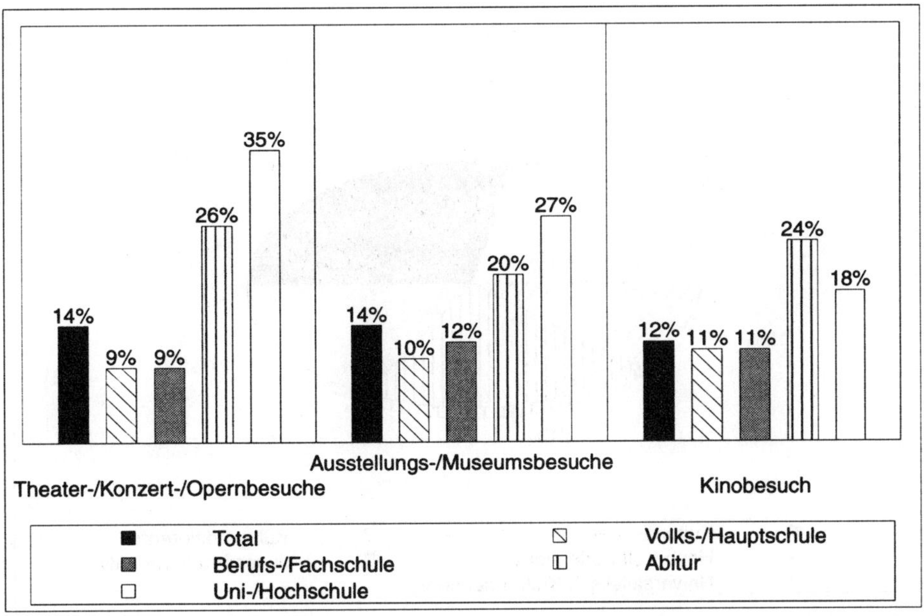

Graphik 5 Über den Kern hinaus

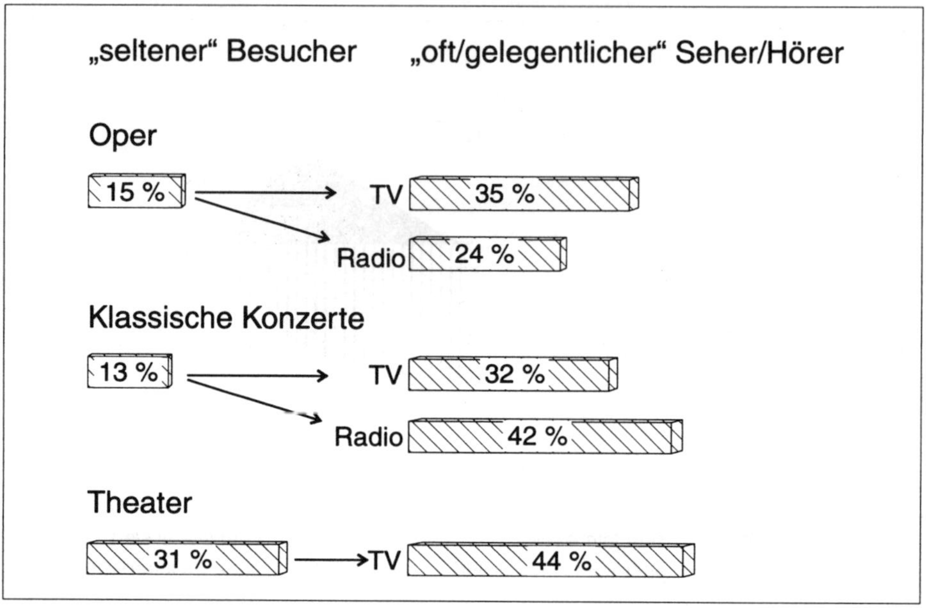

Graphik 6 Kulturtypologie

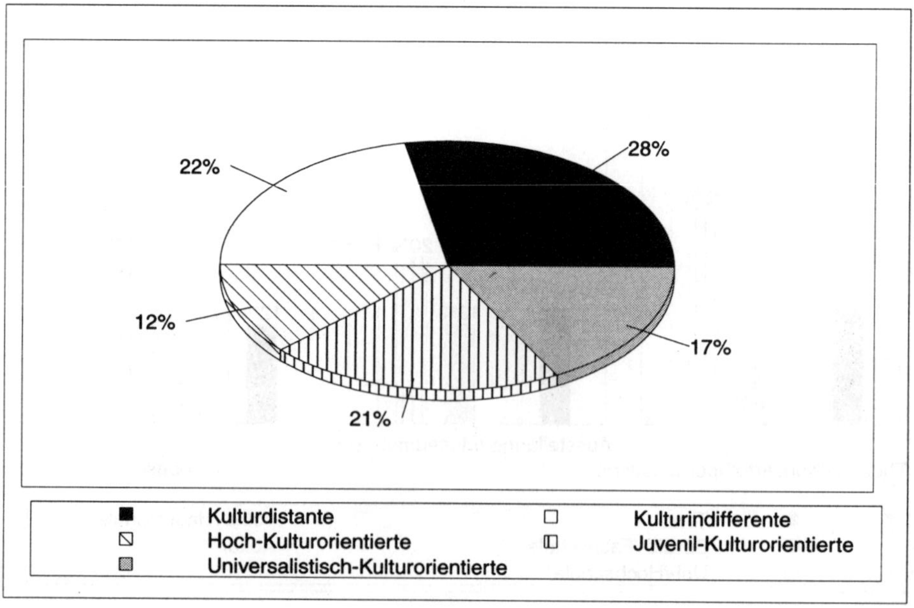

Kultur und Radio am Beispiel Schweiz

*Von Peter Hunziker**

1. Ist das Radio ein „Kulturmedium"?

Schon bald nach seiner Einführung galt das Radio als „erstes Medium für alle" – dies wegen seiner flächendeckenden Verbreitung, aber auch wegen seiner unmittelbaren Zugänglichkeit über das Ohr. Der Rundfunkpionier Hans Bredow erblickte im Radio das Potential für eine „neue Heimkultur": Informationen und Wissen müssen fortan nicht mehr mühsam zusammengetragen werden – mit dem Radio „kommt die Kunst und das Wissen ins Haus"[1].

Dieses Zitat bringt auch zum Ausdruck, daß dem Radio schon damals eine Kulturfunktion zugeschrieben wurde. Allerdings war diese Zuschreibung nicht unbestritten: Fortschrittskritiker sahen im Radio eine unerwünschte populistische Konkurrenz für die kulturellen Veranstaltungen, die infolge des bequemen „Heimkonsums" von Kultur nicht mehr besucht würden. Argumente, die uns auch heute noch sehr vertraut vorkommen.

Einen besonderen Stellenwert erhielt die Kulturfunktion beim öffentlich-rechtlichen Rundfunk, unterstützt durch eine Art „rückgekoppelter" Legitimierung: Der Kulturauftrag galt und gilt noch heute als wichtiges Element zur Rechtfertigung des öffentlichen Status des Rundfunks, dieser wiederum ist die Voraussetzung dafür, daß ein Kulturauftrag verbindlich postuliert werden kann. Das Radio war also schon immer teilweise ein Kulturmedium, wobei allerdings nicht zu übersehen ist, daß während der ganzen Hörfunkgeschichte andere Funktionen – Information und Unterhaltung – von größerer Bedeutung waren.

Das Kulturradio als besonderes Programmformat entwickelte sich in der Nachkriegszeit. Voraussetzung dafür war die UKW-Technik, die es den Rundfunkanstalten ermöglichte, ihr Programmangebot auf mehrere Frequenzen aufzuteilen. Mit der Schaffung der Kulturprogramme änderte sich die Radiokultur sowohl bezüglich ihrer Inhalte als auch ihrer Nutzung: Sie konkretisierte sich in relativ elitären Minderheitenprogrammen.

Welchen Stellenwert hat das Kulturradio in der heutigen Kultur- und Medienlandschaft?

Der Kulturbetrieb hat sich gewandelt; die traditionelle Abgrenzung der „Elite"-Kultur von der Populärkultur ist nicht mehr so klar, neue Publikumssegmente interessieren sich für

* Peter Hunziker ist Medienreferent von Schweizer Radio DRS, Basel.

Kultur, allerdings veränderter Form[2]. In der Kulturfinanzierung kam es zu Verschiebungen zwischen dem öffentlichen und dem privaten Sektor.

In einzelnen Bereichen ist eine gezielte Marktorientierung der Kulturproduzenten und -veranstalter erkennbar. Große Bedeutung kommt bei dieser Transformation den populären Medien, insbesondere dem Fernsehen, sowie neuen Formen kultureller „Events" zu. Für das Radio ergeben sich daraus neue Herausforderungen in der aktuellen, ereignisbezogenen Kulturberichterstattung.

Als Kulturproduzent hat das Radio in den letzten Jahren sicher an Bedeutung verloren. Dies jedenfalls in Ländern wie der Schweiz, wo die finanziellen Mittel des über Empfangsgebühren finanzierten Public-service-Hörfunks stark reduziert wurden. Die traditionelle Funktion des Radios im Bereich des E-Musik-Schaffens besteht zwar weiterhin; die Möglichkeiten, große Orchester zu unterhalten und das zeitgenössische E-Musik-Schaffen durch Hörfunkaufführungen oder gar Kompositionsaufträge zu fördern, sind schmerzlich spürbaren Einschränkungen unterworfen.

Auch in der Literaturproduktion hat das Radio an Bedeutung verloren. Die Gattung des Horspiels wird zwar weiterhin gepflegt und ist insbesondere für Nachwuchsautoren nach wie vor eine geeignete – und finanziell attraktive – Form des Einstiegs in die Literaturszene. Die Publikumsattraktivität des Hörspiels hat aber – primär wohl wegen der Konkurrenz der entsprechenden Angebote des Fernsehens – abgenommen.

Die Bildungssendungen im Radio – vom Schulfunk bis zum Funkkolleg – haben ihren hohen Stellenwert eingebüßt. Gemessen an den Gesamtleistungen des Bildungssystems sind diese Angebote marginal. Verantwortlich für die Verdrängung des Radios aus diesem Bereich sind wiederum attraktivere Formen des Fernsehens, die neuen Formen der Schuldidaktik sowie ganz allgemein die Entwicklung der Lerntechnologien.

Von zunehmender Relevanz sind dagegen die Leistungen des Radios in der aktuellen Kulturberichterstattung. Hier hat das Radio gegenüber anderen Verbreitungsmedien besondere Stärken, die – im Hinblick auf die zunehmende Ereignisbezogenheit des Kulturbetriebs – noch an Gewicht gewinnen: Es ist rasch und flexibel und kann ohne großen Aufwand authentische Informationen vermitteln – man denke etwa an Reportagen von Kulturanlässen, Gespräche mit Kulturschaffenden und Kulturinteressierten.

Für die Kulturschaffenden ist das Kulturradio – trotz der vergleichsweise geringen Reichweiten – nach wie vor ein wichtiges Medium, um an ihr Publikum heranzukommen. Ein eindringliches Beispiel für dieses Interesse am Radio seitens der im Kulturbetrieb engagierten Kreise war die Kampagne „SOS SRG – Rettet die Kultur am Radio": Anläßlich drastischer Budgetkürzungen bei Radio DRS gelang es im Sommer 1991 den schweizerischen Kulturorganisationen, innerhalb weniger Tage über 31 000 Unterschriften für eine Unterstützungsinitiative zu sammeln.

Welche Bedeutung mißt nun das Kulturpublikum dem Radio zu?

Verschiedene empirische Untersuchungen neueren Datums versuchen, die Größe des Kulturpublikums abzuschätzen und kommen zu erstaunlichen Werten. Die großangelegte schweizerische Untersuchung „Das Kulturverhalten der Bevölkerung – Vielfalt, Kontraste und Gemeinsamkeiten"[3] stellt fest, daß rund 30 Prozent der Bevölkerung kulturelle Angebote konsumieren. Ähnlich hohe Werte weist die ARD/ZDF-Studie „Kultur und Medien"[4] für die verschiedenen Kultursparten aus. 12,7 Prozent der Bevölkerung sind nach dieser Studie dem „Kernpublikum des Kulturbetriebs“ zuzurechnen. Eine Cluster-Analyse der Sparteninteressen des Publikums von Radio DRS zeigt, daß 14 Prozent des Radiopublikums potentielle Interessenten eines Kulturprogramms sind.

In deutlichem Kontrast zu diesem doch beträchtlichen Potential an kulturell Interessierten steht die tatsächliche Nutzung der Radio-Kulturprogramme, wie sie von der Publikumsforschung der SRG ausgewiesen wird: Die allgemeine Hörerschaft des Kulturprogramms DRS2 (also diejenigen Personen, die angeben, das Programm „im allgemeinen“, das heißt mehr oder weniger regelmäßig zu hören) beträgt (1996) rund 13 Prozent. Die Tagesreichweite beträgt 2,7 Prozent. Stark vertreten sind dabei die älteren Publikumssegmente mit guter Schulbildung; untervertreten sind die jüngeren Hörerinnen und Hörer. Das Publikum von DRS2 konzentriert sich außerdem hinsichtlich ihres Lifestyles auf die innengerichteten, wertorientierten Bevölkerungssegmente. Die eher materiell-hedonistisch ausgerichteten Bevölkerungsgruppen werden kaum erreicht. Darin kommt ein ganz spezifisches Kulturkonzept zum Ausdruck, ein „idealistisches“, auf Emanzipation ausgerichtetes Auftragsverständnis.

Daraus ergibt sich, daß das Kulturradio in der heutigen Form das Potential an Kulturinteressiertem Publikum nicht vollständig ausschöpft. Das Radio ist als Kulturanbieter – vielleicht abgesehen von einigen Bereichen der Musik – offenbar von untergeordneter Bedeutung. Liegt dies an den Besonderheiten des Mediums (bzw. an den attraktiveren Darbietungsformen des Fernsehen und der Printmedien) oder liegt es am umgesetzten Kulturkonzept, also an den vermittelten Inhalten und an der Programmierungsform? Ist eine Veränderung dieser Situation möglich? Ist sie wünschenswert?

Die Klärung dieser Fragen verlangt nach einer Verständigung über den Kulturbegriff und – damit verbunden – über den Kulturauftrag des Radios. Außerdem sind in diesem Zusammenhang die besonderen Stärken und Schwächen des Radios – unter Bezugnahme auf die anderen populären Medien – zu analysieren.

2. Der Kulturauftrag – funktional gesehen

Den Umschreibungen des Kulturauftrags, wie er den meisten öffentlich-rechtlichen Medien vorgegeben ist, geht von einem – breit gefaßten – „emanzipatorischen“ Bildungsbegriff aus, dessen Kern die Aneignung der gesellschaftlich relevanten Kultur bildet. Zu diesem Kulturbestand gehören neben den Hervorbringungen der Kulturschaffenden der Gegenwart und der Vergangenheit auch die übrigen allgemein interessierenden gesellschaftlichen Wissensbestände und normativen Orientierungen.

Der Kulturauftrag der SRG, der auch für Radio DRS gilt, ist folgendermaßen formuliert: „(...) In ihren Programmen fördert sie (die SRG) das gegenseitige Verständnis und den Austausch zwischen den Landesteilen, Sprachgemeinschaften und Kulturen (...).

Die SRG soll in ihren Programmen insbesondere: (...) die kulturellen Werte des Landes stärken, das Kulturschaffen, insbesondere das Schweizer Filmschaffen, anregen und fördern sowie zur kulturellen Entfaltung des Publikums beitragen; (...) bildende Inhalte vermitteln; (...)"[5]

Wie kann das Radio aufgrund seiner medienspezifischen Besonderheiten diesen Kulturauftrag optimal erfüllen?

- Das Radio ist ein sehr populäres Medium. Es ist deshalb geeignet zur kulturellen Versorgung breiter Bevölkerungsschichten (wobei deren kulturelle Bedürfnisse noch näher zu bestimmen sind).
- Das Radio ist ein flexibles und rasches Medium. Es eignet sich deshalb besonders gut zur ersten Orientierung, als Stimulus für einen vertieften Umgang mit Kultur.
- Das Radio ist ein intimes, authentisches Medium. Es eignet sich zur Vorstellung und Darstellung von Personen und von „subjektiven Perspektiven".
- Das Radio ist beschränkt auf das Auditive. Seine mediale Spezialität ist somit die Musik. Das gesprochene Wort muß ohne visuelle Unterstützung auskommen, was mit formalen und inhaltlichen Einschränkungen verbunden ist.
- Das Radio ist aufgrund seiner Nutzung weitgehend in den Tagesablauf der Menschen integriert. Das Radio ist deshalb geeignet, den alltäglichen Umgang mit der Kultur anzuregen.
- Das Radio wird zunehmend als Begleitmedium genutzt; die Zuwendung und die Aufmerksamkeit der Rezipienten ist beschränkt. Dies spricht für knappe und prägnante Darstellungsformen.

Aus diesem formalen Bestimmungen ergeben sich erste Eingrenzungen des Radiokulturauftrags.

Der Beitrag des Radios zur Kultur unterscheidet sich von jenem der anderen Medien: Das Kulturradio sollte kein gesprochenes Feuilleton bieten. Dies heißt, daß das Radio vor allem die kurzen prägnanten Formen pflegen sollte, wobei – wegen seiner Raschheit und Flexibilität – der Hinweisfunktion besondere Bedeutung zukommt.

Als populäres Medium, das sich an alle richtet, muß das Radio ein entsprechend offenes Kulturkonzept pflegen. Dies gilt grundsätzlich für alle Programme, es gilt aber – selbstverständlich mit Einschränkungen – auch für die spezialisierten Kulturprogramme. Die empirische Kulturstudie der SRG[6] zeigte, daß das Publikum, gefragt nach bekannten Kultursendungen des Radios, ein recht breites Sendungsspektrum aus allen Programmen nannte.

Einige inhaltliche Schwerpunkte lassen sich aufgrund der Publikumsinteressen festlegen. Verschiedene Befragungen der Radiohörer und -hörerinnen im allgemeinen, aber auch des Publikums unseres Kulturprogramms DRS2 im besonderen ergaben, daß unter den kulturellen Angeboten die Musik generell mehr interessiert als die Wortsendungen, daß im Wortbereich neben den Nachrichten und Aktualitäten vor allem „Umwelt und Ökologie", „Naturwissenschaft, Medizin und Technik", „Sozialpolitik" sowie „Alltagsleben bei uns und in anderen Ländern" interessieren. Die geisteswissenschaftlichen und literarisch/künstlerischen Gebiete, die traditionsgemäß in den Wortsendungen der Kulturprogramme vorrangig gepflegt werden, interessieren weniger. Einen relativ niedrigen Interessenwert hat auch das Hörspiel.

Ein tendenzieller Unterschied bezüglich formaler Präferenzen zeigt sich zwischen dem gesamten Radiopublikum und den Hörern des Kulturprogramms: Letztere ziehen längere vertiefende Beiträge vor, die erstgenannten die Kurzformen.

3. Perspektiven der Programmpolitik

Das traditionelle Programmformat der öffentlich-rechtlichen Kulturketten – als Kombination von E-Musik und „anspruchsvollen" Wortsendungen aus den Bereichen Kulturschaffen/Bildung/Wissenschaft – ist problematisch geworden.

Anlaß zu kritischen Fragen geben vor allem die erwähnten Ergebnisse der Publikumsforschung, welche eine marginale Nutzung dieser Programmangebote nachweisen. Durch die sich verschärfende Konkurrenz zwischen öffentlich-rechtlichen und privaten Veranstaltern hat das quantitative Kriterium der „Marktstärke" an Gewicht gewonnen. Obwohl anerkanntermaßen ungeeignet zur Beurteilung qualitativer Programmleistungen für Publikumsminderheiten, wird dieser Maßstab doch immer wieder dazu verwendet, um dem Kulturprogramm seine Existenzberechtigung abzusprechen.

Für eine Beibehaltung dieses Programmformats sprechen kulturpolitische Zielsetzungen. Das Radio ist ein sehr populäres und vergleichsweise auch kostengünstiges Medium. Im Vergleich mit anderen Medien zur Kulturverbreitung kann es nach wie vor als effizient gelten. Hinzu kommen unternehmenspolitische Gründe: Der öffentlich-rechtliche Rundfunk legitimiert sich aus seinem öffentlichen Auftrag und dazu gehört – neben dem Informationsauftrag – auch der Kulturauftrag.

Obwohl mit Kulturprogrammen keine großen Marktanteile zu gewinnen sind, muß sich das Public-service-Radio auch in diesem Bereich den Herausforderungen des Marktes stellen. Dazu gehören eine stärkere Orientierung an den Gegebenheiten des heutigen kulturellen Lebens sowie die Berücksichtigung des erweiterten Interessenprofils des potentiellen Kulturpublikums. Vor Illusionen über die Erfolgschancen einer offensiven Programmpolitik in diesem Bereich ist aber zu warnen: Viele an Kultur Interessierte nutzen das Radio nur sporadisch zu diesem Zweck und es dürfte – jedenfalls kurzfristig – schwierig sein, ihr Rezeptionsverhalten wesentlich zu verändern.

Zu den *programmpolitischen Maßnahmen* einige Stichworte:

- Berücksichtigung des gewandelten Radionutzungsverhalten durch eine „leichtere" – auch für Begleithörer akzeptable – Gestaltung der Tagesprogramme: größere Musikflächen mit „mehrheitsfähigen" Werken, kompakte Wortsendungen (was nicht „Kurzfutter" heißen muß). Damit verbunden: gezielte Verlagerung der „schwergewichtigen" Inhalte in die – wenig genutzten – Abendprogramme, gewissermaßen als „qualitatives" Alternativangebot zum Fernsehen.
- Berücksichtigung der Tatsache, daß die Kulturinteressierten tendenziell selektive Mediennutzer sind. Also: Gestaltung und „Verkauf" des Kulturprogramms als polyvalentes Spartenprogramm.
- Berücksichtigung der gewandelten programmlichen Gestaltungsformen: journalistischer Approach, gezielte Ausnutzung der Stärken des Radios als flexibles, aktuelles, persönliches Medium. Vor allem ein gehöriges „Face-lifting" im Bereich der Moderation ist von zentraler Bedeutung.
- Berücksichtigung der Ausweitung des kulturell interessierten Publikums durch Ausweitung des Themenspektrums, insbesondere durch stärkeren Einbezug gesellschaftspolitischer Probleme sowie einen Ausbau des Bereichs Medizin/Naturwissenschaft/Technik.
- Gezielte Ansprache des „außenstehenden" Publikums durch Sendungshinweise und Programmwerbung in den anderen verfügbaren Ketten sowie durch externe PR-Maßnahmen.

– Und last but not least: Durch eine dem Medium Radio angemessene Popularisierung und eine inhaltlich verantwortbare Senkung des Anspruchsniveaus – dies im Hinblick auf eine offener und durchlässiger gewordene Kulturszene und ein breiteres Kulturpublikum.

Anmerkungen

1. Halefeldt, Horst O.: Das erste Medium für alle? Erwartungen an den Hörfunk bei seiner Einführung in Deutschland Anfang der 20er Jahre. In: Rundfunk und Fernsehen 34/1986, S. 23–43, hier S. 30.
2. Eco, Umberto: Apokalyptiker und Intergrierte. Zur kritischen Kritik der Massenkultur. Frankfurt/Main 1984, S. 37–58 sowie Bourdieu, Pierre: Die feinen Unterschiede. Frankfurt/Main 1993.
3. Meier-Dallach, Hans-Peter/Daniela Gloor/Susanne Hohermuth/Rolf Nef: Die Kulturlawine. Daten, Bilder, Deutungen. Chur/Zürich. 1991.
4. ARD/ZDF-Medienkommission: Kultur und Medien. Baden-Baden 1991.
5. Art. 3 der Konzession für die SRG, 1992
6. Aregger, Jost/Catherine Aeschbacher/Matthias Steinmann: Das Kulturpublikum von Radio und Fernsehen. Bern 1993.

SR2 KulturRadio ... gut zu hören

Das neue Kulturprogramm des Saarländischen Rundfunks

*Von Hans Jürgen Koch**

Vorbemerkungen

In der medienpolitischen Diskussion erfüllen die Hörfunk-Kulturprogramme heute gemeinhin zwei wichtige Funktionen: Sie sind entweder das allseits willkommene Alibi, wenn es um die Verteidigung des Auftrags oder zumindest des Anspruchs auf Grundversorgung für den öffentlich-rechtlichen Rundfunk geht; und sie sind Gegenstand mitunter auch schamloser Begierden nach Kosteneinsparungen – und das zumeist bei jenen, die diese Programme weder kennen noch nutzen. Zwischen diesen beiden Polen bewegen sich auch die Diskussionen sowohl – wenn überhaupt – in der medienpolitischen Öffentlichkeit, wie auch in den Sendern selbst. Und in der Tat ist Aufmerksamkeit, ist hellwaches Hinhören erforderlich, wo intern – und dort keineswegs irgendwo im Hause von irgendwem – schon mal laut geredet wird, daß wir es „moralisch (sic!) nicht länger verantworten können, für so wenige Hörer soviel Gebührengelder" auszugeben; und auch dort, wo von politischer Seite – auch dort wieder keineswegs nur irgendwo und von irgendwem – von mehr Kooperation und sogar Fusion die Rede ist. Bezeichnenderweise redet man da von Kulturprogrammen wie von einem riesigen Sparschwein, an dessen Gelder man bekanntlich ja auch nur herankommt, wenn man es zerschlägt – oder zerschlagen läßt.

Wenn Medienpolitiker heute allenthalben von verstärkten Kooperationen als dem Königsausweg aus der Finanzkrise der ARD reden, dann steht hier etwas auf der Tagesordnung, von dem der SR im Hinblick auf sein Hörfunk-Kulturprogramm feststellen muß: Wir haben auf diesem Gebiet Erfahrungen hinter uns, die andere vielleicht noch vor sich haben.

Mit diesen einleitenden Hinweisen habe ich aber bereits Rahmenbedingungen angesprochen, die den SR dazu veranlaßt haben, nicht aus Übermut, sondern der Situation sich beugend, ein eigenes Hörfunk-Kulturprogramm zu entwickeln, wenn anders er sich nicht aus seiner Existenz und seinem Auftrag überhaupt verabschieden wollte. Mehr als elf Jahre Kooperation mit SDR und SWF und gut zwei Jahre Kooperation zwischen hr und SR jedenfalls haben wir nicht von uns aus beendet; sie war jeweils aus unserer Sicht insgesamt und allen sicherlich unvermeidlichen Schwierigkeiten zum Trotz positiv, und wir hätten sie gerne fortgesetzt – allerdings nicht um jeden Preis. Nachfolgend werde ich zunächst

* Hans Jürgen Koch ist Stellvertretender Programmdirektor Hörfunk des Saarländischen Rundfunks, Saarbrücken, sowie Wellenchef des Kulturprogramms SR2 Kulturradio

die strukturellen Vorgaben ansprechen, unter denen das neue Kulturprogramm des SR zu entwickeln war, dann kurz die Arbeitsphase und anschließend das Programm selbst unter einigen eher grundsätzlicheren Aspekten darstellen; im dritten Punkt meiner Ausführungen wird über die Einführung des Programms selbst und schließlich über erste Reaktionen zu sprechen sein.

Vorgaben der Geschäftsleitung

Die hier kurz angesprochenen Rahmenbedingungen eher medienpolitischer Art waren bei der Entwicklung eines neuen Programms zu berücksichtigen; aber auch die Plazierung eines solchen Programms unter den SR-eigenen und im Hinblick auf konkurrierende Angebote im Sendegebiet. Daraus wurden seitens der Geschäftsleitung für den zu erarbeitenden Programmentwurf bindende Vorgaben abgeleitet.

Programmprofil

Ein (E-)Musik bestimmtes Programm mit klar strukturierten Wortanteilen, konkurrenzfähig und ‚modern' im Inhalt, offen für Kooperationen. Das Programm ist als Komplementärangebot zu den vorhandenen SR-Programmen zu konzipieren.

Programmstruktur

Klar strukturiert, an der Mediennutzung der Hörer orientiert; Großflächigkeit, insbesondere der Tagessendungen; alle bisherigen Sendeplätze und -inhalte stehen zur Disposition.

Zielgruppen

Hörerinnen und Hörer der Region, die (auch!) an Kultursendungen interessiert sind; jüngere Hörer (35 bis 45), die für Kulturangebote grundsätzlich aufgeschlossen sind und eines Tages die heute zumeist eher älteren Hörer ersetzen können.

Kosten

Die vorhandenen Etatmittel dürfen nicht überschritten werden, Einsparungen sind anzustreben; zusätzliche Personalkapazität steht nicht zur Verfügung.

Termine

Mai bis September 1994: Erarbeitung eines intern abgestimmten Programmentwurfs
September bis Oktober 1994: Beratung in den Gremien

Dezember 1994: Vorlauf-Werbephase
1. Januar 1995, 07.00 Uhr: Beginn des neuen Programms.

Arbeitsphase

Angesichts der knappen Zeitvorgabe wurde eine zahlenmäßig bewußt kleine Arbeitsgruppe mit je einem Vertreter aus den Bereichen Musik, Kultur, Politik und Programmplanung gebildet. Diese Arbeitsgruppe nahm ihre Beratungen Anfang Mai 1994 auf und befaßte sich zunächst mit der Ausarbeitung von ‚Eckpunkten' zu Aspekten wie Zielgruppen in der Region, Konkurrenzsituation, aktuelle und grundsätzliche Ergebnisse der Medienforschung. Hierbei hat sie sich vor allem auf Forschungsergebnisse von Josef Eckhardt und Ekkehard Oehmichen stützen können, die in einem bisher nicht gekannten Umfang in die Programmkonzeption und die interne Diskussion Eingang gefunden haben. Dieses sei ausdrücklich und dankbar erwähnt. Aber auch aus der vom WDR Ende 1994 in Köln ausgerichteten Tagung über die Zukunft der Kulturprogramme wurden wichtige Ergebnisse in diese Arbeit aufgenommen. Mitte Mai 1994 fand eine SR-interne ‚Ideenbörse' statt, auf der alle Mitarbeiter des bisherigen Kulturprogramms eingeladen waren, in einem ganztägigen Seminar unter der Moderation zweier Mitarbeiter der Zentralen Fortbildung und Programmplanung (ZFP) Defizite des bisherigen und Ideen für ein neues Kulturprogramm zu erarbeiten. Die Ergebnisse fanden Eingang in den Programmentwurf der Arbeitsgruppe. Dieser wurde Ende Juli 1994 den Mitarbeiterinnen und Mitarbeitern zur Stellungnahme vorgelegt. Von den insgesamt 186 schriftlich eingereichten Vorschlägen zielten nicht weniger als 101 auf eine mehr oder weniger veränderte Beibehaltung bisheriger Sendeformen und Sendeplätze ab. Vor Beratung durch die SR-Gremien wurde der von der Arbeitsgruppe überarbeitete Programmentwurf der Geschäftsleitung zugeleitet und in einer Mitarbeiterversammlung umfassend noch einmal diskutiert.

Anregungen und Kritik der Gremien sowie der Mitarbeiter wurden in eine ‚Fortschreibung des Programmentwurfs' eingearbeitet und diese dann im Oktober 1994 als verbindliche Arbeitsgrundlage für die Entwicklung der Programminhalte und Sendungen verabschiedet.

Das Programm

Konzeption und Struktur

Ein definiertes Kulturprogramm mit Hintergrundinformationen, anspruchsvollerer aber auch unterhaltender Musik sowie unterschiedlichen kulturellen Wortsendungen muß sich als Komplementärprogramm zu den Begleitprogrammen des Senders verstehen: „Die Hörerschaft von anspruchsvollen Kulturprogrammen ist in ihrer Mehrheit und vorrangig Hörerschaft von populären Begleitprogrammen" (Eckhardt, WDR). Die Programme insgesamt stellen Angebote der sich wechselseitig ergänzenden Alternativen für die Hörer dar.

Aus dem gesetzlichen Auftrag ergibt sich für Musik- wie Wortsendungen auch eine regionale Orientierung als verpflichtendes Prinzip für das Programm und seine Sendungen. Auch insofern muß dieses so verstandene Kulturprogramm nicht als öffentlich-rechtliches Alibi sondern als unverzichtbarer Teil des SR-Programmauftrags von allen Mitarbeitern und Hörern verstanden und akzeptiert werden.

Die Struktur ist auf *Großflächigkeit* orientiert, um (auch dem Begleithörer des Kulturprogramms!) Verläßlichkeit über den Tag und leichte Orientierung auch ohne Programmzeitschrift zu ermöglichen. Insgesamt fünf solcher Tagesflächen bieten zeitlich verläßliche Angebote über den Tagesablauf und durch die Woche (horizontale Programmstruktur).

Die Sendungsinhalte orientieren sich gleichfalls am Tagesablauf und Mediennutzungsverhalten der Hörer: In der vertikalen Programmstruktur finden sich eher populärere Sendungen am Vormittag und anspruchsvollere am Abend, differenziert zwischen beiden Eckzeiten (vertikale Programmstruktur – *Trichterprinzip*).

Aus der Forderung, daß auch und vielleicht insbesondere anspruchsvollere Kulturprogramme stärker als bisher üblich eine auf die *Hörer orientierte Ansprache und Vermittlungsform* bieten, um akzeptiert zu werden folgt, daß eine im Grundton *sympathische*, nicht weihevolle *Präsentation* das Programm als Ganzes prägen soll; so wird eine Chance eröffnet, auch das Experimentelle, das herausragende kulturelle Ereignis in Wort- und Musiksendungen als interessant auch für kulturfernere Hörer zu erschließen.

Durch seine Großflächigkeit eröffnet das Programm auch Möglichkeiten für die Kooperation mit Dritten über längere Strecken: zum Beispiel Zusammenschaltung mit strukturell und inhaltlich geeigneten Kulturprogrammen Dritter (zur Zeit Bayerischer Rundfunk, Radio Bremen, Soziokultureller Kanal Luxemburg besonders an den Sonntagabenden: „Zu Gast bei...").

Diese Großflächigkeit kann aber auch an den Abenden hergestellt werden, etwa für Themenabende von zwei bis vier Stunden Dauer zwischen 20.00 und 24.00 Uhr, etwa acht- bis zehnmal im Jahr. Wie überhaupt das Programm für besondere ‚Ereignisse' und Projekte grundsätzlich auf Flexibilität orientiert ist: Sendungen mit Hörerbeteiligung, Sonderthemen, Themenschwerpunkte, Sonderkonzerte am Abend.

Organisation

Ein so konzipiertes Kulturprogramm sprengt, und das bewußt-absichtsvoll, den Rahmen bisher üblicher Konzeptionen. Das hat Folgen: für die Einstellung der Kolleginnen und Kollegen in den Redaktionen, ihre Arbeitsgewohnheiten und ihre zumeist über Jahrzehnte eingeübten Denkmuster. Diese Folgen sind nicht durch Einsicht, sondern durch Einübung in einen permanenten, auch krititschen Diskurs über das tägliche Tun und die Ergebnisse zu gewinnen.

So wurde kurz nach Beginn des neuen Programms mit Unterstützung der ZFP ein mehrtägiges Moderatorentraining für Redakteure und Redakteurinnen (Festangestellte und Freie Mitarbeiter) durchgeführt in der Absicht, adäquate Präsentationsstile zu entwikkeln, einzuüben und kritisch miteinander zu begleiten. Die Ergebnisse sind ermutigend, der Ansatz bedarf aber der beständigen Auffrischung.

Die Wortsendungen im Tagesprogramm werden nicht länger fachredaktionell, sondern thematisch konzipiert und in Kooperation zwischen allen beteiligten Redaktionen realisiert. Dabei bleibt die fachredaktionelle Kompetenz für die Beiträge gewahrt, ebenso wie die Verantwortung für die Sendung eindeutig bleibt.

Für die Programmgestalter und Präsentatoren (Fachredakteure und eine feste Gruppe geeigneter Sprecher) im Musikbereich bedeutet die erhebliche Programmausweitung bei gleichen Personalmitteln die Nutzung neuer Technologien: SR-eigene Entwicklung und Nutzung eines computergestützten E-Musik-Programmauswahl-Systems (CIM-E). Auf diese Weise können insbesondere die Tages(begleit)flächen der E-Musik kostengünstig gestaltet werden, ohne daß die individualisierte Gestaltung in Titelauswahl und Präsentation dadurch qualitativ beeinträchtigt werden muß. Die Sendungen am Nachmittag und am Abend ab 20.00 Uhr werden in konventioneller Weise produziert und gesendet.

Zweifellos kommt auf diese Weise ein Formatierungselement in das Programm und die Programmarbeit; dieses um so mehr, als die Standards für Programm, Präsentation und jede Sendung schriftlich fixiert und für jeden verbindlich festgelegt sind (sogenanntes ‚Logbuch'). Darin manifestieren sich zum einen Konsequenzen aus der veränderten Hörfunknutzung auf der Empfängerseite und aus der spezifischen Situation des SR-Kulturprogramms auf der anderen Seite. Ohne diese Elemente wäre es nicht möglich gewesen, in kürzester Zeit mit unveränderten Mitteln statt 30 nunmehr 100 Prozent und damit ein SR-eigenes Kulturprogramm zu realisieren. Die Alternative wäre die Aufgabe eines solchen Programms für den SR gewesen – mit allen Konsequenzen auch für die Mitarbeiter.

Andererseits boten aber eben die geringen Mittel die Chance, langjährige und oft zu lange eingefahrene Denk- und Arbeitsstrukturen neu und ohne große Verwerfungen nun konsequenter programmorientiert zu organisieren. Dieses aber ist ein Prozeß, der sich auf mittlere Fristen orientieren muß, um die Vorteile eines kleinen Senders mit überschaubaren Redaktionsstrukturen noch besser zu nutzen. Noch führt die Parallelität zwischen horizontaler und vertikaler Verantwortungsstruktur im Programm zu Reibungsverlusten und zu hohem Aufwand an Abstimmung.

Programmeinführungskampagne

Hierüber wäre ausführlicher zu handeln, denn der Einführung in die Öffentlichkeit wurde hohe Aufmerksamkeit gewidmet. Ich will es aber doch bei wenigen Hinweisen belassen. Bereits im Dezember 1994 wurde auf allen drei Hörfunkprogrammen des Saarländischen Rundfunks eine Informationskampagne durchgeführt: durch täglich mehrmaligen Einsatz von Hinweisspots und Trailern wurde in zunehmender Verdichtung auf den 1.1.1995 hin zunächst auf ein neues, dann auf das neue SR2 KulturRadio und schließlich auch auf die Inhalte des neuen Programms hingewiesen. Diese Vorlaufwerbung wurde von der Programmarbeitsgruppe und einem freien Produzenten realisiert, wobei die musikalischen Elemente dieser Werbung sämtlich auf dem Indikativ-Motiv des neuen Programms aufbauten. Anfang Januar wurden im Programm selbst sogenannte ‚Testimonials' plaziert und die Trailer-Werbung noch einmal intensiviert. In der zweiten Januarhälfte wurde eine landesweite Großflächen-Plakatwerbung durchgeführt, mit der das neue grafische Design und der Name des Programms selbst angekündigt wurden. Eine farbige, großformatige Anzeigenwerbung in der regionalen Presse, eine Pressekonferenz mit Programm- und Designpräsentation sowie eine zweite Welle von Testimonials im Hörfunkprogramm sowie eines Trailers im Fernsehprogramm waren weitere Elemente dieser Einführungskampagne.

Reaktionen

Vier Monate nach Einführung des neuen Programms brachten erste Hörerbefragungen per Telefon noch keinerlei relevante Ergebnisse. Andererseits aber zeigten erbetene und spontane Hörerzuschriften zum Teil sehr deutliche Reaktionen, sowohl kritisch-ablehnende wie auch dezidiert zustimmende Meinungen. Insofern unterschied sich das Spektrum der Hörermeinungen nicht signifikant von dem der Kollegen im Programm selbst. So vermißten insbesondere die SR-Orchestermitglieder wie auch ‚klassische' Kultur- und Konzertliebhaber in den Tages-Musikflächen die bibliographische Genauigkeit in den Ansagen („Wir brachten zu Gehör...", „Es spielt das Radiosinfonieorchester Saaarbrükken"). Kollegenkritik beklagt das Ausmaß an Absprachen und Abstimmungen und das Insistieren auf Einhaltung des akustischen Layouts für Sendungen und Programm („Meine Sendung...").

Dem steht gegenüber eine Aktivität auf seiten der Hörer, die es in dieser Intensität in den Jahren der Kooperationen nicht gegeben hat: Öffentliche Veranstaltungen, zu denen SR2 KulturRadio einlädt, sind erstaunlich gut besucht, spontane, auch positive Zuschriften kommen regelmäßig, Wunschsendungen erzielen viele hundert Meldungen, die in einer Sendung, an einem Tage nicht erfüllt werden können. Eine telefonische Hörerbefragung im Juni 1995 brachte über 200 spontane Kontakte mit zum Teil detaillierten Auskünften zum Programm; ein ‚Kulturpicknick' auf dem Halberg, dem Sitz des SR, am schlimmsten Regentag des Sommers mußte in den Studios stattfinden, aber die Veranstaltung besuchten circa 1 300 Menschen.

Schlußbemerkung

Die gesetzlich vorgegebene Aufgabe, kulturelle Angebote auch für Minderheiten anzubieten, bedeutet auch in einem kleinen Sendegebiet nicht, daß sich ein solches Programm für Minderheiten den Kriterien von Akzeptanz, Reichweiten und Wirtschaftlichkeit gänzlich entziehen könnte. Ein aus Gebühren finanziertes öffentlich-rechtliches Kulturprogramm ist verpflichtet, unter wechselnden Minderheiten jeweils deutliche Mehrheiten zu erreichen. Anders gesagt: Auch wenn ein Kulturprogramm keiner Rechtfertigung allein aus nachweisbar hohen Einschaltzahlen bedarf, so ist es doch zum Erfolg verpflichtet im Sinne seiner größtmöglichen Verbreitung, das heißt Hörerakzeptanz für die Mehrzahl seiner Hörer.

In Konsequenz aus dieser Voraussetzung und im Lichte einer inzwischen erfreulich intensivierten Hörerforschung für die Kulturprogramme in der ARD beziehungsweise der Berücksichtigung ihrer Ergebnisse sowie angesichts der medienpolitischen Entwicklungen der letzten Jahre: dieses Programm ist der Versuch einer situations- und zeitadäquaten Antwort des Saarländischen Rundfunks unter den Bedingungen seines Sendegebietes.

SFB 4 Multikulti

*Von Friedrich Voss**

Berlin als multikultureller Standort

Der Berliner Radiomarkt scheint gesättigt. Auf der UKW-Skala folgt dicht gedrängt ein Sender dem nächsten. Das Zielpublikum ist nach dem Lebensalter aufgeteilt, politisch und kulturell Interessierte werden bedient. Autofahrer und Sportbegeisterte erhalten ihre Informationen, und für Unterhaltung ist gesorgt. Ein Aspekt, aber ein wesentlicher Aspekt der Berliner Realität tauchte in dieser Landschaft bisher nicht auf: Berlin ist eine multikulturelle Metropole, eine Stadt, in der Menschen aus 183 Staaten zusammenleben – mit allen Chancen und allen Schwierigkeiten, die sich daraus ergeben.

Erstmals in größerer Zahl nach dem Zweiten Weltkrieg kamen in den 60er Jahren Arbeitskräfte aus den Mittelmeerländern nach Deutschland, abgeworben von der deutschen Wirtschaft: Gastarbeiter. Viele von ihnen sind geblieben, haben ihre Familien nachgeholt; ihre Kinder sind zum großen Teil schon hier geboren und haben ihre eigene Existenz aufgebaut. Um nur die größte Gruppe zu nennen: circa 140 000 Türken leben in Berlin. Gemeinsam mit den anderen Migranten aus Südeuropa leisten sie einen wesentlichen Beitrag zur wirtschaftlichen Entwicklung in dieser Stadt. Sie sind hineingewachsen in die Residenzgesellschaft, aber auch sie behalten eine doppelte Identität. Ihre Vergangenheit, Tradition und Herkunft prägen ihre Gegenwart ebenso wie das Umfeld in ihrem deutschen Gastland. Sehr viel mehr Gewicht als bei diesen Menschen hat die Bindung an das Heimatland bei den Migranten, die erst vor kurzem nach Deutschland gekommen sind. Mit der Öffnung der Grenzen in Osteuropa strömten viele in Richtung Westen. Erstes Ziel war für die meisten Berlin, und hier sind sie seitdem auch geblieben. Nur wenigen ist es bisher gelungen, sich zu etablieren. Nicht zuletzt die Sprache ist hier ein großes Hindernis, sich in der fremden Welt zurechtzufinden.

Zu diesen beiden großen Gruppen von Migranten kommen Flüchtlinge aus aller Welt; Menschen, die aus politischen oder religiösen Gründen in ihren Heimatländern verfolgt werden, wie die Angehörigen des jüdischen Glaubens aus Rußland. Andere flüchten vor dem Krieg auf heimischen Boden. Annähernd 55 000 Bürger aus dem ehemaligen Jugoslawien befinden sich mittlerweile in Berlin. Armut und Elend in der Dritten Welt sind weitere Gründe der Migration.

Berlin muß sich dieser Situation stellen. Aufgabe ist es, exemplarisch auch für andere Teile in diesem Land Lösungswege aufzuzeigen und zu realisieren. Toleranz und Weltoffenheit sind dafür die Voraussetzungen, die auch Zeichen für Berlin als Hauptstadt setzen.

* Friedrich Voss ist Wellenchef von SFB 4 Multikulti.

Eine Stadt, die künftig mehr Geschäftsleute, Diplomaten, Künstler und andere Gäste aus dem Ausland anziehen wird, muß zeigen, daß sie auch zu einem friedlichen und konstruktiven Zusammenleben mit den ausländischen Mitbürgern in der Lage ist.

Das Ziel heißt Integration, nicht Assimilation. Voraussetzung für eine wirksame Integration ist die Information. Vorurteile und Diskriminierung resultieren aus Unkenntnis, dem mangelnden Wissen über den anderen. Hier liegt die wesentliche Aufgabe der Medien.

Programmprofil

Das multikulturelle Programm des SFB steht in der Tradition des öffentlich-rechtlichen Rundfunks. Es wandelt das alte „Gastarbeiterprogramm", mit dem die ARD einmal begonnen hat, in ein multikulturelles Konzeptprogramm um – und zieht damit die Konsequenzen aus der veränderten gesellschaftlichen Situation.

Die Aufgabe, die dieses Hörfunkprogramm zu erfüllen hat, ist eine doppelte: es bietet einerseits eine Grundversorgung für die ausländischen Mitbürger, die es ihnen ermöglicht, sich im Gastland zu orientieren, ohne die eigene kulturelle Identität aufzugeben. Andererseits versteht es sich als Forum der Verständigung zwischen ethnischen Minderheiten und Deutschen in dieser Stadt. Information, Aufklärung und wechselseitiges Kennenlernen sind Voraussetzungen einer Integration.

Die Berichterstattung legt einen Schwerpunkt darauf, Normalität zu beschreiben. Weder Exotismus noch einseitige Problemorientierung sind hier förderlich. Das Leben in einer multikulturellen Gesellschaft ist Alltag: diesen Alltag aufzugreifen, zu spiegeln und zu reflektieren, ist das Anliegen des multikulturellen Programms.

Seit dem 18. September 1994 sendet das multikulturelle Programm mehrsprachig; das ergibt sich zwingend aus den Voraussetzungen und genannten Zielen. Ein wesentlicher Teil der Grundversorgung muß in den Muttersprachen der Ethnien, die in der Stadt am stärksten vertreten sind, geleistet werden. Um darüber hinaus eine übergreifende Kommunikation zu ermöglichen, bedarf es einer lingua franca. Über weite Strecken sendet die Welle daher in deutscher Sprache. Hieraus ergibt sich ein Doppelcharakter des Programms als Einschalt- und Tagesbegleitprogramm.

Das Projekt ist auf drei Jahre angelegt – ein Zeitraum, der es ermöglicht, zuverlässig die Akzeptanz in der Stadt zu ermitteln. Dem SFB wurde dafür von der Landesmedienanstalt Berlin-Brandenburg die UKW-Frequenz 106,8 MHz zugeteilt.

Das Programmangebot

Das Angebot fremdsprachiger Sendungen im multikulturellen Programm orientiert sich an der Bevölkerungsstruktur Berlins. Zu den Sprachen der klassischen Anwerberländer im Mittelmeerraum, wie sie im Angebot der ARD vertreten sind, kommen die des osteuropäischen und arabischsprachigen Raumes hinzu. Gerade die jüngeren Einwanderergruppen sind auf ein Informationsangebot in ihrer Muttersprache angewiesen, um sich in der fremden Umgebung zurechtzufinden. Die Grundversorgung, die hier geleistet wird, umfaßt sowohl Informationen über die Heimatländer als auch über das, was im Gastland und in Berlin die Ethnien unmittelbar betrifft. Gerade im lokalen Bereich gibt es ein großes

Informationsdefizit, das es zu beseitigen gilt. Hierin liegt die Hauptaufgabe der Berliner Redaktionen, während das übergreifende Themenspektrum durch das Angebot der ARD abgedeckt wird.

Hinzu kommt eine täglich gesendete Sequenz „Deutsch als Fremdsprache", ein vom Goethe-Institut und der Deutschen Welle entwickeltes Kursangebot. Umfassende Service-Informationen über Aktivitäten und Veranstaltungen der Ethnien in Berlin sind ebenfalls fest im Programm verankert. Die gewählten Zeiten für die muttersprachlichen Sendungen ergeben sich aus den Hörgewohnheiten der ausländischen Bürger, wie sie in Studien belegt sind: plaziert am späten Nachmittag und am Abend, zur besten Sendezeit.

Der deutschsprachige Teil des multikulturellen Programms wird tagsüber angeboten. Zielpublikum sind alle Bürger dieser Stadt, die mit der deutschen Sprache vertraut sind. Das Programm ist thematisch breit gefächert. In zwei längeren Magazinstrecken werden die Hörer mit aktuellen Informationen versorgt. Themenauswahl und -gestaltung gibt der Grundgedanke dieser Welle vor. So werden auch deutschlandpolitische Themen mit der Fragestellung behandelt, welche Auswirkungen sie für die ethnischen Minderheiten im Lande haben. Ausländische Journalisten kommen hier zu Wort; unter anderem gehört ihnen der tägliche Kommentarplatz.

Ein fester Sendeplatz ist am Samstagnachmittag für die Jugend eingerichtet. Ein Ort des wechselseitigen Austauschs ist gerade für diese Altersgruppe besonders wichtig. Viele Gewalttaten, die sich gegen Andersgläubige oder ausländische Menschen richten, gehen von Jugendlichen aus. Unkenntnis bereitet hierfür den Boden. Dieser auf möglichst spielerische Weise entgegenzuwirken, bietet eine Chance, Vorurteile abzubauen.

Zu jeder vollen Stunde werden Nachrichten gesendet. Erweitert wird das Angebot der SFB-Nachrichtenredaktion durch Meldungen aus den Heimatländern der Ethnien und durch Stellungnahmen auch der ethnischen Gruppen zu regionalen, nationalen und internationalen Themen. Darüber hinaus übernimmt die Welle Weltnachrichten mit Korrespondentenberichten von der British Broadcasting Corporation (BBC) und von Radio France International (RFI).

Charakteristisch für das Programm ist die Musikfarbe: aktuelle, gut hörbare Musik aus aller Welt. Ausgeklammert bleibt die Rock- und Popmusik aus dem anglo-amerikanischen Raum, die den Klang der anderen Wellen bestimmt. In sämtlichen Programmbereichen der multikulturellen Welle ist Weltmusik zu hören, die in verschiedenen Sendungen auch selbst zum Thema wird, unter anderem auf eigenen Sendeplätzen für Ethnomusik. Darüber hinaus werden im Nachtprogramm Konzertmitschnitte gesendet und Weltmusik-Sendungen aus Rundfunkanstalten der ganzen Welt in der jeweiligen Originalsprache übernommen.

Kooperationspartner

Wichtigster Kooperationspartner des multikulturellen Programms ist das Haus der Kulturen der Welt (HKW) im Berliner Tiergarten – eine Institution, die sich seit Jahren einen Namen gemacht hat im Bereich der kulturübergreifenden Verständigung. Die Redaktionsräume der lingua franca-Strecken und das Sendestudio sind auf dem Gelände des HKW untergebracht. Damit sitzt das Programm an der Basis multikultureller Lebens in dieser Stadt. Darüber hinaus stehen sämtliche Veranstaltungen des HKW für Mitschnitte und Übernahmen zur Verfügung.

Weitere Partner sind die BBC, die Deutsche Welle und RFI – Sendeanstalten, deren Namen für qualitativ hochstehende internationale Berichterstattung stehen. Außerdem wird, wie in anderen Programmen auch, eine enge Zusammenarbeit mit den anderen Häusern der ARD gepflegt.

Neben eigenen Musiksendungen besteht – vor allem im Nachtprogramm – die umfangreichste Kooperation europäischer Rundfunkanstalten, die je unter dem Dach der European Broadcasting Union (EBU) zustandegebracht wurde. Es handelt sich um musikalisch global ausgerichtete und besonders authentische Sendungen aus europäischen Metropolen (London, Paris, Prag, Stockholm, Madrid, Wien, Basel, Helsinki, Istanbul) sowie aus Übersee (Toronto). Sie werden wenige Tage nach ihrer Erstausstrahlung in Originalsprache in das Nachtprogramm übernommen.

Finanzierung und Perspektiven

Für das Programm besteht eine Mischfinanzierung, die sich aus Mitteln des SFB, der Landesmedienanstalt Berlin-Brandenburg und des Bundesministeriums für Arbeit und Soziales zusammensetzt. Die zur Verfügung stehenden Mittel sind äußerst begrenzt und erlauben lediglich ein eingeschränktes eigenproduziertes Programmangebot, das auf weiten Strecken durch kostengünstige Übernahmen ergänzt werden muß.

Der SFB ist bemüht, mit einer sehr dünnen Personaldecke trotzdem ein anspruchsvolles Programm zu bieten, ist aber – zur Sicherung und zum Ausbau des Angebots – gezwungen, zusätzliche Mittel zu akquirieren.

Klassik Radio

*Von Jürgen Christ**

Vorbemerkung

Klassik Radio existiert seit dem 27. Oktober 1990 und ist Deutschlands einziger privatrechtlicher Klassikanbieter im Hörfunk. Entstanden ist Klassik Radio aus der Idee, eine Alternative zum öffentlich-rechtlichen Programmangebot zu schaffen und Klassik einem breiten Publikum in unterhaltender Weise nahezubringen.

Klassik Radio hat keinen Bildungsauftrag und verfolgt auch nicht den Anspruch der Kulturbildung. Der Sender hat sich vielmehr zu Aufgabe gestellt, mit klassischer Musik Freude zu bereiten, Zerstreuung und angenehme Unterhaltung zu bieten, nicht mehr, aber auch nicht weniger. Diese Aufgabe verfolgt Klassik Radio so konsequent, daß die Hörerakzeptanz in den vergangenen fünf Jahren seit Bestehen des Senders stetig gestiegen ist. Nachdem schon 1994 die Zahl der Hörer um knapp ein Drittel gesteigert werden konnte, kamen dem Ergebnis der MediaAnalyse '95 zufolge weitere 25 Prozent hinzu. In Zahlen heißt das:

	MA '94	MA '95	Veränderung in Prozent
weitester Hörerkreis (Mo–So)	1,19 Mio.	1,49 Mio.	+ 25 %
Hörer gestern (Mo–So) pro Tag	249 000	326 000	+ 30 %
durchschnittliche Stunde (6–18 Uhr)	51 000	64 000	+ 27 %

Klassik Radio ist übrigens bundesweit im Kabel zu empfangen und in Hamburg, Berlin, München, Augsburg, Regensburg und Würzburg auch über Antenne und Ultrakurzwelle. Hinzu kommt das Schweizer Kabelnetz, in Österreich die Region Kärnten sowie Wien.

Was macht den Erfolg von Klassik Radio aus? Diese Frage ist natürlich sehr komplex, und ich kann sie wegen der Kürze der Zeit nur entsprechend pauschal beantworten.

* Jürgen Christ war bis 1993 Programmdirektor von Klassik Radio, Hamburg, danach Programmberater.

1. Die Musikmischung

Klassik Radio sendet bewußt nur das „Schönste" der klassischen Musik, sozusagen die „Hits". Dabei wird Rücksicht genommen auf den imaginären Tagesverlauf eines Hörers, welche Musik paßt wann.

Am Morgen wird die Titelauswahl schneller sein, Musik, die aus dem Bett hilft, während gegen Abend und nachts eine ruhigere Fläche angeboten wird.

Im Tagesprogramm werden Stücke gesendet, die in der Regel nicht länger als 15 Minuten sind, das heißt also Orchesterstücke, Einzelsätze aus Sinfonien, Solokonzerten oder Sonaten.

Abends laufen ganze Werke, dann, wenn der Hörer auch Zeit hat, intensiver und über längere Strecken zuzuhören. Wer abends Radio hört, der schaut nicht fern, und er hört eher zu als nebenbei, wobei nebenbei hören symptomatisch für das Rezeptionsverhalten eines Radiohörers am Tag ist, gleichgültig ob er Pop- oder Klassikprogramme nutzt.

Die Auswahl der Musikstücke reicht von klassischer Musik bis hin zu sogenannten „Cross-Over-Titeln", die sich aus dem Bereich der Filmmusik, dem Musical, der Operette bis hin zu Werbemusiken (wie zum Beispiel „Adiemos" oder Musik von Vangelis) rekrutieren.

Unter Berücksichtigung der Feinauswertung der aktuellen MediaAnalyse wird Klassik Radio in der Musikwahl noch konsequentere Schritte als bisher gehen, das heißt die Morgenzeit von 7.00 Uhr bis 9.00 Uhr wird noch spritziger, der Vormittag wird noch konsequenter auf die Bedürfnisse der „bügelnden Hausfrau" ausgerichtet, die Zeit von 12.00 Uhr bis 14.00 Uhr wird verstärkt Titel enthalten, die von Jugendlichen und Schülern akzeptiert werden, und der Nachmittag wird noch mehr Entspannung bieten als bisher.

2. Das Wort

Klassik Radio bringt aktuelle Themen aus Kultur und Wirtschaft, Beiträge über interessante Konzerte; Lesungen und Künstlerporträts kommen ebenso vor wie aktuelle Börsenkurse oder Buchbesprechungen. Daneben gibt es aber auch Sendungen und Beiträge, die zeigen, daß der Kulturbegriff weiter gefaßt werden kann als nur in Musikkritiken oder Literaturbesprechungen:

Die beliebtesten Sendungen bei Klassik Radio sind unter anderem der „Treudelberg Talk", Moderatorin Marina Braun plaudert einmal im Monat mit prominenten Gästen; die „Spielwiese" mit Klassik für Kids, Malwettbewerben und anderen Aktionen; die „Wunschmusik", sonntägliches Wunschkonzert, und die „Hitparade", die sonntags von 12.00 bis 13.00 Uhr ausgestrahlt wird. Generell ist zu sagen, daß die Wortbeiträge im Gesamtprogramm kurz gehalten werden, in der Regel die magischen 1 Minute und 30 Sekunden nicht überschreiten, aber bei Bedarf auch mal fünf Minuten oder länger sein können.

3. Die Präsentation

Von vornherein hat Klassik Radio darauf geachtet, daß junge Stimmen am Mikrofon Inhalte sympathisch vermitteln. Bei Klassik Radio werden Sie keinen gelangweilten

Sprecher hören, der dem Publikum zu verstehen gibt, wie sehr dieses ihn eigentlich anödet und er sowieso zu Höherem berufen sei, als ausgerechnet jetzt im Studio zu sitzen und seine Weisheiten einer verständnislosen, ungebildeten Masse kundtun zu müssen. Die Moderatoren von Klassik Radio gehen „normal" mit der Klassik um, erstarren nicht in Ehrfurcht vor der hehren Kunst und vermitteln entsprechend locker und entspannt die Themen. Dabei geht es darum, den Hörer zu informieren, auf dem aktuellen Stand zu halten, ihn aber nicht zu belehren. Dem Hörer soll ein Bezug geschaffen werden zu der Musik, die er hört, in einer Art, die er verstehen kann. Auch hier steht der Spaß, die Freude, die Unterhaltung im Vordergrund, und wenn mancher Hörer nebenbei noch etwas mitbekommt, was er vielleicht noch nicht wußte, so ist das in Ordnung und liegt übrigens auch in der Absicht von Klassik Radio.

4. Das Erscheinungsbild

Zum akustischen Gesamterscheinungsbild von Klassik Radio gehören neben der Musikmischung, dem Wort und der Präsentation auch Elemente, die aus dem Popbereich übernommen wurden, wie zum Beispiel Jingles, Trailer oder Teaser, die neben den Nachrichten für die Strukturierung des Programms und damit zur Formatierung des Senders beitragen.

Ein Begriff ist vorhin schon im Zusammenhang mit Wort gefallen: Aktualität. Ein hohes Prinzip des Senders ist es, Informationen so schnell wie möglich auf Sendung zu bringen, egal ob es sich um eine kleine dpa-Meldung handelt oder um einen Live-Gast, der extra ins Studio kommt. Hier kann man die Infrastruktur Hamburgs sehr gut nutzen, wo Künstler täglich vor Ort sind. Das Schleswig-Holstein-Musikfestival bietet in dieser Hinsicht sehr gute Möglichkeiten, so waren allein in einer Woche Pepe Romero, Paul Badura-Skoda und Menahem Pressler vom Beaux-Arts-Trio im Studio zu Wort gekommen. Klassik Radio führt darüber hinaus immer wieder Live-Übertragungen durch, die letzte in Zusammenarbeit mit dem WDR beim Wettbewerb „Neue Stimmen" in Gütersloh vor drei Wochen, oder auch Übertragungen von Konzerten junger Talente, wie etwa dem Auftritt der erst 17jährigen Pianistin Sophie Mautner im Großen Saal der Berliner Philharmonie.

Weitere Punkte im Programm von Klassik Radio sind Serien, wie zum Beispiel die mit Claudio Abbado und den Berliner Philharmonikern, die vom November '94 bis Mai '95 jeden Sonntag von 9.00 Uhr bis 10.00 Uhr gelaufen ist, wobei es das erste Mal war, daß Abbado in eine solche Talkreihe einwilligte. Von Mai bis Dezember 1995 lief dasselbe mit Daniel Barenboim, für den es auch eine Premiere als Serienstar im Rundfunk war. Geplant sind bei Klassik Radio weitere Specials am Abend, so zum Beispiel ein Operettenspecial, ein Musicalspecial, eine Büchersendung und ein Special Alte Musik in Zusammenarbeit mit „Vivarte".

Walter Klingler/Karen Schönenberg (Hrsg.)

Hören, Lesen, Fernsehen – und sie spielen trotzdem

Beiträge zum Medienumgang von Kindern

Mit Beiträgen von: J. Aregger, St. Aufenanger, B. Barth, Ch. Feil, J. Groebel, M. Hammer, I. Horn, B. Hurrelmann, W. Klingler, M. Lenssen, K. Schönenberg, M. Steinmann, H. Theunert.

Die Titelzeile resümiert den Tenor einer Reihe von Überblicks- und empirischen Einzelstudien zum Umgang von Kindern mit Medien. Der Band knüpft an eine Tagung der SWF-Medienforschung 1993 an, auf der Programmverantwortliche mit Forschern über den Medienkonsum von Kindern referiert und diskutiert haben.
Nach einem Überblick über den Stand der internationalen Forschung wird im einzelnen Fragen der Gewaltwahrnehmung durch Kinder, der geschlechtsspezifischen Medienrezeption sowie Einflüssen der familiären Sozialisation auf den Mediengebrauch nachgegangen.

1996, VIII, 128 S., brosch., 39,– DM, 285,– öS, 35,50 sFr,
ISBN 3-7890-4396-6
(SWF – Medienforschung, Bd. 2)

NOMOS Verlagsgesellschaft
76520 Baden-Baden

Hans-Jürgen Bucher/Walter Klingler/
Christian Schröter (Hrsg.)

Radiotrends

Formate, Konzepte und Analysen

»Radiotrends« behandelt in vier Kapiteln aktuelle Forschungsfragen, die für den Hörfunk der 90er Jahre von besonderer Bedeutung sind: Radioprogrammkonzeptionen und -formate, Programmanalysen, Nachrichten- und Informationskonzepte sowie die Probleme des lokalen und regionalen Hörfunks. Ausgangspunkt war ein Werkstattgespräch mit Programmachern und Hörfunkforschern, das 1991 von der SWF-Medienforschung in Kooperation mit der Universität Tübingen in Blaubeuren durchgeführt wurde.
»Radiotrends – Formate, Konzepte und Analysen« markiert eine Standortbestimmung des Hörfunks im dualen System anhand der wichtigsten Diskussionspunkte, wie etwa der Frage nach der Formatisierung von Programmangeboten, dem Streit über klassische Nachrichten und News-Shows im Informationsangebot, den Moderationsformen wie auch der Frage nach der Orientierung des Mediums auf überschaubare Kommunikationsräume.

1995, XVIII, 258 S., brosch., 49,– DM, 382,50 öS, 49,– sFr,
ISBN 3-7890-3058-9
(SWF – Medienforschung, Bd. 1)

NOMOS VERLAGSGESELLSCHAFT
Postfach 610 • 76484 Baden-Baden